FRIEDRICH HIEBEL

# Der Tod des Aristoteles

FRIEDRICH HIEBEL

# DER TOD DES ARISTOTELES

## ROMAN EINER MENSCHHEITSWENDE

VERLAG FREIES GEISTESLEBEN

Schutzumschlag: Walter Krafft (unter Verwendung der Aristoteles-Büste im Kunsthistorischen Museum Wien)

Herstellung: Greiserdruck Rastatt
ISBN 3 7725 0668 2

# INHALT

## Erster Teil



## Zweiter Teil

## Dritter Teil

# ERSTER TEIL

# Erstes Kapitel

## *Auf der Heiligen Straße*

Die Sonnenwende im Sommer des Jahres 323, in der hundertundvierzehnten Olympiade des hellenischen Kalenders, war bereits vorbeigegangen, als die Kunde vom Tode Alexanders Athen ereilte.

Rasch kam es dort zu Aufstand und Umsturz im Rüstungsfieber für den Befreiungskrieg gegen die Makedonen.

Die stammesstolzen Scharfmacher ergriffen die Führung, die seit der Schlacht bei Chaironeia die Unabhängigkeit der hellenischen Stadtstaaten untergehen gesehen und seit fünfzehn Jahren im Untergrund entmutigt gemurrt hatten. Die regierenden Makedonenfreunde wurden gestürzt. Hypereides riß mit dem münzkundigen Lykurgos die Staatsleitung an sich. Aller Augen richteten sich hoffnungsvoll auf Leosthenes, den jungen Söldnerführer, der die aus Asien zurückkehrenden Truppen des toten Weltkönigs auf der Südspitze des Peloponnes zum Schlag gegen die Makedonen sammelte.

In den Wochen solcher Bewegtheit, kurz vor Beginn der herbstlichen Mysterien, fuhren zwei Männer auf der Heiligen Straße von Athen nach Eleusis. Als hochgestellte Persönlichkeiten saßen sie in der Hamaxa, dem vierrädrigen Reisewagen, der von zwei Pferden gezogen und von einem Freigelassenen kutschiert wurde. Hinter den Sitzen hockte auf erhöhtem Bock ein Sklavenjunge, der den Reisenden einen Sonnenschirm vor das Gesicht zu halten hatte. An den Wagenseiten waren im Halbrelief Ährenbündel angebracht, die kreuzweise an einem Opferaltar angelehnt erschienen als hieratische Embleme des athenischen Verwalters der eleusinischen Heiligtümer, unter dessen Schutz die beiden reisten.

Der seit Urvätertagen geheiligte Prozessionsweg nach Eleusis führte sie aus der Stadt durch das Dipylon am Friedhof, dem Kerameikos, vorbei und gelangte zum Säulenhof, welcher der Athene geweiht war.

«Hier steht das Grabmal des Molottos, der einst für uns Euboia erobert», sprach Demophilos, der Staatsanwalt im Rechtsbereich der athenischen Verwaltung der Eleusinien, und setzte mit Bitterkeit hinzu: «Jetzt gehört die Insel mit Chalkis als stärkste Seefestung den Makedonen!»

«Bis wir sie wieder zurückerobern werden», eiferte Demochares, der Neffe des Demosthenes, der als Dreißigjähriger dem doppelt so alten Anwalt zur Linken saß.

Demophilos biß sich auf die Unterlippe. Die ergrauten Augenbrauen zogen sich zornig zusammen. «Wir brauchen deinen Oheim wieder», stieß er hervor. «Demosthenes muß aus seiner Verbannung zurückgerufen werden!»

«Wenn uns die Wiederherstellung seiner Ehre gelingt!»

«Darum bringe ich dich heute nach Eleusis. Wenn Demosthenes das erwünschte Sühneopfer leistet, kann der Oberpriester die Weisung erteilen, die dann der Areopag in Athen zu seinen Gunsten entscheidet.»

Demochares nickte nachdenklich. Der Staatsanwalt aber setzte schnell noch hinzu, indem er sein Konzept für die bevorstehende Verhandlung kommentierte: «Alles hängt von dem Hauptpunkt ab, der sich auf die Anklage gegen Aristoteles bezieht!»

Er sagte das bei der Fahrt über die Marmorbrücke des Kephisos, wo hinter dem Ölbaumhain die Akademie lag, in der Platon vor einem Menschenalter noch gelehrt hatte. «Mit denen um Sokrates hat der Mysterienverrat begonnen», setzte der Anwalt ächzend fort. «Alkibiades erschien bei einem Trinkgelage in dem Kultgewand des Hierophanten und seine Gefährten spielten den Fackelträger und Herold. In Abwesenheit wurde er zum Tode verurteilt, während er in Sizilien war. Und doch – später begnadigt, als er sich heuchlerisch in die nächstjährige Prozession einschlich!»

«Schon Aischylos hat aus den großen Telesterien etwas in seine Tragödien gebracht. Und war ein Eleusinier, aus der Priesterfamilie der Eumolpiden.»

«Aber nicht in die Mysterien eingeweiht.»

«Wie Aristoteles, der in seiner Ethik darüber schreibt!» warf Demochares ein.

«Wo ist der Satz? Den werden wir vielleicht heute brauchen.»

«Die Stelle, die sich auf das bewußte Erkennen in Freiheit bezieht im Gegensatz zur Absichtslosigkeit des unbewußten Tuns. Wie man zum Beispiel sagt, es sei einem in der Rede ein Wort versehentlich entfallen und man habe nicht gewußt, daß es ein Geheimnis gewesen, wie es Aischylos beim Schreiben der Tragödien ergangen.»

Der Anwalt seufzte. «Als Aischylos im Theater von dem Volk angegriffen wurde, flüchtete er zum Altar des Dionysos. Das hat ihn gerettet.»

«Oder weil er ein stammesechter Eleusinier war?» sagte Demochares. «Das bewegt mich, Demophilos. Die Frage, ob nicht auch Apollon in Delphi sich mit der Pythia vom alten Orakelort zurückzieht, um sich jetzt mit dem makedonischen Weltbürgerreich zu verbünden?!»

Dagegen fuhr Demophilos mit blauroten Wangen auf: «So hätte ich nie meinen Vater zu fragen gewagt!»

«Damals stand auch bloß den Athenern die Teilnahme an den Eleusinien zu», warf der Jüngere kühn widersprechend ein.

«Und was haben wir jetzt mit der heillosen Vermassung der Völkermischungen eingetauscht? Die Fälle des Mysterienverrates sind unübersehbar geworden.» Und ehe noch der junge Mann weitere Einwände hätte vorbringen können, setzte der Alte rasch, nach heftigem Räuspern hinzu, als müsse er die Kehle vom Staub reinigen: «Theater und Denkschulen – das sind die giftigen Saugschwämme der neumodischen Pseudoreligion. Dagegen muß man sich stemmen, gegen die Lockerung der Erbbande, der Loslösung aus dem Blut der Bruderschaften, der Phratrien. Gegen das ganze Elend dieser kläglichen Ausländerei.»

«Sokrates und Platon waren echte Athener», wagte Demophilos zu bemerken.

«Das Volk hatte sich auch von ihnen gebührend distanziert. Die Akademie wurde erst lange nach dem Vollzug des Todesurteils an Sokrates gegründet und blieb stets isoliert. Eine Insel, auf der sich lauter Ausländer tummeln!»

«Außer Platon!»

«Der ein Sohn aus dem Hause des Solon gewesen. Gewiß. Darum ließ man ihm sein ererbtes Grundstück am Kephisos. Und war schließlich kein annektierter Makedone wie Aristoteles, der mit dem Pack anderer Metöken sein Lykeion aufmacht!»

Die beiden schwiegen eine Weile, während sie nun an einer der Hauptstationen der sakralen Prozession vorbeikamen und die Jakchosstatue am Grabmal des Arztes Mnesitheos gewahrten, nahe der Stelle, wo alljährlich das Possenspiel aufgeführt wurde zur Erinnerung an die alte Hausmagd des Königs Keleos, die mit ihren Späßen Demeter, die um ihre geraubte Tochter trauerte, aufzuheitern suchte.

«Das Jakchoskind – die Hoffnung der Ankommenden», sagte Demophilos still vor sich hin. «Eleusis heißt ja Ankunft.»

«Mögen auch wir heute gut ankommen!»

«Wir müssen mit Eurymedon schlüssig werden», entschied der Staatsanwalt, den der Oberpriester von Eleusis als erfahrenen Logographen zur Rechtsentscheidung rufen ließ.

Dann überließ sich jeder von ihnen den Erinnerungen, die im Vorüberfahren an den verschiedenen Mahnmalen und Grabstellen in ihnen aufstiegen.

Von Jugend auf waren sie als Athener mit den Prozessionen bekanntgeworden. Nach der Reinigungshandlung der Kleinen Mysterien, der Myesis, im athenischen Vorort Agrai am Ostufer des Ilissos im Februar, fanden sie sich dann zur Zeit der herbstlichen Tag- und Nachtgleiche zu den Großen Weihen zusammen.

Nach vier vorbereitenden Tagen in Athen begann am fünften die Prozession vom frühen Morgen bis zum Sonnenuntergang, bis sie in

Begleitung myrtenbekränzter Epheben den Tempelbezirk von Eleusis erreichten. Am Abend des sechsten Tages, der dem Rasten und Fasten gewidmet war, nahmen sie den Kykeon, den stark gewürzten Gerstensaft, einen den Traumrausch fördernden Trank, der sie in der Nacht vom 20. auf den 21. September zur Weihe führte. Was sie dann nächtlich in Dumpfheit der durch Rausch bewirkten Traumschau erlebten, verlor sich ihnen immer mehr, obgleich sie es sich nicht eingestehen wollten. Sie waren alljährlich unter den Zehntausende Zählenden, die sich den Prozessionen anschlossen im stammesstolzen Ehrgefühl, der patriotischen Pflicht zu genügen, um bei den athenischen Staatsfeierlichkeiten mit den Führern der Volksversammlung konform zu gehen. Sie verbargen ihre religiöse Gleichgültigkeit in überbetonter Anteilnahme an den Riten, weil diese in den Händen der reingehaltenen Erbgeschlechter Bürgen für die Erhaltung des Althergebrachten waren.

Der Heilige Weg stieg der Paßhöhe zu, den Hängen der Aigaleosberge entlang. Der kretische Sklavenjunge sprang von seinem Bock, um die Zugpferde zu schonen, was dann auch Glaukos, der Kutscher, tat, der die Tiere mit den Zügeln führte.

Auf der Höhe angelangt, gewannen sie den letzten Rückblick auf die Akropolis von Athen. Im Norden lag der Parnes, und fast gleichzeitig bot sich die Sicht südwärts auf die thriasische Ebene von Eleusis mit dem Saronischen Golf und der Insel Salamis.

Die beiden Gefährten stiegen aus der Hamaxa.

«Abscheuliches Schandstück!» stieß Demophilos hervor, indem er auf das Bauwerk deutete, das im protzigen Prunk vor ihnen stand. «Verdeckt den alten Tempel des Apollon Daphneios, des Lorbeerspenders. Aus tausenden Talenten der Reichschatzmeisterei gebaut!»

«Von Harpalos!» hauchte Demochares erbleichend. «Harpalos», wiederholte er, «das Unheil meines Oheims!»

«Das nannte der Deserteur das Grabmal seiner Aphrodite», zischte Demophilos zornig durch die Zähne. «Krasseste Blasphemie auf der Heiligen Straße!»

Harpalos, der Schatzmeister Alexanders, der Lahmheit wegen für den Kriegsdienst untauglich, sammelte zuerst in Medien, dann in Susa, später in Persepolis die Goldbarren, bis er in Ekbatana schließlich die Münzleitung des gesamten Weltreichs innehatte. Mit Athen pflegte der Makedone enge Beziehungen. Er schenkte der Stadt während einer Hungersnot eine großzügige Getreideladung, worauf ihn Athen zum Ehrenbürger ernannte.

Seine erste Gemahlin, Pythionike, nahm er sich aus dem Kreis der athenischen Hetären. Als die Schöne frühzeitig starb, ließ er ihr dieses Grabmal als Tempel der Aphrodite erbauen. Als Harpalos für seine zweite Gattin Glykera, die er abermals aus dem athenischen Hetärenhaus sich geholt hatte, Münzen mit ihrem Bildnis prägen ließ, kam es zu seinem Sturz. Münzprägung war ein Privileg, das nur Alexander vorbehalten war. Der König weilte zu dieser Zeit in Indien, als Harpalos schließlich denunziert wurde. Er floh mit Unsummen veruntreuter Gelder nach Athen.

Da Harpalos als athenischer «Ehrenbürger» mit reicher Goldladung im Piraios landen wollte, deutete Demosthenes die Flucht des abtrünnigen Paladins als Zeichen des Zerfalls des Alexanderreiches. Zuerst wurde ihm das erbetene Asyl noch verweigert. Als Harpalos aber ein zweites Mal im Hafen erschien, gewährte man ihm den Zutritt zur Stadt.

«Mein Oheim war damals Leiter der Staatskasse», erklärte Demochares. «Jede Vermehrung des Volksvermögens war ihm für den Kampf um die Wiedergewinnung der Unabhängigkeit von den Makedonen willkommen.»

«Demosthenes mußte Harpalos damals auf Grund von geheimen Darlehen, die er für die Staatskasse brauchte, behilflich gewesen sein», versuchte Demophilos herauszuhorchen.

Als der Befehl des Antipatros eintraf, den Mann als Verräter auszuliefern, warf man ihn statt dessen ins Gefängnis, das so sorglos bewacht war, daß er in der nächsten Nacht entweichen konnte. Er floh mit seinen Schiffen in die Richtung gegen Kreta, wurde aber auf der Fahrt von den Seinigen erschlagen.

«Festgestellt wurde lediglich, daß Demosthenes zwanzig Talente in der Stadtbank deponierte. Von den siebenhundert Talenten, die Harpalos mit sich geführt hatte, blieb nur die kleinere Hälfte übrig, die jetzt auf der Akropolis liegt», sagte der Neffe zur Verteidigung seines Onkels.

«Der makedonische Schurke», rief Demophilos in voller Verachtung, «war deinem Onkel sicherlich verhaßt. Harpalos stammte aus einer makedonischen Adelsfamilie, war mit Alexander gleichaltrig und wurde von Aristoteles in Mieza gemeinsam mit dem Prinzen und seinen Gefährten unterrichtet. Wahrlich, ein schönes Erziehungsprodukt des Philosophen!»

«Ließ sich Demosthenes jemals in einen Handel mit Harpalos ein, dann geschah es der Staatskasse wegen. Er selbst war doch als Sohn eines Waffenerzeugers begütert», versuchte Demochares beschwichtigend. «Sein politischer Rivale Hypereides bezichtigte ihn zu Unrecht der Bestechung.»

«Es bleiben allerdings dabei Fragen offen», sagte Demophilos. «Wo steckt das Geld, das nicht auf der Akropolis liegt? Wer half Harpalos aus dem Gefängnis entkommen? Sind die Söldlinge, die den eigenen Herrn erschlugen, bestochen worden? Wo bleibt ihre Beute? Warum verurteilte der Areopag Demosthenes zu einer Strafe von fünfzig Talenten, die er nicht bezahlen konnte, und verbannte ihn deshalb auf die Insel Ägina?»

«Die Makedonenpartei in Athen war damals des lästigen Kriegshetzers ledig.»

«Aber jetzt, wo sie davongejagt ist, braucht Athen Demosthenes dringlicher als je zuvor. Er steht ja erst im dreiundsechzigsten Lebensjahr. Sein Erntetag wird noch kommen. Dir aber», so wandte sich Demophilos an den Jüngeren, «sei ernstlich widerraten, vor den Eleusiniern solche Fragen zu erörtern, wie du sie vorhin über den delphischen Apollon aufwerfen wolltest. Das verdürbe mein Konzept der Rehabilitation deines großen Onkels!»

Demophilos stand auf und blickte von der Paßhöhe mit Ungeduld auf das thriasische Tiefland. Im Norden ragt der Parnes mit reicher

Ölbaumbewaldung hinauf und im Nordwesten der Kithäron, von dem der eleusinische Kephisos kommt und sich dann in die fruchtbare Bucht ergießt, die als Kornkammer Attikas gilt.

Der Wagen führte sie nun an den zwei Salzseen entlang, den Rhetoi. Sie enthielten hier, mitten im Inland, merkwürdigerweise Meerwasser. Deren Fische durften nur Angehörige der eleusinischen Priesterschaft zur Nahrung nehmen. Durch die Jahrhunderte erhielt sich die Überlieferung, daß der Euripos, der bei Chalkis auf Euboia als Strömung vorbeifließt, und dessen unregelmäßiger Wechsel ein ungelöstes Rätsel bleibt, aus einer unterirdischen Meereskluft hier wieder heraufdringt und die beiden Salzbecken verbindet.

Sie kamen nun an das Ende der Heiligen Straße und erreichten den Vorhof des Tempelbezirks. Zur Linken der Ankommenden lag das Brunnenhaus mit dem geheiligten Quell des Kallichoros.

Die beiden begaben sich in das Innere und unterzogen sich der vorgeschriebenen Reinigung. Ein Tempeldiener brachte sie dann zu den äußeren Propyläen. Auf die Einweihungshalle warfen die beiden Athener nur von der Ferne einen Blick. Außer der Zeit der Initiationen war es keinem erlaubt, sie zu betreten, auch ihnen nicht, welche die höheren Weihen erlangten. Den Nichteingeweihten drohte beim Betreten des Telesterions die Todesstrafe.

Die beiden befanden sich in der Nordecke der Halle auf einer halbkreisförmigen Bank, aus rötlich geädertem, eisenhaltigem Kalkstein gehauen. Die Wächter zogen sich zurück, um die Ankunft der Gäste im Heiligen Haus anzumelden.

So warteten die beiden im kühlen Dunkel auf die Begegnung mit dem Höchstgeweihten. Vor ihm, dem obersten Opferweisen, dem das Allerheiligste Zeigenden, dem Hierophanten, dem Sohn aus dem Geschlecht der Eumolpiden, des ältesten Landesadels lückenloser Erbfolge, dem Nachkommen des Urvaters Eumolpos, des Poseidonsohnes, der einst die Weihen aus Ägypten nach Eleusis gebracht – vor diesem also, dem Oberpriester der besuchtesten Mysterienstätte der griechisch sprechenden Welt, sollten sie sogleich stehen!

## Zweites Kapitel

# *Der Oberpriester von Eleusis*

Das Haus, das am Fuß des Hügels stand und das gegenüber der Einweihungshalle lag, nannte man das heilige, weil es die Heimstätte des obersten Eingeweihten war.

Als erster kam den beiden Athenern der Hierokeryx entgegen, der heilige Herold, der aus der Erbfamilie der Keryken stammte. Die Geschlechterfolge der Keryken leitete sich von dem jüngeren Sohn des mythischen Eumolpos her und blieb allezeit mit dem Hause des Hierophanten verschwägert. Der jeweilige Herold galt als ein Aeistos, einer also, der im Prytaneion lebenslänglich gespeist werden durfte und dem es erlaubt war, seine Statue im Hain des Heiligtums aufzustellen.

Der Herold führte die beiden aus der Vorhalle in das Atrium, wo ihn der Fackelträger, der Daduchos, feierlich empfing. Auch dieser war ein Eumolpide aus der Geschlechterlinie des Triptolemos. Er hieß Kallias und trug den Korbylos im Haar, den hieratischen Knoten am hinteren Nacken, und das Strophion als Kopfbinde.

Die beiden Würdenträger gehörten zum nächsten Beistand des Hierophanten als Höchstrangigste der Priesterschaft. Sie setzten sich mit den Athenern auf eine halbkreisförmige Bank, wobei Demophilos und Demochares an den beiden Seitenenden Platz nahmen, während der Keryx zur Linken des einen und der Daduchos zur Rechten des andern sich einfanden. Der Raum im Hintergrund der Mitte blieb noch frei.

Herold und Fackelträger sprachen vom Hierophanten als von Seiner Hieronymität, denn seit der Übernahme des Oberpriesteramts nach dem Tode seines Vaters legte Eurymedon den Namen ab und befand sich innerhalb der strengstens geregelten Geschlechterkette im Stand namenloser Eminenz.

«Du warst», so begann der Hierokeryx, indem er sich an Demochares wandte, «im Vorjahr bei der Eröffnung der hundertvierzehnten Olympiade mit deinem Oheim Demosthenes in Olympia?»

Demochares nickte bejahend.

«Wir haben unseren treuen Rechtsberater Demophilos ersucht, dich als Augenzeugen vorzuladen», fügte der Daduchos hinzu. «Erzähle uns, wie es dort zu der gräßlichen Gotteslästerung gekommen ist.»

«Seine Hieronymität», fügte der Herold hinzu und bannte dabei Demochares mit einem durchdringenden Blick, «erachtet die Tat als zerstörerischer als den Brand unseres Tempels durch Xerxes bei der Seeschlacht von Salamis oder die Frevelfackel des Herostrat, die den Tempel von Ephesos eingeäschert.»

Wohl vorbereitet folgte Demochares der Aufforderung der beiden Priester, wobei er die Hoffnung hegte, die Rückkehr seines Oheims aus der Verbannung rasch zu erwirken.

«Dort, in Olympia, stand er» – so begann Demochares – «am ersten Juli des Vorjahrs, Demosthenes, als Haupt der athenischen Gesandtschaft. Der Applaus aber galt nicht ihm, sondern dem andern oben, der am Fuß des Kronionhügels mit den makedonischen Generalen zu Pferde saß, dem Gesandten des Königs Alexander, der ihn zur Eröffnung der Olympiade aus Babylon kommen ließ: Nikanor!»

«Nikanor aus Stagira?» vergewisserte sich der Daduchos.

«Derselbe, gleichaltrig mit dem König, der einst im Nymphenhain von Mieza in den Lehrstunden des Aristoteles gesessen!» bemerkte der Herold, um jede Namensverwechslung auszuschließen.

«Aristoteles hat ihn adoptiert», bekräftigte Demochares, «und ihm seine einzige Tochter zur Frau versprochen.»

«Adoptiv- und Schwiegersohn in einer Person», nahm der Daduchos zu Protokoll.

«Der Universalerbe also!» Das Wort schoß pfeilgeschwind aus der Kehle des Keryx.

Demochares reihte die Bilder seiner Erinnerung rasch aneinander. Stand er doch damals treu an der Seite des Oheims, sah ihn mit verbissenen Lippen, blutleer, mit eingefallenen Backen ... der dunkle Spitzbart zog um das Kinn ein grimmiges Dreieck. Über der Adlernase zuckten die dunklen Augen ...

Zwanzigtausend Verbannte begnadigt aus allen Städten und Inseln! Der Jubel über die Amnestie, das Freudengeschrei der Befreiten! Aber die Amnestie würde für Athen den weiteren Verlust von Samos bedeutet haben. Athen brauchte die Insel als Flottenstützpunkt in der Ägäis. Samos bürgte für die Wiedererrichtung der Hegemonie attischer Seemacht. So sann Demosthenes, der Architheor, sah nicht nach links oder rechts, sah nur nach vorne, sah Nikanor auf seinem Pferd, am Kronionhügel, der, umgeben vom makedonischen Adel, das Weltbürgerreich ausrief, das unter der griechischen Gemeinsprache, der Koine, fortan Morgen- und Abendland vereinte ...

Demochares setzte für einige Augenblicke aus. Er rang nach weiteren Worten, biß sich auf die Unterlippe, schluckte erregt.

«Das war doch nicht alles», sagte der Daduchos.

«Die Sonderbotschaft!» rief der Keryx befehlend.

Jetzt hetzte Demochares die Satzfetzen herunter: Alexander habe aufgehört, der Feldherr der Hellenen zu sein. Jetzt sei er Selbstherrscher der Welt. Überall habe er Städte gegründet, die seinen Namen bewahren werden: Alexandreia am Nil, und Alexandreia am Euphrat, in Marmanien und in den Oasen der gedrosischen Wüste, in Arachosien und in Areia, bei den Baktriern und am Fuße des Hindukusch, am Oxos in Sogdiana, am Jaxartes und am Hydaspes, bei den Mallern und schließlich am Indus ...

«Die Sonderbotschaft!» mahnte nochmals der Fackelträger, durch die Aufzählung der Städte gelangweilt.

Das Wichtigste folgte erst nach der Amnestie. Die habe jeder erwartet, die Massenekstase der plötzlich Befreiten. Erst dann sei

Nikanor zum Höhepunkt seiner Rede gekommen, ständig vom Applaus der zwanzigtausend begnadigten Verbannten unterbrochen. Der König der Welt, habe er nicht mehr getan als ein Mensch?

Das Klatschen der Hände, die Schwertschläge auf die Schilde, das Klirren der Waffen, die Rufe, die endlosen Akklamationen . . . Mehr als Mensch?! Habe er nicht seine halbgöttlichen Ahnen, Achilles und Herakles, noch übertroffen? Hier in Olympia solle ihm fortan ein heiliger Schrein geweiht sein: als Gott unter den Göttern!

Demochares trocknete sich die Schweißtropfen von seinem Spitzbart, den er sich nach der Art seines berühmten Oheims wachsen ließ.

Der Daduchos blickte starr zu Boden. Der Keryx, dessen Auftrag es war, das ihm von andern in verschiedenen Versionen schon früher Erzählte zum Wahrheitsbeweis damit zu vergleichen, forschte noch weiter: «Und was hat Demosthenes darauf getan?»

«Der Architheor, umgeben von seinen Rivalen, Demades und Phokion, Pytheas und Hypereides, sagte nur halblaut vor sich hin, indem er die Schultern hob: wenn er ein Gott sein will, so sei er es eben. Wenn nicht Zeus, so doch Poseidon. Herrscht er doch schon über das Weltmeer. Dann hörte ich kein weiteres Wort. Denn Demosthenes wich von meiner Seite, nur für kurze Zeit, ging schnell nach vorn, zur Tribüne – geradeaus auf Nikanor.»

«Und?» sagte der Fackelträger fordernd.

«Nikanor?!» so kam es gequält vom Keryx.

«Er stand – das sah ich – vor dem Makedonen. Wechselte wenige Worte. Lächelte weltläufig. Er war ja immer ein Diplomat. Lächelte gewinnend. Dann sah ich nur ein Kopfnicken Nikanors, eine rasch hingestreckte Rechte des Reitergenerals. Kurz noch ein Nicken. Zustimmend. Sicherlich Samos betreffend.»

«Nur ein Nicken?» wiederholte der Daduchos.

«Denn dann begannen die Spiele!»

Demochares setzte sich. Die beiden Priester sahen einander eine Weile schweigend in die Augen.

«Eine Hybris kommt selten allein», sagte der Fackelträger. «Sein

Vater Philippos ließ sein Standbild als Dreizehnten neben die zwölf olympischen Götter stellen, ehe ihn im Theater der Dolch durchbohrte.»

«Jetzt», setzte der Keryx hinzu, «ist sein Göttersohn nicht wie Achilles gefallen, sondern fiebernd in schweißnassen Linnen verröchelt!»

Dann standen die Priester auf, um sich zu Eurymedon zu begeben. Sie waren bereits nah dem Ausgang, als der Keryx sich nochmals umwandte und zu Demochares sagte: «Sage dem Oheim, Eleusis würde seine Rückkehr aus der Verbannung betreiben, wenn er für seine mehrfach bewiesenen Aussprüche religiöser Gleichgültigkeit eine Sühne bringt. Sobald er wieder frei in Athen ist, muß er mit seinem eigenen Geld den Tempel des Harpalos schleifen lassen.»

Demochares nickte rasch.

Die beiden Athener blieben in der Halle allein. Demophilos, der während der ganzen Erzählung des Demosthenes-Neffen kein Wort gesagt hatte, blickte jetzt mit zufriedenem Lächeln auf seinen jüngeren Begleiter. Während sie nun im Heiligen Haus auf das Erscheinen des Hierophanten warteten, nahm das große Fresko, das an der gegenüberliegenden Wand ein Maler aus der Schule des Polygnot entworfen hatte, ihre Aufmerksamkeit in Anspruch.

Im Mittelpunkt sitzen die beiden Göttinnen, Demeter und Persephone, zwischen ihnen ein vergoldeter tragbarer Altar, über den kreuzweise Ährenbündel gelehnt sind. Demeter ruht auf einem Felsstein, auf ihr Zepter gestützt. Auf ihrem Kopf liegt ein Arbeitskorb, der Kalathos. Persephone steht mit einem Kopfschmuck aus Perlen ihr zur Rechten. Sie hält eine brennende Fackel mit beiden Händen.

Links von der Demeter steht ein Hierophant in weißer Stola mit einem Myrtenkranz auf dem Haupt und trägt als Priester des Jakchos den Thyrsosstab. Hinter ihm ist ein Dreifuß als Sinnbild seiner Seherkraft. Er ist im Gespräch mit Triptolemos, der in seinem Schlangenwagen sitzt.

Rechts von Persephone steht der Epibomios, der Opferschlächter, mit einem Schurz bekleidet und hält am Bein das Ferkel zur Opferung. An seiner Seite ruht Athena, ohne Aigis, friedlich ermunternd.

An der äußersten Linken wendet sich Artemis dem Keryx zu, der in Reisestiefeln dasteht. Zur Rechten abschließend sitzt Aphrodite im Gespräch mit dem vor ihr stehenden Daduchos.

Die Athener hatten genügend Zeit, sich in das Weihebild der fünf Zweiergruppen zu versenken, aber sie vermochten nicht genügend in den Rhythmus unterzutauchen, der wundersam in dem Wechselgang zwischen den göttlich Sitzenden und den menschlich Stehenden malerisch abgetönt war. War es bloß ihre wachsende Erwartung, dem Hierophanten gegenüberzustehen?

Die Augen der Beschauer unterlagen nicht mehr dem magischen Bann, den die Bilder auf frühere Generationen noch mühelos ausgeübt hatten. Ihr Glaube war auf gemeinnützige Wohlfahrt gerichtet. Sie hatten das Polis-Bewußtsein mit der Gewißheit des festgefügten Feiertagkalenders für das Volk, das sie führten. So war ihre Politik auf Bewahrung des Althergebrachten gerichtet, das auf dem Blutstrom der Phratrien beruhte, auf Übereinkunft, die seit Urväterzeiten überliefert wurde.

Sie sahen die vier Priester mit den vier Göttlichen im Wechselgespräch, die der Maler nach tradierter Manier von bekannten Vorbildern wieder und immer wieder kopierte, die Flammen am Altar in der Mitte, den Daduchos mit zwei Fackeln in seinen Armen, aber es verfing sich in ihnen nicht mehr der Zauber, der mit Erstaunen aus dem Mittelbild aufsteigen sollte, in dem Persephone die Fackel der Mutter reicht, während ihre Rechte das Zepter hochhält . . .

Sie dachten jetzt nur an Eurymedon, den sie bei ihrer Einweihung in der Mitternacht vom 20. auf den 21. September im Dunkel des Telesterions zum abschließenden Höhepunkt der Mysterien das Tor zum Anakteron öffnen sahen, durch welches das Mega Phos, das Großlicht, in die finstere Halle fiel, das mitten im Traumwachen des trunkenmachenden Kykeon den Blick auf die heiligen, von der Priesterschaft des Triptolemos kultisch gezüchteten Ähren gewährte, und wo er selbst, Seine Hieronymität, mit der Fackel in die Sternennacht hinaufleuchtend, die Ankunft des göttlichen Kindes, die Geburt des Jakchos kundtat.

Jetzt erschienen, von hinten kommend, zwei Tempeldienerinnen, Töchter aus der Priestersippe, und stellten einen Dreifuß in die rückwärtige Mitte der Nische, die bisher frei geblieben war. Dann kam die Gemahlin des Hierophanten, welcher bei den Dromena die Rolle der Demeter zufiel. Zur Linken der Hierophantide schritt die Gattin des Daduchos. Sie alle waren Verwandte des weit verzweigten und vielfach verästelten Stammbaums des «Schön-Singenden», des Eumolpos.

Nun kam er endlich selber, der Urenkel der Urenkel, der Priesterkönig des höchsten Adels, der einzige unter allen Sterblichen, der im Anakteron von den beiden Göttinnen im schöntönenden Kultgesang eines Weihewortwechsels gewürdigt wurde ...

Fackelträger und Herold, zu beiden Seiten, hielten sich einen Schritt hinter ihm und nahmen dann gleichfalls im entsprechenden Abstand hinter dem Tripod des Hierophanten Platz.

Der Herold wies mit der Hand auf Demochares, der Daduchos auf Demophilos zum Zeichen, daß beide jetzt ihre entscheidenden Aussagen zu machen hatten.

«Als Makedone», so begann Demophilos als der Ältere, «darf er bekanntlich keinen Stein des Gebäudes erwerben. Als Metöke gehört ihm nicht eine Elle des Grundstücks, auf dem das Lykeion steht.»

«Als gebürtiger Stagirite», ergänzte jetzt Demochares schnell, «lebt er im Status eines Makedonen, seit Philippos die Chalkidike annektiert hat.»

«Demosthenes nennt das Lykeion ein Nest von Spionen.»

«Begreiflich», setzte der Ältere hinzu, «daß das Gesuch um Proxenia, die Staatsgastfreundschaft, für Aristoteles abgelehnt wurde.»

Der siebzigjährige Eurymedon saß regungslos da. Sein Blick war starr auf das Wandbild gerichtet, als suche er dort göttlichen

Beistand. Sein unbewegtes Gesicht war umrahmt von einem silberhaarigen Backenbart. Die Haare am Hinterkopf verdeckte eine hieratische Haube, die das Theatralisch-Maskenhafte seines Antlitzes verstärkte. Da von ihm weder eine Frage noch eine Antwort zu erwarten war, nahmen die beiden Athener abermals das Wort, denn es schien ihnen, als wäre der Hehre noch keineswegs mit den Beweisen zufrieden. Sein Oheim, sagte Demochares, habe schon seit Jahren in seinen Reden die Aufmerksamkeit auf Briefe gerichtet, die Aristoteles an Antipatros schrieb. Schlagkräftigste Indizien für die Ausländergesinnung, für seine heimlich versteckte Feindschaft gegen Athen. Ja, er habe, so bewies es Demosthenes, sein eigenes, heimatliches Stagira an Philippos verraten.

Eurymedon gab immer noch keine Silbe von sich, sondern starrte unverwandt auf das Wandbild. Demochares sah sich dadurch veranlaßt, fortzufahren: «Ja, Stagira. Das war bewiesen. Aber ein Jahr darauf auch Olynth. Mit Olynth aber die ganze Chalkidike . . .»

«Nach der Eroberung von Olynth hat Aristoteles Athen verlassen», ergänzte Demophilos. «Warum blieb er nicht dort, als Platon starb, und wurde sein Nachfolger in der Akademie?»

«Eindeutig politische Gründe», warf jetzt Demochares ein.

«Nach Zerstörung von Theben durch Alexander ist er aber dann rasch wieder nach Attika zurückgekehrt.»

«Der Makedonenkönig war ja seitdem Herr über alle Hellenen.»

«Nachdem er Platon rücksichtslos exzerpiert hatte, überwarf er sich schließlich mit ihm», rief Demophilos, indem er geschickt von der Politik auf die Philosophie umlenkte.

«Wie konnte auch ein thrakischer Landfremder», sekundierte Demochares, «die Sprache eines Enkels des Solon wirklich zu schätzen wissen!»

«Darum hat er wohl nie die Weihen bei uns zu erlangen gestrebt», sagte der Daduchos.

«Aber in seinen Schriften wimmelt es von Bemerkungen über die Mysterien, in denen man, wie er sagt, kein Wissen erwirbt, sondern nur ein Erleben», so kam es vom Keryx.

«Das sagt eben einer», fügte der Daduchos drohend hinzu, «der die Einweihung verschmäht, während er sich Geheimnisse von Mysterienverrätern einflüstern läßt.»

Nach diesen zornerfüllten Bemerkungen trat eine Pause ein. Alle erwarteten nun endlich ein Wort aus dem Munde Eurymedons.

Der Hierophant blieb noch stumm. Legte die Falten des kultischen Kithon zurecht. Kreuzte die hageren Greisenhände. Dann zuckte es um die Mundwinkel. Endlich erhob er den Kopf und rief: «Zur Sache!» und zog die Rolle hervor, welche die Anklagepunkte festhielt. «Der Beweis für seine Gottlosigkeit steht nicht allein in seinen Büchern. Das ist für uns zu mühsam zusammenzustellen. Er ist – den Göttern sei Dank! – in Stein gemeißelt und steht als Epitaph in Delphi!«

Befreiendes Aufatmen folgte dem staunenden Kopfschütteln der Athener. Entspannt lehnten sie sich an der Steinbank zurück.

Eurymedon erhob sein Kinn und gab damit für Demophilos ein Zeichen, das Wort wieder zu ergreifen.

«Es ist der Gedenkstein für Hermias», sagte der Anwalt. «Der Fürst von Atarneus, dessen adoptierte Nichte Aristoteles zur Frau bekam.»

«Demosthenes hat schon lange den Beweis erbracht, daß dieser Schwiegervater einen Geheimvertrag mit Makedonien gegen den damaligen persischen Großkönig geschlossen. Es fanden sich Briefe vor, die ihm in die Hände gespielt wurden. Am Ende hatte man Hermias den Persern ausgeliefert, die ihn in Susa ans Kreuz geschlagen haben.»

«Ein einstiger Sklave. Emporkömmling, der auch kurze Zeit in der Akademie gewesen», wußte der Daduchos beizutragen.

«Es hieß, er sei durch einen Unfall zum Eunuchen geworden», setzte der Keryx hinzu.

«Die Hauptsache ist», rief der Anwalt, sich wieder einschaltend, «daß er ein erwiesener Makedonensöldling gewesen. Es ist so gut wie sicher, daß Hermias es war, der bei Philippos bewirkte, Aristoteles zur Erziehung Alexanders nach Pella zu rufen.»

Während der Anwalt sprach, richtete Eurymedon seinen Blick starr auf das Fresko an der Wand. Dann sagte er zum Daduchos: «Lies uns jetzt die Hymne an die Tugend, die Aristoteles auf den Stein in Delphi meißeln ließ. Von der Arete, der Tugendgöttin, die er in seinen eigenen, erdichteten Olymp aufnimmt!»

Der Fackelträger erhob sich, nahm die Schriftrolle zur Hand und begann die Verse zu lesen:

Die du schwer zu erringen bist dem Menschengeschlecht,
Tugend, du, das schönste Ziel unseres Lebens!
Dir zu Ehren, hehre Jungfrau,
Selbst den Tod zu erdulden und verzehrende Qualen
Gilt in Hellas als kostbarstes Los.
Unvergängliche Frucht
Reift so deinem Geiste.
Edler als Gold ist sie, als Adel
Und als schuldloses Ruhen im Schlaf.

Der Daduchos setzte an dieser Stelle ab, um weitere Teile des Schriftstücks zu entrollen.

«Metaphern der neuen Ethik», rief Demophilos. «Ersatzreligion für Kosmopoliten.»

«Bekam unsere Persephone gar noch eine neue Schwester?» sprach Demochares, indem er sich Eurymedon zuwandte.

«Hört jetzt weiter», sagte der Fackelträger, der ein nächstes Stück der Rolle freigelegt hatte, «jetzt kommen die Halbgötter an die Reihe, wie sie dem Philosophen im Elysium aufmarschieren.»

Dir zulieb duldeten Herakles und die Söhne der Leda,
Die Zeus Entstammten
Heldentaten vollbringend
Eiferten sie um deine Macht.
Die Sehnsucht nach dir
Trieb Achilles und Ajax
Ins Haus des Hades.

Es entstand abermals eine Pause, während der Daduchos beim weiteren Entrollen rief: «Hört jetzt, wie er geschickt die Namen der Helden in den Tugendkatalog flickt, um seinen Schwiegervater am Ende in die Reihen der Götter unterzubringen.»

Deiner hehren Gestalt zuliebe
Hat auch der Mann von Atarneus
Die Strahlen der Sonne verlassen müssen.
Deshalb mögen die Verse sein Heldentum feiern
Und die Musen ihn als Unsterblichen nennen.
Die Töchter der Mnemosyne, die vor Zeus
Die Ehrfurcht preisen,
Den Schutz des Gastrechts
Und die Treue der Freundschaft.

«Schutz des Gastrechts und Treue der Freundschaft – das sind doch unwiderlegliche Beweise des Geheimvertrags mit den Makedonen als Komplott gegen Griechenland», meinte Demochares. «Die Verse sind ein in Stein gehauener Beweis für Blasphemie und Landesverrat.»

«Und das steht in Delphi!» setzte der Keryx hinzu. Alle blickten jetzt auf Eurymedon, der mit beiden ausgestreckten Armen um Ruhe und Aufmerksamkeit bat. Dann stand er von seinem Dreifuß auf. Die Greisenstimme sprach in bebender Beschwörung: «Apollon verlangt Sühne.» Er nahm noch einen tiefen Atemzug. Dann rief er: «Der Stein in Delphi wird geschleift!»

Der Hierokeryx reichte dem Anwalt die Anklageschrift. Das Dokument trug den Namenszug des Hierophanten. Demophilos mußte es noch am gleichen Tag dem Areopag in Athen übergeben.

Es war das Todesurteil des Aristoteles.

## Drittes Kapitel

# *Die Rückkehr des Demosthenes*

Schon vor Sonnenaufgang drängte sich das Volk am Hafen des Piraios um die vordersten Reihen des Anlegeplatzes, obgleich die Staatstrireme, die Demosthenes aus der Verbannung von Ägina nach Athen zurückbringen sollte, erst um Mittag erwartet wurde.

«Er wird sicherlich mit der Salaminia kommen», rief einer der Jungen, die sich als Kriegsfreiwillige dem Leosthenes anschließen wollten.

«Mit dem größten Kriegsschiff unserer Flotte?» fragte zweifelnd ein Älterer.

«Die Trireme, die wir zur Erinnerung an den Seesieg bei Salamis nennen!» eiferte ein anderer der jungen Rekruten.

«Die sie Alexander zuliebe in Ammonias umgenannt haben!»

«Nach seinem Gottesvater, dem Zeus-Ammon!»

Das lockte Hohnlachen hervor. Sie spotteten auf die gestürzte Regierung, beschimpften sie als Makedonenknechte und rissen Witze über Nikanor, der im Vorjahr Alexander in Olympia unter die Landesgötter aufnehmen ließ.

«Weiß denn keiner von euch Jungen», rief jetzt ein betagter Veteran, «daß unsere Großeltern den Lysander von Sparta auch vergöttert hatten? In Delphi steht noch seine Statue neben Zeus und Apollon. War damals der siegreichste Admiral der Spartaner.» Und ehe er Gelegenheit gab den Jungen, die um ihn standen, durch einen Zwischenruf frech zu widersprechen, setzte er rasch hinzu: «In Ephesos steht auch eine Bildsäule von ihm. Und in Samos feiern sie bis heute ihr Hauptfest für Lysander.»

«Und Alexander hat mehr als dieser Lysander getan», kam es aus den Reihen der Rekruten.

«Erhob sich nicht selbst zum Gott.»

«Ließ nicht für sich einen eigenen Tempel einweihen!»

«Zum Beginn unserer olympischen Spiele!»

Der Alte fuhr wieder auf. «Wart ihr in Babylon dabei wie ich? Das Heer rief ihn aus, die Generale, die asiatischen Fürsten, für die früher ihr Großkönig auch ein Göttlicher war.»

«Er hätte die Ehrung abweisen können», versuchte einer zu murren.

«Hat also danach gestrebt», schoß es von einem andern pfeilschnell.

Das Stimmengewirr wurde Tumult. Die Kluft wuchs zwischen den Jungen, die dem zurückkehrenden Staatsmann zujubeln, und den Alten, die nur aus Schaulust und Neugier bei der Rückkehr des Verfemten dabeisein wollten.

«Warum sprecht ihr von Alexander, der tot ist? Es lebe Demosthenes!» schrie einer jetzt, alle andern Stimmen übertönend. Die Stimmung schlug um. Der Funke der Begeisterung war entzündet für den Patrioten, den Volksredner, den Staatsmann, den Makedonenhasser, den Erzfeind des Philippos und dessen Sohn, für den Retter des Vaterlandes!

«Es lebe Demosthenes! Es lebe das freie Griechenland!» So schallten die Rufe.

Die Menge drängte nach vorn, schob, zerrte, stieß, rieb sich die Ellbogen aneinander. Jeder wollte Demosthenes als erster sehen und versuchte, sich den vordersten Platz zu erobern, obwohl von dem Schiff überhaupt noch nichts von weitester Ferne zu sehen war.

«Von Troezen kommt er.»

«Nein, von Ägina!»

«Vorgestern sprach er noch in Argos und Epidauros, sagen sie.»

«Da kamen Leute sogar aus Elis. Aus ganz Messenien!»

«Überall hält er Reden.»

«Den halben Peloponnes hat er für uns schon gewonnen.»

«Und jetzt», rief einer der jungen Rekruten, «wird er mit uns gegen Makedonien ziehen und in Pella einrücken. Antipatros traute sich jetzt nicht einmal mehr nach Athen zu kommen und schickte nur eine Gesandtschaft, um den Frieden mit uns zu sichern. Der Siebzigjährige wird einfach abgesetzt!»

«Abgesetzt? Wenn er nicht längst von meuternden Makedonen dann umgebracht ist!»

Unterdessen hörte man heranschreitendes Marschieren uniformierter Soldaten. Sie flankierten den Hafenplatz von beiden Seiten, und nun erscholl der Ruf «Leosthenes!»

«Leosthenes!»

In der Tat, da war er auch schon, der noch jugendliche Führer der Söldnertruppen, ein Mann, der aus den unteren Volksschichten stammte und die Sprache der kleinen Leute, von denen er selbst stammte, verstand – der Unterprivilegierten, die von der erbeingesessenen Stadtaristokratie an der Ausübung ihrer Bürgerrechte verhindert wurden. Als Knabe sah er, wie sich sein Vater vor den Makedonen ducken mußte, wie dieser unter den damals Verbannten im Norden kümmerlichen Landbesitz zugewiesen bekam. So trug er in sich das Herz für die heimatlos Streunenden, die rechtlosen Metöken, die er als Söldlinge anwarb. Darunter war kein einziger reinblütiger Athener. Als die asiatischen Satrapen nach Alexanders Tod die Söldnertruppen aufzulösen befahlen, strömten die entlassenen Soldaten an die ägäischen Küsten. Es fehlte unter ihnen auch nicht an Offizieren, die schon vorher aus den Heeren desertiert waren und sich eine Zeitlang im Untergrund gehalten haben. Jetzt kamen solche verwegene Piratenführer aus ihren Schlupfwinkeln hervor und wußten Tausende der entlassenen Söldner in das Heerlager am Vorgebirge Täneron im Süden des Peloponnes hinüberzuschiffen.

Dort begann Leosthenes, der aus den Geldern der Harpalosschätze einstweilen einen Vorschuß von fünfzig Talenten erhielt, mit den kampflustigen Abenteurern zu exerzieren.

Die makedonenfreundliche Regierung unter Demades, Phokion

und Pytheas als Vertreter der oligarchischen Partei der erbeingesessenen Reichen wurde gestürzt. Allen Führern wurden die Ehrenrechte aberkannt. Hypereides aber, der im Harpalosprozeß über Demosthenes triumphierte und früher dessen entschiedenster Rivale war, entschloß sich selbst, auf der Salaminia den Verbannten zurückzuholen. Es war das Gebot der Stunde patriotischer Volkserhebung, den früheren Söldnerhauptmann jetzt zum Oberfeldherrn wählen zu lassen.

Die Volksmenge hatte sich in der vorgerückten Vormittagszeit um ein Vielfaches vermehrt. Sie jubelte Leosthenes zu, johlte, klatschte, trampelte. Die jungen Rekruten nahmen ihn schließlich auf die Schultern. Sobald man ihn in dieser Stellung gewahr wurde, brach eine ohrenbetäubende Ovation aus.

Nur mit Mühe bahnten sich die Männer vom Archontat, die jetzt erschienen, mitten in dem Tumult den Weg in die vordersten Reihen, die von den Ordnungshütern reserviert waren. Die, welche bereits vor Sonnenaufgang die Plätze besetzt hielten, zumeist die kleinen Händler und Handwerker, die still geduldeten aber rechtlos gebliebenen Banausen, mußten nach heftigem Widerstreben die schon eingenommenen Reihen wieder räumen und sich im Hintergrund halten.

Inzwischen war auch der Archon Basileus mit seinem Magistrat gekommen, der Proredros und die vier Epimeleten. Eine Fanfare erscholl, um eine hinlänglich breite Gasse für die Würdenträger zu schaffen. Denn gleich hinter den athenischen Behörden der eleusinischen Tempelbezirke schritt Eurymedon im Priesterornat, flankiert vom Herold und Fackelträger. Ein Tripod wurde ihm nachgetragen, auf dem er sich als einziger unter der stehenden Menge setzte.

Hinter der eleusinischen Priesterschaft sah man Demophilos und Demochares.

«Viele Banausen machen sich hier breit», flüsterte Demophilos seinem Begleiter ins Ohr. «Diese neue Soldateska, die der Söldnerführer zusammengewürfelt hat!»

«Die alte Stadtaristokratie läßt sich kaum blicken», entgegnete

Demochares. «Die Schöngeister mit dem blauen Blut schwätzen lieber bei den Symposien der Philosophen. Ich gebe gern zu, auch mir sind die Leute um Leosthenes zu rauhbauzig. Kein einziger unter ihnen spricht ein reines Attisch. Aber das gibt uns doch zu denken.»

«Den Geist der Altvorderen wieder zu erwecken!»

«Die Erbgeschlechter sind erschlafft!»

«Du redest doch nicht der alexandrinischen Völkervermischung das Wort?»

«Soweit sie erzwungen wird, erweist sie sich als Fehlschlag. Aber eine gewisse Auflockerung der altathenischen Bürgersippen gereicht nur zum Vorteil.»

«Vorteil! Worin?»

«Anspannung der Kräfte. Quell neuer Energien. Dafür gibt es Beispiele.»

«An wen denkst du dabei jetzt?»

«An Demosthenes.»

«Aus einem echten Argivergeschlecht.»

Demophilos wich ein wenig zurück. «Sohn eines athenischen Waffenerzeugers!»

«Aber auch einer Mutter mit skythischem Blut.»

«Das wohl stark vermischt ist», lenkte der Anwalt ein.

«Aber doch die alte Blutgebundenheit bricht. Dessen ist sich mein Oheim wohl selbst nicht bewußt genug. Vielleicht drängt er den mütterlichen Blutanteil ungebührlich stark zurück und muß dann den väterlichen Waffenmann in ihm überbetonen. Mir scheint, wir sind dabei doch in einem Übergang, den die Götter selbst vorantreiben.»

«Inwiefern?» rief Demophilos.

«Panhellenisch. Und noch mehr: weltbürgerlich.»

«Kosmopolitisch – das ist jetzt die neumodische Phrase!» Dann sah er dem andern scharf in die Augen. «Seit wann kamen dir solche Gedanken? Von den Weihen, die wir beide durchgemacht haben?»

Demochares sagte nichts darauf. Er dachte nur an das, was er

Demosthenes beim Empfang zu sagen hätte in bezug auf das Harpalosbauwerk in der Heiligen Straße, denn jetzt war das Schiff schon in Sicht.

Langsam ruderte die Trireme heran.

Demosthenes stand am Bug. An seinen Seiten waren Hypereides und Polyeuktos, die ihn als den Dritten zur regierenden Staatsleitung heimholten. Er, der sein Leben lang gewohnt war, als Redner vor der Menge zu stehen, schien jetzt fast ohne Bewegung, wie zu einer Statue erstarrt. So verbarg er sein inneres Erregtsein am besten, je näher er unter der wartenden Bürgerschaft die Generale und Areopagiten bemerkte, die Schauspieler und Ärzte, die waffenfähigen Epheben und greisen Räte der Volksversammlung, die eleusinische Priesterschaft sah – ja, und im Hintergrund unter den Jungen die Söldnertruppe um Leosthenes.

Eine Stunde solcher triumphierenden Genugtuung ist ihm noch nie in seinem ereignisreichen Leben entgegengekommen. Die verhaßten Parteifeinde waren im Gefängnis oder verbannten sich selbst durch die Flucht ins Ausland. Das Dekret, das Nikanor in Olympia erlassen, die Amnestie, gegen die er sich wegen Samos zur Wehr gesetzt hatte, war zunichte. Was macht es jetzt, daß die Athener im Vorjahr nach der Rückkehr Alexanders aus Indien nicht weltliche Gesandte, sondern priesterliche Theoren zum neuen Gott nach Babylon gesandt haben?

Die Inseln waren Attika sicher. Samos an erster Stelle. Lemnos, Imbros, Skyros, die Oberhoheit über Delos, den Nationalschrein der hellenischen Götter. All das blieb als Garant der Vorherrschaft der attischen Flotte.

Hypereides, der zu den Staatsanwälten gehörte im Harpalosprozeß und ihn damals verurteilte, der erbitterte Rednerrivale, stand versöhnt neben ihm, reichte ihm die Hand, umarmte ihn vor dem Volk, das in jubelnder Akklamation außer sich geriet.

Ist es nicht gut – so dachte er schweigend, wie er am Bug des Schiffes stand –, daß viele Monate ruhigen Kontemplierens diesem Tumult vorangegangen? Sie gaben ihm die Zuversicht zurück, ihm, der einsam ins Kieferngehölz hinaufgestiegen, wo der Aphaiatempel auf Ägina ruht, den sie im Gedenken an die Seeschlacht von Salamis erbaut hatten. Das war der zweite Geburtstag von Hellas gewesen, vor hundertundfünfzig Jahren. Jetzt wird er den dritten erleben. Im Vollenden seines neunten Lebensjahrsiebents werden sie ihm den Kranz auf die Stirn drücken, gegen dessen Empfang sich der schnöde Rivale Aischines vor einem Jahrzehnt in Eifersucht widersetzt hatte!

Die Salaminia legte nun an. Die Ruder waren eingezogen. Das stolzeste Kriegsschiff der Athenerflotte stand still. Die Würdenträger der Stadt, die Führer der Volksversammlung, die Beamten des Archontats um Kesiphodoros, die Vorsteher des Areopags, die ausgedienten Generale und Admirale kamen ihm an Bord entgegen. Nur Eurymedon und der königliche Archon mit seinem geistlichen Stab blieben reglos auf der Stelle und warteten, bis der von der Verbannung Befreite selbst auf sie zukommen werde.

Endlich erfaßte er den Arm seines Neffen.

«Die makedonischen Ausländer sind nun alle davon!» sagte Demosthenes zu Demochares, der ihn aus dem Gedränge in Sicherheit brachte.

Demochares wich einer Antwort aus.

«Das Lykeion ist doch geschlossen?» fragte Demosthenes, auf eine Antwort beharrend, «und das Todesurteil für den Philosophen vollstreckt?!»

Demochares stockte mit seinem Schritt. Erbleichend flüsterte er dem Oheim ins Ohr: «Er ist entflohen!»

«Wie war das möglich?» stieß Demosthenes giftig hervor.

«Nach Euboia, das den Makedonen gehört. Nach Chalkis, wo das Haus seiner Mutter steht. Verglich sich mit Sokrates und sagte, Athen sei es erspart, sich ein zweites Mal an der Philosophie zu versündigen.»

Demosthenes schoß das Blut in den Kopf. «Und wer hat ihm zur Flucht geholfen?» rief er drohend.

«Leider kein Ausländer», seufzte Demochares. «Ein angesehener Bürger Athens. Sein Schüler Demetrios von Phaleron!»

## Viertes Kapitel

# *Am Euripos*

«Unergründlich!» flüsterte Aristoteles vor sich hin, mit seinen Gedanken so versunken, daß er nicht seines hinter ihm stehenden zwölfjährigen Söhnleins Nikomachos gewahr wurde. «Ich finde dafür keinen Grund», murmelte er weiter, auf einen Stock gestützt, der weißbärtige Mann, den die Bewegung des Wassers, das vor ihm vorbeifloß, nicht zu bannen nachließ.

«Keinen Grund?» fragte vorlaut der Knabe. «Du findest doch für alles einen Grund, Vater!»

«In der Strömung», murrte der Alte, gutmütig lächelnd.

Er trat noch näher an den Rand der Kalkklippe, die bei Chalkis an dieser Stelle steil in die Wasserbewegung des Euripos stürzt. «Ich weiß, wie sich die Sterne drehen, wo die Milchstraße im Zodiak hinzieht, aber . . .», unterbrach er sich kopfschüttelnd.

«Du weißt auch, wieweit Spanien von Indien entfernt liegt», warf der Sohn naseweis ein.

«Aber», so seufzte der Vater, «ich weiß nicht, warum dieses Wasser jeden Tag innerhalb von vierundzwanzig Stunden in unbestimmbarem Wechsel nordwärts oder südwärts strömt. Mit Ebbe und Flut hat dies nichts zu tun. Die sind berechenbar wie die Mondphasen.» Er setzte sich auf einen niedrigen Kalkfels, der am Ufer lag. «Der Euripos ist unberechenbar!»

«Unberechenbar?» echote der Junge nach einer Pause ungläubig. «Als wir vor drei Jahren im Sommer von Athen hierherkamen, sagtest du nicht, wenn wir wiederkommen, wirst du es ergründen?»

«Jetzt bin ich zum letzten Mal hergekommen», sagte Aristoteles vor sich hin. Die weiteren Worte blieben ihm in der Kehle stecken.

«Bis Demosthenes stirbt!» sagte Nikomachos schnell. «Er ist alt!»

«So alt wie ich. Zweiundsechzig!»

«Und wird in der Schlacht fallen, wenn Antipatros von den Heerführern aus Asien Verstärkung erhalten wird.»

Aristoteles blickte wieder auf die Wasser des Euripos, als suche er nach einem gesicherten Grund, obwohl ihm der kleine eisenhaltige Kalkstein, auf dem er saß, fest genug auf dem Ufer zu ruhen schien.

«Wenn nur bald Nikanor käme!» sagte Nikomachos und rieb an den gelben, ausgetrockneten, strohernen Grashalmen, die er in seiner Langeweile ausgerissen hatte. «Meine Schwester wartet schon so lang auf die Hochzeit!»

«Es ist Krieg», sagte Aristoteles. «Nikanor ist Offizier. Er muß jetzt Antipatros zu Hilfe kommen.» Und dann fügte er mit milder Stimme hinzu, während er dem Knaben das kastanienbraune Haar aus der Stirn strich: «Nikanor wird dir bald ein neuer Vater sein.»

Nikomachos starrte ihn verständnislos an.

«Das wird in meinem Testament stehen», erklärte Aristoteles, damit es der Junge schon jetzt ins Bewußtsein nähme. «Antipatros wird es vollstrecken!»

«Der vorher Reichsverweser gewesen?» fragte der Knabe erstaunt. «Der König wird?»

Aristoteles nickte stumm.

Nikomachos wollte ihn mit seinem Knabengeschwätz ablenken: «Du kannst hierbleiben und deine Schüler werden dir aus Athen nachkommen», beharrte er, «und ein neues Lykeion gründen.»

Das kam bei dem Alten nicht an. «Es kann nur ein Lykeion geben!» entgegnete er scharf.

«Warum?»

«Weil es auch nur ein Athen gibt.»

«Du sprichst doch nicht wie Demosthenes?»

«Nein, das hat mit ihm nichts zu tun, aber . . .»

«Aber?»

«Mit Apollon!»

Nikomachos blickte mit offenem Mund auf den Vater, aber verstand nicht, ihn weiter zu fragen.

Aristoteles nahm jedoch seinen Satz wieder auf. «Ja. In Athen. Zwischen dem Lykabettos und der Talmulde, wo jetzt das Museion steht und der Wandelgang mit der Säulenhalle, der Peripatos, da liegt das Lykeion auf dem Tempelgrund, unter dem Schutz des Apollon Lykeios, des Sonnenläufers. Für ihn gibt es auch andere Namen bei anderen Völkern. Das wußte der König Alexander, als er in Babylon den alten Tempel des Marduk wiedererbauen ließ. Noch kurz vor dessen Tode schrieb mir Nikanor darüber.»

Aristoteles wandte sich wieder dem Wasser zu und kehrte Nikomachos den Rücken. Er wollte allein sein. Zur Seite gewandt sagte er nach einer Weile: «Geh jetzt nach Hause, Nikomachos. Die Mutter erwartet dich zum Deipnon.»

Der Knabe zauderte, sich zum Heimweg zu wenden. Herpyllis schärfte ihm ein, den Vater nicht allein zu lassen, wenn es zu dunkeln anfing. Aber Aristoteles entfernte sich von ihm und trat, ohne sich umzuwenden, noch näher an das Ufer des Euripos. Dabei beugte er sich so weit vor, daß Nikomachos befürchten mußte, der Vater verlöre das Gleichgewicht und stürze in den strudelnden Wirbel. Er wagte ihm aber nicht wieder näher zu kommen, sondern versuchte, sich hinter einer Platane zu verbergen. Dabei biß er sich im knabenhaften Trotz auf die Lippen und kreuzte die Beine.

Aristoteles stand an der engsten Stelle, an welcher der «Schönstrom», wie der Euripos benannt wird, die Insel Euboia vom griechischen Festland bloß in einer Strecke von sechzig Metern trennt. In friedlichen Zeiten stand eine hölzerne Brücke da, die von Euboia nach Böotien führte, um von dort nach einem Ritt von zwei Stunden die Kadmeia von Theben erreichen zu können. Jetzt aber drohte drüben der Krieg. Böotien schloß sich mit anderen Städten Leosthenes an und setzte sich daher in feindlichen Gegensatz. Chalkis galt als stärkste Marinegarnison der Makedonen.

Der Große überließ sich jetzt allein seinen eigenen Gedanken. Alle seine Schriften hatte er im Lykeion zurücklassen müssen, in gutem Gewahrsam dem Lieblingsschüler Theophrastos übergeben. Zu gefährlich wäre es gewesen, die Schriften, auch nur stückweise, mitzunehmen, brauchten doch auch die Gefährten im Peripatos die Rollen zum täglichen Studium und zum Kopieren. Die Flucht entsprang der Einsicht in die eiserne Unabwendbarkeit, mit der das Schicksal sich zu vollziehen drohte. Es gelang, kurze Stunden nach Mitternacht durch den Beistand des treuen Demetrios, Herpyllis, die beiden Kinder samt allen Sklaven auf ein Boot zu bringen, das in Phaleron am Hafenplatz des Freundes bereitlag. Irgendeinen Hausrat mitzunehmen war undenkbar und erst recht nicht die Bibliothek, die unermeßlich reiche, die einzigartige Sammlung seiner eigenen Bücher und Vortragsnotizen mitsamt den Hunderten von Abschriften anderer Werke der griechisch sprechenden Welt!

So war er ganz auf sich selbst gewiesen, auf den Schatz seiner eigenen Zitate, die lückenlos aus dem Schoß seiner Erinnerungen aufstiegen.

Nun blickte er wieder auf das Gewässer, hier in wirbelnden Strudeln, dort in gemächlich wechselnden Zügen, seit einigen Stunden vom Norden ziehend und dann plötzlich wieder vom Süden kommend. Immer dasselbe Wasser und niemals der gleiche Tropfen. Alle natürlichen Dinge enthalten in sich das Prinzip der Bewegung und Dauer. Dreifaches in jeder Bewegung: Dort-Sein, So-Sein und Wie-Sein. Erscheinungsformen dreier Kategorien. Leicht lassen sie sich jetzt durch die Wahrnehmung selber ablesen. Traue den Sinnen. Durch sie nimmt die Welt wahr, dann gibt sie dir Wahrheit! Wahrnehmen bleibt kein passives Beschenktwerden, es wird aktives Ergreifen. Im «Dortsein» herrscht Entstehen und Vergehen. Die Wellen kommen und gehen, sie atmen aus, sie atmen ein. Im «Sosein» wachsen sie und vermindern sich, im «Wie-Sein» erscheinen sie als Wechsel und Änderung.

Aber wo liegt ihr Wesen? Wesen ist Substanz, ist Sein. Das Wesen der Bewegung duldet daher keinen Gegensatz.

Wo wirkt das Bewegungswesen des Euripos? Gibt es die Lösung für das Rätsel dieses Rinnsals?

Diese fünfzig bis sechzig Schritte, die auf der Brücke früher friedlich hinüberführten! Ruderte jetzt ein Boot dorthin, dann wäre der Fährmann ein Charon, der in das todesbedrohende Feindesland führe. Wie beängstigend eng wird die Welt durch den Haß.

Und nahm die Fäden des Denkgewebes abermals in seinen Griff. Was ist Zeit? Weder Bewegung noch Wechsel. Es gibt doch nur eine Zeit, aber manche Bewegungen, vielfachen Wechsel. Zeit ist nicht nur Bewegung. Ist auch nicht ohne Änderung. Unmöglich ist Zeit ohne Bewegung und Wechsel. Ist Zeit im Geheimnis der Zahl? Zeit ist weder langsam noch schnell, sie ist dauernde Bewegung im Wechsel. Wir messen das Mehr oder Minder der Dinge durch Zählen. Bewegen und Wechseln vollziehen sich im Raum. Das Jetzt im Raum von Wechsel und Bewegung ist aber noch nicht Zeit. Zeit muß über der Zahl sein. Denn Zahl ist Teil. Zeit ist aber Ganzheit. Es gibt nicht weniger Zeit, wie es geringere Ganzheit gibt . . .

Er setzte sich jetzt auf die Uferböschung. Seine Stirn lag im Teller der rechten Hand.

Zeit ist also über Bewegung und Wechsel im Raum. Ist Schwingen, ist Rhythmus. Ist Kreisen, ist Kreis. So geht die Bewegung des Himmels. Himmelsbewegung ist Kreisen und Kreis ist das Urbild aller Bewegung. Was im Raum in Bewegung ist, wird von außen bewegt. Der erste Beweger aber ist durch nichts bewegt, was bewegt ist. Der erste Beweger ist unbewegt, außerhalb des Raumes, jenseits der Zeit. Er ist ewig unbewegt bewegend: der Urbeweger.

Die Bewegung des ersten Bewegers muß die schnellste aller Bewegungen sein. Sie bewegt den ersten Himmel der fernsten Sterne, oben und unten, außen und innen. Denn der erste Beweger – ist er nicht reinste Liebe – als Tun der Gottheit, und die Bewegung der Sterne ist der Gesang seiner Liebe?! . . .

Es war dunkel geworden. Das Sternbild des Schützen stand über dem Westhorizont, und der Abendstern, Phosphoros, flammte im Purpur des Sonnenuntergangs über der Bucht von Aulis.

Aristoteles wagte noch einen Schritt näher an das Ufer. Beugte sich vor. Glitt ein wenig den Abhang hinab.

Nikomachos stand die ganze Zeit hinter dem Baum und verfolgte mit wachsender Furcht die Bewegung, die von feindlichen Reitern auf dem gegenüberliegenden Ufer ausging. Eben jetzt, wo er in Angst aus dem Versteck hervorsprang, merkte er, daß sein Vater hinter dem Abhang verschwand. Der Halbwüchsige prellte gellend hervor, gewahrte den Vater, dem er mit seinem Arm rasch heraufkommen half, und rief dann atemlos: «Sieh doch – sieh!» und wies in die Richtung des gegenüberliegenden Ufers, das den jetzt feindlichen Böotiern gehörte.

«Was?» fragte der Vater gelassen, noch entrückt in Gedanken.

«Dort – am andern Ufer. Aus dem Dunkel hervor. Hunderte Reiter!»

Aristoteles sah. Nickte stumm. Dann wandte er sich mit dem Jungen dem Heimweg zu. «Sie suchen dich», rief Nikomachos, noch außer sich. Aber der Vater gab keine Antwort darauf. Beide sprachen nicht. Die ungleich eilenden Schritte des Greises und des Adoleszenten hallten mit ihrer Wechselbewegung auf dem eisenhaltigen Kalkstein.

«Wo ist der Vater?» fragte Nikomachos am nächsten Morgen beim Frühstück, dem Akratisma, bei dem er sein Brot in den gemischten Wein tauchte und einige Oliven und Feigen aß.

«Er will heute früh nichts zu sich nehmen», erklärte ihm seine Mutter Herpyllis. «Er fühlt wieder sein Magenübel. Es geht dann meist rasch weg, wenn er in der Früh nüchtern bleibt.»

«Magenschmerz, sagte er mir einmal auf einem Spaziergang, spürt er, wenn er mit seinen Gedanken in eine Sackgasse gerät!»

Herpyllis wußte darauf nichts zu entgegnen, lächelte und schob stumm ihre Schultern hoch. Der aufgeweckte Knabe hatte schon oft Gelegenheit, die Aussprüche des berühmten Vaters aufzuschnappen. Gab er sie naiv und oft im falschen Zusammenhang wieder, erheiterte er den Vater. Die Mutter aber duldete seine Altklugheit mit Nachsicht, wiewohl sie seine witzig nachgeahmten Redewendungen kaum zu verstehen vermochte. Konnte sie doch nicht lesen und schreiben, wie die meisten Frauen. Beherzt sorgte sie mit stiller Umsicht, die Hüterin des Herdes, die dem Großen vor zwölf Jahren seinen einzigen Sohn geschenkt hatte. Er gab ihr gesetzlich nicht seinen Namen. Sie blieb seine Lebensgefährtin, seitdem sie nach dem Tode seiner Gattin Pythias mit ihm den Thalamos teilte. Eine richterlich gestiftete Ehe ging er im Alter nicht mehr ein. Den Sohn jedoch, dem er den Namen seines verstorbenen Vaters gab, hatte er gesetzlich adoptiert.

Pythias, die Tochter, war ehelich geboren und trug den Namen ihrer Mutter, der rechtmäßigen Gattin des Aristoteles, die früh verstorben. Jetzt stand die Achtzehnjährige vor ihrer Hochzeit mit Nikanor, durch die sie mit ihm die Universalerbschaft des Hausstandes antreten sollte. Herpyllis nahm sich der jungen Pythias mit Hilfe der zahlreichen Dienerschaft an, sah sie doch in dem schönen Mädchen, das im Frauenhaus streng behütet wurde, die Tochter ihrer einstigen Herrin und Freundin. Sie stammte aus Stagira, dem Geburtsort des Aristoteles, und trat als Tochter eines Freigelassenen von frühauf in seinen Haushalt.

Auch Ambrakis, die Sklavin, die Herpyllis aus Stagira mitgebracht hatte, warf ein wachsames Auge auf die junge Pythias. Zur Feier der Hochzeit – so bestimmte es Aristoteles – sollte die Treue ihre Freiheit erhalten zugleich mit einem Festgeschenk von halbtausend Drachmen. Diese mitfühlende Verfügung stimmte sie besonders vergnüglich, so oft sie durch die Anwesenheit der anmutigen Braut daran erinnert wurde.

Um Nikomachos bemühte sich unter den älteren Sklaven besonders der altbewährte Tycho, der schon früher im Lykeion bei den monatlichen Symposien auftrug. Des Schreibens kundig gab man ihm sogar einige Schriftrollen zum Abschreiben. Er sollte dem Jungen in der Grammatik beistehen, wenn wirklich mit einer längeren Abwesenheit von Athen gerechnet werden müßte.

Philo und Olympios, die gleichfalls zu den längst bewährten Sklaven gehörten, trugen jetzt die Amphoren für die Getränke des

Frühmahls auf. Alle drei nahmen schon vor langer Zeit ihrem Herrn das Versprechen ab, niemals anderswohin verkauft zu werden.

Drei jüngere Mädchen, die in der Küche blieben, standen der Herpyllis zu weiterer Verfügung. Sie nahmen sich des kleinen Myrmex an. Der fünfjährige Knabe war als Kind eines verstorbenen Bruders der Herpyllis zu besonderer Obhut übergeben.

Alles war aber in Spannung auf die bevorstehende Hochzeit ausgerichtet, deren Vorbereitung schon viele Monate den Haushalt in Anspruch genommen hatte. So blieb im Mittelpunkt der meisten Tischgespräche einer, der noch nicht anwesend war, Nikanor. Ihn hatte Aristoteles als Sohn seines einstigen Pflegevaters Proxenos adoptiert. Auch er war in Stagira geboren, der Heimatstadt des Philosophen, der ihn dann mit Alexander und dessen Freunden im Nymphenhain zu Mieza mehrere Jahre lang aufzog und unterrichtete. Mit Alexander fast gleichaltrig, zog er später mit dem König über den Hellespont und diente ihm als Offizier und Diplomat im Stabsquartier.

Nikomachos hatte nur wenige Bissen vom Morgenmahl eingenommen, als er abermals besorgt nach dem Vater fragte. Herpyllis sagte, er habe sich wieder auf sein Lager legen wollen, aber als sie nach ihm Ausschau gehalten, merkte sie, daß Schlafstätte und Arbeitsraum leer gewesen seien. Der Meister sei wohl gewiß wieder in seinem Garten, in dem er meist nach dem Frühmahl anzutreffen sei.

«Da botanisiert er!» rief der Knabe und sprang bereits auf.

«Vielleicht will er dabei allein sein», meinte die Mutter, sagte das aber so leise vor sich hin, daß es der Knabe kaum hören konnte. So schlich er sich in den Garten.

Sein Vater stand unter dem Schatten seiner Lieblingsplatane. Dort setzte er sich auf eine kleine Steinbank und zählte die Kelchblätter einer neuen Malvenart, die Alexander aus Indien dem Lykeion schicken ließ. Für diese Pflanze fand Theophrastos noch keinen Namen, der ihm geeignet erschien.

Was ist da noch alles ungeordnet: persische Orchideen, Schlingpflanzen vom Euphratufer, Kakteen aus den Kalkgebieten des niederen Kaukasus. Alles noch unklassifiziert. Wie notwendig wäre doch ein Besuch des Botanikers aus dem Lykeion! Aber jetzt, im Krieg, erschien da nicht die Entfernung von kaum hundert Seemeilen zwischen Athen und Chalkis weiter entfernt als der Euphrat?

Aristoteles ging mit solchen Gedanken durch seinen Garten. Die Nüchternheit schien seinem Magen geholfen zu haben. Das Blut kam wieder in seine Wangen.

Da hielt Nikomachos nicht länger zurück und sprang herbei: «Ich will dich nicht stören!»

Der Vater durchschaute die Redewendung, die mit ihrer Unaufrichtigkeit doch auch Wißbegierde kundtat, lächelte nur und ließ ihn mitgehen. Er war seit eh und je gewohnt, mit Schülern im Lehren zu lernen.

Der Terebinthenbaum, der hinter der Bank stand, trug jetzt in Fülle die roten Früchte. Sie begannen sich jetzt bräunlich zu verfärben. Es ging dem Spätherbst zu.

«Smardali nennt Theophrastos den Baum», sagte er jetzt zum Sohn. «Er hat ihn hier selbst gepflanzt, als er den zarten Strauch aus Lesbos mitgebracht hatte.

«Warum aus Lesbos?»

«Woher er stammt. Aus seiner Heimat.»

«Das muß schon lange her sein!»

«Ja, du warst noch nicht geboren.» Dann stand er auf und rief dem Jungen zu: «Komm. Sieh dir mit mir die Gewächse näher an. Man muß den Augen vertrauen!»

Er nahm ein Blatt vom Baum der Terebinthe. Jedes Blatt hat sechs Blättchen mit einem Endblatt. «Stempel und Staubgefäße sind rötlich», entschied der Betrachtende. «Die Farbe – wie die Röte am Frühmorgen. Die Frucht ist so groß wie eine Erbse. Sie wird erst rot, dann bräunt sie sich und schließlich fällt sie grauschwarz zum Boden. Das ist der Sonnentag der Terebinthe.»

Aristoteles brach einen Zweig ab. «Die Frucht ist jetzt reif. Damit gibt der Strauch sein Öl her. Fühl' es selbst.»

«Glatt wie Gummi», sagte Nikomachos.

«Damit gerben sie dann das Leder.»

«So hat jede Pflanze ihren Zweck.»

Da stand der Alte still und sah ihn ernst an. «Die Natur ist eine Meisterin. Die hohe Weberin. Ohne Warum. Das Warum, das denken sich nur die Menschen. Weil sie denken können, machen sie daraus ihre Zwecke.»

Dem Gedankengang konnte der Junge noch nicht folgen und schwieg. Aber der Alte setzte wie im Selbstgespräch sich weiter versichernd fort: «Früher nannten sie die Erde die Gebärende. Die Muttergottheit. Demeter. Das lernte ich noch in der Akademie.»

Nikomachos blieb erstaunt stehen. Er konnte sich gar nicht denken, daß sein Vater auch einmal jung war und bei einem andern Lehrer noch lernte.

«Was wissen sie denn heute in Eleusis von Demeter noch», sagte Aristoteles, brach aber dann rasch zu sprechen ab und ließ seine weiteren Gedanken wortlos wandern. Die Natur ist ein Wesen. Physis ist nur ein Wort. Aber ein Wort, das mit Werden und Grünsein und Blattwuchs und Wachstum, mit Welken und Fruchtsein verbunden ist. Im Samen ist die Welt im kleinen. Aber keineswegs wird aus jedem Samen ein beliebiges Wesen. Nicht jeder beliebige Same stammt aus einem beliebigen Körper. Der Same ist das Prinzip, das aus sich selbst ein Wesen schafft. Das aber bringt die Mutter Natur zur Geburt. Früher als das, was erwächst, früher als Same ist das Wesen, von dem der Same stammt. Das Wesen aber, *Ousia*, ist es nicht in der Sprache der Griechen weiblich? Frau, Mutter und Göttin? Der Same ist doch Potenz. Aus dem Potentiellen wird Wirkliches. Aktuelles im Blatt. In der Frucht kommt alles zum Ziel, zur Entelechie. So bereitet die Meisterin, die göttliche Physis, dem Philosophen unendliche Freuden. Denn das Denken über die natürlichen Dinge ist doch ein immerwährendes Entdecken des Zugedeckten, ein Offenbarmachen des Geheimen. Der Vernunft erschließt sich das Göttliche, das in dem Busen der Urmutter ruht. Hat doch einmal Herakleitos, der Große aus Ephesos, als er am

Feuer sich wärmte, den Freunden zugerufen: Tretet nur getrost ein, auch hier sind Götter!

Aber wo war er? Er stand jetzt an der Gartenmauer und merkte gar nicht, daß Nikomachos lautlos hinter ihm den Weg mitgeschritten war. Die Mauer war mit der dunkelgrünen Kresmateta behangen. «Sieh doch – wie zerbrechlich!» sagte er jetzt zum Söhnlein und brach einen Zweig vom Gemäuer. «Diese Blätter – wie eine Waage – eines über dem andern. Wie zart! Solch ein Strauch braucht Stütze. Er ist zerbrechlich wie ein schwacher Tonkrug.»

Dann nahm er wieder eine der Malven in die Hand und rief: «Die Farben dieser Molocha! Das Rosa, das ins Violett übergeht. Mit Purpurstreifen.» Und dachte wieder, wäre doch Theophrastos hier. Er würde ihn jetzt so gern über die Mistel fragen, die als Parasit in der persischen Walnuß liegt. Er hatte doch als erster den Parasitencharakter der Elatinos erkannt und ihre Heilkraft.

«Heilkraft?» fragte der Junge.

«Ja, ihr Saft. Gegen Verkalkung der Gefäße. Für Alte, wie ich einer bin.»

«Das weißt du doch besser als Theophrastos», meinte Nikomachos in unerschütterlicher Bewunderung seines Vaters. «Du bist doch der Sohn eines Arztes.» Dabei dachte er an den Großvater, von dem er seinen Namen hatte.

«Ich habe ihm manches zu verdanken», sagte Aristoteles. «Aber er starb so früh. Ich war erst sieben Jahre alt. Dann nahm mich Nikanors Vater in seine Pflege, bis er mich mit siebzehn nach Athen brachte, zu Platon in die Akademie. Das vergesse ich ihm nie. Und deshalb will ich es nun seinem Sohn vergelten.»

Nikomachos wandte jetzt jäh den Kopf in die Richtung des Hauses. Von dorther wurden Stimmen laut. Aristoteles schickte den Jungen ins Haus. Er möge herausfinden, was es dort gebe. Oftmals gerieten die Sklaven miteinander eifernd in grundlosen Streit.

Indessen hob der Meister eine Kastanie vom Boden auf. Eine persische Kastanie, die ihm Theophrastos aus seiner Sammlung brachte und die ihm Androsthenes, der Admiral Alexanders, im

Vorjahr von der arabischen Südküste geschickt hatte. Er nahm die Frucht und betrachtete deren stachlig prickelnde Schale. Er brach sie, denn er wollte sehen, wie viele Nüsse darin waren. Manchmal zwei oder drei. Wie die Natur spielt, die göttliche Künstlerin. Sie geometrisiert mit den Blättern, sie zählt die Blüten mit bestimmten Zahlen. Aber Früchte und Samen streut sie aus ohne Zahl, ohne Ziel.

Jetzt sah er, es war nur eine Nuß darin. Noch feucht. Sie glänzte in ihrer braunroten Glätte und verbarg dem Auge die süßliche Bitterkeit ihres Saftes.

Da kehrte Nikomachos keuchend zurück. «Der Hafenkapitän», rief er außer Atem, «der Kommandant von Erythreia ist da!»

«Und was will er?» forschte der Denker. «Warum der Aufruhr?» Hier war er doch kein schutzloser Metöke wie in Athen. Jedermann kannte ihn hier als Freund des Antipatros, gehörte er doch zum makedonischen Hofadel.

«Eine arge Nachricht.» Das war alles, was der Knabe herauszubringen vermochte.

Gleich darauf stand der Kommandant der benachbarten Hafenstadt Erythreia vor ihm. Er eilte die zwölf Meilen zu Pferde nach Chalkis, um die Schreckensnachricht persönlich zu überbringen: Letzte Nacht landeten die Athener mit ihrem Admiral Paidos an der Südspitze der Insel und faßten auf dem Landstrich Karystos Fuß. Die Stadt Styra befand sich bereits in ihrer Hand!

Von heute an, so begriff Aristoteles, zählte die Insel seines Asyls zum Kriegsgebiet!

## Fünftes Kapitel

# *Antipatros*

Der verwegene Emporkömmling aus den minder privilegierten Schichten des Volkes fand sehr bald durch seine forsche Strategie bei der nationalistischen Volkspartei des Demosthenes vorbehaltlose Unterstützung. Leosthenes hatte schon im Vorjahr als jüngster zu den zehn Heerführern gezählt, welche die Volksversammlung jährlich wählte. Jetzt erhielt er als Feldherr militärisch eine Machtstellung, die ihm im Heer keiner mehr einschränken konnte.

Alle athenischen Bürger bis zum vierzigsten Lebensjahr waren zum Heeresdienst aufgeboten. Drei Mannschaftseinheiten bewachten den Süden des Landes. Die übrigen Truppen standen dem Obergeneral einsatzbereit zur Verfügung für den entscheidenden Angriffskrieg im Norden.

Die ersten Bundesgenossen, die sich Leosthenes gewann, waren die Ätolier. Sie sahen sich in der Streitfrage über die Rückkehr der Flüchtlinge, die das Dekret Nikanors vorjährig in Olympia erlassen hatte, mit Athen in ähnlicher Lage. Erst vor kurzem nämlich hatten die Ätolier die Oeniaden am Acheloos vertrieben.

Unterdessen wuchs das Heer der aus Asien zurückgekehrten Söldner durch Zuzug attischer Rekruten zu namhafter Streitkraft. Der umsichtige Stratege ließ vorerst noch die Soldaten im Lager am Vorgebirge Täneron exerzieren, während er selbst beschloß, auf dem Seeweg, der Westküste entlang, die Ätolier mit einer kleineren Vorhut zu erreichen, um dann, mit diesen verbündet, die Phokrer und Lokrer in die gemeinsame Streitmacht einzubeziehen.

Die Hoffnung auf Wiederherstellung der hellenischen Unabhängigkeit hatte Demosthenes während der letzten Jahrzehnte niemals verlöschen lassen. Während sie unter den alten Konservativen der Stadtaristokratie mit ihrer erschlafften Energie bloß als bescheidenes Flämmchen flackerte, fand sich indessen die jüngere Generation mit der geänderten Lage ab. Ja, der Gedanke der neuen Reichseinheit, die das Makedonenschwert so rasch zustande brachte, was die bisherigen Städtebündnisse vergeblich ersehnt hatten, entlockte dem jüngeren Bürgertum Zustimmung für das hellenistische Weltreich.

Jetzt aber vollzog sich die Bewegung nationalistischer Wiedererweckung von den unteren Volksschichten her und griff von diesen allmählich auch auf die feinnervig müden Bürgersöhne über. Die demagogische Rhetorik des Demosthenes hielt diesen Umstand aufmerksam im Auge. Die Zahl der Kriegsfreiwilligen stieg im leicht entfachten Begeisterungsfeuer rasch an.

«Jetzt oder nie!» Das Schlagwort, das Demosthenes seit seinen Philippikas so oft angewandt hatte, fand neuen Zündstoff im Rachegefühl über die Niederlage bei Chaironeia, die vor fünfzehn Jahren den griechischen Stadtstaaten ihre politische Selbständigkeit geraubt hatte. Ehe Antipatros von Makedonien aus zum Gegenschlag erfolgreich ausholen konnte: «Jetzt oder nie!»

Das Kräfteverhältnis verschob sich indessen immer mehr zugunsten der Verbündeten unter der Führung Athens, seitdem sich auch die Ötaer, Achaier von Phtia, Arkananen von Alyzia, Lukadier und sogar einige Stämme der Thessaler und Thraker, die mit der eng benachbarten Herrschaft von Makedonien unzufrieden waren, an Leosthenes angeschlossen hatten. Achttausend Mann, die am Täneron lagerten, zogen nun nach Norden und verbanden sich mit der Armee, die sich entlang der ätolischen Küste sammelte.

Jetzt marschierte Leosthenes geradenwegs an die Thermopylen, das seit den Perserkriegen bekannte strategische Tor von Hellas, ließ vorerst die Soldaten dort lagern, eilte abermals durch Ätolien nach Attika zurück, um sich mit den von Demosthenes indessen ausgehobenen fünftausend athenischen Fußtruppen und fünfhundert attischen Reitern zu verbinden.

Mit diesen Streitkräften machte er nicht mehr den zeitraubenden Umweg über den Nordwesten. Er wußte sich mit seinen Leuten bei den Thermopylen genügend abgesichert. So wagte er, auf Anraten des Demosthenes, der beim Feldzug dabei war, unmittelbar durch Böotien zu marschieren.

Die athenischen Bundesgenossen wagten bei Plataä die Böotier anzugreifen. Sie drängten sie schnell zurück und nahmen die schwache, nur für Friedenszeit berechnete Makedonenbesatzung der thebanischen Kadmeia ein.

Demosthenes blieb als Befehlshaber dort triumphierend zurück.

Antipatros sah sich schlagartig durch die Vorgänge im südlichen Griechenland überrannt.

Als Reichsverweser Makedoniens und Oberbefehlshaber des hellenischen Städtebundes hatte er gleich nach Bekanntwerden der Nachricht vom Tode Alexanders in diplomatischer Voraussicht Gesandte nach Athen geschickt, um sich der Aufrechterhaltung des Friedensbündnisses der griechischen Stadtstaaten zu versichern. Er selbst aber wagte damals nicht, nach Athen zu kommen.

Die Makedonenfreunde fanden dies vorerst als Ausdruck freundschaftlichen Vertrauens. Nachdem aber die alte Regierung gestürzt worden war und die radikale Volkspartei unter der Führung von Hypereides und Demosthenes die Zügel ergriffen hatte, gab der Umstand seines Fernbleibens den nationalistischen Eiferern weiteren Auftrieb.

Antipatros sah sich in einer peinlichen Lage.

Er war vor kurzem siebzig Jahre geworden. Klein im Wuchs, von stämmig untersetzter Gestalt, rüstig in selbstdisziplinierter Lebensführung, ein soldatischer Puritaner, gehörte er als Diener zweier makedonischer Könige zu den Treuesten der Treuen. Er war jetzt als einziger unter den Generalen übriggeblieben, der schon unter Philippos wirkte und dann als väterlicher Berater seit der Thronbesteigung des zwanzigjährigen Alexander ununterbrochen seine Kräfte einsetzte.

Niemals verließ er Europa. Zumeist verharrte er in Makedonien und verwaltete das Reich vom thrakisch-illyrischen Norden bis zum südlichen Peloponnes. Die Gefahr der asiatischen Feldzüge mit ihren tragischen Verwicklungen, in die manche seiner Amtskollegen geraten waren, blieb ihm erspart. Als ein äußerst gebildeter Mann las er die attischen Dichter, Tragiker und Redner, schrieb ein Buch über die Militärgeschichte Makedoniens und redigierte seinen Briefwechsel mit Alexander, den er jetzt herauszugeben gedachte.

Mit Aristoteles verband ihn eine Freundschaft, die ein Leben lang ungetrübt blieb. Sie leitete sich seit den Tagen der Lehrstunden mit Alexander her, wo auch sein Sohn Kassandros mehrere Jahre im Nymphenhain zu Mieza als Schüler des Philosophen saß. Der Vater war damals stolz, seinen Ältesten aus der Ilias fließend rezitieren zu hören.

Antipatros verehrte die attische Kultur, liebte Athen, schützte die Stadt stets vor drohender Zerstörung. So war auch er, der Freund des Aristoteles, erkorener Schutzherr über das Lykeion. Mit Freude willfahrte er der Bitte, als königlicher Testamentsvollstrecker formell zu fungieren.

Hatte ihm Alexander nicht bis vor kurzem vollstes Vertrauen geschenkt?

Mit dieser bangen Frage rannte Antipatros in der Mitternachtsstunde im Arbeitszimmer seines Palastes in Pella auf und ab. Und wartete. Wartete auf Kassandros, den ältesten Sohn, der eben aus Babylon eingetroffen war, und den er zu einer dringenden Unterredung in sein Amtszimmer bestellt hatte. Wahrscheinlich zechte der Heimgekehrte, zuchtlos und unbeherrscht wie er war, mit den Freunden, die er seit mehr als einem halben Jahr nicht mehr gesehen. Es stand das Verhältnis zwischen Vater und Sohn nie zum besten. Aber jetzt, noch in dieser Nacht, bevor der Tag anbrach, mußte der Vater mit ihm über manche dunkle Punkte ins reine kommen!

Immer war Alexander hinter ihm gestanden. Hatte seinen Rücken gestärkt. Seine Autorität aufrichten lassen. Als Olympias, die ehrgeizig machthungrige Königsmutter, mit ihm haderte, griff Alexander schützend ein, stellte sich auf seine Seite, scherzte in Briefen, er habe als ihr Sohn wohl selbst an dem Gezänk schuld und betrachte es als leidige Gegengabe dafür, daß sie ihn einst neun Monate in ihrem Leibe zu tragen hatte . . .

Ließ ihm nicht Alexander, als er über den Hellespont zog, das Oberkommando über Europa durch alle zwölf Jahre? Stellte er ihm nicht als Oberfeldherrn über die hellenischen Stadtstaaten ein stattliches Friedensheer von zwanzigtausend Fußsoldaten und zweitausend Reitern zur Verfügung? Als Sparta sich gegen Makedonien erhob, gab er ihm nicht aus seinem Reichsschatz dreitausend Talente, was doch damals das Sechsfache eines Jahreseinkommens von Athen war?!

Wenn Alexander an Antipatros Briefe diktierte, setzte er selbstverständlich wie früher die altgewohnten Grußformeln mit dem Wunsch um Wohlergehen fort, während er andere nur mit dem «WIR» des Pluralis majestaticus apostrophierte?!

Ja, Alexander! Er rannte sich in dem mitternächtlich einsamen Gang im Amtszimmer des Regierungspalastes immer mehr in die Qual seiner Frage: Was hat sich zuletzt in die Quere gestellt? Wurden die jüngst erhaltenen Briefe, die er an ihn diktiert, von Intriganten gefälscht? War er ein wehrloses Opfer von Verleumdern geworden?

Denn der König hat ihn kurz vor seinem Tode nach Babylon rufen lassen. Rufen oder abberufen? Mit dem Auftrag, ein Rekrutenheer junger Makedonen nach Asien zu führen, während Krateros mit Veteranen nach Makedonien kommen sollte! Das kam fast einer Versetzung in den Ruhestand gleich, bei aller Rüstigkeit, bei aller bewährten Gesundheit!

Antipatros weigerte sich, nach Babylon zu kommen, schützte altersbedingte Unpäßlichkeit vor und schickte an seiner Stelle den Sohn.

Da kam er endlich, sein Ältester, Kassandros. Er war, wie immer bei Gelagen, angetrunken und wankte mit rotem Kopf in die Halle.

«Daß du endlich da bist!»

Der einstige Schulkamerad Alexanders umarmte der Sitte gemäß den Vater, aber förmlich, und warf sich dann auf eine Ruhebank.

«Ich muß endlich alles hören!» rief der Vater.

«Hat es nicht bis zu Mittag Zeit, wenn ich ausgeschlafen?»

«Es drängt.»

«Nichts drängt. Es bleibt alles beim alten!» warf Kassandros verächtlich ein. «Diese Engigkeit hier, diese Hofhaltung von Bauern. Verlernt gleich sein gutes Griechisch, das man in Babylon spricht, wenn man nicht ausgelacht sein will.»

«Keiner lacht dich aus, wenn du neben der Schriftsprache, neben Attisch, das Platt unserer bäuerlichen Vorfahren noch kennst.»

«Kauderwelsch!»

«Sohn! Höre!»

Nach langer Pause, währenddessen der Vater drohend vor ihm stand, um eine Antwort zu fordern, kam es unwillig von Kassandros: «Was? Was denn?»

Jetzt trafen sich ihre Augen.

Kassandros erhob sich von der Bank, fand halbwegs sein Gleichgewicht wieder, aber senkte unwillig den Kopf.

«Demosthenes steht auf der Kadmeia!»

Der Trunkene begriff den Zusammenhang nicht, wiederholte aber lallend den Namen des großen Redners und rief: «Der hat den Alexander in Pella einen Margites genannt. Einen Anti-Achilles, weißt du, einen Tölpel, der nichts vom Geschlechtsverkehr kannte und nicht wußte, wer seine Eltern waren. Damals», jetzt wurde Kassandros gesprächiger, «damals war Alexander erst vierzehn und sprach schon von seiner halbgöttlichen Herkunft!»

«Zur Sache, Sohn!»

«Das ist sehr zur Sache», fuhr er frech auf. «Zur Sache Olympias, zu dem Weib, das uns so viel zu schaffen macht. Bis ich ihr einmal den Dolch . . .»

«Kassandros!»

«Vater, ich bitte dich. Sie hat doch mit der Sache seiner Göttlichkeit angefangen.»

Antipatros schwieg eine Weile. Dann sagte er ruhig: «Ich war nicht in Olympia mit Nikanor.»

«Nikanor?» rief der Junge, wie von einem Giftpfeil getroffen. «Mein Todfeind!»

«Ich sehe», sagte Antipatros und rannte wieder auf und ab, «du bist jetzt kaum in der Lage, vernünftig und im Zusammenhang zu erzählen. Aber höre doch, Sohn. Es ist Krieg. Es ist Aufstand in Athen. Ein Söldnerführer steht vor den Thermopylen. Ich muß wissen, wann Krateros kommt und . . .»

«Und?»

«Wie er kommt!»

«Natürlich wird er kommen. Er hat sein Heer in Kilikien.»

«Kilikien?»

«Ja. Gegenüber Kypros. Mit den Schiffen nimmt das je nach dem Wind zwei Wochen. Oder mehr.»

«Solange kann ich nicht warten!» rief Antipatros bestürzt.

Kassandros hob bloß die Schultern hoch.

«Wir müssen morgen mobil machen!»

Kassandros blieb immer noch stumm.

«Morgen bei Sonnenaufgang. Wenn du nüchtern bist, und mitkommst.»

«Mäusekrieg!» sagte Kassandros und zog das Wort durch die Zähne.

Antipatros starrte ihn verständnislos an.

«Ja. Mäusekrieg. Das war ein Wort Alexanders. Ein Wort im Spott. Gegen dich. Deinen Krieg gegen Sparta!»

«Der siegreich die Revolte niedergeschlagen», warf der Vater rasch ein.

«Ja. Das ist es eben! Du hast dich tapfer geschlagen», rief Kassandros mit stärker werdender Stimme. «Aber so war Alexander. Spottete dich aus. Mäusekrieg hat er das genannt. Vor allen Generalen.»

«Beim Gelage. Da wurde viel getrunken.»

«Sprach immer nur, wenn er getrunken!»

Antipatros blieb jetzt vor ihm stehen und sah ihm scharf in die Augen. «Sohn. Du bist verhetzt worden!»

«Wieso verhetzt?»

«So sprachst du nicht, ehe du nach Babylon gekommen.»

«Nein. Es war ja dein Auftrag. Ich bin in deiner Vertretung gegangen. Das sollte man mir doch vielleicht jetzt danken!»

Da trat Antipatros einen Schritt wieder zurück, als wolle er vor ihm die Heftigkeit seiner Rede entschuldigen. «Rede doch, Sohn. Du siehst, ich brauche jetzt deinen Rat. Deine Orientierung. Wie kommt Krateros zurück? Verstehst du – als mein Rivale? Als einer, der mich absetzen und an meiner Stelle hier in diesem Palast regieren wird? Das kann auch dir nicht gleichgültig sein, mein Ältester, der doch bald seinem alten Vater hier nachfolgen wird.»

Jetzt veränderte Kassandros seine Stimme. Er war merklich wieder zum Gebrauch seiner Sinne gekommen und begann nun zusammenhängend zu erzählen.

«Nein. Ich bin nicht beim Tode des Königs dabeigewesen», rief er in Selbstverteidigung, «auch nicht bei dem letzten Gelage im Palaste des Medios. Wo man fabelt, Alexander wurde vergiftet. Glaubt man wirklich, wenn man einen König vergiften will, dann nimmt man eine so schwache Dosis, daß er noch zwei Wochen danach lebt! Nein, ich war schon auf dem Rückweg von Babylon, als er starb. Habe mich in Tarsos aufgehalten, ehe ich dann das Schiff nach Ephesos nahm.»

«Warum legtest du dort an?»

«Weil Nikanor dorthin wollte!»

«Nikanor?»

«Ja. Ich trennte mich dann von ihm. Er ist ein Höfling. Ein ehrgeiziger Streber. Deshalb hielt er es bis zum letzten Tag bei ihm aus, ohne in Ungnade zu kommen. Es scheint wirklich rätselhaft, wie es dieser widerliche Ehrgeizling fertigbrachte.»

«Er war doch dein Schulgefährte in Mieza», lenkte der Vater ein.

«Das ist lang her. Zwanzig Jahre. Da verändern sich Männer.»

«Was tat er dann in Ephesos?»

«Weiß nicht.»

«Aber erzähle doch weiter!»

«Es hängt schon mit Nikanor zusammen. In einem gewissen Sinne. Nämlich mit Aristoteles!»

«Mit Aristoteles?» rief jetzt Antipatros und kam Kassandros wieder näher. «Mit Aristoteles?»

«Er wird ja sein Schwiegersohn.»

«Das weiß ich. Er will das schon jetzt testamentarisch festlegen. Er soll sein Universalerbe werden.»

«Mag er wohl. Die Pergamente soll er haben», setzte der Junge verächtlich hinzu.

«Nun, Sohn, berichte! Denn ehe du kamst, haben mich bereits Briefe alarmiert. Ich bin schon etwas unterrichtet. Rede als Ohren- und Augenzeuge. Was ist die Wahrheit? Was stellte sich zuletzt zwischen den König und mich?»

Da sah Kassandros dem Vater in die Augen: «Die Wahrheit heißt Kallisthenes!»

«Der Neffe des Aristoteles!»

«Den du einst in Mieza als Hofhistoriker vorgeschlagen.»

Antipatros ging zu seinem Arbeitstisch. Da war das Geheimfach mit seinen Briefen. Er nahm das zu oberst bereit liegende Schriftstück heraus. «Ein Brief von Alexander. Der letzte an mich.»

«Also weißt du es schon», rief Kassandros gleichgültig und etwas enttäuscht, weil ihm der Hauptpunkt seines Berichtes vorausgenommen zu sein schien.

«Höre», sagte der Vater, entrollte die Rolle und las: «Den Sophisten – das kann sich auf Kallisthenes oder auch gar auf Aristoteles beziehen –», sagte er und begann nochmals. «Den Sophisten werde ich selber strafen, gleich ihm auch die andern, die meinen heimlichen Feinden in griechischen Städten Unterschlupf geben.»

Dann beugte sich Antipatros auf sein Pult. Stützte seine Stirn mit dem rechten Arm. Schwieg. Als er sich endlich wieder umwandte, wischte er mit dem Ärmel seine Augen.

Auch Kassandros fand jetzt kein Wort, um den Vater, der sehr bewegt war, zu beruhigen. Dann sagte er in die Stille: «Die Proskynese. Das war es.»

«Der Fußfall? Das Küssen der Füße und Berühren des Bodens!»

«Ja. Es war zum Lachen. Ich lachte, Vater. Ich mußte lachen, als ich es das erste Mal sah. Lachte laut. Und was geschah dann? Alexander packte mich an den Haaren und warf mich an die Wand, an die Wand, warf mich an die Wand, bis ich bewußtlos da lag und man mich forttragen mußte.»

Antipatros senkte sprachlos den Blick.

«Seither haßte ich ihn», setzte Kassandros hinzu nach einigen Atemzügen abebbender Erregung.

Antipatros stand, ging zum Fenster, in das die Morgensonne schon durchschien, schüttelte den Kopf und sagte dann: «Merkwürdig! Die Proskynese. Ist sie nicht etwa ein Mißverständnis von einer Stelle in der *Politeia* des Aristoteles.»

Kassandros sah gelangweilt zum Vater. Und gähnte, der Übernächtige. Antipatros setzte jedoch unbeirrt fort. «Die Stelle, wo er vom Unterschied zwischen Hellenen und Barbaren spricht. Die ist doch ohne Zweifel auf die Kriegsführung Alexanders im Orient gemünzt wie das meiste, was in dem Buch über den Staat steht.»

Kassandros gähnte nochmals. «Welche Stelle?» murmelte er uninteressiert.

«Wo es heißt: die Hellenen führe man als strategischer Hegemone, die Barbaren aber beherrsche man als Despot. Jene möge der Herrscher als Menschen leiten, diese noch gleichsam wie Tierwesen.» Er setzte ab, dann sagte er mehr wie zu sich als zum Sohn: «Eine schwierige Stelle, über die ich mit ihm sprechen will, wenn wir uns wiedersehen werden.»

«Das mit den Barbaren ist Unsinn», brummte Kassandros.

«Unsinn?»

«Nennen die Griechen uns Makedonen doch auch noch immer

Barbaren. Als ob es auf die Barttracht ankäme!» warf der Sohn hin und sah zur Seite. «Übrigens führte Alexander am Hofe die Mode der Bartlosigkeit ein, wie du sie auch an mir siehst. Ihr Alten» – er sah verächtlich auf den Vater – «könntet euch doch auch endlich danach richten!»

Antipatros ging auf diese verletzende Anspielung nicht ein, aber sagte halblaut vor sich hin: «Tiere treten in Gruppen auf. Soweit der Mensch noch das Tierhafte an sich hat, geht er in der Gruppe unter. Das heißt: er hört auf, Mensch zu sein oder er hat damit noch nicht begonnen. Seine Persönlichkeit . . .» Aber jetzt, indem er mit seinem hörbaren Denken fortfahren wollte, bemerkte er, wie Kassandros vom Rausch wieder so überwältigt wurde, daß er an der Säule, an die er sich lehnte, beinahe einschlief. Dann lief er davon, als er sah, daß der getreue Sippas, der alte Reiteroberst, der als höchster Adjutant beim Vater diente, eilig hereinkam.

Sippas kam, wie verabredet, zur Stunde des Sonnenaufgangs. Auf den Altbewährten, der gleichfalls schon mit ihm unter König Philippos zu dienen begonnen, konnte er sich völlig verlassen. Er sollte jetzt als sein Stellvertreter für die Reichsgeschäfte in Pella zurückbleiben.

«Aufbrausend und zuchtlos, wie immer», sagte Antipatros zu Sippas, indem er auf die Stelle wies, wo Kassandros eben noch gestanden. «Vielleicht war es falsch, ihn nach Babylon geschickt zu haben. Aber jetzt soll er am besten sofort zu Leonnatos nach Phrygien eilen. Er muß ihm meinen Befehl hinterbringen, uns sofort zu Hilfe zu kommen!»

«Und Krateros?» wagte Sippas zu fragen.

«Leonnatos muß zu Krateros stoßen. Krateros allein scheint mir als Bundesgenosse zu ungewiß.»

Sippas blickte fragend auf ihn.

«Alexander hat dem Krateros als Ersatzmann den Polyperchon beigegeben für den Fall, daß er den älteren einmal ersetzen muß. Krateros ist nicht viel jünger als ich. Du verstehst. Es geht doch alles jetzt um die Nachfolge in der Führung des Weltreichs.»

«Die Makedonen bleiben dir treu», äußerte der Oberst.

Aber Antipatros wollte das überhören. Er ging mit ihm zur Wand, auf der eine Karte des Weltreichs gezeichnet war. «Hier ist das hellespontische Phrygien, wo Leonnatos die Statthalterschaft hat. In Kilikien, wo jetzt Krateros mit seinen zurückkehrenden Veteranen liegt, soll Philotas regieren. Syrien hat Laomedon, und in Ägypten ist Ptolemaios schon als Pharao anerkannt. Die sind zu weit entfernt, um uns helfen zu können. Der gute Eumenes hat in Kappadokien die Hände voll, um sich zu behaupten, Antigonos kämpft noch, wie uns gesagt wird, um Paphlagonien zu unterwerfen. Was weiter im Osten liegt, hat für uns kein strategisches Interesse. Peithon soll in Medien sitzen und Peukestas in Persis. Die Oreiten hat Apollophanes und alles, was weiter im Osten liegt, darum hadern wohl die Satrapen, die seit dem Indienzug von Alexander zurückgelassen wurden.»

Antipatros kehrte der Wandkarte wieder den Rücken.

«Fest hast du, Antipatros, deine Makedonen in der Hand», beteuerte der treue Sippas.

Aber der bisherige Vizekönig von Makedonien, der noch vor kurzem der autonome Feldherr des griechischen Städtebundes und Herr über das Alexanderreich in Europa gewesen, blickte finster zu Boden. «Krateros soll als Prostates der Repräsentant der Krone werden. So – nach dem Willen des Königs.»

«Der tot ist», setzte Sippas rasch hinzu.

«Das würde meine Absetzung bedeuten», rief Antipatros, indem er beharrlich die Einwände seines ergebenen Stellvertreters bagatellisierte. «Perdikkas ist Chiliarch in Asien. Er soll auch in Abwesenheit von Krateros als Prostates die Würde des Repräsentanten der Krone übernehmen. Das sagte mir Kassandros.»

«Er sagt vieles im Zorn», fügte Sippas rasch hinzu, um ihn wieder zu beruhigen, «weil Alexander Kassandros leerlaufen ließ. Obwohl er doch einst sein Schulkamerad gewesen.»

Antipatros ging abermals nicht auf diese Seitenspur ein, auf die ihn der einfältige Haudegen zu bringen versuchte. «Perdikkas strebt nach der Alleinherrschaft. Das weiß Olympias, meine Erzfeindin.

Und was tut sie? Sie will, daß er sich von meiner Tochter Nikaia trennt, um ihm Kleopatra zur Frau zu geben.»

«Kleopatra, ihre Tochter?»

«Die Schwester Alexanders», sagte Antipatros hart. «Das ist ihre jüngste Intrige gegen mich. Das ist ihr letzter Trumpf gegen Roxane, die eben erst ihren Sohn gebar, den sie Alexander nennt. Einen Säugling wird aber das Heer nicht als Führer anerkennen, so wenig wie den unehelichen Sohn der Barsine, den Herakles, der jetzt als Fünfjähriger mit der Mutter in Pergamon lebt. Und der Halbbruder Alexanders, der Sohn des Philippos, den er außerehelich von der thessalischen Philinna hatte, der Arridaios – der ist ein schwachsinniger Epileptiker.»

«Und alle vorherigen Kronprätendenten sind bereits beim Regierungsantritt Alexanders beseitigt worden», sagte Sippas und wollte ihn abermals beruhigen, indem er Längstbekanntes wiederholte.

Da aber zuckte Antipatros plötzlich zusammen. Sippas hatte ahnungslos eine tiefe Wunde im Herzen aufgestoßen. Es betraf seinen einstigen Schwiegersohn selbst, den Alexander Lynkestis, ihn, den damals nach der Ermordung Philipps der junge König verschonte. Dieser hatte sich als treuer Paladin dem Alexanderzug angeschlossen, am Granikos tapfer mitgekämpft, auch in anderen Schlachten, bis er schließlich im Prozeß gegen Parmenion und Philotas als drittes Opfer hingerichtet worden war.

Das alles brachte Antipatros aber jetzt nicht über die Lippen. Er stand erstarrt. Wußte nur eines. Es mußte durchgehalten werden. Trotz allem. Bis zum Letzten.

«Sprechen wir nicht über Vergangenes», sagte Antipatros zu dem treuen Soldaten. «Leosthenes hält jetzt die Thermopylen besetzt. Wir haben keine Zeit, auf Verstärkung zu warten. Wir müssen mit der Landstreitmacht, die bisher auf Friedenszeit reduziert ist, sofort durch Thessalien marschieren.»

Mit kräftigem Händedruck ließ er den Oberst als seinen Stellvertreter im Amtsraum des Regierungspalastes zurück.

## Sechstes Kapitel

# *Das Opfer in Aulis*

Nachrichten aus Makedonien erreichten Chalkis nur noch sehr spärlich. Der Süden von Euboia um Karystos und Styra war von den Athenern besetzt. Westwärts, über den Euripos, lag das feindliche Böotien. Die Nordwestspitze der Insel lag der Bucht von Pharsala gegenüber, des thessalischen Hafens, der bereits zum Kriegsschauplatz gehörte. So konnten jetzt Schiffe, die nach Makedonien ausliefen, nur noch mit einiger Sicherheit den Hafen von Thessalonike ansteuern.

Aristoteles schrieb an Antipatros. Es waren die ersten Zeilen, die er nach seiner Flucht an den vertrauten Freund richtete. Der Brief war kurz, nicht mehr als ein Lebenszeichen und ein Gruß mit dem Wunsch nach Wohlergehen, in dem sich banges Besorgtsein verbarg. Erst zum Schluß äußerte er auch etwas über das, was ihn gegenwärtig denkerisch bewegte und zugleich seinem Herzen Trost gab. Es bezog sich auf die einzige Schriftrolle, die im Hause vorhanden war, die er vor Jahren von Athen mitgebracht, als er zu kurzem Sommeraufenthalt hier weilte: die Mythen des Hesiod. «Ja, in der Tat», so schloß er den Brief an den Freund, «je älter ich werde, desto lieber werden mir wieder die Mythen!»

Nachdem er den Brief versiegelt und der Seefestungskommandantur zur Beförderung für das nächste Schiff nach Thessalonike anvertraut hatte, ging er wieder zum Euripos und sah von dort in das Purpurgewölk der Abendsonne, die hinter Aulis unterging. Die Hafenbucht, seit tausend Jahren umwoben von den Sagen des Trojanischen Krieges, lag westlich gegenüber von Chalkis.

Nach Hause zurückgekehrt, ließ er Pythias rufen.

Wie es der Sitte entsprach, war sie, die einzige Tochter, im Frauenhaus, der Gynaikonitis gehalten. Selten sah sie jemand mit ihrem Vater allein. Wie allen Mädchen wurde auch ihr weder Lesen noch Schreiben gelehrt. Das Spinnen der Wolle und Weben der Schleier waren ihr unter Aufsicht mehrerer Sklavinnen mehr Kurzweil als Pflicht. Von Kindheit auf blieb ihr die Freude am Kottabosspiel, am Ball und am Tanz im Reigen. Niemals war ihr erlaubt, außerhalb des Gartens allein zu gehen. Bei kurzen Ausgängen in die Stadt war sie in Begleitung von Ambrakis. Das Frauenhaus blieb bisher ihre Welt, die sie in engste Begrenzung setzte.

Achtzehn Jahre wird sie nun bald im Winter, kurz vor dem Monat Gamelion, in welchem die Mädchen zumeist ihre Hochzeit feiern. Nun wartet sie auf Nikanor, den ihr vom Vater Versprochenen, auf den für sie Erwählten, den künftigen Herrn im Hause und ihren Kyrios, dessen Arm sie ins Brautbett tragen und mit dem sie dann fortan den Thalamos teilen wird!

«Sieh, hier drüben», sagte der Vater zur Tochter und deutete von seinem Haus aus mit der Rechten zum Westen, «da lag einst die Flotte des Agamemnon. Die vielen Schiffe der stolzen Städte, die sich unter seiner Führung versammelten, dem Fürsten der Völker.»

Dann erklärte er ihr geduldig, wo die Stadt Troja gelegen, wann und warum der zehnjährige Krieg entstanden. «Ja, sie warteten alle in Aulis, denn es war kein Windhauch in den Segeln der Schiffe. Nein, nicht die allergeringste Blähung. Stelle dir, Pythias, vor die geballten Fäuste der Männer, nicht des Wartens gewohnt. Enttäuscht und unmutvoll stützten sie sich auf ihre ungenützten Schwerter. Schickten drohend grollende Blicke zum Himmel und auf das Wasser, zu Zeus im Gebet und zu Poseidon. Denn da war kein Wind, keine Wolke, kein Zeichen auf Wechsel des Wetters, keine Hoffnung auf einen Sturmstoß. Nur der Schwarm von tückisch stechenden Mücken im Stillstand des Zephyrs, brütend im Süden.»

Pythias hörte ihm zu, dem gütig erzählenden Vater, still ergeben ihm, der ihr, entsprechend dem Alter, dem Brauch und der Sitte das Ehegeschick vorausbestimmt hatte.

«Nur einer war im Lager der Griechen», so setzte er fort, «ein einziger, der von der Weisung der Götter noch etwas verstanden. Denn er war Priester. Er hatte die Weihe, hatte die Seherschau. Kalchas hieß er und wußte den Grund, warum kein Wind kam für die Segel der Schiffe.»

Pythias senkte den Blick und schaute verlegen auf ihren Schoß, während der Vater in seiner Erzählung pausierte. Wollte der Tochter nicht im übereilenden Sprechen die Spannung nehmen, die im Erzählen der Mythe Staunen erregt, das zwischen Furcht und Mitleid versöhnend bekrönt wird.

«Denn Agamemnon jagte im Wald und erlegte die Hirschkuh im heiligen Hain, der ihr geweiht war. Im Haine der Artemis!»

«Der Artemis?» kam es fragend vom Mädchen, als wünschte sie mehr zu wissen.

«Der Göttin der Jagd und der Winde über Land und Meer, der hehren Schwester Apollons. Die Hirschkuh, die Agamemnon erlegte, gehörte der Artemis. Und was glaubst du, Pythias, was nun geschah?»

Er hielt wieder für einige Augenblicke inne, um sie durch die Spannung der Frage in ihrer Seele zu wecken.

Während sie schweigend, mit leicht gefeuchteten Augen den Vater anschaute, schweiften seine Gedanken zu höherer Deutung der Mythe. Die Schau des Kalchas! Was war sie? Sie entsprang doch nicht eigener Willkür? Er, der Seher, gehörte er nicht ihrem Willen, weil er von der Göttin in ihm, der Arete, der göttlichen Jungfrau-Tugend, selber erhört ward? Sprach sie doch aus seiner eigenen Seele?!

Dann aber wieder laut zu dem lauschenden Mädchen: «Ja, sie verlangte von Agamemnon das Opfer seines eigenen Blutes, die älteste, die geliebteste Tochter, Iphigeneia!»

Pythias wagte nun, erbleichend, den Vater zu fragen, warum habe die Göttin ein solches Opfer erbeten? Sei auch Agamemnon im Hain als frevelnder Jäger erschienen, so sei die Hirschkuh doch nicht einem Menschen vergleichbar. Wie durfte die Göttin durch ein so ungleiches Gut die Tat, zwar unbedacht aber absichtslos begangen, dem Führer der Völker vergelten?!

Während die Tochter so fragte, beklommen, mit zitternder Stimme, verlor der Vater ein wenig den Faden im Weitererzählen der Sage. Artemis wollte ja nicht wirklich das widernatürliche Opfer, aber sie erheischte Sühne durch eine erprobende Prüfung. Die Selbstsucht, die in Agamemnons unbedachtem Jagen noch ungeläutert gelauert, wollte die Göttin zuerst durch sein Fürchten erschüttern, dann durch Mitleiden in seiner Brust zerreißen, damit er am Ende im Staunen das Wunder erlebte, was über alles begreifbare Denken hinaushob, als Göttliches in ihm rettend erweckte.

War es aber nicht doch noch mehr? So sann Aristoteles weiter, während Pythias geduldig wartete. Sollte der Fürst nicht den Blutstolz der alten Geschlechterketten überwinden lernen, bereit sein, hinopfern zu können die Erstgeborene, die edelste Blüte des Blutes zur innersten Prüfung des Herzens?

Aber wohin war er geeilt in seinen Gedanken! «Nein, mein Kind. Das Gebot der Göttin, das sie durch ihren Priester Kalchas verkünden ließ, das war nicht mit dem Verstande begreiflich», setzte er fort. «Nein, Agamemnon vermochte es nicht zu begreifen. Und so begann er zu zweifeln an sich selbst, an seiner Sendung als dem alle übrigen Fürsten führenden König. Deshalb ließ er jetzt den Herold aus Sparta rufen, den alten Thaltybios, auf daß dieser allen Achaiern verkünden sollte seinen Verzicht, die Völker nach Troja zu führen. So legte Agamemnon sein Zepter nieder zum Zeichen, daß er seiner königlichen Oberbefehlsgewalt entsagte.»

Pythias sah den Vater mit Tränen in den Augen an, aber wagte jetzt nicht weiter zu fragen.

«Das erregte den Widerstand. Kannst du das denken? Ein Aufruhr zuerst bei Menelaos, dem Bruder. Der zog ja aus gegen Troja, um den Raub seiner Gattin zu rächen, der Helena, der über alle Frauen Erhabenen, Schönsten. Helena wieder nach Sparta zurückzuführen, das war sein Ziel. Und mit ihm, Menelaos, wollten auch alle andern Helden durch das Opfer die Göttin versöhnen, damit sie endlich den Segeln den Wind wehen lasse für die still liegenden Schiffe im Hafen von Aulis.»

«Und was tat Agamemnon?» fragte endlich die Tochter, da der Vater abermals in seiner Erzählung nachdenklich einhielt. Was wollte das Opfer? Der Denker, der die Begreifbarkeit aller Begriffe gelehrt hatte, konnte er sich mit den überlieferten Vorgängen begnügen? Das Göttliche gibt sich doch nur dem höheren Denken, das im Denken über das eigene Denken das Göttliche öffnet, wo der Schlüssel zum Schloß wird, das Schloß sich als fesselnde Pforte aufgibt, sich opfert?!

Wohin aber eilten da seine Gedanken! Er blieb doch der Tochter schuldig, den Fortgang zum Ende zu führen. Deshalb erhob sich der Alte mit einem Ruck aus der halben Liegelage, in der er sich befand, und setzte seine Erzählung fort, indem er im Raum auf und ab schritt.

«Was konnte der mächtige König nun tun?»

Aristoteles mühte sich redlich, die Worte so einfach zu formen, daß sie das Mädchen, des Bücherlesens unkundig, erfaßte. Agamemnon, so stellte er dar, sandte nun Boten zur Burg in Mykenae. Sie sollten jetzt Iphigeneia mit ihrer Mutter nach Aulis bringen. Aber das geschah unter einem unwahren Vorwand. Sie, Iphigeneia, sollte mit ihrer Mutter nach Aulis kommen, weil Achilles bereit sei, sie zur Frau zu nehmen.

«Iphigeneia?» rief Pythias erstaunt, indem sie am Schicksal der Königstochter im wachsenden Maße Anteil zeigte. «Zur Hochzeit mit Achilles?»

«Das ließ Agamemnon sie sagen.»

«Statt des Todes die Hochzeit!» Pythias atmete auf.

Der Vater war von der Frage ergriffen, die in der Einfalt des Mädchens an Tiefen der Mysterien rührte, und er dachte dabei an Persephone in Eleusis. Dann jedoch sagte er rasch: «Achilles aber war schon heimlich verheiratet, und er verweigerte den Vorschlag.»

«Und was geschah nun, Vater? Was tat Iphigeneia, als sie mit ihrer Mutter nach Aulis gekommen und das alles hörte?»

«Fiel dem Vater flehend vor die Füße. Bat um ihr Leben. Und Agamemnon selbst war darüber glücklich. Ließ in Aulis verkünden, mit allen Schiffen zurück in die Heimat zu kehren. Was aber, glaubst du, mein Kind, hat sich weiter ereignet?»

Pythias blickte in Spannung zum Vater.

«Nicht nur sein Bruder, Menelaos, nein, alle die Helden wollten gegen Troja ziehen. Keiner dachte an Heimkehr. Und am wenigsten der göttliche Held Achilles. Der aber sah nun Iphigeneia. Sah sie in Mitleid. Sah sie wieder. Und faßte wachsende Neigung zu ihr. Und entbrannte dann zu ihr in wirklicher Liebe!»

Pythias saß mit geöffnetem Mund da und griff an ihr Herz.

Der Meister der Rede verstand sich auch hier auf die Pause, auf den bewußten Absatz. War selber nicht wenig erregt, als er merkte, wie die Bilder der Sage die Seele des Mädchens zu bewegen vermochten.

«Da nun Kalchas, der Seher, sah, wie man dem Gebot der Göttin zu entgehen drohte, trat er hervor und ging in den Hain, wo das Heiligtum lag. Ihm folgte der König, ihm folgte Iphigeneia. Legte das Becken zurecht mit dem Schwert, um das Gebot der Göttin priesterlich zu vollziehen. Agamemnon wankte heran, an der Hand die Jungfrau, die ihre Augen geschlossen.»

Pythias zog ihren Atem ein und schluchzte erbleichend.

«Aber Pythias, höre!» setzte der Vater jetzt schnell hinzu. «Höre vom Wunder, das nun geschah. Denn ehe Kalchas das Beil mit seinen Armen ergriffen, ehe ein letzter Schrei der zitternden Jungfrau entkommen, legte sich eine Wolke vor den Altar, hüllte den Opfertisch ein, und – und Iphigeneia war vor den Blicken entschwunden!»

«Entschwunden!»

«Von Artemis selbst gerettet. In göttlichen Wolken gehüllt ins ferne Tauris gehoben. Und ehe sich alle versahen – der Priester das Beil noch in Händen –, sprang eine Hirschkuh herbei. Das wußte

Kalchas als Versöhnungszeichen der Göttin zu deuten. Er ergriff das Tier und brachte es rasch zum Altar als dankendes Opfer!»

Pythias richtete sich auf und umarmte den Vater. Er ließ sie nun glücklich in die Gynaikonitis hüpfen, wo sie schon von Ambrakis seit langem erwartet wurde.

Er aber stand vor dem Fenster. Blickte in die Richtung nach Westen, wo er den Hafen von Aulis zu finden wußte. Senkte das Haupt.

An was dachte er da? Er – ja er, auch einer, vom Tode errettet!?

Er setzte jetzt die Bilder der Mythe in das Licht seiner wachen Gedanken.

Wer war es denn, der das Weihebild der Göttin zugleich mit der Schwester zurückzubringen geboten? Es war Apollon! Apollon, der Artemis Bruder. Und Apollon befahl es dem Bruder der Iphigeneia, befahl es Orest!

Orest! Er ist der von Apollon Erprobte. Er, der die Prüfung der Sühne bestand, der sich vom Fluch befleckten Erbblut der Geschlechterkette befreite!

Agamemnon – sagt das nicht selbst sein Name – der eigenständig Sinnende, der nicht mehr die Göttin erschaut. Er muß bereit sein, das Opfer für die Erlangung selbständiger Denkkraft zu bringen.

Fordert Apollon Lykeios von ihm, dem Denker, nicht eine ähnliche Prüfung, ihm – dem Verbannten? Denn es gilt den Raub der Persephone in den verratenen Mysterien von Eleusis durch Denkkraft zu sühnen. Das früher im Tempel Verhüllte enthüllte er doch als das Reinigende, das durch Furcht und Mitleid im Drama zum Staunen führt . . .

Es flog ein beseligtes Lächeln über sein Gesicht. Er, der Geprüfte, hoffte er auch auf Rückkehr?!

## Siebentes Kapitel

# *Lamia*

Beim Durchmarsch durch Thessalien bemerkte Antipatros, wie viele Ortschaften, die bisher mit den Makedonen verbündet waren, passiven Widerstand leisteten. Die waffenfähigen Jungmänner waren nirgends mehr zu sehen. Sie waren bereits in den letzten Tagen zu Leosthenes übergelaufen.

Alles, worauf es Antipatros im Augenblick ankommen konnte, war sein Bestreben, dem Feind den Zugang zum makedonischen Norden und zur Hafenstadt Pharsala, vor der die Flotte lag, zu verwehren. In wenigen Marschtagen nahte er mit seinem Heer, das nur für Manöver in Friedenszeiten bemessen war, den Thermopylen. Dort schlug er das Lager auf. Solange er nicht die Verstärkung durch die Truppen, die unter Leonnatos und Krateros noch im Osten lagen, erhielt, kam nur ein bescheidener Verteidigungskrieg in Frage.

Leosthenes hingegen bereitete sich fieberhaft zum Angriff vor. Er schlug sogleich los. Es kam zu einem Treffen bei Herakleia. Antipatros mußte zurückweichen. Er flüchtete mit seinem Heer nach Lamia, das nur siebentausend Schritte von dem Schlachtfeld entfernt lag. Die thessalische Hauptstadt öffnete ihre Tore und nahm den greisen Feldherrn mit seinen Truppen auf.

Leosthenes aber rückte ihm nach, umzingelte die Stadt von allen Seiten, errichtete um Lamia einen Wall und ließ diesen noch außerdem durch einen tiefen Graben abriegeln.

Antipatros sah sich von einem zum anderen Tag im Belagerungszustand. Er war in einer gefährlichen Falle. Vom Hafen Pharsala, wo die makedonische Flotte lag, fünfzig Stadien von Lamia entfernt, wurde er völlig abgeschnitten.

Die Lage der eingeschlossenen Makedonen in Lamia gestaltete sich immer ernster. Der Vizekönig Makedoniens, der mächtigste Herrscher Europas, war plötzlich ein Gefangener der athenischen Bundesgenossen. Dies übte einen verheerenden Einfluß auf alle aus, die sich bisher treu mit ihm verbunden fühlten.

Rhodos verjagte die makedonische Besatzung der Burg und erklärte sich selbständig. Dasselbe ereignete sich bald darauf in Ephesos mit der dortigen Garnison. Auf Chios geschah das gleiche. Dort herrschte bisher Theopompos, der an Alexander früher über Aristoteles übel verleumdende Briefe gesandt hatte, um seinen Einfluß als Tyrann der Insel durch heimtückische Schmeicheleien und lügnerische Denunziationen zu sichern. Jetzt wurde der in der Bevölkerung verhaßte Ausbeuter vertrieben, der mit knapper Not entkam und bei Ptolemaios in Ägypten Zuflucht fand.

Schwerer noch als der Abfall einiger Insel- und Küstenstädte fiel das Verhalten der Thessaler ins Gewicht. Thessalien erhob den kriegstüchtigen Menon zum Feldherrn, der Antipatros vom makedonischen Mutterland völlig abschnitt.

Nun kamen die Umstände auf dem Peloponnes hinzu. Sparta blieb einstweilen noch neutral. Auch Korinth hielt sich weiter zu Makedonien. Aber die Argiver, Sikyonier, Eleer, Messenier und Phliasier fielen durch die Propaganda des Demosthenes, der zur Zeit seines Exils dort allerorts sprach, vom korinthischen Städtebund ab und schlossen sich mit Troezen und Epidauros den Athenern an.

Als nach wenigen Wochen noch immer kein Anzeichen der erwarteten Entsatzheere in Sicht war, geschah, was niemand vorher auch nur zu träumen gewagt hätte.

Antipatros erklärte sich zu Verhandlungen bereit. Er bat um Frieden!

So sandte er seine Unterhändler in das Lager des Leosthenes mit der Versicherung, er sei zur Versöhnung bereit, hege keine Rachegedanken wegen des Vertragsbruchs der Mitglieder des bisherigen korinthischen Städtebundes und stehe zur Verfügung, um mit allen Hellenen über ein neues Vertragsverhältnis zu verhandeln.

Leosthenes empfing die Delegation frostig. Er beriet sich zuerst im geheimen innerhalb des Kreises der Offiziere des eigenen Kriegslagers. Dann schickte er eine Gesandtschaft nach Athen und ließ den führenden Staatsmännern keinen Zweifel darüber, daß er nach den zwei Siegen bei Platää und Herakleia auf nichts Geringeres eingehen würde als auf bedingungslose Kapitulation.

Demosthenes, der von der thebanischen Kadmeia herbeigeeilt kam, wurde in Athen als Retter des Vaterlandes empfangen mit einer Ovation, die ohne Beispiel in der ereignisreichen Geschichte seines politischen Lebens dastand. Nach so manchen bangen Jahren des Rückschlags, der Verurteilung, Verbannung und Niederlage glaubte er, jetzt das Ziel seines vierzigjährigen Lebenskampfes erreicht zu haben. Die Niederlage von Chaironeia war gesühnt. Der Krieg war für ihn so gut wie beendet.

Ihm blieb nur übrig, sein Versprechen einzulösen, das er bei seiner Landung aus der Verbannung dem Hierophanten von Eleusis feierlich gegeben, außer der Beseitigung des Harpalosbauwerks an der Heiligen Straße einen Altar in Athen dem rettenden Zeus schleunigst errichten zu lassen.

Während Leosthenes mit Ungeduld auf die Rückkehr seiner Gesandtschaft wartete, merkte er mit Unmut, daß die Ätolier bereits um Urlaub von der Kriegsbeteiligung baten. Sie gaben vor, zu Hause ihre eigenen Grenzen gegenüber den Einfällen eifersüchtiger Nachbarn sichern zu müssen. Das könnte auf andere Bundesgenossen, wie die Lokrer und Phokrer, ansteckend wirken.

Die Gesandten, aus Athen zurückgekommen, ließen Leosthenes wissen, daß die Stadt mit allem einverstanden sei, was der mehrfach siegreiche Obergeneral mit den Makedonen verhandeln wolle.

Leosthenes kannte die schwankende Haltung der unter sich uneinigen, eifersüchtigen Bundesgenossen, die im Grunde doch lieber allein innerhalb ihrer engen Landbezirke als unter einer attischen Hegemonie leben wollten. Um so unerbittlicher bestand er auf rascheste Beendigung des Krieges. Er schickte seine Unterhändler in das belagerte Lamia und erneuerte seine Forderung bedingungsloser Kapitulation.

Antipatros stand vor der schwerwiegendsten Entscheidung seines Lebens.

Von Pella war er abgeschnitten. Mit Sippas gab es keinen Kontakt mehr. Der Zugang zur Flotte bei Pharsala war gesperrt. Weder von Krateros noch von Leonnatos kamen Anzeichen des Heranrückens ihrer Entsatzheere. Wo Nikanor geblieben war, schien ein Rätsel. Olympias, die stets mit Antipatros im Hader lag, betrachtete sich als legitime Königin Makedoniens, stand jetzt im offenen Bund mit Perdikkas und bot ihm ihre Tochter Kleopatra zur Gattin an. Auf die Schwester Alexanders setzte aber auch Leonnatos seine Hoffnungen, um Herrschaftsansprüche erhöhen zu können.

Die Diadochenkämpfe erschienen dem einsamen, in Lamia Belagerten der Born unentwirrbaren Unheils. Um so mehr mußte er, der unbescholtene, greise Paladin inmitten der um die Nachfolge der Weltherrschaft Geizenden als Fels im sturmdurchtobten Meere dastehen!

Aber sich jetzt bedingungslos diesem verwegenen Söldnerführer und Abenteurer zu ergeben? Das kam nicht in Frage!

Antipatros erklärte nochmals, über den Frieden ehrenhaft verhandeln zu wollen. Er war bereit, die früheren, brüchig gewordenen Verträge zu überprüfen, um einen gesicherten Frieden zu schließen.

Leosthenes gab ihm keine Antwort darauf. Erbarmungslos führte er die Einkreisung von Lamia fort. Sein Trachten ging danach, die Belagerten auszuhungern, durch Seuchen, wie sie im Spätwinter häufiger ausbrechen, zu zermürben und schließlich Antipatros zur Kapitulation zu zwingen.

## Achtes Kapitel

# *Diomenes*

In der vergangenen Nacht hatten ihn abermals Krämpfe im Magen geplagt. Deshalb erhob sich der Schlaflose noch frühzeitiger als sonst gewohnt. Der Gnomon, der Stundenstab am Hauseingang, zeigte noch keinen Sonnenstand an.

Aristoteles schritt auf schlanken Beinen, im geschmeidigen Wuchs. Die Zartheit seiner Gestalt zeigte am Unterleib keine Gedrungenheit, obgleich er eine Sitzgröße war. Nirgends bestand Neigung zur Verfettung. Die Finger an sehnigen Händen waren von ihm ein Leben lang zu tastendem Greifen und fühlendem Wägen belehrt. Der Mund schloß sich mit schmalen Lippen, zusammengezogen in der Zucht zähen Willens. Darin lag etwas von der Verbissenheit seines Argumentierens, die sich in Angriffslust manchmal mokant gab. Der Bart um Backen und Kinn verriet sorgsame Gepflegtheit, die dem Ebenmaß seines Charakters harmonisch entsprach. In die Stirn hinein schlängelten sich, bis in das furchige Gebirge seiner tiefen Hautfalten, ergraute Haarsträhnen, als riefen sie seinen Gedankenflug bescheiden zum Erdendienst. In der Bildung des sanften Sattels der Nase fand das Geblüt seines Joniertums den Adel wahrster Gelassenheit, die im Maße der Mitte das menschliche Eigensein zur Gottesfreundschaft zu erheben weiß.

Nun stand er noch vor Sonnenaufgang vor der Pforte zum Garten. Er ging diesmal allein. Er wollte im Geiste mit Theophrastos reden, als er wieder zu den Blumen und Bäumen trat, die der pflanzenkundige Freund ihm oftmals früher setzen geholfen, der die verschiedenen Blumengattungen gezüchtet, die Obstbäume veredelt, die Hekken zum Schutze der Winde angelegt hatte. Mit ihm in Gedanken sprechen! Im wachsamen Wahrnehmen der Blüten und Zweige sich ihm mitteilen, in der Einsamkeit, die ihn unentrinnbar mit ihrem Fangarm einfaßte.

Der stets im Getümmel von Schülern stand, auf Schritt und Tritt lehrend lernte, im Wechselgespräch von Gedanke zu Gedanke gelangte, in jeglichem Konzept, das er begrifflich grundierte, bereits alle Kapitel eines künftigen Buches vor sich sehen konnte: jetzt hatte er nur Umgang mit seinen Kindern und mit der Frau, die nie eine Zeile von ihm zu lesen vermochte, und fand seine paar sparsamen Worte zu den Sklaven, Kinder auch sie, die unter seiner schützenden Herrschaft herangealtert waren. Nun mit Theophrastos sprechen! Über die Bäume, die er bei seinem jüngsten Aufenthalt mit ihm gepflanzt hatte und über die der Gründer der Botanik im Lykeion seine Pflanzengeschichte schreibt. Sein Buch mag indessen schon fertig sein, liegt gar in seiner Bibliothek des Lykeion? . . .

Da kreuzte ein banger Gedanke solch Kontemplieren: Sagen sie nicht in ganz Chalkis, Leosthenes habe schon ganz Thessalien in seiner Hand? . . .

Nun nahm er ein Ölbaumblatt in die Hand. Legte es zwischen die Finger. Lanzetten, ganzrandig glänzend. Die Unterseite im silbrigen Weiß mit dem Hauptnerv. Hat er ihn doch wahrhaft sehen gelehrt. Gelehrt, was Wahrnehmen heißt. Im Blatt die Urform zu schauen. In der Vielfalt der Erscheinungen die Form als Einheit zu begreifen!

Widerwärtig stellte sich seinem Denken wieder die bange Frage in die Quere: sie sagen, er kann nicht kapitulieren. Er darf es nicht, Antipatros. Nein, bedingungslos nie! . . .

Wie bei der Daphne das Blatt sich zuspitzt, gleich einer Lanzette, der Lorbeer, der dem Apollon geweiht ist. Oben glänzt es, unterseits ist die Farbe matt. Weil das Licht von oben auf das Blatt scheint wie bei der Olive. Ein siegreicher Kampf zwischen Licht und Finsternis. Ist es nicht so?! ...

Es sollen auch hier schon – so unterbrach er wieder seine Gedanken – demosthenische Geheimagenten als Spione sich eingeschlichen haben. Sollen auch schon im Stadtrat von Chalkis sitzen?

Aristoteles ruhte nun auf einer Bank, die unter einer großen Platane stand, legte seinen rechten Ellbogen auf sein Knie und stützte die Stirn mit der Hand. Nahm dann ein Blatt von der Platane: langgestielt, wie eine fünffingrige Hand, dem Ahorn verwandt, dem Sphendamnos. Standen nicht um sein Vaterhaus in Stagira die prächtigsten Platanen, die er jemals gesehen? ...

Wenn Lamia fällt, dann fällt auch der Freund, der Schutzherr! Dann ist auch Nikanor verloren! ...

Nun stand er vor den Tamarinden. Dabei hatte Theophrastos eine Entdeckung gemacht. Er prägte als erster den Namen Pterygodes für sie. Früher hatte man geglaubt, die einzelnen Fiedern seien selbständige Blätter. Aber alle Blättchen sind durch einen gemeinsamen Blattstiel verbunden bei diesen Dendra polyphylla. Sie haben ein besonderes Geheimnis. Die Zweige schlafen und wachen. Zu Mittag sind sie straff, dem Sonnenlicht zugekehrt. Nachts hängen sie schlaff zu Boden. Jetzt am Morgen stehen sie langsam auf, als würden sie atmen. Das untersuchte Theophrastos besonders bei diesen Tamarinden. Sie schlafen nicht wirklich, sie können auch deshalb nicht wachen. Pflanzen haben ja keine denkende Seele, aber eine vegetative. Die Lebensseele denkt nicht in ihnen, aber sie schafft in ihnen, sie formt, sie macht Wachsen und Welken. Wie es die Gottheit wohl auch in unserem Schlafe tut?

Das hatte der Gute, so sagte der Denker zu sich, aus meinem Buch über die Seele selbständig weitergedacht ...

Dann fuhr es ihm plötzlich durch den Kopf. Demosthenes steht noch auf der Kadmeia in Theben! Ein Adler flöge vom Euripos dorthin in kaum einer Stunde! . . .

Diese Tamarinde, dachte Aristoteles weiter, ließ uns Alexander aus Asien schicken. Durch Androsthenes, den Admiral, auf seiner Fahrt vom Indusdelta zur Küste von Tylos. Aber diese Mimose hier kam aus Memphis. Sie ist schon viel früher zu uns gekommen, als Alexander noch in Ägypten war.

Die meisten Pflanzen sind aus Indien in getrocknetem Zustand ins Lykeion gekommen. Androsthenes stammt aus Thasos, nicht weit von Stagira, ein Grieche wie er. Von diesem Getreuen erhielten sie im Lykeion die reichhaltigsten Kisten von Gesteinsproben, von getrockneten Pflanzen, von Tierschädeln und Knochen aller Art.

Der Brief, der das größte Interesse erweckte, erreichte sie aber von Nearchos. Der Flottenführer beschrieb ihnen darin einen indischen Feigenbaum. War das nicht vor drei Jahren? Alexander war im Fünfstromland und überschritt den Indus, kam ins Hochland des Himalaya. Tannen sahen sie, wie in Thrakien und Makedonien, Riesenstämme, die sie auf dem Indus hinabflößten für den Flottenbau. Erstaunlich war auch, den Ölbaum dort anzutreffen, der aber dort keine saftigen Früchte trägt. Dem Oleander begegneten sie auch im Hochland, mitten unter den Koniferen, nur waren die Blüten viel röter. Theophrastos benannte sie deshalb Rhododaphne.

Vom indischen Feigenbaum hatte Nearchos dem Lykeion auch einige Blattproben geschickt, dazu eine ausführliche Beschreibung. Am Akesines sahen sie diese Riesen von Feigenbäumen mit dem Astwerk von tausend ineinander verschlungenen Stützwurzeln. Die Laubkrone erreicht den Umfang von fünfhundert Schritten. Darunter könnten leicht dreißigtausend Mann im Schatten lagern. Was für ein undurchdringlicher Schatten! Aber auch für Affen, für Wildkatzen und Schlangen, für Myriaden von Mücken. Keiner wäre wieder herausgekommen, hätte er sich bis in die Mitte gewagt.

Am Pendschab, so schrieb Nearchos, sahen sie die ersten Reisfelder und fanden den Lotos wie am Nil. Er glaubte deshalb, daß hier die Nilquellen liegen. Lotos war auch da wie in Ägypten, aber kein Papyros. Dafür Bambus, der in zwei Monaten in die Höhe von mehr als zwanzig Mann schießt ...

Der feuchtwarme Zephyr, der als Frühwind jetzt aus dem Süden kam, strich um die Stirn des Einsamen.

Das Lykeion, so sann er, war nur eine kurze Tagreise mit dem Schiff entfernt. Ein Wagen kann über Böotien mit guten Pferden noch rascher ankommen. Aber wie unerreichbar war nun alles geworden! Käme er doch jemals wieder zu seinen eigenen Schriften! An der Meteorologie hätte er heute gar gern wieder Hand angelegt und besonders an den kleinen zoologischen Büchern.

Seine Geschichte der Tiere ist Neuland, Ursprungskunde wie Logik und Psychologie, Ethik und Metaphysik ... Erstgeburten, Keimgründe, Bruchstücke, an denen weiterzuschaffen wäre! Noch zwei Jahrzehnte, mindestens bis achtzig, so lange schaffen wie Platon, der im siebenten und achten Jahrzehnt die Bögen und Brückenpfeiler seines Weltgebäudes mit Kuppeln bekrönen konnte ...

Was er über die Affen in seiner Tiergeschichte geschrieben, ja, das müßte noch ausgebaut werden. Daß der Affe die Füße auch als Hände gebraucht, denn er vermag beide zu biegen. Oberarm und Oberschenkel sind im Verhältnis zum Unterarm und zum Schienbein zu kurz. Der Oberleib ist größer als der Unterleib. Ja, weil er Füße hat, die den Händen ähnlich sind? Oder besser gesagt, sind sie nicht wie aus Hand und Fuß zusammengesetzt? Dem Fuß entspricht das Fersenende. Was die Zehen umschließt, ist wie ein Handteller ...

Ähnlichkeit und Unterschied! Was für ein Feld des Denkens! Das Geschlecht der Äffin ist dem menschlichen Weibe ähnlich. Aber die Scham des Männchens gleicht viel mehr dem Geschlechtsglied des Hundes. Was folgert daraus?

Die Affen sind auf dem Rücken behaart. Beim Menschen aber ist das umgekehrt. Das Gesicht des Affen hat Ähnlichkeit mit unseren Nasen und Ohren. Auch mit den Zähnen läßt sich das untersuchen. Aber die Hand?

Die Hand bietet den entscheidenden Unterschied. Wir bewegen die Hand wie der Affe, aber wir flöten auch mit ihr, wir greifen die Saiten der Lyra, wir gestikulieren mit ihr, wir deuten mit ihr und denken im Schreiben durch sie. In der Hand liegt die Würde des Anthropos, des aufrecht Stehenden, der geht, der spricht, der denkt. Und im Gebet die Hand zur Gottheit erhebt . . .

Und was tut er denn jetzt, indem er seinen Handteller auf die Stirn legt? Er spricht, ohne die Lippen zu biegen, ohne die Zunge zu bewegen, ohne mit der Kehle, mit dem Gaumen, mit den Zähnen zu sprechen über sein eigenes Denken, über das, was die Gottheit ihm selbst als Wort in seine Hand gedacht und gesprochen!

Wäre ihm doch die Schrift über die Tiere nochmals nahe. Nur noch eine Woche wieder im Peripatos mit den Schülern wandeln, nur noch ein Wort wieder mit Theophrastos wechseln . . .

In Unrast sprang er auf. Ging im Garten die Wege immer im gleichen Kreis, rätselte, warum die Athener sich so oft mit den Persern gegen die Makedonen verbündeten! Warum nannten sie die Makedonen Barbaren, aber ließen sich vom Perserkönig bestechen? Er selbst war kein Makedone von Geburt, erlangte die Staatsbürgerschaft als Opfer der Annexion durch Eroberung der Chalkidike. Aber lernte sie schätzen, die doch die gleichen Götter verehrten und von denselben Heroen abstammten wie die Hellenen. Hatten sich gar lange als Bauern in den Bergen gehalten, deshalb auch ihre Mundart des Hochlands, die wilden Trinksitten, der unausrottbare Fluch der Blutrache. Ging ihnen früher die Idee der Polis ab mit Volksversammlung und Scherbengericht, so faßte gerade der panhellenische Gedanke rasch Fuß bei ihnen, die jetzt ein Weltbürgerreich gründeten unter der griechischen Gemeinsprache . . .

Aber ach! Antipatros lahmgelegt in der furchtbaren Falle von Lamia . . .

Jetzt drangen plötzlich aus der Richtung seines Hauses Rufe und Schreie. Was bedeutete der Tumult? Hatten die Sklaven wieder gezankt? Das aber hört gewöhnlich gleich wieder auf, während das Geschrei und Durcheinander jetzt immer weiter wächst! Die Stadt liegt doch im Frieden, Straßen und Plätze sind ruhig!

Aber schon lief ihm Herpyllis bestürzt entgegen, als er bis zum Eingang gelangte: «Ein verdächtiger Mann!»

«Was macht ihn verdächtig?» kam es gelassen.

«Ging dir in den Garten nach!»

Nun sprang Tycho herbei. «Wir sahen ihn schon mehrere Male am Morgen auf der Straße. Aber der Herr ging niemals allein im Garten. Deshalb verzog er sich immer.»

«Ihr fragtet ihn doch, was er wollte!» sagte der Hausvater ruhig.

«Hier bleiben, rief er. In der Küche helfen!»

«Ja. Um Arbeit bitten», kam es von Olympios. «Aber wir faßten ihn am Arm. Da fiel ein Messer auf den Boden!»

»Er spricht nicht makedonisch!»

«Nikomachos», rief Herpyllis rasch, um zu beruhigen, «rannte schon mit Philon zur Kommandantur.»

«Ließ sich leicht überwältigen», renommierte Tycho. «Wir waren ja drei. Liegt gefesselt in unserer Kammer.»

Aristoteles bewahrte die Ruhe. Er hielt in seiner Hand noch einen kleinen Zweig der Kapparis, deren würzige Früchte paarweise in schrägen Abständen gegenüberliegen. Die Kapern regten seine Verdauung an und verstärkten die Eßlust, die ihm gar arg abging. «Ein Bettler vielleicht, der Brot will?»

«Ein Mörder!» schrie einer der Sklaven.

«Landloser Bursche», stieß ein anderer hervor. «Ein Söldner, der desertiert!«

Aristoteles erhob seine beiden Arme, um Ruhe zu gebieten. Es dauerte eine Weile, bis das keuchende Gemurmel der Aufgeregten verstummte. «Bringt ihn mir vor die Augen!»

Die Sklaven schienen durch diesen Befehl plötzlich wie gelähmt. Es regte sich keiner. Sie sahen einander in die Augen.

«Ja!» bestimmte Aristoteles. «Wie ich sage!»

Tycho und Philon traten verlegen auf der Stelle. Olympios ging nun langsam in das Haus, kehrte aber kurz darauf entsetzt zurück: «Herr! Er kann nicht mehr kommen!»

«Warum?» fragte der Kyrios der Hausfamilie barsch.

«Er krümmt sich am Boden!»

«Hat ihm einer etwas angetan?» forschte Aristoteles scharf.

«Nein. Er stöhnt. Hat Krämpfe im Magen, wie es den Anschein hat.»

Aristoteles blickte nachdenklich zu Boden. «Dann gehe ich selbst zu ihm!»

Herpyllis wehrte erschrocken ab.

«Begleitet den Herrn», befahl sie den Dienstleuten, sich ängstlich seinem Willen fügend.

Inzwischen war der Wachtmeister mit zwei makedonischen Soldaten herbeigekommen. Nikomachos lief atemlos hinterdrein. Während der Wachtmeister die beiden Soldaten den Hof beobachten ließ, kam er an Aristoteles heran und begrüßte ihn untertänig. Wer in ganz Chalkis wußte nicht, daß er der Freund des Vizekönigs war, obwohl kaum einer mit ihm in längeren Wortwechsel geraten war.

«Er spricht wie ein Landfremder, sagen meine Leute», bemerkte Aristoteles ruhig.

«Ein Deserteur der Athener!» rief Nikomachos knabenhaft, um ungestüm mit solcher Behauptung bereits den Wahrheitsbeweis zu erzwingen.

«Nachts über den Euripos geschwommen?» kam es zweifelnd vom Wachtmeister. «Da kommt er doch eher vom Süden, aus der Richtung von Karystos her.»

«Ein Überläufer!» beharrte Nikomachos.

«Dann bittet er um Asyl», sagte der Vater in Mitleid.

Da stürzte Olympios heraus, der eben aus der Kammer gekommen, in der sie den Fremden mittlerweile untergebracht hatten. «Er erbricht sich. Hat Gift genommen!»

«Woher hat er das?» fragte Aristoteles streng.

«Die haben das in einer Kapsel im After.»

«Oder unter der Achsel.»

Da ging nun Aristoteles in das Haus. Nur Tycho ließ er an seiner Seite, als er die Kammer betrat. Jetzt trafen sich beider Augen. Der Meister trat unwillkürlich einen Schritt zurück. Dann winkte er Tycho, er solle zurückbleiben.

«Ich habe dich doch schon einmal gesehen?» sagte der große Mann, schüttelte den Kopf staunend und bückte sich zu dem am Boden Liegenden.

Der andere schaute ihn verstockt mit Augen des Grauens an, den Mund offen, ohne ein Wort hervorzubringen.

«Warst du nicht der Schiffsmann gewesen, der unser Boot aus Phaleron in der Nacht gesteuert?»

Der andere nickte nur. Dann schloß er den Mund.

«Du hast uns gut durch den Nachtsturm gebracht», sagte Aristoteles. «Hast du dich nicht mit Diomenes rufen lassen?»

Der Angesprochene nickte wieder.

«Mein Freund Demetrios hat dich doch in Phaleron wieder erwartet. Schickt er mir vielleicht eine gute Nachricht?»

Da stürzten dem Sterbenden Tränen aus den Augen. Aber er blieb wortlos verstockt.

Aristoteles beugte die Knie und hockte vor dem Mann auf dem Boden, denn jetzt schien der Unglückliche sprechen zu wollen.

Es kamen abgerissene Satzfetzen. Soviel vermochte der Meister mühsam zu entnehmen: Ein Verschworener. Spion. Gehört zu den Geheimagenten der Untergrundbewegung um Demosthenes. Vater stammte aus Atarneus. Von Hermias einst entlassen, weil er im Verdacht stand, Briefe abgefangen zu haben, die für Makedonien bestimmt waren. So wuchs dieser hier schon als Knabe im Makedonenhaß des Vaters auf. Weil er im äolischen Dialekt sprach, aus Kleinasien kam, heuerte Demetrios ihn an, der sich als Steuermann anbot, makedonische Häfen anzulaufen. Notdürftig konnte so Aristoteles kombinieren.

Vom Verstockten kam kein Wort mehr aus der Kehle. Der Meister aber wußte, was er nicht laut auszusprechen brauchte. Dieser, dem sie in der Verschworenenkohorte den Decknamen Diomenes gaben, leistete gewiß einen Eid, entweder mit zwei Köpfen nach Athen zurückzukommen oder mit keinem. Nun aber sagte er, nach banger Pause, wieder laut: «Sag mir, Diomenes» – er unterbrach sich selbst erschüttert – «hat er – hat Demosthenes auch nur ein einziges Mal ein feindliches Wort von mir gehört?»

Der Mann starrte ihn mit verneinendem Kopfschütteln an.

«Jemals ein Wort gegen ihn?»

Dem anderen wurden die Augen feucht. Im Keuchen der letzten Atemzüge kam es von ihm heraus: «Nie – Herr!»

«Und warum haßt er mich?!» kam es über des Denkers Lippen, hauchend, kaum hörbar, wie zu sich selbst gesagt.

Der andere aber schlug den Kopf dumpf auf den Boden. Noch einmal tat er die Augen auf und sah wohl, was schon jenseits der Sprache war. Wollte er für die kurze Gastfreundschaft danken?

Da brachen die Augen.

NEUNTES KAPITEL

## *Das Testament*

Aristoteles stand wieder am Ufer des Euripos. Kaum verging ein Tag, an dem er nicht dort verweilte, meist beim Spaziergang am späteren Nachmittag, wenn sein Denkerwerk, das bei Sonnenaufgang begann, zu dieser Zeit einer erfrischenden Körperbewegung bedurfte. Überließ sich dann, ganz ein Organ der Sinne zu sein, die Farben der Wolken zu schauen, die Vögel zu hören, den Stein zu betasten, den Blumenduft in seinen Atem zu nehmen, den zappelnden Tritt der Ziegen, das Blöken der Schafe, den Zug des Kranichs, das Zirpen der Grillen und der Zikaden zu hören, die Tausendfalt dessen, was im Gebären der Mutter Erde sich kundtat zu fassen als ihre Laute, Silben und Sätze im Schöpfungswort aller Worte.

Ja, da war das Wasser. Dieses jetzt von Gefahren drohende Gewässer, das vom Norden herströmt, von der Bucht, wo, Lamia gegenüber, die Flotte in Abwehr der griechischen Sieger, Tag um Tag wartend auf den Entsatz, den letzten, den äußersten Fluchtpunkt zur Rettung der Ausgehungerten in der umzingelten Stadt noch sichert!

Aber für den Wechsel der Wellenbewegung im Euripos fand er noch immer keinen entscheidenden Grund im begrifflichen Denken.

Er, dem sich die Hochtürme und die Tiefenschächte der Syllogismen im Kampf der Gedanken widerstandslos ergaben, ihm, dem Generalissimus aller Methodologen, dem Unvergleichlichen im Aufspüren feinster Verbindungsfäden, hauchdünnster Abgezogenheiten, verinnerlichster Sublimierungen: wie er so dastand vor dem Euripos, sah er sich selbst als Gefangenen seiner Beschränkung.

Es ist nicht zu ergründen, sagte er vor sich hin, als er dabei abermals die engste Stelle der Strömung ins Auge faßte, die so nah am böotischen Ufer vorbeifließt, da, wo jetzt die makedonische Besatzung der Seefestung Chalkis beim Kriegsbeginn die Brücke abgebrochen hatte.

Ebbe und Flut fallen aus dem rhythmischen Wechsel, sondern sich aus den Gesetzen der Mondphasen aus, erhalten geheimnisreich eigenes Leben. Denn – wie voll von Rätseln – am elften Tag jeden Monats wechseln die Strömungen bis zum vierzehnten Male. Sage ihm einer doch endlich den Grund!

Sah auf den «Wohlstrom», den «Gutfluß», wie sie ihn als Euripos nennen, lehnte sich über die Böschung, krümmte das Rückgrat, stürzte den Abhang hinunter, kopfüber. Die Hand konnte noch ein Grasbüschel halten, eine Elle von der Stelle entfernt, wo die Wasser an dem Gestein spritzend versprühen. Hilflos hämmerte das Herz, schnürte im Magenkrampf alle Gefäße ein. Die Gleichgewichtskraft entwich ihm . . .

Ein Fischer, der mit dem Boot eben vorbeifuhr, sprang heraus und half dem Alten wieder auf seine Beine zu kommen. Zwei halbwüchsige Burschen, die das von ferne sahen, warfen die Angelruten zur Seite, eilten herbei, um ihn in sein Haus zurück zu begleiten.

Er atmete tief ein, die Augen geschlossen, suchte mit Kraft seiner Gedanken wieder zum Mittelpunkt seiner Selbstsicherheit zu finden. Die schmalen Lippen waren aufeinandergepreßt. Dann schüttelte er energisch verneinend den Kopf. Er wollte allein sein!

Sein Wille ließ ihn den Rücken strecken. Aus den graublauen Augen, unter dem ungewöhnlich erhöhten Gewölbe der Stirn funkelte es so ehrfurchtgebietend, was die Knaben und den Fischer von weiterem Hilfeleisten Abstand nehmen machte.

Hatte ihn an seinem linken Arm vielleicht ein leiser Schlag gestreift? Schon war es wieder vorüber. Die Schritte wurden entschiedener, die Beine gestraffter. Das Blut ließ nach, an der Herzwand zu pochen. Nur den Krampf um den Magen konnte die Eisenkraft seines bemeisternden Willens noch nicht unterdrücken.

So erreichte er endlich das Haus der Frau, die ihn einst als Mutter geboren und die ihm an diesem Ort im Tode vorausgegangen. Herpyllis las sogleich von seinem Gesicht ab, was geschehen. Legte, ohne ein Wort zu sagen, ihm eine Rindshaut, die mit Olivenöl bestrichen war, auf den Magen und befahl der Ambrakis, das Wasser für das Ölbad zu heizen.

Er aber wehrte ab. «Kein Bad jetzt!»

Dann rufe sie eben den Arzt.

Der solle nur kommen. Aristomenes, aber die andern drei auch.

Herpyllis verstand nicht. Der eine war sein befreundeter Arzt. Warum noch die andern?

«Die drei anderen auch», bestand er. «Timarchos und Dioteles. Und auch den Hipparchos.»

«Hipparchos ist doch in Erythreia», wagte sie einzuwerfen.

«Mit dem Pferde geholt, wird er in einer Stunde zur Stelle sein.»

Nun wagte sie keinen Widerspruch mehr. Das schien wohl eine Männersache zu sein. Da half ihr kein Raten. Lief zu den Sklaven. Ließ durch sie an jeden der vier die Einladung eilig überbringen.

Er erhob sich alsbald vom Lager, an das Herpyllis ihn gebracht hatte, legte die ölbenetzte Rindshaut vom Leibe weg, näherte sich dem Arbeitstisch. Dort, hinter Pergamenten verdeckt, lag ein Schriftstück. Zog es hervor. Setzte sich. Las eine lange Rolle. Las immer wieder. Las, als wollte er auswendig lernen.

Sein Testament.

Er hatte es schon vor einigen Wochen aufgesetzt, dann wieder abgebrochen, liegen gelassen, beiseite geschoben. Manchmal, in schlaflosen Nächten, hatte er die Rollen hervorgeholt . . .

Die Bücher waren in Athen bei Theophrastos. Sie gehörten dem Lykeion, waren Eigentum seiner Schüler für alle Welt. Für sie galt kein Erbrecht, weder nach athenischem Gesetz noch nach dem Schutz makedonischer Familienvereinbarung.

Das Lykeion? Hier besaß er keinen Anspruch auf Besitz. Außer der eigenen Bibliothek war ihm dort als Ausländer nicht einmal die Halle zu eigen, das Museion, in dem sie aufbewahrt waren.

Theophrastos sollte für Kopien sorgen, Abschriften, die in alle Welt gehen werden, das vertraute er dem treuesten seiner Freunde vorbehaltlos an. Er aber, der Gründer der Schule, der Lehrer seiner Schüler, besaß nicht einen einzigen Stein auf dem Grundstück, nicht einen Baum, nicht die Quelle, die das Marmorbecken am Eingang zum Peripatos bespülte.

Aber hier war das Haus, der Hof seiner Mutter. Hier unter makedonischer Herrschaft hatte er Recht als Makedone, nicht von Geburt und Geblüt, als eingebürgerter Staatsangehöriger. Kaum kannte er doch seinen Vater, Nikomachos, den Arzt des Königs Amyntas. Gering war die Erinnerung an den ernsten Mann, wenn er vom Hof in Pella ins Haus nach Stagira zurückkam, von Kranken dauernd um Rat befragt. Wirkte er doch auch als Tierarzt, wenn es nottat, und als sein eigener Apotheker, der selber die von ihm verordneten Pillen drehte. Verstand sich aufs Heilkraut. Nahm ein Blatt, zerrieb es mit den Fingern, roch und schmeckte, fühlte mit der Zungenspitze . . . das blieb im Erinnern, sonst nichts. Starb doch der Vater, bevor er selbst die ersten Zähne gewechselt.

Fortan blieb er der Sohn einer Witwe. Bis auch alsbald die Mutter starb und ihn als Waise zurückließ.

Proxenos, sein Pflegevater, der stand in lebendiger Erinnerung, von seinem siebenten bis zum sechzehnten Lebensjahr, als er ihn auf die Akademie zu Platon schickte. Für diese Tat empfand er lebenslang Dank. Dank an Proxenos, dreifachen Dank an das Schicksal. Denn Proxenos war als Pflegevater auch Gatte seiner ältesten Schwester Arimneste, also sein Schwager, und zugleich der Erzeuger Nikanors, des Neffen und sehnlichst erwarteten Schwiegersohns.

Alles hing von der Rückkehr Nikanors ab. Unruhig kreisten deshalb die Gedanken des Alten in der Erinnerung an die Tage in Mieza, als er diesen mit der erlesenen Schar um den jungen Alexander im Schülerkreis sitzen sah. Nikanor, als lebendiges, letztes Bindeglied mit dem dahingegangenen König, gleichaltrig mit dem einstigen Schulkameraden, dann Reitergeneral, Paladin, bevollmächtigter Oberbotschafter für alle Hellenen in Olympia . . .

Da hörte er schon Schritte im Garten, Worte am Haustor. Aristomenes, sein Arzt, war als erster gekommen.

Aristoteles wehrte ab, als sich dieser anschicken wollte, ihm den Magen abzutasten, die Ader zu lassen, eine selbst gedrehte Pille in den Mund zu stecken. Er sagte sachlich: «Es ist so weit!» und zog die Rolle hervor, auf welcher der Text des Testaments sorgfältig konzipiert war.

Inzwischen waren auch Timarchos und Dioteles gekommen. Der erstere war Vorsteher der Bürgergemeinde von Chalkis, der andere ein Vetter von Phaistis, der verstorbenen Mutter. Schließlich erreichte auch Hipparchos, der von der Hafenstadt Erythreia auf einem Hengst herbeigeritten kam, die Runde der Rechtsberater.

«Ihr zeichnet», so begann Aristoteles, «als Zeugen für Antipatros, der, wie wir wissen, nicht hier sein kann, und erklärt euch bereit zu bürgen, um alle Anordnungen rechtgemäß auszuführen. Ich habe dabei aus den Rechtsquellen geschöpft, die meine Verfügungen gesetzlich schützen und mich dabei an Isaios gehalten, den ihr wohl alle noch kennt. Er war ja in Chalkis geboren. Also ein Ausländer in Athen wie ich. Ein Fachmann in Erbschaftsfragen, den ich mir nicht trefflicher denken kann.»

«Chalkis ist zwar jetzt makedonisch», setzte Timarchos ein, «aber erhält noch Rechtsprechungen zur Zeit der Delischen Amphiktyonie.»

«Könnte Isaios angefochten werden?» fragte Dioteles. Aber Hipparchos, gleichfalls wie Dioteles ein entfernter Verwandter, der einige Zeit im Lykeion dem engeren Kreis des Peripatos angehört hatte, schob die Bedenken zur Seite und meinte, weder Philippos noch Alexander hätten sich in Erbschaftsfragen je um Rechtsänderungen gekümmert. Es bestünde also athenisches Gesetz zu Recht.

«Deshalb habe ich Antipatros zum obersten Testamentsvollstrekker eingesetzt», bestimmte Aristoteles und entrollte die Urkunde. «Und ihr vier bezeugt, daß mein letzter Wille vollzogen wird im Fall» – er hielt für einen Augenblick inne und legte dabei die Hände auf den Magen – «im Fall, daß Nikanor nicht zurückkommt.»

Aristoteles senkte die Augenlider. Legte seinen Kinnbart in die linke Faust. Und schwieg. Die andern machten untereinander Bemerkungen über die Tagespolitik. Der Zugang zum Meer sei Antipatros endgültig abgeschnitten. Denn Leosthenes habe Verstärkung erhalten und wende sich jetzt nordwärts, der makedonischen Grenze zu. Euboia sei von allen Seiten bedroht und gliche fast selbst wie Lamia einer belagerten Festung.

Aristoteles begann nun die Präambel des Testaments zu lesen:

«Möge das Schicksal alles zum Guten bewirken. Was sich auch immer ereigne, Aristoteles trifft die folgenden letztwilligen Verfügungen. Der oberste Vollstrecker des Testaments ist für jegliche Punkte Antipatros. Bis Nikanor ankommen und die Erbschaft antreten wird, sollen Aristomenes, Timarchos, Hipparchos und Dioteles alle Anordnungen treffen, die sich auf Haus und Hof, meine Lebensgefährtin, die übrigen Hausgenossen und alles Gut, das ich hinterlasse, beziehen.»

Die vier anderen nickten stumm. Aristoteles las weiter:

«Falls Theophrastos zustimmen würde oder könnte, um in der Lage zu sein, sie zu unterstützen, sollte er gleichfalls dem Vollzug des Letzten Willens seinen Beistand leihen.»

«Worin Beistand?» fragte Timarchos.

«Im Fall, daß Nikanor nicht zurückkommt und deshalb das Mädchen nicht zur Frau nehmen kann.»

«Ist sie noch minderjährig?» warf fragend Hipparchos ein.

«Pythias wird achtzehn», sagte Aristoteles, «im Herbst vor dem Monat Gamelion. Sie besitzt das heiratsfähige Alter.»

«Theophrastos könnte ihr Vater sein», warf Dioteles ein.

«Und ist überdies in Athen. Das heißt doch jetzt feindliches Ausland.»

Aristoteles änderte den Abschnitt, indem er ihm einen Zusatz gab und las schließlich:

«Neben Aristomenes, Timarchos, Hipparchos und Dioteles –

vorausgesetzt, daß er es will und Umstände es erlauben – soll Theophrastos Sorge tragen für beide, Herpyllis und die Kinder Pythias und Nikomachos sowie für Haus und Hof.»

Dann ging er mit weiteren Einzelheiten auf Nikanor ein. Mit väterlicher Sorge überdachte er alles, was die beiden Kinder betraf, faßte den Fall ins Auge, daß Pythias etwas zustoßen könnte, ehe sie sich ehelich mit Nikanor verbindet oder auch, wenn sie keine Kinder empfangen würde. Dann müsse Nikanor das erzieherische Verfügungsrecht haben und wie ein Vater sorgen.

«Was aber, wenn weder Nikanor noch Theophrastos in der Lage wären, den Verpflichtungen nachzukommen?» fragte der Arzt Aristomenes.

Aristoteles war auf diesen Einwand gefaßt und hatte bereits im Konzept den Nachsatz, den er nun vorlas:

«In diesem Falle sollen die vier von mir ernannten Vormünder nach bestem Gutdünken ordnen, was sich auf die Erziehung von Pythias und Nikomachos bezieht.»

Als Nikomachos erwähnt wurde, erhoben die Vormünder eine Reihe von Fragen. Er habe den Sohn, den ihm Herpyllis geboren, später ja adoptiert. Weil aber Herpyllis nicht seine rechtliche Ehegattin sei, käme Nikomachos nach dem Gesetz nicht als Gesamterbe in Betracht. Sei für ihn ein genügend gesichertes Legat vorhanden?

«Ich habe ihn adoptiert», entschied Aristoteles. «Er ist mit Pythias gleichberechtigt. Für ihn wird Nikanor sorgen. Eine Lebensrente steht ihm zu. Das versteht sich.»

«Aber er kann nicht Universalerbe sein», bestimmte Aristomenes, «nach dem Gesetz des Isaios.»

«Dies wird nur Nikanor», entschied der Vater, «durch die Heirat mit meiner Tochter. Ihr erstgeborener Sohn wird dann der spätere Haupterbe.»

«Wie aber würde es sein, wenn Nikanor nicht zurückkommt?»

«Oder vielleicht im Osten schon ein anderes Mädchen geheiratet hat?»

«Nein», sagte Aristoteles entschieden. «Nikanor hatte es mir im Vorjahr versprochen, als er von Olympia für einen Tag nach Athen kam, ehe er sich im Piraios für die Heimfahrt in den Osten eingeschifft hatte. Er willigte in die Engyesis ein, in das feierliche Eheversprechen.»

«Das ist dann schon rechtsgültig», setzte Aristomenes befriedigt hinzu. «Der Ehevertrag besteht bloß zwischen dem Vater der Braut und dem Bräutigam.»

«Ja. Nach unserem Gesetz ist es so, nach unserer Sitte. Meine väterliche Gewalt wird auf Nikanor übergehen. Ihr aber habt im Verein mit Nikanor für Herpyllis zu sorgen.» Er sagte es bestimmt und zugleich mit Zartheit fürsorgender Liebe. «Sie ist mir von meiner verstorbenen Pythias geschenkt worden. Ihr Lieblingsmädchen, ihre rechte Hand in der Führung des Haushalts. Sie ist als Tochter eines Freigelassenen frei geboren. Kam mit uns von Assos nach Mytilene, von Lesbos nach Pella, sie wohnte mit uns, als wir in Mieza waren, und kam schließlich mit uns nach Athen. Sorgt für sie gut.» Dann las er weiter:

«Wenn sie einen Mann nehmen will, soll man achten, daß sie keinen uns Unwürdigen nimmt. Im Falle ihrer Heirat soll man ihr neben allem, was ich bereits geschenkt, ein Talent Silber geben und drei Sklavinnen neben Ambrakis, dem Mädchen, das ihr bereits zur Seite steht und auch noch als Diener den Pyrrhaios. Wenn sie in Chalkis bleiben will, gebt ihr das Gästehaus im Garten. Aber wenn sie nach Stagira ziehen möchte, dann steht ihr mein Elternhaus dort zur Verfügung. Laßt eines der beiden Häuser für sie wohnlich einrichten.»

Alle dachten an sie, die selbst nicht zugegen war. Sie weilte in der Gynaikonitis und wartete, ob er sie wiederum zu einer pflegenden Handreichung rufen würde. Immer war sie im Hintergrund, schweigsam und wartend, selbstvergessen, eins mit seinem Willen, seinem Wohlergehen, seinem Leiden, lag nah an seinem Herzen auf dem Lager der Nacht, einig in ihrer Hingabe, die kein Warum und Wofür kannte.

Die vier Vormünder meinten nun, die letztwilligen Verfügungen seien zu Ende. Hipparchos stand schon auf, sah in den Garten, der im Nachtdunkel lag. Der Mond im letzten Viertel mochte dem Reiter auf dem Rückritt nach Erythreia wohl genügend Licht leihen. Aristoteles aber, der seine Unruhe merkte, versicherte ihm, im Gästehaus hätten Herpyllis und die ihren ein Lager für ihn bereitet. Er sei noch nicht zu Ende. Mehrere wichtige Verfügungen seien noch zur Kenntnis zu nehmen.

«Noch mehr?»

«Ja. Die größere Familie. Der Hausstand.»

Die nächste Anordnung betraf den kleinen Knaben Myrmex. Er war zwei Jahre jünger als Nikomachos und wurde ihm als Lern- und Spielgefährte beigegeben, ein aufgeweckter Junge, Sohn eines Freigelassenen, der im Lykeion die Aufsicht über die Gärten um den Peripatos hatte. Aristoteles nahm den Knaben mitsamt seinen übrigen Hausgenossen auf das Schiff, das ihn auf der nächtlichen Fluchtfahrt von Phaleron nach Chalkis gebracht. Deshalb hieß es:

«Nikanor soll auch Sorge tragen für den Knaben Myrmex, damit er seiner Familie mit allem, was ihm gehört und was uns für ihn übergeben wurde, einst zurückerstattet wird.»

Die Vormünder verstanden dabei, daß Myrmex mit Nikomachos in das Lykeion kommen würde im geeigneten Zeitpunkt. Sie staunten, wie der Hausvater sich aller Einzelheiten sorgend annahm, aber noch mehr, als sie die folgenden Absätze ihn aus dem Testament lesen hörten:

«Meiner Dienstmagd Ambrakis, die der Herpyllis als Helferin beigegeben, soll am Tag der Hochzeit der Pythias die Freiheit geschenkt werden. Bei dieser Gelegenheit erhält sie als Geschenk 500 Drachmen und auch das Sklavenmädchen, das ihr bisher zur

Seite steht. Der Thale soll ein junges Sklavenmädchen, das wir kürzlich gekauft haben, zum Geschenk gegeben werden, desgleichen auch einen Sklavenjungen und außerdem 1000 Drachmen.»

Dioteles unterbrach mit der Frage, warum der Thale das Doppelte zukommen solle als der Ambrakis, erhielt aber dann die Begründung, Thale sei bereits Freigelassene. Ihr obliege die Gesamtleitung der Küche und Vorratskammern. Sie sei also der Ambrakis vorgesetzt. Das gelte auch für Simos, den Gärtner. Man schenke diesem noch einen Hilfsgärtner hinzu und stelle ihm dafür einen Geldbetrag zur Verfügung.

Nun setzte er noch für die Freilassung seiner alten Getreuen folgende Bestimmungen fest:

«Am Tag der Verheiratung meiner Tochter Pythias soll man Tachon, Philon und Olympios die Freiheit schenken. Auch dem kleinen Knaben des letzteren. Keiner der Sklaven soll verkauft werden. Sobald diese das erforderliche Dienstalter erreichen, erhalten sie desgleichen die Freiheit, entsprechend ihrer Arbeitsleistung.»

Aristoteles lehnte sich zurück. Die Pause, die eintrat, ließ abermals die Vormünder in der Meinung, die Verfügungen seien zu Ende. Sie wurden aber vom Gegenteil belehrt. Alle bisherigen Bestimmungen betrafen das Irdische, bezogen sich auf Hab und Gut der Lebenden. Nun sollten sie auch vernehmen, was sich auf die Toten bezog. Jetzt käme nicht mehr das Irdische zur Geltung, sondern der Bereich des Göttlichen.

Bei einem Bildhauer in Chalkis, Gryppion, hatte Aristoteles einige Bildstatuen bestellt für die Eltern Nikanors, Proxenos und Arimneste, wie auch für den verstorbenen Bruder Arimnestos, der kinderlos gestorben war.

«Das Standbild meiner Mutter möge man als Weihgeschenk der Demeter in Nemea oder auch an einem anderen Ort aufstellen. Meine Gebeine sollt ihr dort begraben, wo die sterblichen Reste der

Pythias ruhen, wie sie es selbst, die geliebte Gattin, ausdrücklich gewünscht hat.»

Dann kehrte Aristoteles – er hatte nur mehr wenige Sätze auf der Rolle – gleichsam zum Thema des Anfangs zurück und erwähnte abermals Nikanor. Ihm als einzig Lebenden bestimmte er schon jetzt ein Standbild und machte dabei feierlich ein Gelübde, das er im Stehen vorlas:

«Wenn Nikanor heil zurückkehren wird, soll er zur Erfüllung meines feierlichen Versprechens, das ich ihm gab, in meiner Geburtsstadt Stagira vier Ellen hohe Statuen erbauen und zum Dank weihen lassen dem Zeus, dem Retter, und der Athena.»

Die Vormünder hatten das Haus in später Nachtstunde verlassen. Aristoteles fühlte sich aber nicht müde, sondern verjüngt wie nach langem Schlaf und kräftigem Frühtrunk. Er wachte noch lange. Sann. Nahm das Schreibzeug zur Hand. Entwarf einen Brief an Theophrastos.

Wohl wußte er, es gab keinen Boten, der ihm den Brief zustellen würde. Aber er schrieb. Er schrieb bis in den Morgen . . .

## Zehntes Kapitel

# *Die Büste im Lykeion*

Um das Tor des Diochares im Osten Athens, nahe dem Lykabettos, drang von fern her Flötenspiel durch die Stille des Abends. Es brach öfters ab, setzte neu ein, um sich dann mit demselben dorischen Mollton zu wiederholen, wie das beim Einüben eines Tonstücks gewöhnlich zu hören ist. Der Boreas, der den Tag über rauh vom Norden geweht hatte, war lahmgelegt und ließ nun lindere Luft, vom Stadtstaub gereinigt, zurück.

Dort, hinter einem Garten unter Platanen und Kastanien, stand das Heiligtum, das den Musen geweiht war unter dem Schutz des Apollon Lykeios. Malven mit ihrem zarthellen Violett bedeckten den Opferaltar. Myrten standen rings um den Schrein in gelben Blüten des Frühlings.

Von hier an begann der Peripatos. Der Wandelgang war zum Teil mit Schilfrohr bedeckt, teils mit Sandstein zum Gewölbe gebogen, um vor Sonne zu schützen oder vor Regen und Wind. Weiter abseits von den offenen Korridoren lag die Palaistra, die zu dieser Stunde des Tages leer und verlassen erschien.

Hier erreichten Besucher den Bau einer Rotunde und standen vor der Bibliothek des Stifters. Sie sahen die Schriftensammlung, die alle bisherigen Maße an Umfang übertraf, alle Zahlen vorhandener Titel überbot, fanden die in der ganzen griechisch sprechenden Welt berühmteste Schriftrollenkollektion: das Bücherarchiv des Aristoteles.

Dieser Rundbau bildete die Mitte des ganzen Bezirks. Er barg die Rollen der Handschriften und Kataloge, die Kammern mit Tafeln und Tabellen, die Wände mit Skizzen und Schemata, die Tische mit den Inhaltsüberschriften, Anmerkungen, Briefkopien und Zitatenexzerpten, die Regale für die in Kurzschrift festgehaltenen Vormittagsvorlesungen für den inneren Kreis der Schüler und auch für die Nachmittagskurse, die den von außen Kommenden zugänglich waren.

Bisher galt ein Buch als publiziert, wenn es öffentlich in einem Schülerkreis von einem Lektor gehört wurde. Ein solcher Leser war Aristoteles einst in der platonischen Akademeia. Er hieß schlechthin «der» Leser, der alles gelesen, der alles gekannt und der als Leser zum Schreiber wurde, als erster Steller der Schriften. Seither hörte man nicht mehr Bücher, man begann sie selbständig zu lesen.

Vor dieser Lesehalle, die den Gedankenschatz der gesamten damaligen Welt barg, stand ein Sockel aus Marmor, der mit einem Tuch bedeckt war, das bis auf den Sandboden herabhing und dort mit einigen Steinen beschwert wurde. Niemand sollte noch das Antlitz der Statue sehen, zu deren Enthüllung heute eine Feier einlud. Deshalb waren Stühle in mehreren Reihen aufgestellt, Bänke mit Kissen, dazwischen auch einfache Steinblöcke.

Hier herrschte erregte Bewegung. Es war der Abend der Monatsversammlung, des regelmäßigen Symposion, an dem sich die «Philoi», die Denkerfreunde zu treffen gewohnt waren, die Jungen, die als interne Scholaren erst kürzlich gekommen, die Älteren, die schon als Lehrer lehrten und auch die Externisten, die aus der Stadt als Gäste erschienen. Anders aber war gewiß wohl das heutige Treffen. Davon mochte schon das dorische Moll der Flöten verraten haben, das von den zur letzten Probe herbeigeeilten Spielern von ferne ertönte.

Wer hier die Anordnung der Plätze sah, bemerkte gleich eine bewußte Abstufung. Die Schule war, im Sinn ihres Stifters, in abgesteckter Bezirkung maskuliner Klausur eine Autarkie als Stadt in der Stadt. Sie suchte mit der Bildung ihrer Gemeinschaft das Ideal des Gleichgewichts zwischen dem Teilnehmerrecht demokratischer Gleichheit und der oligarchischen Stufenfolge von Befugnissen der

Führenden. Alle aber, die Philoi, waren Strebende nach Wissen und Wahrheit, ob noch Studenten oder schon Studierte, Lernende oder Gelehrte. Gelehrtenrepublik und Studentenkommune zugleich, wie es das Lykeion war, erschien deshalb nicht gleichmacherisch, weil die Leitung hierarchisch sich abstufte nach Grad und Maß, mit welchen der einzelne sein geistiges Eigen zu geben imstande war.

Sie kamen aus verschiedenen Städten und Stämmen. Die meisten befanden sich im Sinn der athenischen Stadtverfassung im Ausländerstand. Sie waren Metöken. Damals betrug die Zahl solcher Ausländer in Athen mehr als die Hälfte aller waffentragenden und wahlberechtigten Vollbürger. Sie waren wie die Händler, Handwerker und Bauern, die als Banausen kein Stimmrecht besaßen, der Bürgerrechte beraubt, mußten jährliche Schutzgelder entrichten neben Steuern und Zöllen, konnten neben den Söldnern als Hopliten Kriegsdienste leisten mit Ausnahme der Reiterei, waren aber vom Rat der Volksversammlung, vom Richterkollegium des Areopag und von den führenden Priesterämtern ausgeschlossen. Was sah man sonst auf allen Gassen tragen und packen, schieben und stoßen, kochen und backen? Die Hunderttausende, die man kaufte oder verkaufte, ohne die das Räderwerk von Gewerbe und Wirtschaft im Nu zum Stillstand gekommen wäre.

Auch Theophrastos war an der Stelle des ursprünglichen Gründers als jetziger Leiter des Lykeions ohne Besitzrecht. Er war als Äole auf Lesbos geboren. Die meisten anderen, die zu den leitenden Lehrern zählten, sahen sich in derselben Lage. Aristoxenos kam aus Tarent, Eudemos war aus Rhodos und Diakiarchos, Douris, Menandros, die damals im Lehrerkollegium wirkten, sie kamen alle aus den verschiedensten Landstrichen und von den Inseln, sie fühlten sich als Panhellenen, als Bürger der Welt, die in der griechischen Gemeinsprache dachten, lasen und lehrten.

Nur einer unter ihnen war ein echter Athener. Auf ihn warteten sie heute alle, auf den, der Stimme im Rat der Stadt besaß, ein begüterter Bürger, der Steuern zahlte, auf dessen Wort man in der Volksversammlung auf der Agora hörte, den viele schon als einen künftig gewählten Archonten erblickten. Es war Demetrios von Phaleron.

Monate waren vergangen, nachdem Aristoteles mit den Seinen auf dem kleinen Segler des Freundes von Phaleron nach Euboia geflüchtet war. Vom Schiff und von dem Mann, der sich als Kapitän aufdrang, war aber seither keine Spur zu finden.

Tag für Tag sandten sie vom Lykeion einen der Jüngeren am Abend aus, um auf der Agora irgendein Wort zu erhaschen, das ihnen andeutende Kunde hätte geben können über die jüngsten Tagesereignisse. Nicht ohne Gefahr wagten sich diese Jungen in die Volksversammlungen, bei denen sie Demosthenes reden hörten, Hypereides und Polyeuktos, über den unaufhaltsamen Vormarsch des Leosthenes, über den Triumph der Belagerung von Lamia, über die hoffnungslose Lage, in der sich Antipatros befand und über das Endziel des Kriegs mit dem Marsch durch Thessalien und der Unterwerfung von Makedonien . . .

Alle waren nun heute abend festlich versammelt und warteten mit Ungeduld auf die Ankunft des Demetrios, der endlich verspätet erschien. Jeder wußte, daß er bei der heutigen Feier etwas Wichtiges zu verkünden hatte. Brachte er vielleicht eine erlösende Nachricht über Aristoteles, die er als Staatsmann durch irgendeinen Spion aus dem Feindesland auskundschaften konnte?

Von allen Seiten war er, sobald er gekommen, von den Freunden umringt, mit Fragen bestürmt, mit sorgenden Blicken angestarrt.

«Es kann keinen Zweifel mehr geben», begann er endlich, als sich um ihn der Kreis der ängstlich fragenden Freunde geschlossen, «er ist nicht mehr unter den Lebenden!»

Stille trat ein. Blicke senkten sich. Den Atem zogen sie seufzend mit offenem Munde ein. Was seit lange geahnt, sprach einer aus, der es wohl am besten wußte!

«Im Seesturm gesunken», setzte Demetrios mit leiserer Stimme fort, «oder das Boot von den Feinden gekapert.»

Dann sagte er nach einer Pause: «Vielleicht hat einer das Todesurteil, dem er entflohen, auf andere Weise vollstreckt!»

Da erhob Theophrastos die Stimme: «Laßt uns deshalb unser heutiges Symposion zu seiner Totenfeier machen. Unser Freund Demetrios, der heute unser Symposiarch ist, wird uns dabei eine wichtige Botschaft verkünden.» Indem er sich umwandte, um allen voranzugehen, setzte er rasch hinzu: «Und nun – zur Enthüllung der Büste!»

Die Flötenbläser standen schon im Halbkreis um Aristoxenos. Er, der aus Tarent kam, war der alle überragende Musiker, der an seinen umfangreichen Büchern der Harmonik arbeitete. Unter seiner bewährten Leitung begannen sie zu spielen, als das Standbild des Aristoteles vor dem Eingang seiner Bibliothek enthüllt wurde.

Demetrios trat hervor, eine Schriftrolle in seiner Hand, und las den Text seiner gesetzlich gesicherten Schenkung. Das Grundstück, auf dem das Lykeion stand, war bisher auf seinen Namen geschrieben und als sein Eigentum eingetragen, besaß er doch als einziger athenischer Bürger das Grundrecht. Nun verlas er die Urkunde seiner Schenkung:

«Garten und Hallen des Peripatos und die Liegenschaft aller benachbarten Häuser am Musenheiligtum des Apollon Lykeios werden als Besitz des athenischen Bürgers Demetrios Phalareos nach dessen Tode als Eigentum allen geschenkt, die sich dem Studium der Philosophie in Gemeinsamkeit weihen. Keiner veräußere das Eigentum irgendeinem anderen außerhalb der Gemeinschaft der Freunde der Weisheit, oder mache es jemals zu seinem eigenen Nutzen. Laßt uns den Grund mit allen Gebäuden wie einen Tempel achten, heilig in seinem Bezirk, ein wahres Asyl der Freiheit, so wie es richtig geordnet erscheint unter dem Schutz unserer Sonnengottheit Apollo!»

Als erster umarmte Theophrastos den Stifter der Schenkung. Es folgten die andern, der Reihe nach und dem Alter. Koriskos zuerst und Neleus, sein Sohn, die Freunde noch aus den Tagen von Assos und Mytilene. Dann kam Aristoxenos und Diakiarchos, dem sich Douris anschloß, Menandros und Thiarchos, alle, die seit dem Beginn der Schule als Lehrer dabei waren. Nun folgten die Schüler, die älteren erst, dann die jüngeren, schließlich die Jüngsten, die erst vor kurzem sich seit der Flucht des Meisters hier eingefunden und angeschlossen hatten.

Sie alle setzten ihre Namen auf das Schriftstück der Schenkungsurkunde. «Fehlt nicht noch einer?» rief Theophrastos, der achtsam die Namen zählte.

«Aristarchos!» rief einer.

«Unser Jüngster!»

«Ja!» sagte Theophrastos rasch nickend. «Ihn habe ich heute abend beurlaubt und auf die Agora geschickt!»

Jetzt erhob er sich und zog eine kleine Schriftrolle hervor. «Hier steht sein schönstes Gedicht. Es ist seine Elegie an Platon. Hört es jetzt. Aristoteles erinnert sich darin, wie er von Makedonien nach Athen kommt, und nennt die Stadt nach dem Urgründer Kekrops. Da stiftet er zu Ehren Platons einen Altar der Philia, der Freundschaft für die Liebhaber der Weisheit. Die Eudaimonia, das Wohlgefühl im Einssein mit seinem Ziel – so lehrte ihn Platon – das wahre Glück liegt im Gutsein durch Tugend.»

Nachdem die Flötenbläser auf den Wink des Theophrastos noch einmal zu einem Tonstück angesetzt hatten, las er nun:

Da er nach Kekropias
Heiligem Boden gekommen,
Stiftete er in Ehrfurcht
Einen Altar zu Ehren
Der würdigen Freundschaft
Des Mannes,
Den die Schlechten nicht einmal loben dürfen.
Er als einziger
Oder doch als erster unter den Menschen
Zeigte klar in seinem eigenen Leben
Und in allem, was er sagte und schrieb,
Glück erringt der Mensch nur durch sein Gutsein.
Das wird keiner der jetzt Lebenden
Je wieder vermögen.

Sie lauschten der Elegie in der Stille der mitternächtlichen Stunde. Lange saßen sie im Schweigen, bewegt vom Preis des einen über den anderen Meister.

Plötzlich waren Laufschritte hörbar. Sie stürzten näher. Keuchend und schweißüberströmt eilte der Jüngste herbei, der von der Agora im Dunkel der winkligen Gassen das Diocharestor erreichte und nun vor Theophrastos in die Knie ging.

«Nun?» rief fragend der leitende Lehrer und faßte den Epheben an der Schulter. «Was bringst du uns Neues?»

Aristarchos war außer Atem. Hauchte bloß vor sich hin: «Die Delphier!» Mehr vermochte er vorerst nicht herauszubringen. Er kämpfte männlich gegen die Tränen. Er zwang sich zur Fassung: «Delphi hat die Stele vernichtet! Den Stein mit seiner Liste der Sieger in den Pythischen Spielen.»

Dann keuchte er noch verkrampft und brach heulend zusammen: «Die Amphiktyonen haben den Namen des Aristoteles getilgt!»

Mit Entsetzen sprangen alle auf. Ballten die Fäuste. Schrien durcheinander.

Aristoxenos, nach Theophrastos und Eudemos der rangälteste Lehrer, schlug sich auf die Stirn: «Sein Name gestrichen!»

«Das Ehrendekret widerrufen!» So kam es von Diakiarchos.

«Der Stein gestürzt», schrie Douris, «auf den Aristoteles zwanzigtausend Buchstaben meißeln ließ!»

«Die Arbeit, die er mit Kallisthenes zwei Jahre lang zusammengestellt», so jammerte Menandros. «Noch unter König Philippos. Damals, als er den Vorsitz im Rat des Bundes der zwölf Stämme hatte.»

«Die Liste der delphischen Sieger!» rief Eudemos, «ehe Kallisthenes mit Alexander nach Asien gezogen!»

Das übrige, was jeder ausrief und schrie, verwünschte, beschimpfte, verdammte, ging im Gewirr unter, das sich mit Ausbrüchen von Zorn und Verzweiflung zum zügellosen Tumult durchwühlte.

Mühsam trachtete Theophrastos das Durcheinander der Stimmen

zu durchbrechen und eine Frage an den Unglücklichen, der vor ihm kauerte, zu richten. «Wer?» setzte er an und faßte den Jüngling am Arm, «wer hat . . .» Schließlich beim dritten Ansatz drang seine Stimme durch: «Wer hat das auf der Agora ausgerufen? Wer hat das in der Volksversammlung zu sagen gewagt?»

Da wurde es für Sekunden ruhig, während der Eingeschüchterte vor sich hin hauchte: «Demochares!»

«Wie? Der Demosthenes-Neffe!»

«Und», versuchte der Junge und fügte hinzu: «Und dann der Anwalt des Areopags.»

«Das ist Demophilos!» schoß es aus dem Mund des Neleus, indem er sich an seinen Jugendfreund Theophrastos wandte, mit dem er bereits aus den Tagen von Assos und Lesbos verbunden war. «Dann liegt der Kenotaph für Platon in Trümmern!»

Neleus galt als Nachfolger der Verwaltung der Bibliothek, die in den Händen des Theophrastos lag. Er warf sein Wort bei Beratungen entscheidend in die Waagschale, weil er selten sprach und sich den Jüngeren gegenüber mit Absicht im Urteil zurückhielt, um sie zu eigener Selbständigkeit zu ermuntern. Nun waren aber die jüngeren Schüler nicht mehr im Zaum zu halten. Sie sprachen wirr durcheinander, rannten herum, eilten durch den Garten, liefen bereits dem Ausgang zu in die Richtung zum Tor des Diochares.

«Wo wollen sie denn hin», rief entsetzt Eudemos von Rhodos und bat Aristoxenos, den Unbesonnenen nachzueilen.

«Sind sie von Sinnen?» schrie Diakiarchos. «Wollen sie, daß durch ihr Ungestüm auch noch unser Lykeion gestürmt wird?» Er stürzte mit Menandros den Jünglingen nach.

«Und die Bücher verbrannt werden!» sagte Neleus und näherte sich indessen der Bibliothek, als müsse er sie unwillkürlich vor den Flammen beschützen.

Kaum war all das aus den Bestürzten stöhnend ausgestoßen, sah sich Theophrastos mit Eudemos und Demetrios auf dem Platz vor der Rotunde allein.

Ratlos standen sie um den Sockel der enthüllten Büste und fanden lange kein Wort. Sie sahen sich im Dunkel, denn alle anderen hatten die Fackeln in dem verwirrenden Aufbruch mit sich fortgetragen. Unter den Zwillingen stand der Saturn. Der Mond in seinem letzten Viertel hob sich silbern vom Horizont.

So saßen sie auf den Stufen der Bibliothek, wo Neleus schon vorangegangen war. Senkten den Blick. Verharrten lange im Schweigen.

«Woran denkst du jetzt, Theophrastos?» fragte endlich Demetrios, als er das Schluchzen des Freundes vernahm. «Ob er wirklich nicht mehr in das Lykeion zurückkehrt? Wir sind doch gewohnt, in Logik zu denken. Die Prämissen zwingen zum eindeutigen Urteil. Den Schluß hat das Schicksal selbst gezogen.»

Da ermannte sich der andere und nahm seine Hand von der Stirn. «Mich bewegt dabei eine Frage. Steht das Lykeion noch unter dem Schutz des Apollon, wenn der Gott selbst nicht mehr seinen eigenen Schrein in Delphi zu schützen vermag.»

«Die Mysterienkunde ist am Ende. Die Logik ist am Anfang!» sagte Eudemos stark. «Ihr wißt doch, daß die Bücher über die Kategorien, deren Abschriften ich mit der Physik und Meteorologie nach Rhodos mitnehme, entstanden sind, nachdem der Tempel von Ephesos durch Mysterienverrat abgebrannt war.»

«Doch ist Apollon», setzte Neleus rasch hinzu, «überall, wo wir unter seiner Sonne kolonisieren! Dreißig Städte tragen schon den Namen Apollonia.»

«Und allerorts Alexandrias!»

«Aber», sprang nun Theophrastos auf und breitete seine Arme auseinander, als wollte er die Bibliothek mit den hundertundsechs Papyrosrollen, der Biblia des Aristoteles, vor unsichtbaren Flammen schützen, «wird unser Lykeion noch als die Mutter am Leben bleiben, wenn ihr so viele Töchter gehören, die ihr die Heimat streitig machen?»

# ZWEITER TEIL

## Elftes Kapitel

# *Der Brief*

Aristoteles saß vor seinem Brief an Theophrastos und schrieb noch immer in derselben Nacht, in der die fernen Freunde in Totentrauer seine Büste enthüllten.

Er nahm wieder die Rolle zur Hand und las vom Anfang an. Sprach zu ihm, dem Unerreichbaren:

«Gruß dem Freund, dem längsten, dem ältesten meines Lebens. Mein Wunsch, es gehe dir wohl, ist dir gewiß. Du fühlst immer mit mir den Pulsschlag unserer Freundschaft. Schmerzlich, dich ferne zu wissen, Theophrastos. Ich vermisse dein Wort, den Gang mit dir im Gleichschritt, das Sprechen im Gehen, das uns Gedanken gibt.

Kann es jetzt nicht der Wandelgang sein, beim Museion, sei es doch noch einmal der Garten, den du einst hier pflanzen halfst.

Die Mimosen aus Memphis sind eingegangen. Sie haben den letzten Winter nicht durchgehalten. Diese Brise vom Norden, der Boreas, der keinen einzigen Tag nachließ!

Aber die persischen Orchideen haben ihn überstanden. Die Ophrys apifera öffnet die Blüten wie Raubtiermäuler. Auch die Argolica tut es, nur weniger blutig. Die Lippenblütler mit ihren Bienen, als wollte sich in ihnen die Luft mit dem Licht vereinen, wenn sich der Tropfen im Honig trocknet. Ich könnte es jetzt nicht besser sagen, es fehlt mir das Wort, der Wechsel mit deinen Gedanken, der Austausch im Sprechen.

Die Iris erfreut mich, die du gepflanzt, in ihrer Reinheit. Gibt sich da nicht in der Erscheinung zugleich das Wesen, in der einzelnen Blume die Blumenheit aller? Ach, mir fällt dafür heute kein besseres Wort zu . . .»

Bis zu dieser Stelle hatte er schon dreimal gelesen in dem Dunkel der Nacht. Jetzt setzte er sich zurecht. Straffte das Rückgrat. Schrieb weiter:

«Wie steht es mit deinem Buch über die Charaktere? Schreibst du noch daran, oder ist es schon fertig? Darin, Freund, und in deiner Geschichte der Pflanzen bist du ein Eigner. Ganz und gar sind die Gedanken dein eigen. Sie setzen mich fort.

Ach, ich habe zu wenige Schüler wie du, die selbständig denken. Wer ist außer dir und Eudemos ein Eigner? Auf Aristoxenos ist noch zu hoffen. Und an Treue kommt keiner Demetrios gleich. Aber Nikanor ist immer noch nicht gekommen. Das gibt viel Kummer im Haus, das kannst du dir denken. Wenn er nicht kommt, stehst du auch hier wie in Athen an meiner Statt. Verstehst du mich, Theophrastos? Du mußt mit dem Mädchen der Kyrios sein für Haus und Hof!»

Da hielt er inne. Und weil er nun wohl an Pythias dachte im Aneinanderreihen der Erinnerungsgedanken, schrieb er ihm, er lese jetzt wieder Mythen wie einstmals als Knabe. Wie gut es sei, das Hesiodbuch hier zu haben. Aber hätte er doch eine einzige eigene Schrift bei sich! Das Buch von Wolken und Winden, von den Gezeiten, vom Jahreslauf und von den Sternen.

«Ja, du weißt es, mein Lieber. Wolltest du mir nicht in der Nacht vor der Flucht auf dem Schiff die letzte Fassung der Ethik in den Mantel stecken? Ich wies es ab und gab es dir wieder zurück. Das Original, das noch ohne Abschrift war. Aber jetzt bitte ich dich, wenn Nikomachos in das Alter kommen wird, zieh ihn mir auf im Lykeion. Er soll die Ethik, die letzte Fassung, mit deiner Hilfe später herausgeben. Sei ihm Vater und Lehrer zugleich, ich bitte dich, denn es ist kein Zeichen der Hoffnung mehr, daß Nikanor zurückkommt . . .»

Da stand er erregt auf. Ging im Raume umher. Es war inzwischen drei und vier in der Früh, ehe die Hähne krähen. Und doch die Stunde schon, in der sich die Mantelglocke der Nacht vom Boden leicht lockert, wenn sie die Schlafenden langsam entläßt aus den

Kreisen der Wandelsterne und sie ihren Leibern zurückgibt. Diese Stunden der Einverleibung, für die Schläfer Erquickung, für den einsam Wachenden aber quälende Seelenpein . . .

Fühlte er doch wieder das Übel im Magen, den Druck auf den Darm, das Brennen der unverdauten Säfte, das Aufstoßen der Säure, das Seitenstechen beim Atmen, die Blähungen, die Säuerlichkeit des Speichels, das Ekelgefühl in der Kehle, das gurgelnde Würgen. All das schlägt wie ein Stein auf die Stirn!

Deshalb schnell noch einige endende Worte, ehe er sich wieder in die liegende Lage zu bringen gedrängt fühlt: Eine der Jugendschriften hätte er gerne wohl hier, den «Eudemos, das Gespräch über die Seele». Wenn ihn sein Brief überhaupt noch erreicht, ehe er stirbt. Nikomachos wird den Brief versiegelt behalten, bis es an der Zeit sein wird, ihn selbst zu bringen. Hinderte ihn nicht so oft das Übel im Magen, wäre schon längst eine neue Schrift im Entstehen.

«Es fehlt mir hier weniger meine Bibliothek als Gespräche mit euch Freunden. Und wie sehr vermisse ich die Kurse am Vormittag für die Innern der Schule, die Esoterikoi. Behüte sie gut, lieber Freund, und sei mit ihnen wachsam vor unseren gemeinsamen Feinden. Ihr haltet doch treulich an den Symposien fest und an den Sissitien, für die ich euch die Regeln gegeben, alles genau, bis auf den Trinkkomment. Mehr vermag ich heute nicht zu schreiben, als den Wunsch, der Brief erreiche euch alle im Wohlergehen. Seid gegrüßt!»

## Zwölftes Kapitel

# *Doppelter Heldentod*

Der Stolz des Leosthenes, mit dem er das Friedensangebot des Antipatros barsch ablehnte, verstärkte bei den Belagerten in Lamia den Mut der Verzweiflung.

Antipatros sah noch immer kein Zeichen vom Heranrücken eines Entsatzheeres. Weder von Krateros noch von Leonnatos kam auch nur ein Wink eines vorausreitenden Eilkuriers. Nirgends war das Vorrücken einer Vorhut fühlbar.

Da er sich auf Kassandros nicht allein verlassen wollte, schickte er indessen auch Hekataios von Kardia mit einem inständigen Hilferuf an Leonnatos, ohne das den Sohn wissen zu lassen.

Was ging mit Krateros vor? Er, der verdienteste und rangälteste unter den Generalen Alexanders, sollte als Reichsverweser in Pella einziehen und an Antipatros' Stelle die Regierung in Europa leiten? Krateros hätte doch, so erwog der Einsame, im belagerten Lamia Eingeschlossene, alles daran zu setzen, die Verhältnisse in Griechenland zu ordnen, wenn er nicht die halbjahrhundertlange Politik, die seit den Tagen des jungen Philippos von Sieg zu Sieg geführt hatte, zunichte machen wollte!

Der Aufstand der hellenischen Städte breitete sich aus. Unter athenischem Vorsitz kamen die Bundesgenossen zusammen, zu denen sich sogar ein Teil der Epiroten gesellte. Außer Sparta und Megalopolis war so gut wie der gesamte Peloponnes bei den Verbündeten. Das war das Werk des Demosthenes, der noch zur Zeit, als er in der Verbannung in Troezen gewesen, von dort aus den Aufruhr schürte, in Bewegung brachte und steuerte.

Thrakien aber, das große nordwestliche Hinterland Makedoniens, konnte Antipatros keine Hilfe bringen. Nachdem Memnon von Alexander als unbotmäßiger Statthalter zurückgerufen worden war, hatte Zopyrion, der die Zügel ergriff, den verführerisch verlockenden Plan, Thrakien mit Baktrien zu verbinden, weil ihm dies die Geographen auf ihren Landkarten als Nachbarländer einzeichneten. Zopyrion überschritt die Donau und drang bis zur Mündung des Borysthenes vor, wurde aber dann von den Skythen vernichtend geschlagen. Darauf brach in Thrakien ein Aufstand gegen Makedonien aus, bis Lysimachos als neuer Statthalter die Zügel in die Hände bekam. Er gehörte, wie Leonnatos, zu den einstigen Leibwächtern, den Flügeladjutanten Alexanders, aber dem Antipatros konnte er keinen Beistand leisten, während er selbst mit dem Niederringen der aufständischen Thraker und der Wiederherstellung der dortigen Ordnung beschäftigt war.

Es ging auf Leben und Tod. Das erkannte Antipatros jeden Tag erschreckender, bedrohender, verzweifelter. Die Gräben, die Leosthenes um Lamia legte, wurden vertieft. Das Mauerwerk war an Stellen, die beschädigt wurden, ausgebessert und verstärkt.

In dieser Lage wagte Antipatros einen Ausfall. Er versuchte, eine Bresche in einen der Wallgräben zu schlagen, die Leosthenes angelegt hatte. Wenn ihm der Durchbruch gelänge, gewönne er den Fluchtweg zum Hafen von Pharsala, wo die makedonische Flotte lag. Er wäre gerettet.

Sobald aber Leosthenes gewahrte, daß die Makedonen an einer Stelle des Walles ausbrachen, sprengte er mit seinen Reitern an der Spitze rasch heran und gab den Seinen wie immer das Beispiel des mutigen Einsatzes.

Da traf ihn ein Steinwurf.

War dieser von einem Makedonen zur Verteidigung geschleudert oder aus dem Mauerwerk bei dem Ansturm auf ihn gefallen? Gleichviel, der Feldherr brach bewußtlos zusammen. Man brachte ihn eilig ins Lager. Er erwachte aber aus seiner Ohnmacht nicht wieder. Nach drei Tagen war Leosthenes tot.

Während man seinen Leichnam nach Athen überführte, bewachten die hellenischen Verbündeten mit verstärkter Umsicht die Stadt mit den darin eingeschlossenen Makedonen. Antipatros blieb umzingelt.

Athen vernahm die Todesnachricht mit Entsetzen. Demosthenes eilte von der thebanischen Kadmeia herbei und hoffte, die Leichenrede halten zu dürfen, um dann von der Stadt zum Oberfeldherrn aller Hellenen ausgerufen zu werden. Beides blieb ihm verwehrt. Der Rat der Stadt übertrug unverzüglich den Oberbefehl über das Heer dem Antiphilos, der an Jahren viel jünger als Demosthenes war. Die Leichenrede hielt Hypereides, sein lebenslanger Rednerrivale.

Ehe die Leichenrede gehalten und Leosthenes bestattet worden war, eilte Antiphilos als neuer Feldherr an die Front und setzte die Belagerung von Lamia erbarmungslos fort. Der Lebensmittelvorrat der Eingeschlossenen schrumpfte von Tag zu Tag. Durch Mangel an Wasser und der damit verbundenen Unreinlichkeit wuchs die Gefahr des Ausbruchs der Pest.

Antiphilos hielt Lamia fest unter seinem Griffring der Belagerung. Während er die Gräben weiter verstärkte, schickte er eine Vorhut in die thessalischen Gebiete, die nördlich der Hauptstadt lagen. Von dieser erhielt er die bestürzende Nachricht vom Heranrücken des Entsatzheeres unter der Führung des Leonnatos, der, eben mit seinen Schiffen in Pharsala landend, entschlossen zum Entsatz des belagerten Antipatros gegen Lamia voraneilte.

Leonnatos stand im gleichen Alter wie Alexander. Er entstammte dem makedonischen Hofadel und war aus dem Haus der Eurydike, der Mutter des Königs Philippos, die ihre Besitztümer in den wilden Berggauen besaß. Leonnatos gehörte wie Krateros zu dem Kreis der Jugendgefährten Alexanders, die unter der Leitung des Aristoteles im Nymphenhain von Mieza durch einige ihrer frühen Jünglingsjahre am Unterricht gemeinsam mit dem Königssohne teilnahmen. Als Leibwächter in der Befugnis eines Flügeladjutanten begleitete er den Weltkönig auf seinen Kriegszügen und genoß dessen Vertrauen.

Bald erspähte eine von Antiphilos abermals ausgeschickte Vorhut, daß unter dem jugendlichen Makedonen ein Heer von mehr als zweitausend Reitern im Heranrücken war.

Der Kriegsrat der griechischen Verbündeten kam unter der Leitung ihres neuen Strategen in Eile zusammen. Man entschied sich zum sofortigen Schlag gegen die aus der Hafengegend reitenden Makedonen, um eine Vereinigung mit den Belagerten von Lamia zu verhindern.

Antiphilos willigte bedenkenlos ein, die Makedonen sogleich zurückzuschlagen, warf das Hauptkontingent seiner Streitmacht dem Feind entgegen, ließ aber nur eine geringe Anzahl seiner Soldaten für die Fortsetzung der Belagerung Lamias zurück. Er hoffte, den Feind vernichtend zurückzuschlagen, um sich dann abermals der Belagerung des Antipatros zu widmen und mit den allmählich völlig Erschöpften fertig zu werden.

So griffen die Griechen, durch thessalische Reiterei verstärkt, das makedonische Heer unter dem jugendlichen Leonnatos an, der als Reitergeneral wie ein leibhaftiger Abgesandter des vergöttlichten Weltkönigs erschien.

Leonnatos kämpfte, wie sich dies stets bei entscheidenden Treffen von selbst verstand, an der Spitze seiner zweitausendfünfhundertköpfigen Kavallerie.

Da durchbohrte ihn ein Pfeil. Er wurde vom Pferd gerissen. Er starb auf der Stelle.

Es war eine kurze, aber grimmige Schlacht. Nur mit größter Mühe vermochten die Makedonen, die über den Todessturz ihres Führers in Verzweiflung gerieten, den Leichnam des Feldherrn auf ihre Kampfseite zu ziehen, denn Antiphilos rückte mit seinen Verbündeten voran, stürmte durch die Reihen und folgte den Fliehenden nach.

Währenddessen gelang es Antipatros auszubrechen. Mit seinen verhungerten und verwahrlosten Truppen lief er an den unbestatteten Leichen, die sich zu fürchterlichen Bluthügeln häuften, vorbei. Er konnte mit knapper Not den nachrückenden Griechen entkommen, die mitten unter den Gefallenen ihre Siegeszeichen errichteten.

Am nächsten Tag war es ihm möglich, sich mit dem geschlagenen Heer des toten makedonischen Feldherrn zu vereinigen. Er sah sich allerdings in dieser Lage außerstande, die Griechen zu einem Treffen herauszufordern. Die Truppen waren durch den Tod des Leonnatos verwirrt und entmutigt. Antipatros zog nach Larissa, blieb jedoch nicht in der Stadt, um etwa abermals das Schicksal zu erleiden, das ihn in Lamia getroffen, führte den aufgeriebenen Rest seines Heeres durch das Tempetal in das nördliche Thessalien und erreichte dann endlich die makedonische Landesgrenze.

Antiphilos aber verfolgte ihn nicht mehr weiter. Für das Siegesgefühl der Griechen war ihr Befreiungskrieg so gut wie beendet.

## Dreizehntes Kapitel

# *Des Einsamen Heimweh*

«Ich habe euch rufen lassen», sagte Aristoteles zu Aristomenes, seinem Arzt, und Timarchos, dem Archon von Chalkis, «um euch als Vormünder eine Mitteilung zu machen. Nikanor kommt nicht mehr zurück. Das ist mir jetzt gewiß geworden. Lebte er noch, so wäre er schon mit Leonnatos gekommen. Und wenn er mit ihm gekommen – dann liegt er mit ihm unter den Leichen, zwischen denen die Athener ihre Siegeszeichen aufstellten. Nikanor ist tot. Das sollt ihr als Vormünder wissen. Das ist für das Testament wichtig. Das muß Theophrastos so bald wie möglich erfahren, wenn er das Mädchen, die Pythias, zur Frau nehmen will.»

Timarchos sah von der Seite auf Aristomenes und zog die Schultern hoch. «Es findet sich kein Bote, der einen Brief nach Athen bringt!»

«Und wenn ich selbst nach Athen ginge . . .!» sagte Aristoteles vor sich hin und verbarg mit Mühe in seiner Stimme die Rührung, die ihm sein unstillbares Heimweh bereitete. «Und mich dem Areopag aus freien Stücken stelle? Den Justizmord an Sokrates werden sie nicht mit leichter Hand wiederholen wollen!»

Da sprangen die andern erregt auf.

«Der Krieg ist doch noch nicht zu Ende!»

«Nicht einmal ein Waffenstillstand!»

«Im Gegenteil!» warf der Arzt ein. «Demosthenes! Kannst du dir denken, daß er jetzt aufgibt?»

«Nach Lamia», rief der Archon, «nach der Schmach, die sie dem Antipatros zugefügt?»

«Dem früheren Feldherrn aller Hellenen!»

«Dem Hegemon. Dem Leiter des korinthischen Städtebundes, der jetzt in Pella sitzt und nichts tun kann als auf Krateros zu warten, der wahrscheinlich nur kommen wird, um ihn abzusetzen!»

«Der Krieg ist noch nicht vorüber!»

«Er beginnt erst!»

Aristoteles blickte über die Köpfe der beiden in die Öffnung des Fensters. Blickte lange, als flöge er mit den Gedanken in seiner Seele wie ein aus dem Käfig befreiter Vogel in das Weite. Blickte nur über sie hinweg.

«Mit deinem Magen steht es heute nicht zum Besten», sagte der Arzt, «ich sehe es an deiner Gesichtshaut. Ich dachte, du läßt mich zur Ölkur rufen. Und um den Blutdruck hinunterzubringen wäre ein Aderlaß ratsam!»

Aristoteles aber wehrte müde lächelnd mit der Rechten ab.

«Die Grenzen nach Attika sind fest geschlossen», setzte der Archon mit der Entschiedenheit eines Mannes hinzu, der mit dem Kommandanten der Seefestung täglich in nächster Fühlung stand. «Kein Gedanke, die Brücke über den Euripos wieder zu bauen. Und übrigens, jeder Wagen, der jetzt durch Böotien nach Attika führe, fällt in die Hände des Demosthenes.»

Aristoteles dachte, man könne ihm ein Schiff bereit stellen und wollte deshalb den Archon darum bitten. Jetzt aber schwieg er. Und sah noch immer durch die Öffnung in die Ferne.

«Ich dachte, du hast mich rufen lassen», sagte der Arzt, «damit sich dir deine Eßlust wieder einstellt. Da gibt es einige Kräuter, die ich gebracht. Die kann dir Herpyllis von den Küchenmägden brauen lassen.»

«Ich kenne die Kräuter auch», sagte Aristoteles verärgert.

«Natürlich», lenkte der andere sogleich ein, besorgt, den Weisen beleidigt zu haben. «Natürlich, du bist doch der Sohn eines Arztes.» Dann setzte er hinzu: «Ich wunderte mich, daß du in deinem Testament mit keinem Wort deines Vaters gedacht hast. Deiner Mutter, die doch auch schon früh starb, weihst du ein Bild im Hain der Demeter in Nemea. Und deine Schwester, dein Bruder, sie erhalten in Stagira Statuen aufgestellt. Nur Nikomachos, der Hofarzt beim Großvater Alexanders gewesen, erwähnst du mit keinem Wort.»

«Lassen wir das», wehrte er mit einem Lächeln ab, das sein Unbehagen, das er fühlte, ein wenig ins Gleichgewicht bringen sollte. «Was sollen die Ahnentafeln. Ich bin als Kind einer Witwe erzogen und war dann Waise. Mein Vater –» da unterbrach er sich für einige Augenblicke. Weil aber keiner der beiden andern jetzt ein Wort zu sagen wagte, setzte er fort: «Mein wahrer Vater – war Platon.»

Die beiden andern schwiegen. Peinlich berührt. So hatten sie ihn niemals vorher sprechen gehört. Sie wollten den Gang seiner Gedanken nicht durch weitere Fragen stören. Ihn, den sichtlich Verstörten, der ihnen heute so sonderbar vorkam, als hätten sie ihn, der sie zu Vormündern eingesetzt, noch kaum gekannt. Das, was er sagte, schien ihnen wirr, wie aus dem Traume gesprochen, so unwirklich wie sein Wunsch, wieder nach Athen zu gehen, die Flucht eines lebend Geretteten mit der Flucht in den Tod auszutauschen!

Der Arzt dachte dabei an Fieber, an eine innere Entzündung, an eine langsame, aber deutlich sichtbare Lockerung seines Leibes und richtete sorgenvoll sein Auge auf ihn, der aber mit deutlicher Absicht über ihn hinweg wieder in die Öffnung des Fensters blickte.

Da platzte Aristoteles plötzlich mit einem seltsamen Lachen heraus. Wollte er die vor ihm so bestürzt Sitzenden noch mehr verwirren oder war es aus der Güte seines Gemütes, um sie zu beschwichtigen? Beiden war dies nicht klar, als sie ihn sagen hörten: «Apollon. Apollon lockert die Bande des Blutes. Zerbricht das Geflecht der Phratrien. Apollon sagt nicht, erkennt euch im Blute der Väter, sondern ruft: du, einzelner, einziger in deinem Geiste Unsterblicher, erkenne dich selbst!»

Das ging über das hinaus, was die beiden andern erwarteten. Das stand doch in keinem Zusammenhang mit dem anfangs Geäußerten.

«Euer Schweigen», so sagte nach einer längeren Pause der Denker und griff den Faden wieder auf, «zeigt mir, ihr habt die Zeichen der Zeit nicht verstanden. Oder –» er stieß wieder ein Lachen heraus, das weniger mokant als gütig zu überbrücken schien: «Oder, wir sind doch alle Demosthener!»

Das brachte Timarchos auch zum Lächeln, der bisher äußerst unbehaglich zugehört hatte. Der Arzt Aristomenes aber schüttelte besorgt sein Haupt. Er dachte an Fieber. An Wallung des Blutes, an Anschwellen der Adern, an die wieder notwendig gewordene Erleichterung des Gefäßdrucks.

Aristoteles aber kam seinen Gedanken zuvor und sagte, während er noch immer über ihn hinwegsah: «Meine Stirn ist kühl. Mein Kopf ist ganz klar.» Und stand auf.

Waren die beiden andern dadurch entlassen? Es schien so dem Timarchos, der sich gleichfalls erhob. Aristomenes jedoch machte keinerlei Anstalt, den Kranken jetzt seinem Fieberanfall allein zu überlassen. So blieb er zurück, nachdem sich Timarchos entfernt hatte.

«Ich weiß mich schon selber zu pflegen», sagte Aristoteles. «Heilen kann nur die Gottheit durch die Natur. Die Natur ist nicht krank. Es gibt keinen Körper, der krank ist. Krank kann nur die Seele sein mit ihrer Sehnsucht. Auch Heimweh ist Krankheit. Ist Sucht, zurückzukehren – mein Freund. Krank sind alle Süchte. Eifersucht, ja Selbstsucht, Vernichtungssucht. Lüge und Neid sind Süchte. Sie machen die Seele siech. Das Schwätzen, das Brechen des Schweigens. Das wißt ihr Ärzte doch selbst im Eid, den ihr Hippokrates leistet, ihr müßt Verschwiegenheit üben. Warum schwätzt du über den Magen oder über das Fieber vor unserm Timarchos, damit er etwa im Rate der Stadt schon meinen Tod vorhersagt?»

Aristomenes blickte verlegen zu Boden. Rührte sich nicht vom Sitz. Seine Sorge war nicht zu übersehen.

«Bringt meine Gebeine nach Stagira, wenn ich nicht in Athen im Lykeion sterben kann», sagte Aristoteles in aller Ruhe.

«So steht es doch auch im Testament», erwiderte endlich der andere. «Zusammen mit Pythias. Das ist alles geordnet. Sorge dich nicht darüber. Du wirst gesunden. Du warst doch dein ganzes Leben nie krank. Es ist kein Grund jetzt im dreiundsechzigsten Jahre. Das ist kein Alter für einen Philosophen. Das weißt du selbst.» So schwätzte der Arzt verlegen vor sich hin. Drehte sich im Sessel, legte seine Hände verkrampft zusammen. Und wollte nicht gehen.

«Wo hast du deine Ausbildung erfahren?» fragte Aristoteles seinen Hausarzt, von dem er wußte, daß der Makedone weder die Asklepiostempel auf Kos und Knidos kannte, noch das Heilungsheiligtum in Epidauros.

«Ich war im thessalischen Trikka», sagte der Arzt.

«Viel Aberglauben im Zauber», warf der Weise rasch ein. «Die Medizin weiß heute immer weniger von den Mysterien. Weißt du, warum sie gebärende Mütter und sterbende Greise aus den Asklepiosheiligtümern wegschaffen lassen?»

Der Arzt gab keine Antwort. Aber Aristoteles fuhr fort: «Weil Heilung der Krankheit etwas ist, was jenseits von Geburt und Tod liegt. Geborenwerden und Sterben – die Schmerzensschreie der Mutter, der Demeter, um ihr von Hades geraubtes Kind, die Persephone, unsere Seele. Hast du selbst einmal an dir den Tempelschlaf erfahren?» Und ehe er ihm Zeit gab, die Frage ehrlich verneinen zu können, fügte er hinzu: «Der heilige Schlaf – das war es einmal – die Inkubation, von dem hat wohl auch mein Vater nur manchmal vom Hörensagen vernommen – der heilige Hypnos, verstärkt durch einen narkotischen Trunk, der Schlaf als der jüngere Bruder des Todes brachte die Harmonie, den Einklang der Seele, die vom Körper zerstörte, wieder dem Leibe zurück. Das war die Genesung. Der Arzt ist nur Pfleger. Der Hypnos in der Narkose ist aber der göttliche Heiler. Er, der Asklepios mit dem Stabe der Schlange, der Schlangenträger, der Giftbezwinger, steht er nicht unter dem Schutz des drachenbezwingenden Apollon? Wahrhaftig, so ist es, der Gott, der zur Selbsterkenntnis führt im Bund mit den Musen – ist Schutzherr zugleich aller asklepiadischen Heilung.»

Der andere erschien überwältigt vom Wortschwall zu sein und wagte nicht Widerrede und Einspruch. Aristoteles wußte sich in solchen Worten doch immer allein und so fuhr er fort, als spräche er nur zu sich selbst: «Wäre Musik um mich. Hörte ich doch wieder einmal die Flötenbläser bei den Monatssymposien im Lykeion?! Nicht die weichlich-weiblichen lydischen Töne, die schon Platon aus der Akademie verbannte, sie gehörten – sagte er uns – zu dem Grölen der Trinkgelage. Aber die dorischen und phrygischen Flöten und Zithern, die mir in der hyperdorischen Tonart am besten gefallen . . . Wären doch die Kitharöden und Auleten mit ihren Zithern und Flöten da. In den sieben Saiten der Lyra kommen die Sphären der Planetengötter zu uns auf die Erde. Wir wissen's nur nicht bei Tage. Aber bei Nacht – da wüßten wir es, wenn wir wachten. Wachten im Schlaf, im heiligen Hypnos, dem jüngeren Bruder des Thanatos und des Eros zugleich, des Todes . . .»

Aristoteles sprang auf und umarmte den Arzt: «Versprich mir, wenn Hochzeit wird, wenn Theophrastos kommt, versprich es mir, ja nicht die Zitherspieler und die Flötenbläser bei der Hochzeit zu vergessen. Sie sollen in der dorischen Tonart spielen. Das erweckt sittliche Haltung, wie ich es in meiner Politeia geschrieben!»

Der Arzt erhob sich nun. «Du mußt jetzt ruhen. Das viele Sprechen ermüdet dich zuviel. Ich komme morgen wieder zur Magenbehandlung.» Mit besorgtem Kopfschütteln entwich er durch die Tür ins Perystil.

## Vierzehntes Kapitel

# *Eudemos*

Aristoteles hatte das Alleinsein während der gesamten Zeit des Gesprächs mit den beiden Freunden genauso gefühlt wie jetzt, da er wieder ganz für sich selbst war.

In der Einsamkeit solch unabsehbarer Verbannung, ohne Bücher, ohne Schüler, ohne Lehrstunden, ohne die Dialoge im Peripatos, ohne die Monatssymposien, galt nur die nackte Unerbittlichkeit des Schicksals, sich im Selbstgespräch gegenüberzustehen, sich als Klagender zu ertragen und im Hören der eigenen Worte vom unsichtbaren Gegenüber erhört zu werden.

Alles, was ihm, dem auf der Insel Verbannten übriggeblieben, war das Schatzhaus seiner Erinnerungen, das ihm den Einlaß immerzu bereitwillig gewährte und ihn von der Fessel der Verlassenheit für vorüberhuschende Minuten zu befreien vermochte.

Wen wunderte es, wenn ihn sein Herz wieder nach Athen zog? Diesmal noch tiefer zurück in den Schacht vergangenen Geschehens, zurück zu den Jahren der Jugend, zu den frühesten Tagen in Platons Akademie!

Da war es, was den Verbannten auf Euboia urplötzlich zu erleuchten suchte, was ihm im Wechsel der selbstgesprochenen Worte wie leibhaftig Teilhaben vergönnte: da stand er wirklich und überwirklich zugleich – vor den Augen seiner sehnend erinnernden Seele: Eudemos von Kypros.

Der treueste Freund seiner Jugend!

Wie? Du warst doch sieben Jahre jünger als ich. Und bist schon so lange vor mir dahingegangen? Auch ein Verbannter, Eudemos, du

Schicksalsbruder? Von deiner kyprischen Heimat einstmals vertrieben?

Ja, ich erinnere mich. Hör dich jetzt genau erzählen, wie damals, vor dreiunddreißig Jahren, du Teurer. Denn du warst damals zum Tode erkrankt. Kein Arzt wollte auf deine Genesung mehr hoffen. Da erschien dir im Tempelschlaf der Jüngling. War es der Tod oder sein jüngerer Bruder, der Schlaf, Thanatos oder Hypnos? Oder sprach gar aus dem Kouros Apoll? Dreifach hatte er dir geweissagt: du würdest genesen, der Tyrann werde sterben und du könntest nach fünf Jahren aus der Verbannung in deine Heimat zurückkehren. Du wurdest sogleich gesund, und der Tyrann war beseitigt. In den fünf übrigen Jahren kamst du zu uns nach Athen, in die Akademie. Da lasen wir Platons *Phaidon,* den Dialog über die Unsterblichkeit der Seele.

Erinnerst du dich, Eudemos?

Die Liebe zur Weisheit war uns gemeinsam wie unser Band gegenseitiger Neigung, rein, wie es nur beglückten Jünglingen eigen, wenn Eros, der Göttliche, in Liebe belehrend uns zusieht! Ja, damals warst du mein erster Schüler, der zugleich mich lernend belehrte. So lasen wir *Phaidon* . . .

Fast fünf Jahre solcher Beglückung und solchen Beglücktseins, zarter Erkenntnisentzückungen gleichstrebender Jünglinge – der eine, ältere mehr das Dichtwerk des Weisen nach Gehalt und Form in seine Teile zerlegend, und der jüngere ganz erlegen den Rhythmen in der Musik der Sätze.

Bis dann Dion gekommen von Syrakus, als Verbannter, um in der Akademie unter den Schülern Platons Mitfühlende zu finden zur Befreiung der Stadt seiner Heimat.

Ja, Eudemos, du kanntest das Los der Verbannung! Wie keiner von uns kanntest du es, und weil der Meister selber dem Plan der Befreiung gewogen, schlossest du dich aus freien Stücken dem unglücklichen Dion an! Schlossest dich an, zogst mit nach Syrakus, und kurz vor der Stadt, der fast schon erreichten, traf dich der Pfeil und du fielst . . .

Die Heimat, Eudemos, in die du zurückgekehrt, war nicht Kypros. Der sterblichen Kleider ledig, hat dich, Verbannten, die wahre Heimat der Seele befreit. War das, Eudemos, nicht der Sinn der Weissagung in dem Tempelschlaf?

Du willst doch, Eudemos, von mir weiter hören? Du willst, ich fühl es mit dir. Mitteilen willst du dich mir wie ich dir Mitteilung bin, zwischen uns Teile und in der Mitte das Ganze.

Die, so sagten wir beide, sprechen nicht recht, die sagen, die Seele sei die Harmonie unseres Körpers. Harmonie hat als Gegensatz Disharmonie. Die Seele besitzt keinen Gegensatz. Es gibt keine Unseele. Das ist Unsinn. Deshalb ist die Seele nicht Harmonie. Sie ist Wesen, Ousia, Substanz. Jetzt denke, Eudemos, nach den Regeln der Logik. Du kennst doch mit mir die Lehre von den Kategorien! Ist die Seele Substanz, ein in sich selbst beruhendes Wesen, dann hat sie in sich keinen Gegensatz. Harmonie aber, das dünkt dich doch logisch, Eudemos, kann deshalb nicht das Wesen der Seele sein, sondern nur eine Eigenschaft, ein Beigefügtes, ein Attribut.

Das Harmonischsein, siehst du, Eudemos, ist ihre Qualität. Das klingt dir etwa banausisch? Aber nimm doch den Haupt- und Oberbegriff des Wie und des So und du siehst, wie die Seele sich weiten und verengen kann, steigen und fallen, gleich wie der Leib, gesund sein oder krank. Aber das Wesen der Seele, weißt du, Eudemos, wie ich's dir deuten kann?

Im Gegensatz zu Gesundheit, Stärke und Schönheit stehen Krankheit, Schwäche und Häßlichkeit. Aber die Wesenheit der Seele besteht doch weder aus dem einen noch dem andern. Hatte Thersites nicht auch eine Seele und war doch häßlich? Die Seele ist weder Gesundheit, Stärke und Schönheit, noch auch ihr Gegenteil. Sie ist Eidos, Idee, ist Form für sich selbst und zugleich Form des Leibes.

Aber höre, Eudemos, hier mußte ich dem Gedankengang unseres Meisters untreu werden. Denn die Idee als Form in sich selbst oder als Formkraft des Leibes ist doch nicht jenseits des Leibes oder hinter dem Stoff unserer Dinge? Auf dieser Sackgasse seiner Gedanken konnte ich ihm nicht mehr folgen. Nannte er Gesundheit, Stärke und Schönheit Tugenden unseres Leibes, die mit den Tugenden unserer Seele korrespondieren, dann ist es unmöglich, das Wesen der Seele als Harmonie des Leibes zu erklären. Kommt dir das nicht vor, als käme das wie aus der Laborantenküche der Apotheken? Der Arzt soll heilen, wenn er die Teile des Leibes in Harmonie wiederherstellt. Das ist gut so. Aber die Seele, wie soll er diese als Wesen aus seiner Werkstatt erklären?

Erinnerst du dich, Eudemos, an meinen Vergleich mit Midas und mit Silen? Ich erzählte die alte Geschichte als erklärendes Beispiel. Als der König fragte, was das höchste Gut sei, antwortete darauf Silen: unmöglich sei es für Menschen, das höchste Gut zu erlangen, deshalb sei es das Beste, sobald wie möglich zu sterben. Denn das absolut Gute ist Gott. Und an Gott hat kein Sterblicher Anteil.

Hier liegt der Trugschluß!

Gewiß, mein Freund, ist vieles in unserer Seele auch sterblich. Was ich aber Seele der Seele nenne, das ist der Nus. Und der ist unsterblich. Denn er denkt frei vom Leib. Also ist mitten im sterblichen Leib etwas unsterblich. Ein Teil nur, natürlich, was Nus ist, was Geist ist, was Gott in uns ist. Im Nus wohnt der Gottgeist uns bei, da wohnt er in uns. Das möchte ich als Wohlgeistigkeit bezeichnen oder das Gutteilhaftigsein mit Gott. Wir nannten das Eudaimonia.

Aber, Eudemos, so einfach, wie das gesagt wird, ist das doch nicht. Da gibt es noch viele Fragen, seit den Jahren, da wir zusammengesessen. Verschwindet denn alles, was die Seele mit dem Leib verbindet, im Tode? Liebe und Haß? Auch das Gedächtnis? Bleibt die Liebe der Freundschaft bestehen, das Erinnern an unsere gemeinsamen Tage, wenn nur der Nus weiterlebt?

Höre, Eudemos, das bedrückt mich zu fragen. Als wir noch beide zusammensaßen über den *Phaidon* gebückt, da dachte ich anders. Da lehrte Platon die Rückerinnerung der Seele an vorige Existenz, wie es die Orphiker denken und die Pythagoreer lehren. Die Wanderung unserer Seele, die gab ich auf. Die habe ich mit der Idee der Entelechie eingetauscht. Auf der aber stehe ich oder falle!

Wie, mein Freund? Gibt es nicht Menschen, die durch eine Krankheit ihr Gedächtnis verlieren. Wenn sie aber wieder gesund sind, erinnern sie sich an alles, was sie gelitten. Ist das vielleicht ein falscher Vergleich, wenn ich sage, das Leben ohne den Leib ist der wahre Zustand der Seele und die Reise in den Leib hinein gleicht einer Krankheit? Ist dann unsere Vergessenheit früherer Erdenleben nur eine zeitweilige Unterbrechung unseres Erinnerns, die uns das Bewußtsein verdunkelt?

Ich muß das nochmals bedenken, Eudemos, nicht weil ich es früher einmal so dachte, als du mit mir in der Akademie warst, nein, weil du jetzt weiterlebst nach deinem Tod, mit dem du dich für die Freiheit des Freundes geopfert.

Hörst du mich jetzt, mein Teurer? Wenn du mich hörst, dann hättest du jetzt Erinnerung, dann sprächest du auch mit mir, aus dem besten Teil deiner Seele? Und wenn du sprächest, hörte ich dich? . . .

## Fünfzehntes Kapitel

# *Angriff der attischen Seemacht*

Die erste Frage, die Antipatros, zurückgekehrt in seinen Regierungspalast zu Pella, an Sippas richtete, bezog sich auf Kassandros. «Ist eine Nachricht vom Sohn da?»

Der alte Oberst schüttelte verneinend sein Haupt.

«Er muß doch schon zu Krateros gestoßen sein?»

Sippas zuckte mit den Achseln.

«Ich befahl ihm am gleichen Tage, als ich nach Thessalien marschierte, ein Eilboot zu nehmen, um nach Kilikien zu fahren.»

Da trat der Getreue, der während der Abwesenheit des Antipatros stellvertretend die Regierungsgeschäfte führte, einen Schritt zurück. Sichtlich war seine Scheu, den greisen Staatsmann nach der beschämenden Niederlage zweier Schlachten und der Belagerung von Lamia mit üblen Nachrichten über das Verhalten seines Sohnes nicht noch stärker zu bedrücken. Das jüngste Unglück, das durch den jähen Todessturz von Leonnatos hinzukam, überbot alle bisherige Unbill. «Kassandros», begann Sippas zaudernd, «ist nicht am gleichen Tag, wie befohlen, aufgebrochen.»

«Warum», fuhr der Alte auf, «nicht am selben Morgen?»

«Empfing Botschaften von den Berggauen und sandte Leute nach Illyrien und Thrakien.»

«Während ich in Lamia eingeschlossen lag?»

Sippas nickte stumm.

«Und spielte etwa bereits den Regenten?»

«Nun ist er fortgeeilt. Am Tag, als die Botschaft vom Tode des Leonnatos hier eintraf.»

«Da sputete er sich endlich!»

Antipatros fuhr sich verzweifelt in die Haare. «Ich kann mich auf ihn nicht verlassen. Im Gegenteil. Ich fürchte, ich muß mich fürderhin vor ihm hüten.»

Der Greis sank in den Klismos, den niederen Lehnstuhl, der vor ihm stand, und bedeckte mit den Händen das Haupt.

«Inzwischen sind von anderer Seite Nachrichten eingetroffen», lenkte Sippas ein, «die gut verbürgt sind.»

Antipatros sah ihn fragend an.

«Krateros hat die Winterquartiere in Kilikien bereits verlassen.»

«Von wo kam die Nachricht?» fragte Antipatros mißtrauend.

«Meldereiter seiner Vorhut! Vom Stabsquartier des Krateros. Jetzt beim Anbruch des Frühlings rücken sie über die allmählich vom Schnee befreiten Gebirgspässe des Tauros nach Phrygien vor!»

«An wen war die Nachricht gerichtet? An Kassandros?»

«An den rechtmäßigen Herrn der makedonischen Regierung, die ich an deiner Stelle entgegennahm», versicherte der Oberst beruhigend.

Antipatros aber rannte unruhig auf und ab. «So muß ich einstweilen untätig abwarten, mit welchen Ansprüchen und Befugnissen Krateros hier eintrifft.»

«Gewiß, das sollte wohl abgewartet werden. Krateros ist als Hüter der königlichen Belange von Alexander eingesetzt worden.»

«Als Repräsentant der Krone des Weltreichs, als Prostates steht er im Rang über mir!»

Sippas schwieg ratlos. Endlich sagte er zaudernd: «Perdikkas erhielt vom König den Siegelring. Am letzten Tag vor dessen Tod.»

«Er ist Chiliarchos von Asien. Die Chiliarchie gilt als höchstes persisches Reichsamt. Ich aber bin Stratege in Europa. Das bleibt unbestritten. Es gibt kein Absetzungsdekret aus der Reichskanzlei des Eumenes.»

«Gewiß nicht», bestärkte ihn der alte Paladin. «Krateros kommt ja mit Veteranen zurück. Die kannten dich doch als Reichsverweser von Jugend auf. Die bleiben dir treu.»

«Alexander hatte Krateros schon vom Indus aus mit drei Regimentern erschöpfter Makedonen durch Arachosien nach Karmanien geschickt, während Hephaistion, sein Lieblingsfreund, den Hauptteil des noch schlagkräftigen Heeres an der Küste entlang führte.»

«Bis es dann zur Meuterei in Opis gekommen war, wo zehntausend Veteranen entlassen wurden. Das alles kommt jetzt allmählich zu uns in die Heimat!»

Zum Entsatz? Oder zur innerpolitischen Belastung? Das war die Frage, die Antipatros bewegte, ohne sie dem ergebenen Oberst, der bedrückt vor ihm stand, über die Lippen zu bringen.

In Makedonien wurde die Lage durch die Wirren der Diadochenkämpfe von Tag zu Tag gespannter. Die Heeresversammlung wartete gar nicht erst die Nachricht über die Geburt des Kindes ab, das Roxane als Knabe zur Welt zu bringen hoffte, sondern rief voreilig den schwachsinnigen Halbbruder Alexanders als Philippos Arrhidaios aus. Bald darauf ließ Roxane ihren kleinen Alexander gleichfalls als Thronerben proklamieren.

Diese Kämpfe um Thronansprüche erschienen wie ein lächerliches Geplänkel zu den blutig ernsten Auseinandersetzungen, die sich im Lager der asiatischen Diadochen abzuspielen begannen. Perdikkas, der den Siegelring Alexanders trug, fühlte sich seither als Thronerbe des Weltreichs. Er warf in Babylon mit erschreckender Grausamkeit einen Aufstand nieder, der sich gegen ihn zu richten begann. Er ließ Kynna, eine außereheliche Tochter Philipps, meuchlings ermorden, weil sie ihre Tochter Eurydike dem Arrhidaios zuführen wollte, und verlangte für dieses Vorgehen Rechenschaft von Antigonos, der inzwischen anstelle des gefallenen Leonnatos zum Statthalter von Phrygien bestellt wurde. Er bedrohte ihn mit Waffengewalt, fiel in Phrygien ein und zwang ihn zur Flucht.

«Kassandros will ihn jetzt nach Makedonien bringen», erklärte Sippas.

«Also wird er uns noch in das Ränkespiel des Perdikkas hineinziehen.»

«Es heißt, er soll mit dem Heer des Krateros kommen.»

«Um die Rachegelüste des Perdikkas zuletzt bei uns zu befriedigen!»

In solch verworrener Lage war Antipatros vorläufig zu entschlußlosem Warten verurteilt.

Das allerdings entging den Athenern nicht. Im Gegenteil, es gab der radikalen Volkspartei um Demosthenes erneuten Auftrieb. Athen war keineswegs damit zufrieden, Antipatros aus Thessalien zurückgedrängt zu haben. Die nationalistischen Heißsporne trieben im Kriegsfieber der Volksversammlung ihre Siegesträume schon über die Landesgrenzen der hellenischen Verbündeten hinaus und sahen sich bereits mit Einnahme von Pella am Wunschziel ihres Rachezuges.

Während der grimmige Rhetor auf der thebanischen Kadmeia Wache über Böotien hielt, rüstete Athen zu einem neuen Schlag, der die Makedonen vernichtend treffen sollte. Denn jetzt mußten zur letzten Entscheidung die attischen Schiffe flottgemacht werden. Waren die Feinde aus Hellas vertrieben worden, so würden sie nunmehr ganz aus den Gewässern der Ägäis verschwinden.

Die attische Seemacht besaß die bisher von keinem bestrittene Vormacht im Osten des Mittelmeeres. Das nächste Ziel war, den makedonischen Schiffen die Verbindung mit dem Hellespont zu unterbinden, um die Truppentransporte, die aus Asien zur Verstärkung herbeieilten, an der Einfahrt zu hindern.

Athen besaß in Euetion einen fähigen Admiral, der sich mit Umsicht und Tatkraft bewährte. Unter seinem Kommando schwammen hundertundsiebzig Kriegsschiffe zwischen den Inseln und bewachten die Häfen. Der Flottenführung kam es nun darauf an, die Hafenplätze an der makedonischen Küste in ihre Gewalt zu bekommen und in erster Linie die Feindesschiffe von der Insel Euboia abzuschneiden.

Euboia war für die attische Seemacht als Kriegsziel von entscheidender Bedeutung. Die Insel lag seit Jahrzehnten in den Händen der Makedonen. Chalkis war ihre stärkste Seefestung. Die Schiffe, welche die euböischen Häfen anliefen, galten als schwimmendes

Arsenal. Die Flotte lauerte darauf, dauernd durch Kriegspotential verstärkt zu werden, das sich vom Hellespont und von den Küsten Kleinasiens, Kilikiens und Syriens aus der Heeresmacht des ehemaligen Weltkönigs rekrutierte.

Bis zum Augenblick war ohne Zweifel der attische Seebund der makedonischen Flotte in der Ägäis überlegen. Euboia mußte als Stützpunkt der Flotte von Athen zurückerobert werden.

Der athenische Admiral umzingelte mit seinen Schiffen die Insel und trachtete danach, sie von jeglicher Zufahrt von den übrigen makedonischen Häfen abzuschneiden. Sein Ziel war, Euboia, das jetzt einer gigantisch schwimmenden Festung glich, dem gleichen Schicksal preiszugeben, in dem sich erst vor kurzem Antipatros im belagerten Lamia befand.

Im Nordwesten Euboias, hundert Stadien vom Hafen Pharsala entfernt, kam es an der Küste der Maller und bei den Lichaden zu einer ersten gegnerischen Begegnung. Bei der Ausfahrt aus der Meerenge lag eine Zusammenballung makedonischer Kriegsschiffe. Da die Athener an Zahl überlegen waren, mußten die Makedonen vorerst bloß auf verteidigende Bewachung der Küstenhäfen bedacht sein.

Vor zwölf Jahren brachen damals unter Alexander hundertundsechzig Kriegsschiffe zum Zug gegen Asien auf. Darunter stellten damals die Athener zögernd nur zwanzig dem König zur Verfügung. Jetzt besaß die attische Flotte allein insgesamt mehr als die damalige Seemacht, die bei der Übersetzung des Alexanderheers von Sestos nach Abydos behilflich gewesen. Von Abydos an der kleinasiatischen Küste gelangte auch Xerxes einst über den Hellespont.

Diese geschichtlichen Gleichläufigkeiten bedeuteten Euetion im Frühling des Jahres 322, es müsse sich anderthalb Jahrhunderte nach Salamis das Schicksal der Vorherrschaft in der Ägäis endgültig erfüllen. Mit siegesbewußtem Vorgefühl eilte er dem Hellespont zu.

## Sechzehntes Kapitel

# *Der Fremde am Ufer*

Es war um die Stunde vor Sonnenaufgang, zur Zeit des Frühlingsanfangs, als Aristoteles auf seinem gewohnten Gang zum Euripos einen Mann gewahr wurde, dem er vorher hier noch nie begegnet war. Als er sich ihm langsam näherte, fiel ihm die fremdländische Tracht auf, mit der er sich trug. Auffallend war es, daß der Fremde keinerlei Anstalten machte, sich umzudrehen oder weiterzugehen, sondern so dastand, als ob er auf ihn warten wollte.

Aristoteles, der nun ganz an ihn herantrat, versuchte den Mann im Habitus eines Rabbiners mit einem Grußwort anzusprechen und war überrascht, im Gegengruß ein gutes Griechisch zu vernehmen, wobei der Gebrauch der Koine, der hellenischen Gemeinsprache, deutlich den Akzent gebildeter Syrer verriet.

Der Angesprochene erwiderte den Gruß in schüchterner Zurückhaltung, wobei er zur Seite gewandt ihm nicht unmittelbar ins Gesicht zu schauen brauchte.

«Habe Euch noch nicht in Chalkis gesehen?» forschte Aristoteles in freundlicher Weise, die zum weiteren Gespräch frei aufforderte.

Der Hebräer gab zu verstehen, daß ihm vor einiger Zeit mit einer Gruppe von Kriegsflüchtlingen hier in Chalkis Quartier angewiesen wurde.

Das Schicksal der Flucht bot sogleich Boden einer Gemeinsamkeit, auf dem sich ein Gespräch wohl lohnen sollte, um so mehr der Fremde als ein Gottesgelehrter zu wirken schien.

«Ihr sagt, die Leute Eurer Gemeinde sind Syrer?» begann der Philosoph das Gespräch, wobei er mit dem Pluralis der Frage auf

Abstand bedacht war, mit dem er den Fremden samt den Seinen als Vielheit in einer Gruppe betrachtete.

Der andere nickte bejahend, verharrte aber noch immer in der Stellung, aus der er dem anderen nur halb zugewandt war und blickte dabei zu Boden.

«Aus welchem Ort in Syrien?»

«Aus Tyros!» kam es vom andern zögernd.

«Tyros!» fiel Aristoteles sogleich ein. «Die stärkste der phoinikischen Städte», wußte er anzufügen, um den Mann, der ihn sichtlich zu interessieren begann, in ein weiteres Gespräch zu ziehen. «Tyros ist doch auf einer Insel gebaut, so hörte ich berichten. Zweitausend Schritte von der Küste entfernt!»

Der Mann erstaunte über die Genauigkeit der geographischen Kenntnis, nickte aber nur und trat unwillkürlich einen Halbschritt zurück, als schaudere es ihm, sich zu erinnern. «War, Herr – es war auf einer Insel!»

Da trat Aristoteles näher und reichte ihm die Hand. «Ich kenne noch nicht Euren Namen.»

«Simon», sagte der Hebräer, und ehe der Denker sich selbst kenntlich machen konnte, fügte jener hinzu: «Euch nennt ja jeder in Chalkis.»

«Jeder nennt mich», lächelte Aristoteles. «Aber keiner kennt mich.»

«Ich las Auszüge aus einigen Abschriften von Euch.»

Aristoteles erstaunte. Da gäbe es doch endlich einen auf der Insel, um zu philosophieren.

Simon verharrte noch immer in seiner nur halb ihm zugekehrten Stellung und schwieg.

«Sagt mir», warf Aristoteles ein, «warum beugten sich die Tyrer nicht? Nach der Schlacht von Issos schlossen sich doch alle übrigen Städte der syrischen Küste dem König an. Jerusalem öffnete ihm kampflos die Tore.»

Simon seufzte wie einer, der die Last eines schweren Gepäcks von seinem Rücken schüttelt: «Sieben Monate lang belagert!»

«Und wie seid ihr denn heil entkommen? Tyros wurde doch völlig zerstört!»

«Wir? Rechtzeitig evakuiert!»

«Wie war das möglich?»

«Die Insel hat Bundesgenossen, Herr. Karthago. Dorthin kamen viele. Andere nach Sidon. Die meisten wurden verstreut auf Inseln in der Ägäis.»

«Und Ihr schließlich nach Euboia!»

Jetzt schien der Alte Vertrauen zu fassen, da ihm klar wurde, der Denker, der vor ihm stand, war über die Ereignisse, die ein Jahrzehnt zurücklagen, genau unterrichtet, wollte aber durch einen Augenzeugen unmittelbar darüber noch mehr erfahren. «Die Tyrer sind klug und zäh. Sind auch Semiten.»

«Sie ragen als Erfinder im Schiffsbau hervor.»

«Im Anlegen von Häfen liegt ihre besondere Stärke. Aber der König, der Euer Schüler gewesen, war doch noch klüger und zäher.»

«Erzählt!»

«Er rammte schließlich mit schwimmenden Schleudermaschinen die Mauern der Inselstadt.»

Da trat Aristoteles einen Schritt zurück und schüttelte den Kopf. «Und ihr – ihr Flüchtlinge, sagt das fast mit Bewunderung über den toten König?»

Simon nickte stumm.

«Ohne Haß?»

Simon verweilte einige Atemzüge lang, als zögere er mit einem Entschluß. Endlich wandte er den Kopf und sah Aristoteles unmittelbar in die Augen. «Der König stand ja», er setzte mit merkbarer Mühe nochmals an, «er stand im Bund mit unserem Gott!»

Jetzt blickte Aristoteles verlegen zu Boden. Er war sichtlich aus der Fassung gebracht durch eine so unerwartete Aussage. Dann aber sagte er nach peinlicher Weile: «Sprich weiter, Simon!» und merkte erst nachher, daß er die vorher in der Mehrzahl gebrauchte Anrede aufgab. Offenbar glaubte er, jetzt einen einzelnen vor sich zu haben, nicht mehr ein Glied einer Gemeinde. Er erinnerte sich, mit Juden bereits mehrere Male früher zusammengekommen zu sein. Schon in Assos war das der Fall, als er seine erste Schule unter Hermias hatte. Da kamen auch einige hebräische Gottesgelehrte aus Kleinasien. Aus Smyrna kamen sie, auch aus Tarsos. Sie waren im Denken geschult, trieben es weit in der Syllogistik. Kapierten die Kategorien auf den ersten Blick . . . Der da, der vor ihm stand, war er etwa bald achtzig? Herübergebracht und jetzt übriggeblieben, vom Todesmassaker in Tyros verschont! «So sprich!» wiederholte er. «Ich weiß, du hast noch mehr zu sagen.»

Der Rabbiner nickte nachdenklich vor sich hin, aber schwieg. Verbarg er, so fragte sich der Philosoph, unter dem Mantel der Schüchternheit etwa heimlichen Hochmut?

«Herr!» brach Simon, der in Chalkis die Juden unter kultischer Obhut hatte, sein Schweigen, «so hört. Zu den Leuten meiner Gemeinde kamen kürzlich auch Händler aus Alexandria. Im Osten der Stadt, so erzählten mir die Leute, die von dort uns erreichten, ganz nah am Bau des Königspalastes, wo jetzt Ptolemaios regiert, liegt das neue Quartier für die vertriebenen Juden. Sie haben das volle Bürgerrecht. Sie sind gleichberechtigt mit Ägyptern und Griechen. Das Bürgerrecht! Das ist unmöglich in Athen!»

Aristoteles stutzte. «Athen sagst du? Warum vergleichst du mit Athen? Warst du schon einmal dort?»

«Nein», kam es ausweichend. «Man sagt, Athen ist nicht mehr Athen. Athen ist jetzt in Alexandreia.»

«Es gibt viele Alexanderstädte, aber nur ein einziges Athen», sagte Aristoteles nach einem schwer unterdrückten Seufzen.

Simon hob die Schultern.

«Lassen wir die Politik, Simon», sagte er. «Ich glaube, wir hätten Wichtigeres zu bedenken. Du sagtest vorhin, du kennst etwas von meinen Schriften.»

«Schwierig in eurer Sprache», sagte zögernd der Rabbi.

«Wo liegt die Schwierigkeit?»

Da wurde der Mann gesprächiger. «In Eurer Metaphysik findet sich einmal als Wort das Göttliche, *theion*, ein andermal *ho theos*, der

Gott, und dann wiederum nur *theos*, Gott. Das ist alles für uns zu unbestimmt.»

Aristoteles richtete einen fragenden Blick auf ihn. Aber Simon zauderte im Weiterreden und fügte dann endlich hinzu: «Das geht nicht ins Volk.»

Da lächelte der Denker. «Nein. Nicht in das Volk. Aber für die Menschheit!»

«Gott führt ein Volk für die Menschheit.»

«Dein Volk?»

«Mit dem er den Bund geschlossen.»

«Das ist kein freies Denken, sondern gebundener Glaube.»

«Gebunden an das Gottesgesetz und die Schrift der Propheten.»

«Schrift? Wer weiß, was echt und was falsch ist.»

«Das lebendige Wort Gottes!»

Aristoteles verharrte erstarrt.

«Das wohl auch Alexander vernommen!?»

Da hob der Denker den Kopf. Ging einige Schritte hin und her. «Erkläre dich deutlicher!» befahl er endlich.

Der Rabbi sah um sich, als fürchte er, belauscht zu werden. Aber als er sich mit dem Philosophen allein sah, setzte er nach längerem Schweigen fort: «So hört» und begann zu erzählen:

Als Alexander Tyros sieben Monate lang vergeblich belagert hatte, sandte er zum Hohepriester nach Jerusalem, daß er ihm Hilfstruppen schicken möge und ließ ihm sagen, er werde dafür den Tribut entrichten, den die Juden bisher an den persischen Großkönig zu zahlen hatten. Der Hohepriester aber schlug das Angebot ab. Er habe den Persern einen Eid geleistet, den er nicht brechen wolle. Er werde den Tribut entrichten, wie er eidlich versprochen. Deshalb könne er ihm auch nicht seine Soldaten zum Entsatz nach Tyros schicken.

Aristoteles hatte von Belagerung und Fall von Tyros schon vor einem Jahrzehnt Berichte nach Athen erhalten. Vom Eid des Hohepriesters stand allerdings nichts in den Briefen, die durch seinen Neffen Kallisthenes, den königlichen Hofhistoriker, in das

Lykeion gelangten. «Du weißt das vom Hörensagen», warf Aristoteles ein. «Da wurde viel gefabelt.»

Jetzt griff der Jude wieder ein. «Nach dem Fall von Tyros zog der König gegen unsere heilige Stadt, um sie in Rache zu zerstören. Sein Zorn war ohne Grenzen.»

«Darüber bestand kein Zweifel», nickte der Lehrer.

Der Rabbi wich einen Schritt vor ihm zurück, wie jemand, der zu einem hohen Sprung ausholt. «Und Ihr fragt nicht weiter?»

«Wie, weiter?»

«Warum Jerusalem nicht zerstört wurde?»

«Man öffnete der Übermacht die Stadttore. Weil jeder Widerstand natürlich sinnlos gewesen wäre!»

Der Alte schüttelte verneinend sein Haupt und wandte sich mit Heftigkeit ab. Das brachte aber Aristoteles dazu, ihn jetzt mit weicherer Stimme zu bitten, den Bericht in seiner Weise zu Ende zu erzählen.

«Die Tore der heiligen Stadt standen geöffnet, als der Hohepriester waffenlos und im Ornat mit allem wehrlosen Volk in weißen Kleidern entgegentrat. Da fiel der König zu Boden und sprach ein Gebet. Die Makedonen standen um ihn herum in sprachlosem Entsetzen. Fiel ihr König nach all den Siegen in Ohnmacht? Packte ihn, unbegreiflich, wie es war, die Todesfurcht? Aber was sagte Alexander? Ich bete nicht den Priester an, sondern die Gottheit. Gott, der mir im Traume erschienen war, bevor ich den Zug über den Hellespont unternommen. Jetzt schaue ich den Priester unter dem gleichen Zeichen!»

Aristoteles blieb eine Weile stumm. Er dachte an seinen einstigen Schüler, wußte um seine Frömmigkeit, die aus einer ihm ursprünglichen Herzensanlage kam. Er war wohl über die Umstände unterrichtet, mit denen der König sich stets auf seinen Heereszügen mit Sehern umgab. Er kannte auch Aristander, den Priester, der vor jeder Schlacht opferte und Alexander am Morgen die Träume deutete. «Ohne Zweifel war der Seher Aristander an seiner Seite», sagte Aristoteles mehr vor sich hin.

Der Rabbi wußte darauf keine Antwort zu geben. Er schien nicht daran interessiert zu sein.

Nach peinlichem Schweigen sagte Aristoteles endlich: «Warum sah ich dich niemals zuvor? Du hättest mich doch schon lange besuchen können.»

«Wir gehen fast nie aus dem Haus», entgegnete der andere. «Man sieht uns hier nicht gern auf den Gassen!»

Aristoteles nickte ernst. «Aber du kamst doch heute bis zum Euripos?»

Der Hebräer schwieg. In seinen Mundwinkeln wollte es sich zu einem sanften Lächeln falten.

«Warum sagst du jetzt nichts?»

«Weil Ihr» – er setzte ab, fügte dann aber schüchtern hinzu: «Weil Ihr wohl selbst nicht an Träume glaubt!»

«Wieso? Du kennst doch nicht meine Bücher!»

«Allerdings. Wenig. Ein Auszug der Metaphysik kursierte unter uns. Und die Schrift über die Kategorien.» Er wurde wieder gesprächiger: «Die zehn Hauptbegriffe haben wir auch in unserem Sephirotbaum.»

«Sephirot?» fragte der Philosoph, befremdet durch diesen hebräischen Ausdruck.

«Das Wort ist mit eurem griechischen Sphaira vergleichbar.»

«Sphäre?»

«Ja. Stufenfolgen.»

«Dann ist das Wort eine Entlehnung von uns.»

«Keine Entlehnung, Herr! Darüber wäre zu sprechen.» Er sah sich um – «aber nicht hier.»

«Komme morgen in mein Haus», rief Aristoteles, entschlossen, den Mann wiederzusehen.

«Morgen ist Rüsttag zum Sabbath», sagte Simon verwehrend.

«Dann in der nächsten Woche. Aber ehe wir scheiden, bist du mir noch auf meine vorherige Frage die Antwort schuldig. Wenn du nicht aus dem Haus gehst – ich habe dich wirklich nie vorher gesehen – was brachte dich heute auf den Lieblingsplatz meines Ausgangs?»

«So wißt es!» kam es endlich zögernd. «Mich hieß heute nacht ein Traumgesicht, Euch am Flußufer zu treffen!» Damit trennte er sich schnell und ging der Stadt zu.

Aristoteles stand noch lange Zeit am Ufer und sah rätselnd auf die Wechselströmung des Euripos.

## Siebzehntes Kapitel

# *Amorgos*

Am Hellespont, vor der Einfahrt in die Dardanellen, lag bereits seit Tagen des Hochsommers die Flotte unter ihrem Admiral Kleitos. Dieser folgte auf dem Seeweg dem Zug des Krateros, der gemeinsam mit Polyperchon und Gorgias von Kilikien über Phrygien herankam, um seine Veteranen in das Mutterland zurückzubringen.

Indessen vermehrte sich die Seemacht am Hellespont durch den dauernden Zustrom der Schiffe, die aus Syrien zustießen.

Kleitos griff die attische Flotte, die sich der Meeresstraße näherte, bei Abydos überraschend an. Es kam zu einer kurzen, doch heftigen Seeschlacht. Die mit Athen Verbündeten wurden am weiteren Vordringen gehindert und mußten sich flüchtend in die Gewässer der Ägäis wieder zurückziehen. Die Verluste erwiesen sich als gering. Aber die Besetzung der Dardanellen war mißlungen. Das Heer des Krateros vermochte bald darauf mit allem Troß den Hellespont zu überqueren.

Inzwischen ergriff auch der makedonische Admiral Mikion die strategische Initiative auf Euboia. Es galt ihm, die Südspitze der Insel, die seit einem Halbjahr von den Athenern durch deren Flottenführer Paidos besetzt wurde, wieder zu befreien. Dies gelang ihm um so leichter, als der attische Flottenführer Euetion sich bis zum Hellespont vorgewagt hatte und dadurch alle verfügbaren Schiffe unter sein Kommando stellen mußte. Mikion vertrieb die athenische Besatzung von Karystos und Styra. Mehr noch. Er verfolgte den Feind und landete bei Rhamnos auf attischem Boden.

Dort eilte der athenische Feldherr Phokion entsetzt herbei, um die landenden Makedonen vom Einfall in Attika abzuhalten. Athen drohte plötzlich höchste Gefahr.

Mikion, der siegestrunken an das Land kam, wurde von einer Vorhut getötet. Attika war vom Ansturm der Makedonen verschont, die, durch den Tod ihres Führers entmutigt, vom weiteren Eindringen in das Innere abließen.

Abermals triumphierte Demosthenes auf der Agora in Athen. Der Tod Mikions auf attischem Boden erschien dem Redner in der Volksversammlung als Zeichen der entscheidenden Stunde. Attika war verschont. Athen blieb unversehrt. Kein Fuß eines Makedonen soll ferner die Erde des Ölbaums der Athene besudeln! Kein Segel dürfe sich fortan auf den Gewässern Poseidons blähen! Der Fels auf der Akropolis müsse der Thron bleiben, über den die beiden Gottheiten, die einst im Wettstreit um die Herrschaft über die Hauptstadt von Hellas lagen, triumphierend die Krone halten! Athen sei seit altersher die Vorherrschaft über das Meer zuteil geworden. Athen werde für immer die Führung der Flotte behalten. Die hundertundsiebzig Kriegsschiffe seien intakt. Ehe Athen durch Schiffsbau die Seemacht vermehrt, müßten die Inselnachbarn als Bundesgenossen wiedergewonnen werden!

So prahlte Demosthenes in strahlender Zuversicht. Alles Glück und alle Glorie – lagen sie nicht seit Salamis in der Hand der übermächtigen Pracht der Marine?! Sei sie jetzt vorübergehend verhindert, die Gewässer am Hellespont zu bewachen, so stünde ihr doch im Süden nichts im Wege, die Rückkehr asiatischer Veteranen auf dem Meer zu verwehren ...

Antipatros wartete noch immer in Pella auf das Heer des Krateros. Der alte Staatsmann und erfahrene Stratege, als der er sich bisher sein Leben lang erwiesen, machte seine Landsleute jetzt durch Zaudern unmutig erstaunen. Nun, wo sein Admiral Mikion nach der Befreiung Euboias auf dem Boden Attikas gefallen, wäre es wahrlich an der

Zeit, die Schmach von Lamia zu rächen und den Heldentod seines Flottenführers zu vergelten.

Aber – so wußte Antipatros – hing nicht alles davon ab, in welcher Weise Krateros als Regent der Krone sich zu ihm stellen werde? Der Flottenerfolg des Kleitos wurde doch unter dem Schatten des Oberbefehls seines Rivalen erfochten, der zugleich mit Polyperchon und Gorgias die Veteranen durch Phrygien führte!

Wie dem auch sein mochte, Antipatros stellte sich mit seiner Autorität hinter Kleitos. Er beschwor ihn, mit den Schiffen, die teils zur Bewachung des Hellespont, teils an der Mündung des Strymon oder in der Meeresbucht um Pharsala schwammen, die attische Flotte unter Euetion zu verfolgen.

Er, der Freund des Aristoteles und der Schutzherr des Lykeions, kämpfte in seiner Seele trotz der Demütigung, die er in Lamia erdulden mußte, Rachegedanken nieder. Athen blieb ihm die Stirne von Hellas! Mehrten sich nicht wieder Zeichen von weiterem Abfall der hellenischen Bundesgenossen? Warum blieben die Rhodier dem attischen Seekrieg fern? Warum duckten sich andere Inseln unter dem Schutzmantel muckerischer Neutralität?

Wäre nur bald Friede gemacht! Dann wäre die Regierung der Radikalisten gestürzt.

Während der Siebzigjährige in Pella untätig sann, zog der makedonische Admiral Kleitos, von ihm ermuntert, im Osten und Süden der Ägäis die Flotte zusammen. Er brachte sie durch den ständigen Zustrom der aus Asien zurückkehrenden Schiffe auf die Zahl von zweihundertvierzig Masten. Mit wachsender Sorge nahm der athenische Flottenführer Euetion die rasch sich steigernde Überzahl der makedonischen Schiffe wahr. Vorläufig war er bedacht, einen neuerlichen Zusammenprall mit Kleitos hinauszuschieben. Er hoffte, daß sich indessen weitere Inseln, die dem attischen Seebund noch fern gestanden, mit ihm vereinigen würden.

Aber der Kreis, den Kleitos mit seinen Schiffen von allen Seiten her zog, schloß sich immer enger. Da umklammerte er erbarmungslos die Insel Amorgos. Euetion sah sich gezwungen, die Forderung der makedonischen Flotte zur Seeschlacht anzunehmen.

Hier, vor Amorgos, der östlichsten Insel unter den Kykladen, von den verbündeten Dodekanes gleich weit entfernt wie von Naxos und Astypalaia, kam es zur größten Seeschlacht seit Salamis.

Kleitos sah seine Flotte von Phoinikien und Kypros dauernd verstärkt. Jetzt stand sie in beträchtlicher Überzahl den Athenern gegenüber.

Euetions Schiffe wurden vernichtend geschlagen. Unter ihnen sank die stolze Salaminia. Mit kümmerlichen Trümmern flüchtete der übriggebliebene Rest der bisher überragenden Meeresmacht mit knapper Not in den Piraios zurück.

Die Seeschlacht bei Amorgos besiegelte das Schicksal des attischen Seebunds. Das Rückgrat der Vorherrschaft über den Osten in der Ägäis war gebrochen.

Antipatros vernahm die Siegeskunde mit gelassener Genugtuung. In banger Ungewißheit sah er der unmittelbar bevorstehenden Ankunft des Heeres entgegen, das unter der Führung des Hüters der Belange der königlichen Krone im Anmarsch war.

## Achtzehntes Kapitel

# *Simon von Tyros*

Die Nachricht über den Tod des Leonnatos drang endlich durch Boten auch nach Chalkis, bis hinauf in den kleinen Turm, den hölzernen Pyrgos, den Aristoteles im Obergeschoß des Hauses als seinen Arbeitsraum wählte, weil dieser dem übrigen Treiben des Hofes, der Aule und der sich anschließenden Wohntrakte des Ehegemachs, des Frauenhauses und der Sklavenkammern entzogen war.

Die Todesbotschaft erschütterte seine Seele. Berührte sie doch Erinnerungen einer entrückten Vergangenheit, die mit ihrem einstigen Jünglingsglück vor ihm nun wieder aufstiegen. Leonnatos war einer der Schulgefährten Alexanders, der zugleich mit Hephaistion und Nikanor zu den Knaben gehörte, die bereits auf Olympias Betreiben unter der Leitung des alten Leonidas in Pella eine Lerngemeinschaft bildeten, ehe Aristoteles selbst dann im Nymphenhain zu Mieza unter Zuzug anderer Schüler seine Lehrtätigkeit aufgenommen hatte.

Leonnatos war nun seinem gleichaltrigen König in das Todesreich nachgefolgt! Anderswo konnte doch wohl nicht Nikanor sein! Sollte er sie, der dreißig Jahre ältere, alle noch überleben, den unglücklichen Philotas, den plötzlich hinweggerafften Hephaistion, den Harpalos, der sich so tragisch ins eigene Verderben gestürzt hatte? Sie alle gingen in der Blüte der Jugend mit ihrem König dahin. Und Nikanor? Auf den er alle Hoffnungen gesetzt hatte mit seinen letztwilligen Festlegungen? Kein Wort über sein Verbleiben!

So bewegten sich seine Gedanken in Trauer und zogen ihn heute, stärker als zuvor, über den Tod zu sinnen, wie einstmals über Eudemos, den ersten, den engsten Freund seiner Jugend. Den unglücklich Verbannten, der im Freiheitskampf vor Syrakus gefallen. Der Traum des Eudemos, so erinnerte er sich wörtlich seiner eigenen Schrift, ließ keine andere Deutung zu als die, daß seine Seele, als sie den Körper verließ, in ihre Heimat zurückgekehrt, von der sie vor der Geburt gekommen. Denn der Seele, die vom Leibe gelockert durch Todeskrankheit, wird höhere Erkenntnis zuteil mit dem Blick auf eine bessere Zukunft.

Nein! So kann er nicht mehr denken in der Einsamkeit seiner Verbannung! So nicht mehr, seit er die Idee der Entelechie gefunden. Denn Seele ist Substanz in ihrer Verbindung des möglichen Stoffes mit der tätig in ihm waltenden Form. Seele ist im Leib mit seinen bestimmten Eigenschaften. Nicht in einem beliebigen Leib. Das Vermögen des Flötenspielers fährt doch nicht zufällig in einen Architekten!

Aber was bleibt in der Seele, die den Leib ablegt? Was ist Wesen der Seele nach dem Sterben des Körpers? Was macht unsterblich? Wie hat er in seiner Ethik geendigt? Wenn der Geist im Verhältnis zum Menschen etwas Göttliches ist, so ist es auch das Leben im Geist im Verhältnis zum gewöhnlichen Menschenleben. Deshalb sollen wir uns unsterblich machen und alles tun, um dem Göttlichen in uns gemäß zu leben. Ja, ist das nicht das Wesen des Wesens in uns, das Göttliche, das in unserem höheren Menschen ist? Dem Göttlichen, das im Ich ist?

Folgerungen des Denkens, Forderungen des sittlichen Willens? Ja. Aber doch noch keine Gewißheit des Herzens, keine vom Leibe losgelöste Schau Gottes . . .

Da hörte er Tritte auf der Treppe zum Turm.

Ungewöhnlich war es für Herpyllis, ihn in seinem Arbeitsraum mitten am Tag zu stören, nachdem sie am Morgen das Akratisma geteilt hatten. Es entging ihr, der Treuen, nicht, ihn heute morgen besonders bedrückt gesehen zu haben. Trotzdem mußte sie sich ihm jetzt nähern, da sie ihn vor seinem Schreibzeug gebückt erblickte.

Schüchtern flüsterte sie im Frageton: «Ein Mann wartet in der Aule. Mit dem du sprechen willst, so sagt er.»

Aristoteles sah sie zerstreut an.

«Er sieht nicht wie einer von uns aus», fügte sie rasch hinzu, als ob sie sich dieser Frage wegen entschuldigen müßte.

Da sprang er auf. «Richtig, Herpyllis. Führ ihn zu mir herauf. Ich erwarte ihn.»

Die Frau zögerte noch und sah ihn mit halboffenem Mund an.

«Der einzige Mann in Chalkis, mit dem ich philosophieren kann», rief er.

Daraufhin lief sie beruhigt hinaus.

Simon erschien mit einer Schrift unter seinem linken Arm, über die er seine Rechte hielt wie einer, der mitten unter dem Gedränge der Menge seine Habe schützend zu hüten hofft.

Aristoteles heftete seinen Blick darauf und wußte sogleich, der Besucher kam nicht unvorbereitet zu seinem Gespräch. Mit mißtrauischem Unbehagen sah er auf das abgegriffene, schmutzig gewordene Pergament. «Du sagtest, als wir uns vor kurzem am Euripos trafen, du kennst meine Metaphysik?»

Der Hebräer nickte bescheiden und zugleich verlegen. Er fühlte die Forderung, sich dem Wortgefecht stellen zu müssen. Das veranlaßte ihn vorerst zu einer verbindlichen Feststellung: «Ihr seid auch ein Monotheist!»

«Du denkst dabei an meine Idee des unbewegten Bewegers?»

Der Rabbi gab zu verstehen, er habe eine Abschrift der Metaphysik auf Rhodos, seiner ersten Station der Wanderwege in die Verbannung, zur Hand gehabt.

«Auf Rhodos ist die Schule eines meiner begabtesten Schüler.»

«Der Astronom und Mathematiker Eudoxos», fiel Simon zugleich zustimmend ein, «von dem ich zum ersten Mal über Euer Lykeion gehört.»

Aristoteles warf ein: «Das war also nach dem Fall von Tyros? Vor zehn Jahren. Da hat Eudoxos wohl mit seinen Rhodiern die älteste Fassung meiner Metaphysik vor sich gehabt.»

Simon wußte darauf keine Antwort zu geben.

«Ich arbeite daran. Jahr für Jahr. Die letzte Fassung liegt nun leider nicht hier. Sie ist in Athen, im Lykeion. Liegt dort, wo alle meine Schriften sind. Und wenn ich wieder zurückkommen werde ...» Er brach innerlich bewegt ab und sah zur Seite, während er dachte, daß dann die jetzige letzte wieder die vorherige Fassung sein möge. «Die Idee des unbewegten Bewegers», setzte er kräftiger fort, indem er wieder den Blick auf Simon richtete, «enthält meine Wissenschaft von Gott.»

«Wissen um Gott?» versetzte der Rabbiner, «Theosophie? Das bleibt immer ungewiß. Theologie gibt Gewißheit in der Auslegung der Schrift.»

«Die Schrift?»

«Das Buch Gottes!» beharrte der Schriftgelehrte.

«Ist das Buch der Natur!»

Der Rabbi blickte zu Boden, als suche er einen sicheren Grund. Dann sagte er, nachdem eine Pause entstanden: «Und wieso gelangt auch Ihr zur Lehre vom einzigen Gott?»

«Von der höchsten Gottheit!»

«Wie ich Euer Buch verstehe, sprecht Ihr von der reinsten Substanz des Geistes, von Gott, der, selbst unbewegt, die Welt in Bewegung setzt. Als einheitliches Prinzip der Welt, das als reinste Vereinigung von Stoff und Form auf ein einziges Ziel gerichtet ist.»

«Reinstes und Höchstes schließt nicht weniger Reines und Hohes aus.»

«Also doch neben dem einzigen Gott noch Götter?»

«Was wäre das Höchste, das nicht auch als Ganzheit weniger Hohes in sich schließt!»

Der Hebräer nickte nachdenklich. «Das erscheint nicht im unversöhnlichen Gegensatz zu unserer Gotteslehre. Der Herr, der Allmächtige, ist Gott Zebaoth!»

«Erkläre dich deutlicher!» bat Aristoteles, dem bei dem hebräischen Terminus unbehaglich wurde.

«Zebaoth. Der Herr der himmlischen Heerscharen.»

«Heerscharen?»

«Boten Gottes. Gesandte des Herrn», versuchte Simon und setzte noch hinzu: «Engel. Angeloi in Eurer Sprache.»

«Und ich schrieb über die Renner, Theoi, die göttlichen Geister, welche in den Planetensphären kreisen.»

Als Simon darauf nichts einzuwenden wußte, fuhr Aristoteles fort und hob an, die Lehre der Sternenbewegung Stück für Stück zu entwickeln, glaubte er doch, daß der andere durch die rhodische Schule des Eudoxos wohl unterrichtet zu sein schien. «Alles bewegt sich in Kreisen, in Sphären. Einer ist aber der Höchste, der alle Bewegung bewegt, ohne selber bewegt zu sein. Der höchste Kreis, der Fixsternhimmel, die Sphaira, wie wir Griechen sagen, wird vom Unbewegten in Bewegung gesetzt. Unter diesem Prinzip dreht sich der Himmel.»

«Was ihr Prinzip nennt, bezieht sich auf die Natur. Wir stehen unter dem Gesetz. Wo steht bei Euch der Mensch?»

«Steht unter dem sich drehenden Himmel.»

«Und bewegt sich nicht?»

«Natürlich bewegt er sich. Das liest du doch in meiner Ethik von der Denkbewegung im Menschen zu Gott. Die Denkkraft, die sich selbst denkt, nimmt am Gegenstand des Gedachten teil. Denkend wird die Denkkraft selbst Gegenstand ihres Denkens.»

«Wie selten das zutrifft!»

«Freilich. Wie oft schon ist der Mensch wirklich Mensch. Wenn er aber im Denken über sein eigenes Denken sich selbst erlebt, dann lebt er in diesem Augenblick das Seligsein mit der Gottheit. Wir Griechen gebrauchen dafür oft zu häufig das Wort von der Eudämonie. Und nennen das Glück. Das aber bedeutet in Wahrheit Einklang, Freund der Gottheit zu sein. Dann kann der Philosophos ein Theosophos werden!»

«Freund?» fragte Simon beklommen.

«Philos!»

«Das ist für uns zu griechisch gedacht. Wir sagen nicht Freund der Gottheit. Wir nennen uns Kinder Gottes.»

«Schweifen wir nicht durch Wortspiele ab», verwehrte der Philosoph und riß den Faden des Gesprächs wieder an sich: «Wenn der Mensch nur in vorübergehenden Augenblicken sich in den Zustand solcher Seligkeit zu versetzen vermag, dann kann dies die Gottheit in aller Ewigkeit. Denn Gott als ewig vollkommenes Wesen, als ununterbrochen wirkendes Sein ist Geist, der sich als Geistigkeit ewig selbst zum Gegenstand hat.» Er hielt inne und holte einen tiefen Atemzug. Darauf sagte er mit merklich leiserer Stimme: «Höre, Simon. Hier habe ich meine Not. Wenn Gott höchstes Leben und größte Energie ist, dann ist es seine Absolutheit, sein Losgelöstsein, was ihn von aller wahrnehmbar bewegten Welt trennt. Lebt das Göttliche in unserer reinsten Denkkraft, dann lebt es in uns und durch uns in der Welt. Lebt aber Gott in seiner Tätigkeit als ewiges Denken seiner selbst, so ist er von der Welt losgelöst. Da komme ich in Widerspruch mit mir selbst. Mit meiner Anschauung der Einheit von Stoff und Form. Das, was als erstes aller Bewegung selbst unbewegt bleibt, ist doch außerhalb aller bewegten Welt, ist jenseits unseres Geistes.»

Simon hielt seine Hand vor die Stirn und atmete mühsam. Jetzt, da sein Gastgeber eine merkbare Pause machte, ergriff er wieder das Wort: «Euer unbewegter Beweger, der sich nicht ändert, der handelt doch nicht. Höchste Energie, größte Aktualität, reinste Entelechie. Das sind blutleere Abgezogenheiten!»

Aristoteles wartete Weiteres ab und unterbrach nicht durch Fragen. Aber ein verblüfftes «Wieso» entkam unabsichtlich seinen Lippen.

«Wenn Gott nicht straft, liebt er auch nicht. Er will nicht Freunde. Er hat Kinder!»

«Du wiederholst das Spiel mit deinen Vokabeln!»

Simon setzte sich straffer. Er war verwirrt durch die mokante Bemerkung, die seine Tonart beim anderen hervorgelockt hatte. «Euer *proton kinoun akineton*» rief der Gottesgelehrte und bewies, daß er die Metaphysik auf griechisch studiert hatte, «das Prinzip des ersten unbewegt Bewegenden leidet an einem Widerspruch. Der

Herr ruht nicht außerhalb der Sphären, die er zugleich von innen bewegt. Nein. Er geht durch die Sphären. Er kommt. Sphären nennen wir aber auf Hebräisch Sephira. In ihrer Vielzahl Sephirot.»

«Darüber wollen wir doch heute sprechen», sagte Aristoteles und dachte bei sich, wie kann ein Wesen gehen, das über Raum und Zeit ist.

Aber ehe er sein Argument äußern konnte, setzte Simon bereits ein: «Gott war innen und wird nach außen kommen. Er war oben und wird nach unten wandern. Denn sein Reich wird zu uns kommen.» Während er das mit feierlich sich steigernder Stimme sagte, öffnete er den Pergamentdeckel, der ihm auf den Knien lag, und nahm aus der Schrift ein Blatt heraus, auf dem eine Zeichnung stand.

«Was ist das?» fragte Aristoteles, indem er das Blatt in die Hand nahm und einen Baum sah, auf dessen Äste zehn Kreise eingezeichnet waren. Das war kunstlos gezeichnet. Da war keine Gestaltung aus Formen der Schönheit. Ein nacktes Schema mathematischen Denkens. Das schien ihm befremdlich.

Simon wollte, daß sich der Blick des Denkers in Ruhe in die Bilder des Baumes versenke. So schwieg er indessen, während der andere vier Fruchtkreise am Stamm in der Mitte sah, je drei in den beiden Seitenästen zur Linken und Rechten. Bei näherem Betrachten fiel auf, daß der mittlere Fruchtkreis jeweils mit den zwei Seitenästen eine Dreiheit für sich zu bilden schien. Diese dreifache Dreiheit aber ging schließlich zur Einheit nach unten, wo der Baum seine Wurzel im Erdreich hatte.

Aristoteles, der schon seit den Tagen von Assos hebräische Buchstaben zu lesen gelernt hatte, als Gottesgelehrte aus Tarsos zu ihm gestoßen waren, las im untersten Kreis bei der Wurzel des Baumes das Wort Malkuth. Daneben stand in griechischen Kleinbuchstaben Beziehung, Reich. Indem sein Blick nach aufwärts ging, entzifferte er in der Mitte Jesod, Lage oder Grund, links Nezach, Leiden, und rechts Hod, Verhalten oder Haben.

Er stutzte. Das waren doch seine Namen der Kategorien, die

neben den hebräischen Majuskeln standen, als sein Blick zur oberen Dreiheit gelangte: Tipheret, Schönheit, zwischen Gedullah, Liebe, und Geburah, Gerechtigkeit. In der Tat, er las wieder Tun zwischen Was und Wie, zwischen Quantum und Quale. Und dann in der obersten Zone stand Chokma, Weisheit und Binah, Verstand, und zwischen Zeit und Raum oben Kether, die Krone. Daneben wieder in griechischer Kleinschrift Ousia als Wesen, Substanz.

«Die Namen der Kategorien habe ich für Euch hineingeschrieben», sagte endlich Simon nach einer längeren Weile. «Sie stehen nicht im Original.» Als Aristoteles nichts darauf sagte, sprach der Rabbi weiter: «Das ist kein Baum auf der Erde. Das ist der Himmelsbaum des Lebens. Das Bild des Urmenschen, das einst in den Sternen stand, und das aus dem lebendigen Atem Gottes gesprochen worden. Wendet das Blatt nun um!»

Als Aristoteles so tat, sah er die Gestalt des Menschen. Abermals fühlte sich der Grieche dabei von der kunstlosen Zeichnung, die einer Tabelle glich, befremdet. Oben auf dem Kopf die Krone zwischen Schläfe und Gehirn. In der Brustmitte das Herz, von dem aus Ströme zu den beiden Händen gingen. Unten das Geschlecht zwischen den Beinen. Von der Krone des Hauptes über das Herz und das Geschlecht zog sich ein senkrechter Strich zum Reich.

«Seht», setzte jetzt Simon wieder ein, «so ist aus dem Maß des himmlischen Menschen, des Adam Kadmon, der Erdenmensch entstanden. Den Paradiesesbaum des Lebens hat er mit dem Baum der Erkenntnis vertauschen müssen, um denken zu können. Aber, aus den neun Sphären, den Kreisen, aus den neun Sephiras wird er herabsteigen, der Herr der Heerscharen, Gott Zebaoth, und wird uns das Reich bringen, das unser sein wird, Jahwe, der da war und sein wird und dessen Name heißt: Ich bin der Ich bin.»

Aristoteles schwieg. Senkte das Haupt. Zog die Augenbrauen zusammen. Der Kinnbart grub sich in seine Rechte. Endlich löste sich seine Zunge: «Seltsam. Es gibt Übereinstimmungen im Geiste jenseits der Sprache. Daran ist kein Zweifel. Aber das mit den Sephiras habt ihr doch einfach übersetzt.»

«Das Buch über den Baum der Sephirot ist entstanden, lang bevor Ihr geboren. Und das, aus welchem ich Euch jetzt eine Stelle lesen will, ist vor mehr als zweihundert Jahren geschrieben.»

Aristoteles lächelte und hob seine Rechte leicht in die Luft. «Ihr Juden wollt überall Proselyten machen.»

Simon aber öffnete unbeirrt seine Schrift: «Aus dem Buch des Propheten Daniel. Der war auch ein Verbannter, wie Ihr einer seid. Im Exil in Babylon, wo jetzt der große König starb.» Der Rabbi übersetzte einige Stellen aus dem elften Kapitel von Daniels Prophetenbuch und gelangte zu dem Satz, in dem es heißt: «Ein mächtiger König wird aufstehen und mit großer Macht herrschen und was in seinen Willen gelegt ist, das wird er ausrichten.»

Dann hielt Simon inne und wartete, ob Aristoteles ihm irgendein Zeichen der Zustimmung zeigen würde. Weil dieser aber regungslos dasaß, las Simon die Sätze, die folgten, schneller: «Wenn er auf seinem Höhepunkt angekommen ist, wird sein Reich zerbrechen und sich in die Richtung der vier Winde zerteilen, nicht auf seine Nachkommenschaft, auch nicht mehr mit solcher Macht, wie sie von ihm selbst ausgegangen war; denn sein Reich wird wieder den Fremden zuteil werden.»

Aristoteles richtete sich straff auf und blickte mit offenen Augen auf den Gottesmann. «Ist das alles?»

«Eingetroffen! Herr, wie es der Prophet geweissagt. Aber nein. Dies ist nicht alles. Das Buch Daniels ist hier noch nicht zu Ende. Der König und Ihr, sein einstiger Lehrer – ihr steht im Bunde mit unserem Gott. Im Bunde mit seinen Boten!»

Aristoteles sah ihn sprachlos an. Stand auf. Tat einige Schritte hin und her. Dann setzte er sich wieder wortlos nieder.

«Boten. In Eurer Sprache Angeloi. Oder in Euren Büchern Theoi, Renner, Gestirngötter», bemühte sich Simon, ihm näherzukommen.

«Ja. Lebendig rennende, in Liebe rotierende Sterndenker, göttliche Intelligenzen», verdeutlichte der Philosoph.

«So steht es in Euren Büchern. Bei uns heißen sie Engel. Und von einem solchen Sterndenker göttlicher Intelligenz, wie Ihr Euch ausdrückt, hörte Daniel. Von einem, der den Drachen erschlug.»

«Wie Apollon in Delphi?» fragte Aristoteles.

«Und wie Marduk in Babylon. Zu dem Alexander vor seinem Tode geopfert», fügte er schnell hinzu. «Verschiedene Namen aus vielen Völkern – und sind doch nur die Kleider des Einen!»

«Wessen?»

«Der ihm vorangeht. Der ihn ankündigt!»

«Den Juden?» fragte er mit einem abermals leise sich mokierenden Ton.

«Durch sie allen Völkern der Menschheit», rief der Rabbi. «Derselbe in Delphi wie der drachentötende Marduk. Und in der Alexanderstadt am Nil beten sie jetzt zu Sarapis. Im Buch des Propheten steht er aber mit seinem wahrsten Namen als Fürst der Engel und heißt: Wer ist wie Gott. Sein Bote. Sein Angesicht. Und», setzte er zögernd ab und sah auf ihn im Zweifel, ob er damit bei ihm ankommen würde, «wenn Ihr Euch unseren hebräischen Namen merken wollt: sein Name ist Michael!»

Aristoteles sah, wie der Fremde damit scheinbar zum Ende gekommen war und eine merkliche Erregung zeigte, die ihn zum Aufstehen brachte. Wollte er jetzt schon wieder gehen?

Der Rabbiner schlug in der Tat das Buch zu und verbarg es in den Falten des Kaftans. Redselig, wie er zu predigen gewohnt und schriftauslegend geschult war, erhob er sich nun schweigend und unaufgefordert, um zu gehen.

Aristoteles blieb aber in Sinnen vertieft sitzen. «Bote sein, Angelos. Das heißt bei euch immer: auf ein Kommen deuten!»

«Auf den Messias!»

Aristoteles sagte darauf kein Wort. Er wollte den Alten nicht durch Widerspruch verletzen. Blitzschnell aber durchzuckten ihn seine denkerischen Konklusionen. Wie kann der Unbewegte kommen? Aus den Sonnenkreisen auf die Menschenerde? Das können die kleinen Renner, die halben Götter, wie die Mythen berichten . . . Aber der Gott der Götter? Nun aber laut zu Simon: «Ihr gebt zu denken, weil ihr in Formeln glaubt, nicht in Ideen schaut. Ich habe aber noch Raum für weiteres Denken. Denken ist unendlich. Das Unendliche ins Endliche denken . . .» Dann stand auch er auf, aber blieb vor dem anderen stehen. «Wie stellt ihr euch den Nus vor, den unzerstörbaren Teil unseres Geistes, der sich von Leib und Seele im Tod getrennt hat? Der kein Gedächtnis mehr hat, weil er auch keine Sinnesempfindung besitzt. Der nur noch sich selbst denken kann. In alle Ewigkeit nur sich selbst?»

Da trat Simon einen Schritt zurück und sagte: «Wie Euer unbewegter Beweger?»

«Und euer Gott, der sich Ich bin der Ich bin nennt. Bleibt der nicht auch in Ewigkeit nur bei sich?»

«Aber er bleibt nicht. Denn er kommt!» sagte Simon wie von innen her strahlend. «Ich danke Gott, dem Herrn und Allmächtigen, daß er mich zu Euch geführt hat, das zu lesen, was am Ende des Prophetenbuchs steht, wenn der Himmelsfürst Michael für die Kinder Gottes den Weg bereitmachen wird.» Dann memorierte er: «Viele, die gestorben sind, werden wieder erweckt werden zu geistigem Dasein. Die Lehrer aber werden leuchten wie des Himmels Glanz, und die, so viele zur Gerechtigkeit weisen, wie die Sterne immer und ewiglich.»

So schnell war der Jude verschwunden, daß Aristoteles kaum seine Tritte auf dem Holzboden vernehmen konnte. Nichts war mehr von ihm im Raum. Nur das Blatt mit dem Sephirotbaum hatte er vielleicht mitzunehmen vergessen. Oder wollte er es ihm zum Andenken schenken?

Unwillkürlich ging er zur Tür, um ihm nachzusehen oder ihm noch ein Grußwort zu rufen. Aber er sah ihn nicht mehr. Ging auf und ab. Immer wieder zur Tür und dann zurück. Faßte die Tür. Stützte die Hände auf die Tür, tat so, als wüßte er nichts mehr zu tun, als die Tür zu betasten . . .

Es sah ihn niemand. Sonst hätten die Hausgenossen geglaubt, er hinge wie einer am Holz, der vom Schlagfluß zu Tode getroffen.

## Neunzehntes Kapitel

# *Krannon*

Der Monat Hekatombaion zog im dritten Jahr der hundertundvierzehnten Olympiade mit seinem Brüten trockener Sonnenglut über das Land der Griechen. Die Ernte war längst eingebracht. Der Wein lag bereits in den Keltern.

Euboia war wieder von Feindseligkeiten befreit. Die Grenzen öffneten sich. Kuriere konnten nun hin und wieder Nachrichten bringen. Man war in Chalkis nicht mehr auf haltlose Gerüchte angewiesen.

«Also ist es wirklich wahr», rief Aristoteles seinem Arzt Aristomenes und dem Archon Timarchos zu, die ihn von den jüngsten Ereignissen des hellenischen Krieges unterrichtet hatten, «Antipatros ist wieder in Pella?»

«Wahr ist aber auch etwas anderes», lenkte der Arzt besorgt ein, den Aristoteles mit dem Plan bestürmte, nach Athen wieder zurückzukehren. «Der Krieg ist noch nicht zu Ende. Die hellenischen Verbündeten bewachen in Waffen die thessalische Grenze.»

«Und Demosthenes steht noch auf der Kadmeia in Theben!» rief Timarchos.

«Er soll dort stehen, bis seine Beine müde werden», mokierte sich Aristoteles.

«Die Anklage der Gottlosigkeit ist vom Areopag nicht zurückgenommen», warf jetzt der Arzt ein, dessen Stirn sich sorgenvoll faltete. «Im Gegenteil. Da ist eine andere Nachricht, die jetzt verbürgt an uns gekommen ist.»

Er zögerte, die böse Kunde zu übermitteln.

«Delphi», setzte endlich Aristomenes ein, «hat deinen Namen von der Liste der pythischen Spieler gestrichen.»

Aristoteles verstummte. Blickte zu Boden. Dachte dabei an seinen Neffen Kallisthenes, der ihm als Historiker einstmals bei der Zusammenstellung der Namen so hilfreich beigestanden hatte, an ihn, den er Alexander empfohlen, als Kriegsgeschichtsschreiber nach Asien mitzuziehen, der dann in Ungnade gefallen und nicht wieder zurückgekehrt war. Solche bangen Gedanken verbanden sich bitter anklagend mit dem Erinnerungsbild an den toten königlichen Schüler, als er nach langem Schweigen plötzlich mit der Frage, die den Freunden den Zusammenhang verbarg, herausbrach: «Und wo ist Nikanor? Wo ist Nikanor geblieben?»

Hier wußten die Freunde keine Antwort.

«Ich schreibe sofort an Antipatros», setzte Aristoteles schnell hinzu. «Mit dem Schiff wird mein Brief ihn erreichen.»

Die beiden anderen nickten zustimmend und versicherten ihm, Sorge zu tragen, daß sein Schreiben auf den frei gewordenen Gewässern wohl die makedonische Küste mit Sicherheit erreichen könne. Er möge sich vorläufig nur kurz fassen und mit Vorsicht formulieren im Fall, daß der Brief doch irgendwo abgefangen und in Feindeshand gelangen würde.

Sogleich entwarf Aristoteles einige Zeilen an Antipatros, pries ihn glücklich, aus der Falle von Lamia entkommen zu sein, beklagte den Tod des Leonnatos und fragte dann nach dem Verbleiben Nikanors. Ganz zum Schluß erst schrieb er über sich selbst, er befände sich wohl. «Was das Ehrendekret betrifft, das die delphischen Amphiktyonen mir entzogen, so bereitet es mir Schmerz, aber keinen zu großen Schmerz», setzte er schließlich mit künstlich erzwungener Nüchternheit hin.

Wollte er den fernen Freund vielleicht damit trösten? Stand er bereits, der Greis, verklärt über dem zeitlichen Treiben? Oder gar, wog er sich wohl schon in Hoffnung auf Rückkehr in das Lykeion?

Als der Brief auf dem Amtstisch des Antipatros lag, glich ganz Pella einem einzigen Feldlager.

Krateros war endlich mit seinem Heer in die makedonische Hauptstadt gekommen. Die Generale Polyperchon und Gorgias begleiteten ihn und stellten sich selbstverständlich unter seinen Oberbefehl, der ihm noch von Alexander für die gesamten Streitkräfte in Europa übertragen worden war.

Die Truppen waren wohl ausgerüstet. Gewaltige Geldsummen aus der Reichsschatzmeisterei standen Krateros zur Verfügung, der einem Fußvolk von fünfzigtausend Mann und dreitausend Bogenschützen und Schleuderern befahl, die überall äußerst gefürchtet waren. Als Repräsentant der Krone des Weltreichs verfügte Krateros über eine schrankenlose Autorität höchster Befehlsgewalt. Wie stellte er sich nun Antipatros, dem greisen Reichsverweser, gegenüber? Diese bange Frage bewegte die Truppen, die in alter Treue unter Antipatros standen, als sie die Heeresmacht des Krateros beim Einmarsch in die Hauptstadt sahen.

Da geschah das Wendende, das keiner vorher zu erwarten gewagt. Krateros unterstellte sich aus freien Stücken dem Oberkommando des älteren Freundes. Er wußte, wie treu das gesamte Volk hinter dem greisen Paladin seit eh und je stand. Es war ihm aber auch bewußt, daß der Krieg, den die athenischen Verbündeten als ein widersinniges Abenteuer geschichtlicher Rückläufigkeit grundlos heraufbeschworen hatten, so rasch wie möglich aus der Welt geschafft werden müßte. Vereinigung aller Kräfte erschien um so notwendiger, als in Asien die Kämpfe um die Nachfolge Alexanders von Tag zu Tag größere Verwirrungen brachten. Perdikkas, der treulose Schwiegersohn des Antipatros, der sich von den Intrigen der Olympias umgarnen ließ, bedrohte als Chiliarch des Reiches, der von Alexander den Siegelring erhalten hatte, das Gleichgewicht der Machtverhältnisse unter den Statthaltern.

Gegenüber den vereinigten makedonischen Heeren war die Streitkraft der Griechen weit geringer.

Manche Bundesgenossen, wie die Ätolier, hatten sich bereits seit Frühlingsbeginn zurückgezogen, um ihre Felder zu bestellen und ihre eigenen Landesgrenzen gegen Einfälle der Arkananen zu sichern. Sie betrachteten, wie die meisten anderen Stadtstaaten, den Krieg als siegreich entschieden.

Mit Schrecken verbreitete sich die Kunde unter den Thessalern, die sich auf die Seite der verbündeten Hellenen geschlagen hatten, daß asiatische Schleuderer und Bogenschützen im Heer der Makedonen mitkämpften. Diese persischen und medischen Soldaten waren besonders gefürchtet.

Ein Gau nach dem andern fiel von den Hellenen ab, die sich hinter die Stadt Larissa zurückziehen mußten. Sie versuchten, unter den gegebenen Umständen eine Schlacht zu vermeiden, um sich schließlich bei den bewährten Thermopylen verschanzen zu können.

Die Makedonen unter Antipatros und Krateros drangen aber bereits durch das Tempetal auf das südliche Ufer des Peneios, wo das Heer der Hellenen unter Antiphilos gegenüberstand. Der athenische Feldherr wollte zu diesem Zeitpunkt eine Schlacht vermeiden, fühlte sich aber gerade durch den Wankelmut der von ihm abfallenden Thessaler zu einer übereilten Entscheidung gedrängt. Er stellte sich den Makedonen in einem Treffen.

Hier, auf dem Feld bei Krannon, südlich von Larissa, wo in der Ferne des Nordhorizontes der Olymp sichtbar wird, kam es zur Schlacht. Es war der Jahrestag von Chaironeia, der zweite Tag des August 322.

Antipatros, von Krateros kollegial unterstützt, betrieb alles, um das Datum dieses Jahrestages zum Anlaß besonderer Aufstachelung der Kampflust zu machen. Die Schmach der Belagerung von Lamia sollte getilgt werden. Zugleich aber mußte wiederhergestellt sein, was im Zuge einer neuen Zeitenführung vor sechzehn Jahren bei Chaironeia eingeleitet worden war.

Die Selbständigkeit der unter sich ständig streitenden Südstaaten ging verloren. Der Staatenbund unter makedonischer Leitung gab aber für eine neue Einigung die einzig mögliche Gewähr.

Die Zeit war reif gewesen, im Sinne des Redners Isokrates ein panhellenisches Großgriechenland zu gründen, in dem Makedonien die politische Führerrolle zufiel, wobei Philippos und später sein weltmächtiger Sohn der Feldherr des hellenischen Staatenbundes geworden. Attika blieb damals vom Kriegssturm verschont. Athen stand unversehrt da als Stirn Europas. Makedonien schloß seinerzeit einen Frieden, der sich mit dem berechtigten Kulturstolz der attischen Hauptstadt ehrenhaft zu vertragen verstand.

Sollte dies alles, seit sechzehn Jahren errungen, vergeblich gewesen sein? Blieben die Makedonen weiter die feindlichen Barbaren? Sie, die immer stärker die griechische Gemeinsprache bis in die innersten Wüstenstriche nach Asien hineintrugen, dort Städte gründeten, mit ihren Akademien, welche athenische Geistigkeit, wie sie im Lykeion des Aristoteles als reiches Saatgut lag, zu neuem Keimen in die Pflanzstädte brachte!

Das Rad der Zeit konnte nicht wieder zurückgedreht werden! Die niedergehenden Stammeskräfte der überalterten Phratrien durften in ihrem Streben nach Arterhaltung nicht mehr in ihrer Selbstbezogenheit weiterem Unheil Nahrung geben. Niemand konnte so verwegen hoffen, Makedonien wieder in die ungezähmten, wilden Bauernzustände zurückzudämmen, in denen es so lange, wie in der homerischen Vorzeit, lebte.

Solche Gedanken bewegten das Herz des Antipatros. Er, des Aristoteles Freund und Beschützer, der greise Paladin, der zwei Königen Makedoniens im Dienst die Treue gehalten, drängte den Rachedurst zurück, den er als alter Kriegsmann über die Schmach von Lamia mit Recht fühlen mußte. Der sich im Studium der Staatslehre des Aristoteles ein Leben lang bemüht hatte, suchte nun die Runen zu entziffern, die eine neue Zeitenführung in das Schicksalsbuch der Zukunft einzeichnen will.

Das, was ein Jahr lang geschah, war wider den Sinn der Entwicklung. Wahnwitz trieb im Wankelmut der Kriegsgunst und forderte das unsinnige Blutopfer beiderseitigen Tötens. Leosthenes fiel vor Lamia. Und bald darauf stürzte Leonnatos in den Tod. Kleitos siegte zur See, doch Mikion wurde erschlagen.

Bange Fragen, die das Herz der beiden Feldherrn erfüllten. Auf dem Felde bei Krannon fanden sie Antwort.

Der Schlag war kurz. Er schien im Augenblick noch nicht völlig entscheidend. Die Verluste der Griechen waren gering. Kaum mehr als fünfhundert Mann waren vor der Übermacht gefallen. Die Griechen hätten sich leicht ein zweites Mal vor den Thermopylen oder in Böotien bei der Kadmeia stellen können.

Aber die Bundesgenossen verließ wiederum die Kraft, in ihrer Vielfalt der Stämme und Gaue, in ihrem Stolz auf eigene Artung und Sitte der Sippen sich über die Blutgebundenheit ihrer Geschlechter zu einer gemeinsamen Geistigkeit zu vereinen, mit der ihnen Athen voranzugehen strebte.

So fielen zuerst die Thessaler von ihnen ab, bald später die Ätolier, die Phokrer und Lokrer um Delphi und dann die Böotier. Ein Gau nach dem anderen hielt Ausschau nur auf Bebauung am eigenen Haus.

Die Niederlage bei Amorgos, welche die Seemacht Athens in den Meeresgrund versenkte, untergrub auch das Vertrauen auf die Kriegsführung zu Lande. Das stolze Kriegsschiff, das seinen Namen Ammonias wieder mit Salaminia vertauscht hatte, als Demosthenes aus seiner Verbannung zurückkam, war mit hundert anderen Masten gesunken. Der Rest der Flotte, die noch vor wenigen Wochen die Ägäis mit ihren Inseln im Osten beherrschte, lag als Wrack im Piraios . . .

So suchten die Griechen den Frieden.

Aber Antipatros war weitsichtiger in seinem Kopf als die andern seiner Umgebung, denen nur Rachsucht die Glieder erregte. Er schlug es von vornherein ab, mit den Verbündeten, die ihren Vertrag des korinthischen Städtebundes schmählich gebrochen, als Gesamtheit zu verhandeln. So entschloß er sich, bloß mit den einzelnen Städten, von Gau zu Gau zu Unterhandlungen zu gelangen.

Der greise Feldherr zog weise Einsicht dem Rasen der Rache vor. Deshalb zeigte er sich den einzelnen Stadtstaaten maßvoll und gewann sich rasch Landschaft um Landschaft. Die Städte öffneten ihm freiwillig ihre Tore. Die Kadmeia von Theben, aus der Demosthenes geflohen war, ergab sich ihm kampflos.

Hier mußte allerdings Antipatros die volle Stärke seines Charakters zeigen und sich gegen Krateros durchsetzen, dem alles daran lag, den Krieg so rasch wie möglich durch eine Zerstörung Athens zu beenden. Leicht wäre es allerdings gewesen, die Stadt zu umzingeln, auszuhungern und dann zur Übergabe zu zwingen. Das Gemetzel, das dann entstanden wäre, hätte zur entsetzlichsten Vernichtung geführt.

Antipatros aber wartete ab. Hegte die Hoffnung auf eine Erhebung von innen, auf einen Sturz der Regierung. Stand still auf Thebens Kadmeia.

## Zwanzigstes Kapitel

# *Die Brücke*

Stille lag um das Haus in Chalkis, in der Mittagsruhe des späten August. Die Tauben waren noch nicht wieder aus dem Schatten des Turms hinausgeflogen mit ihrem tieftönenden Gurren. Nichts lag in der Luft als das Zirpen zahlloser Zikaden, die aus den zu Strohhalmen verbrannten Gräsern ihre pausenlosen Tonzirkel zogen.

Auch im Frauenhaus war kein Laut zu hören, und drüben hinter der Küche waren die Mägde am Boden bei ihrer Arbeit knieend eingenickt.

Nur Aristoteles litt es nicht länger in der halb sitzenden Liegelage, in der er zu lesen pflegte, ging von seinem Turm hinunter an die Südseite des Hofes und sah auf den Schattenzeiger. Die Sonnenuhr hatte er noch vor einigen Jahren anbringen lassen. Im Lykeion war er gewohnt, die Wasseruhr laufen zu sehen, die Klepsydra, die ihm bei seinen Vorträgen das Stundenmaß angab. Für hier aber entwarf er genau mit eigener Zeichnung den Stein, der mit eingemeißelter Höhlung die Himmelskugel abbildete. Durch eine Öffnung fiel das Licht auf einen steinernen Stift, der den Schatten auf eine Fläche warf mit drei horizontal gezogenen Linien. Der oberste Strich, der kürzeste, zeigte das Wintersolstitium an. Die unterste, längste Linie markierte die Sonnenwende im Sommer. Dazwischen war der Strich für die Bezeichnung der Äquinoktien gezogen.

Der Schatten fiel heute auf die untere, breitere Fläche und zeigte auf der senkrechten Linie die Stunde an, die bereits zur Nachmittagsmitte ein wenig sich neigte.

Aristoteles zog es wieder, zum Wasser zu wandern. Dort, beim

Euripos, war Wind, war Bewegung. Und Bewegung im eigenen Denken war immer in ihm. Sobald er sich auch im Gehen bewegte, regte sich sein Erinnern an das einstmals Gedachte. Und das Gedachte rief wiederum sein Erinnern wach. So blieb der Einsame niemals allein, sprach zu sich selbst, in Gedanken, wie ehemals zu seinen Schülern. Der Verbannte fand sich dann wieder daheim, als wäre er im Peripatos wandelnd.

Wohl war er fern seiner Bibliothek. Aber die Bücher, die dort lagen, hatte er selber geschrieben. So nahm er mit seinem Gedächtnis die eine oder die andere Schriftrolle wieder hervor und las sich selber daraus im gehenden Reden, im sprechenden Gang.

Alsbald war er dem strömenden Wasser nahe. Sann aus seiner Physik über Zeit und Bewegung ... Zeit ist überall, bei jeder Bewegung. Der Umschwung des Himmelsgewölbes zeigt uns die Zeit. Bewegung ist einmal schneller, ein andermal langsam. Aber die Zeit? Ist mit Bewegung in steter Beziehung und ist doch nicht Bewegung!

Er hielt inne. Die Hochsommerhitze war drückend. Noch war er nicht im Genuß des kühlen Meerwinds am Ufer.

Wenn ich keine Bewegung erlebe, wie jetzt im Gehen, sagte er sich, dann weiß ich auch nichts über die Zeit. Was aber geschieht denn im Schlaf? Da gehe ich nicht. Ich ruhe ohne Bewegung. Ist da nicht Zeit? Wie könnte ich wiedererwachen! Könnte doch nicht am Gnomon den Sonnenstand lesen. Wenn ich mich wachend in mein eigenes Denken versenke, dünkt es mich nicht, als stünde die Zeit still, als stocke der Atem, als höre das Herz auf zu schlagen?

Und doch ist überall Zeit. Zeit ist in der Bewegung der Seele, die sich selbst in ihr Denken versenkt. Zeit ist stetig. Stets Zeit. Ohne Grenze. Mein Jetzt steht zwischen dem Vorhin und Nachher. Das Bewegte – erinnere ich mich nicht, das geschrieben zu haben? – bewegt sich aus etwas heraus in etwas hinein. Es durchläuft in Phasen. Jede Phase ein Jetzt. Ein Jetzt in jeder Bewegung!

Er stockte in seinem Schritt. Schüttelte zweifelnd das Haupt. Nicht jede Bewegung verbürgt mir das Bleiben der Zeit. Bleicht nicht die Sonne die Farben der Kleider, geht von einer Schattierung der Färbung zu einer andern. Aber bleibt nicht als Zeit!

Nun war er am Ufer. Stand vor den windwilligen Wellen der Enge. Sah zum Euripos.

Die Wellenbewegung verbürgt mir die Stetigkeit der Zeit als Bewegung im Raume. Die Welle kommt mit ihrem Zeitpunkt zum Sein und verschwindet ins Nichts. Teilt die Welle in immer wieder Teilbares. Jede Welle ein Punkt mit jeder Sekunde. Kommend und gehend, niemals stetig im Stehen. Was macht die Bewegung der Welle? Das Früher und Später, das entstehende Steigen, das vergehende Fallen. Aber das Früher und Später ist etwas anderes als Bewegung.

Sein Auge war unverwandt auf den Euripos gerichtet. Wenn wir in der Bewegung ein Früher und Später erkennen, sagen wir nicht, es sei Zeit verflossen? Wir brauchen dabei in unserem denkenden Sprechen das Bild des Wassers, der Welle im Fluß!

So steht auch unsere Seele am Fluß der Zeit, im Jetzt zwischen Früher und Später, zwischen Vorher und Nachher. Und sprechen vom Zeitraum.

Zeitraum? Wie arm ist unser Sprechen bei solchem begrifflichen Denken. Zeitraum ist eine sprachliche Krücke. Tückisch im Widersinn. Denn Zeit ist nicht Raum. Raum aber besitzt Zeit.

Aristoteles griff sich ans Herz. Fühlte im Raum seiner Brust den Schlag der Zeit. Fühlte den Herzschlag. Wie, wenn das Herz jetzt stillsteht? Ist dann Zeit nicht mehr? Zeit, so sagte er damals, als er seine Physika den Schülern vortrug, Zeit ist, wenn Bewegung zählbar wird, wenn Bewegung Zahl hat. Zahl ist Quantum. Die Kategorie, wie lang, wie groß. Spanne der Zeit. Aber wie kommt die Zeit dazu, überall gleichzeitig in allen Bewegungen zu bleiben.

Und blickte noch immer auf den Euripos.

Zeit schneidet den Raum. Teilt ihn im Schneiden. Aber ist selbst nicht im Raum. Zeit macht wachsen und welken, bringt zur Geburt und führt zum Tode. Aber Zeit ist weder Wachsen und Welken, noch Gebären und Sterben . . . Griff wieder an sein Herz. Zeit wohnt der Seele bei. Zeit ist im Schlag der Bewegung, ihre Zahl, ihr Maß. Zeit ist der Fluß. Fließt aus der Zukunft ins Jetzt, aus der Vergangenheit zum Jetzt, zum Nyn im jonischen Attisch, zum Nu. Das Nu ist nicht einmal eine Sekunde, und weniger als ein Pulsschlag. Nur Nu. *Synecheia chronou* schrieb er doch einstmals, Zusammensein oder Zusammenhaben der Zeit, Teilhabe der Zeit und zugleich Grenze zweier Ufer. Das Jetzt, das Nu, ist Mitte, *mesotes,* zwischen dem Anfang, der *arche,* der Zukunft und dem Ende, *teleute,* der Vergangenheit. Zeit ist Maß aller Bewegung des unbewegten Bewegers? . . .

Jetzt stockte sein Schritt. Er hielt inne im Aufundabgehen an dem Ufer. Und dachte an die Worte wieder, die ihm vor Wochen der fremde Gottesmann zu denken gegeben.

Fände ich doch die Brücke, die meinen Gott mit dem seinen verbindet! Den Anfang im Unbewegten mit der Ankunft des Bewegenden. Was denkt das Denken Gottes anders als sich selbst. Ewig sich selbst? Und was nennt sich Gott als Ich, das «Ich bin» ist?

Gäbe es doch eine Brücke, die seinen unbewegten Beweger, der ewig steht, verbindet mit dem stetig Ankommenden, der sich Ich im Ich nennt . . .

Wie er im Sinnen so unbewegt dastand, hörte er plötzlich vom Ufer her hämmern und sägen. Männer sah er, die sich mit mächtigen Holzstämmen zu schaffen machten, hier, an der engsten Stelle, wo der Euripos nur vierzig Schritte vom feindlichen Ufer vorbeifließt.

«Was wollt ihr da bauen?» rief Aristoteles den Männern am Ufer zu.

«Das, was früher gewesen», rief einer ihm, «will wieder in Zukunft stehen!»

«Die Brücke!» rief Aristoteles und gewahrte erst jetzt, wie die Leute am Ufer bereits beim Bauen waren. «Wer hat euch denn das befohlen?»

«Der Kommandant unserer Festung!» riefen gleich mehrere hintereinander und schüttelten lachend ihr Haupt über die Frage des Alten. «Dort drüben sind doch wieder unsere Makedonen!»

Da wandte sich Aristoteles rasch dem Heimweg zu. Er wollte die Mittagsschläfer in seinem Hause aufwecken, um ihnen von dem Bau der Brücke über den Euripos zu berichten. Aber was sah er, ehe er bis an das Hoftor gekommen?

Das Haus war im Aufruhr. Überall riefen Stimmen in Freude, mit jubelndem Aufschrei. Hörte er recht? Aus dem Frauenhaus kam es im glücklichen Lachen herüber. Pythias' Stimme?!

Sprachlos stand er mitten im Stimmengewirr seiner Hausgenossen, als er Herpyllis sah, wie sie der Pythias wieder in die Gynaikonitis zurückzugehen befahl.

Nikomachos stand um verschiedene Gepäckstücke, die Soldaten vor der Haustüre abluden, spielte mit einem Reiterhelm, der auf den Stufen lag, und setzte ihn auf.

Ambrakis stürzte mit anderen Sklavinnen in die Küche. Tacho und Olympios bewunderten die milesischen Purpurdecken . . .

War das nicht alles im Nu? So dachte Aristoteles, noch immer verwirrt und entgeistert, als Philo, der Türhüter, freudig mit ausgestrecktem Arm in die Richtung zur Aule wies.

Da, im vorderen Teil des Hauses, dem Hauptsaal, kam ihm Nikanor entgegen!

# DRITTER TEIL

## Einundzwanzigstes Kapitel

# *Nikanor*

Aristoteles hielt Nikanor in seinen Armen und drückte ihn bewegt an seine Brust. Lange stand er wortlos staunend ihm gegenüber, der wider Erwarten berechnenden Verstandes wie ein Wunschbild des Traumes in die Wirklichkeit des Tages trat.

Die Überfülle der Fragen verschloß ihm, dem durch Glück des Wiedersehens Erschütterten, vorerst den Mund. Kam mit Nikanor zugleich das Schicksal der Welt Alexanders zu ihm zurück! Alle die Jahre – an die zwanzig – die mit den Lehrstunden in Mieza begonnen und mit dem Tode in Babylon zum Ende gekommen, standen mit Nikanor wie in einer Einheit verleiblicht vor ihm. Da war gar manches dabei, das im Schicksal mit Glück der Begnadung auch Last schweren Leides zu einem Knoten verknüpfte. War dieser jetzt zu entwirren?

Nun saßen sie einander gegenüber. Wo zu erzählen beginnen? Allmählich klärte sich das Nächstliegende auf. Nikanor war, wie zu erwarten, mit dem Heer des Krateros nach Makedonien zurückgekommen, zog zugleich mit Polyperchon und Gorgias in Pella ein und war bei dem ersten Zusammentreffen mit Antipatros zugegen, wo es sich glücklich fügte, in Einigkeit gegen die feindlichen Verbündeten vorzugehen. Er kämpfte mit der Reiterei in der Schlacht von Krannon mit, durch die sich das Schicksal des Lamischen Krieges entschied. Kampflos ergab sich das übrige Thessalien, und in Larissa kam ihnen bereits eine Gesandtschaft aus Athen unter Führung von Demades entgegen, um Verhandlungen über den Friedensschluß einzuleiten. Antipatros aber, im Einvernehmen mit

Krateros, schlug es barsch ab, mit der Gesamtheit der Verbündeten irgendwelche Verhandlungen zu führen. Späher hinterbrachten nämlich den beiden Feldherrn, daß einige der Bundesgenossen die Athener bereits verlassen hatten. Es war auch noch nicht hinlänglich sicher, ob Demades von der Volksversammlung in Athen die genügende Rückendeckung erhielt. So ging die Gesandtschaft erfolglos zurück, während die Makedonen mühelos vorrückten. Sie zogen durch die Thermopylen und nahmen die Kadmeia von Theben wieder in ihren Besitz, nachdem Demosthenes vorher schon mit seiner kleinen Besatzung nach Athen geflohen war.

«Hier, auf der Kadmeia», setzte Nikanor fort, «wird uns zum zweiten Mal eine Gesandtschaft aus Athen entgegenkommen. An der Spitze der Athener soll auch der achtzigjährige Phokion dabei sein.»

«Phokion?» rief Aristoteles erstaunt, «der sich von Anfang an dem Abenteuer des Leosthenes widersetzt hatte?»

«Aus weiser Staatskunst», fiel Nikanor im Eifer rasch wieder ein. «Der Kriegshetze des Demosthenes gegen die Makedonen hatte er sich vor allem Volk öffentlich widersetzt, als er rief, erst dann könne Athen den Krieg gegen die Makedonen gewinnen, wenn sich die Jugend begeistert wie früher zum Kriegsdienst drängt, die Reichen ihre Steuern zahlen und die Redner ihre Hände von den Staatsgeldern lassen.»

Aristoteles lächelte. «Friede!» rief er ohne zu achten, daß Nikanor seinen Bericht noch nicht abgeschlossen hatte, «da ich annehme, daß die Radikalisten gestürzt sind und daß wir besonnenen Leuten unter Phokion und Demades vertrauen können.»

«Dem ist nicht so, Vater», entgegnete Nikanor. «Der Friede ist noch nicht in Sicht. Krateros will ohne Verhandlung Athen zerstören. Es gibt eine erste, aber ernste Auseinandersetzung unter den beiden Feldherrn. Antipatros will alles vermeiden, um die Stadt zu zerstören. Aber er fordert bedingungslose Kapitulation.»

«Sie haben das warnende Beispiel von Theben und Sparta!» warf Aristoteles ein. «Wollen sie nicht die gleiche Zerstörung, dann müssen sie eben unter dem neuen Recht der Makedonen zu leben lernen.»

«Ich muß morgen nach Theben zurück», rief Nikanor.

Aristoteles erbleichte. Schwer traf ihn diese neuerlich enttäuschende Wendung. «Morgen?» sagte er endlich und stockte nochmals bewegt, «morgen schon? Mein Sohn, wir wollen doch deine Hochzeit feiern!»

«Nach meiner Rückkehr, Vater!» sagte Nikanor bestimmt.

Wolle er sich nochmals in Todesgefahr stürzen, ehe er Hochzeit macht? Warum eile er gleich wieder davon, er habe wahrhaftig seinen Teil tapfer getan. Und wenn Athen sich ergibt, dann kehren wir alle mit ihm zurück ins Lykeion. «Wer gibt dir denn Urlaub? Du warst doch einer der Leibwächter Alexanders, sein Flügeladjutant. Als Reitergeneral bist du Krateros fast gleichgestellt. Und der Krieg ist beendet.»

«Noch nicht. Antipatros will Athen nicht zerstören. Und ich stehe ihm bei. Ich muß dem andern zuvorkommen, der ihm die Autorität des Befehlshabers streitig macht.»

«Du kannst doch nicht», versuchte Aristoteles wieder und rang nach Atem, «gegen Krateros . . . .»

«Nein», fiel ihm Nikanor ins Wort. «Krateros verhält sich kollegial. Er räumte als jüngerer dem fünfundsiebzigjährigen Antipatros das Oberkommando ein. Nein. Nicht Krateros.» Er stockte.

Aristoteles blickte ihn fragend an.

«Nicht Krateros ist Antipatros gefährlich. Sondern sein eigener Sohn!»

«Kassandros!»

Kassandros, so erzählte nun Nikanor, sei nicht im Heer seines Vaters. Er treibe sich in Kleinasien umher. Um zu intrigieren. Halte sich schon für den kommenden Herrn Makedoniens. Und für noch mehr. Frech spreche er davon, Olympias zu beseitigen und den hilflosen Arrhidaios. Er, der von Alexander nichts bekam, will alles für sich gewinnen. Und er stelle auch ihm nach.

Aristoteles wollte darauf bestehen, die näheren Umstände zu

erfahren, gewahrte aber, wie bereits die Hausgenossen ungeduldig um die Aule standen. Herpyllis wartete mit Ambrakis schon eine Weile, wagte aber noch keinen Schritt über die Schwelle und harrte der anweisenden Worte des Herrn. Es ging ihr darum, Genaueres über das Festmahl zu wissen, für das sich die Küche rüsten müsse.

Was sei eigentlich der Grund seines langen Ausbleibens gewesen, fragte der Vater, nachdem die immer Hilfreiche wieder verschwunden.

Die Sache mit Ephesos.

Ephesos? Aristoteles dachte an die alte Mysterienstätte, die in der Nacht abgebrannt war, in der Alexander geboren wurde.

«Der König trug die Tempelstadt besonders in seinem Herzen», betonte Nikanor rasch, «und stiftete Tausende von Talenten für den Wiederaufbau des Tempels schon zu Beginn seiner Kriegsfahrt, kurz nachdem sein damals noch kleines Heer über den Hellespont gesetzt hatte.»

«Mit Gold kann man Tempelmauern aufbauen, aber nicht Mysterien erneuern, die verraten wurden.»

Nikanor blickte den Vater befremdet an und empfand sich im Fortgang seines Berichtes gehemmt.

«Hat dir das der König nicht gesagt? Denn das wußte er von mir. Vielleicht habe ich dies sogar in Mieza euch allen gesagt.»

Nikanor verneinte.

«Alle Mysterien sind zu Ende. Auch Eleusis, das Xerxes in Brand steckte. Dafür haben wir jetzt Philosophie und Drama. In ihnen liegt die neue Welt, die wir zu bauen haben. Als Ephesos brannte, war ich achtundzwanzig. Seither kamen mir meine Gedanken über die Kategorien. Von denen habe ich euch in Mieza etwas angedeutet, damit ihr denken lernt.»

Nikanor senkte beschämt den Blick.

«Fahre fort», lenkte der Alte ein, um ihn zu seiner Unbefangenheit zu ermuntern, mit der er zu erzählen begonnen. «Er hat dich nach Ephesos geschickt, wie du sagst. Da mußte er wohl – denke ich mir – mußte an mich wieder gedacht haben?»

Nikanor, von der Frage peinlich berührt, sah schweigend zur Seite.

«Warum hatte er mir in den letzten Jahren nicht mehr geschrieben?» Aristoteles fragte dies mit leiser Stimme, fast als wäre es zu sich selbst gesprochen.

Nach einer beträchtlichen Pause vermochte deshalb Nikanor die Fäden des vorher Erzählten wieder aufzugreifen. Man habe in Babylon um die Ephesosgelder gebangt, nachdem man über die Flucht des Harpalos gehört hatte. Regungen hätten sich geltend gemacht, die Tempelstadt von der Verwaltung des Weltreichs unabhängig zu machen.»

«Aus welchen Gründen?»

«Dies hängt mit dem Dekret von Olympia zusammen, das ich vor zwei Jahren im Auftrage Alexanders zu verlesen hatte.»

«Der Erklärung der Göttlichkeit wegen?»

Nein. Es beträfe die Rückkehr der Verbannten. Das habe die dortigen Großgrundbesitzer erregt, die sich ihr Weideland nicht nehmen lassen wollten und ihre Feigenbäume.»

«Du siehst. Denen sind die heiligen Handlungen gleichgültig. Sie bedeuten ihnen weniger als die Feigenbäume.»

«Hinter diese Leute hat sich Kassandros gestellt. Aus Haß. Gegen Alexander!»

«Einem Toten gegenüber?»

«Und Haß gegen dich und mich!»

Aristoteles stützte die Stirn mit der Rechten. Seine Wangen färbten sich fahlgrau. Nikanor zögerte, seinen Bericht fortzusetzen, denn von außen drangen immer lauter werdende Stimmen herein, die aus der Richtung vom Frauenhaus herkamen. Vor dem Hoftor sammelten sich allerlei Leute, die den Reitergeneral zu erspähen hofften. In der Küche begann bereits ein Sieden, Kochen, Braten und Schmoren. Es sollte heute kein gewöhnliches Deipnon geben. Aristoteles winkte der Ambrakis zu, die sogleich an die Türschwelle eilte und von ihm den Befehl entgegennahm, Herpyllis hereinzurufen.

«Ich kenne die Stelle eines Briefes an Antipatros, den Alexander wenige Wochen vor seinem Tode geschrieben», setzte er jetzt niedergeschlagen fort. «Kassandros hat sich zweifellos am Hofe übel betragen. Aber das erklärt noch nicht die herbe Bemerkung, die er über mich Antipatros gegenüber gemacht hatte. Das mußte mit anderen Dingen zusammenhängen. Kassandros hochfahrendes Benehmen gab dazu nur den Anlaß. Die Ursache lag anderswo . . . Sie lag bei Kallisthenes!»

Als Nikanor den Namen des Vetters hörte, den Aristoteles als Hofhistoriker mit dem König nach Asien mitziehen ließ, lenkte er das Gespräch sogleich wieder auf Kassandros. Es schien ihm nicht die richtige Zeit, gleich zu Anfang den wundesten Punkt zu berühren, der das Verhältnis des Königs zu seinem einstigen Lehrer tragisch getrübt hatte. «Wir waren ja noch bei Kassandros», begann er wieder. «Vor ihm muß ich auf der Hut sein. Es ist nichts anderes als Eifersucht, Vater, daß ich während aller Jahre bis zum letzten Tag die Gunst Alexanders genossen.»

«Wahrhaftig», kam es jetzt vom Alten, indem er auf seinen Sohn sah, «wie durch ein Wunder bist du ohne geringste Schramme davongekommen!»

«Aber nun laß mich zu Ende erzählen. Kassandros drohte, die Verwaltung der Stadt Ephesos durch Bestechungsgelder in die Hand zu bekommen. Gegen den Willen des toten Königs, und natürlich gegen mich. Er drohte, mit Perdikkas gegen den eigenen Vater zu konspirieren.»

«Was mag er denn gegen dich haben? Auch du hast keine Satrapie bekommen, keine Statthalterschaft, um die er dich zu beneiden hätte!»

«Ich gewann mir die Herzen der Hellenen, seit ich in Olympia das Dekret über die Rückkehr der Verbannten im Namen des Königs verlesen hatte. Und er fürchtet natürlich, Antipatros würde mich als seinen Nachfolger ihm vorziehen.»

«Mit Recht zu befürchten!»

«Deshalb muß ich ihm zuvorkommen. Um Antipatros beizustehen, wenn die Athener mit ihm über den neuen Frieden verhandeln.»

«Recht so, mein Sohn», rief Aristoteles jetzt mit freudigem Eifer. «Und ich komme euch nach. Nach Athen. In mein Lykeion!» Dann sprang er wie ein Jüngling auf und rief mit den Händen klatschend: «Aber vorerst, Nikanor, wird hier Hochzeit gefeiert, wie versprochen.»

Nikanor sah verlegen zur Seite. «Ein Versprechen nach dem andern. Erst mit Antipatros nach Athen einziehen.»

«Wenn du darauf bestehst», sagte Aristoteles mit merklicher Kälte. «Du weißt doch», setzte er mühsam hinzu, «der Hof wird dir gehören mit der gesamten Familie. Du wirst der Herr sein, der einzige Herr über alle Kinder, alles Gesinde. So steht es in meinem Testament.»

«Vater», rang er jetzt nach Worten. «Du bist noch in guten Jahren. Wenn einer so denken und sprechen kann – wie du.»

«Das Übel im Magen. Es kommt und geht. Jetzt meldet es sich wieder. In Erregung. Nein, mein Sohn, aus Freude über dein Kommen. Dein Hiersein. Wir alle haben dich seit Monaten schon erwartet. Das Mädchen darf nicht mehr länger warten, Nikanor.»

Herpyllis war bisher in geduldiger Stille in der Gynaikonitis geblieben, um mit Hilfe der treuen Ambrakis Pythias zum Empfang herzurichten. Jetzt folgte sie dem Ruf, den ihr Aristoteles durch Tacho übermitteln ließ, und trat über die Schwelle der Aule. Nikanor kannte sie seit zwanzig Jahren, als sie noch Dienerin in Stagira gewesen, grüßte sie freundlich und wandte den Blick dann auf den Vater.

Aristoteles stand zwischen den beiden und sagte: «Heute – das feierliche Eheversprechen!»

Nikanor gab ihm die Hand.

Aristoteles wandte sich zu Herpyllis: «Und bis er wieder zurückkommt, haben wir Zeit genug, die Hochzeit vorzubereiten. Bring uns nun die Braut und sorge für eine festliche Mahlzeit.»

Nachdem die Frau wieder gegangen, um zu Pythias zu eilen und ihr beim Ankleiden des neuen jonischen Chiton behilflich zu sein, der ihr zum ersten Mal bis auf die Füße reichte, gingen die beiden Männer einstweilen in den Garten, damit die Dienstleute ungehindert den Tisch für das Festmahl bereiten konnten.

Aristoteles erhielt wieder seine Hautfarbe zurück. Er wurde merklich munterer. «Ich will noch leben, Nikanor, wenn du mir Athen zurückerobern wirst. Ich muß meine Politeia umschreiben. Die Ethik vollenden. Die Metaphysik überprüfen. Bei meiner Analytik, bei den Kategorien wird wohl alles so bleiben können. Da gibt es nichts zu rütteln. Aber die Schriften über die Tiere. Und auch in der Meteorologie gibt es noch manches zu ändern. Mein Werk steckt noch in soviel unvollendeten Stücken. Mach Frieden in Athen. Ich muß ins Lykeion zurück!»

Aristoteles kam im Rundgang durch den Garten zur Bank, die unter der breiten Platane stand, und warf sich erschöpft darauf. Nikanor erschrak über die Schwäche, die den Vater plötzlich befallen. Aber dieser wehrte ab. «Es ist alles gut geworden, Nikanor, seitdem du wieder da bist. Mir ist, als wäre mit dir auch Alexander gekommen. Ich muß mit ihm Frieden machen. Seit du da bist, kommt es mir vor, als wären wir wieder in Mieza, in meiner kleinen Schule. Da warst du doch unter den Sieben!»

«Sieben?» versuchte sich Nikanor zu erinnern. «Die Zahl wechselte wohl immer. Manchmal waren es mehr als ein Dutzend.»

«Laß sie uns aufzählen. Da war zuerst Hephaistion, der Lieblingsfreund Alexanders. Und Nearchos, der aus Kreta kam.»

«Philotas», ergänzte Nikanor.

«Parmenions Sohn, der so unglücklich endete», sagte der Vater seufzend.

«Aber dann Ptolemaios, der jetzt Pharao in Ägypten geworden», fiel Nikanor rasch ein. «Wüßte das seine verstorbene Mutter, die eine eordäische Bäuerin gewesen!»

«Vergessen wir nicht Harpalos, den unglücklichen, der aus einer elimiotischen Fürstenfamilie herkam.»

«Und dann Kassandros», sagte Nikanor beklommen.

«Vergiß dich nicht selbst dabei, Nikanor. Du warst der siebente. Unter den engsten, die alle drei Jahre mit mir waren. Denn als Alexander in sein siebzehntes Lebensjahr kam, machte er schon Kriegsdienst, war zeitweilig Regent, als sein Vater gegen Byzantion zog, und mit achtzehn entschied er die Schlacht bei Chaironeia, bei der er den rechten Flügel der Reiterei befahl. Da hatten längst die Lehrstunden aufgehört.»

«Wir haben Leonnatos vergessen», rief Nikanor, «und den unglücklichen Kleitos, den Sohn seiner Amme Lanike. Perdikkas war auch dabei. Aber er und Leonnatos waren schon als Kadetten die meiste Zeit am Exerzierplatz.»

«Griechen waren gleichfalls bei uns. Neben Nearchos die beiden Brüder Laomedon und Erigyios aus Lesbos, der Schauspieler Thettalos aus Athen, der Aulete Aristonikos, Eumenes, der Sekretär des Königs, und Kritabulos, der Hofarzt.»

«Du hast Androsthenes ausgelassen, der aus einer athenischen Familie stammt, und Chares, den Zeremonienmeister am Hof von Babylon, wo an der Tafel nur attisch gesprochen wurde.»

«Wie deutlich das alles vor mir steht», rief Aristoteles, dessen Blut wieder in den Wangen war. Mit einem Mal schien es, als wäre er um ein Jahrzehnt jünger. «Und als ihr Jungen dann alle im Heeresdienst wart, arbeitete ich mit Theophrastos an der Naturwissenschaft und mit Kallisthenes an der Geschichtsschreibung.»

«Die Kurzausgabe der Ilias, die du mit Kallisthenes ausgearbeitet hast, lag jede Nacht unter dem Kopfkissen Alexanders», fügte Nikanor hinzu.

«Bis zuletzt?» fragte Aristoteles, der in die Strahlen der untergehenden Sonne sah.

Ehe er Antwort bekam, lief Nikomachos ihnen entgegen und rief sie zu Tisch.

## Zweiundzwanzigstes Kapitel

# *Das Verlöbnis*

Nikanor hatte Pythias noch nie gesehen. Das war nicht ungewöhnlich nach Sitte und Brauch. Das Eheversprechen bestand nur zwischen dem Vater der Braut und dem Bräutigam.

Pythias erreichte gerade das heiratsfähige Alter mit achtzehn Jahren und kam bisher kaum aus der Gynaikonitis heraus. Nikanor war, gleichaltrig mit Alexander, dreiunddreißig und überschritt nur wenig das Alter, das Aristoteles selbst in seiner Staatslehre für den heiratsfähigen Mann als bestes bestimmte.

Nun schloß Nikanor Pythias, die verschleiert war, in seine Arme vor den Augen des Vaters, der es jetzt an der Zeit fand, die Tochter über das Rechtsgeschäft der Verlobung mit einfachen Worten aufzuklären. «Dein Bräutigam», begann er zu dem Mädchen sich wendend, «wird fortan dein Herr sein, dein Kyrios, als der Engyomenos, der Angelobte – und du seine Angelobte, die Engyete. Die Engyesis wird mit Nikanor durch Handschlag geschlossen.»

Pythias hörte dies an, ohne die Worte weiter zu bedenken, in ihrer mädchenhaften Erregung ganz dem Vater vertrauend. Es kam ihr nicht in den Sinn, irgendwie Anspruch oder Einwand zu erheben. Sie war der Sitte gemäß nicht als Tochter Person, sondern als Braut Gegenstand des Ehevertrages, ein Brauchtum als Überbleibsel der Zeit, in der noch die Kaufehe gegolten.

«Meine Vatergewalt», so setzte Aristoteles fort, «wird mit dem Hochzeitstag erlöschen. Ich höre auf, im Sinne des attischen Rechts dein Vater zu sein. Denn du wirst fortan allein deinem Herrn als dem Ehegemahl angehören.»

Nun aber wandte sich Aristoteles an Nikanor: »Sprich jetzt selbst, Nikanor. Es ist an dir, das entscheidende Wort zu sprechen. Meine Erklärung kann die deine nur vorbereiten, aber niemals ersetzen. Ich kann nur wünschen, daß dir mein Kind angehört. Du aber allein kannst es wollen. Die Eheschließung ist ganz in dein Ermessen gestellt. Deshalb mache sie gültig vor mir und dem Mädchen durch deinen Handschlag.»

So tat dann Nikanor. Mit leichtem Lächeln und fröhlich befreit gab er ihm die Hand, dem Vater, der es fortan in doppeltem Sinne wurde.

Obwohl es Sitte war, dem Tag des Eheversprechens die Hochzeit selbst am nächsten Tag folgen zu lassen, gab der Vater der Bitte Nikanors statt, die Feier erst nach seiner abermaligen Rückkehr zu veranstalten. Ihr wurde von Herpyllis gerne entsprochen, gab ihr das genug Zeit, den ganzen Hof für das Fest vorzubereiten.

Die kurze Zusammenkunft, an der außer der Braut nur die beiden Männer teilnahmen, fand in dem Turmzimmer statt. Nun begaben sich alle drei in die Aule, wo bereits Herpyllis mit Nikomachos auf sie wartete. Tacho, der jüngere unter den Haussklaven, nahm den Männern die Sandalen ab, stellte ein kupfernes Becken davor und wusch ihnen die Füße. Das Wasser war zu einem leichten Drittel mit Weinessig gemischt. Dann reichte er ihnen die Tücher, womit sie die Hände trockneten. Philon legte einige runde Kissen auf die Bänke, auf denen sie sich zurücklehnten. Olympios kam und brachte außer den Broten, die ihnen als Löffel dienten, auch Mystile, die aus Silber gedreht waren, was damals als Zeichen besonderer Vornehmheit attischer Essensart zu gelten begann.

Nachdem sie zuerst ein wenig vom euböischen Rotwein getrunken, trugen die Männer die Maza auf, ein Fladen aus Gerstengraupe gekocht. Es war das Volksgericht, das auch die geringsten Leute nicht entbehrten und das heute bloß als Vorspeise gereicht wurde.

Als besondere Leckerbissen für den so lange herbeigesehnten Gast trugen die Sklaven Krammetsvögel auf, die ein benachbarter Jäger am Nachmittag erlegte, nachdem die Ankunft Nikanors bereits das Stadtgespräch gebildet hatte. Auch Aale waren am Tisch, die man vom See Kopais gefangen und die Herpyllis aufbewahren ließ.

Dann kamen Braten vom Lamm, garniert mit Bohnen und Kohl. Gurken waren als kalter Salat in kleinen Schüsseln geboten, während Olympios einen attischen Weißwein einschenkte, der in dem Keller aus früheren Jahrgängen lagerte.

«Siehst du, Nikanor», sagte Aristoteles, als sie den Wein in der Amphora zu einem größeren Drittel mit Wasser mischten, «wie sich die Leute freuen, daß du endlich gekommen. Denn deine Hochzeit wird für viele als ihr zweiter Geburtstag gelten. Sie werden die Freiheit erhalten.»

«Zuerst wird Ambrakis frei», sagte Pythias und blickte freudig auf den Vater.

«Sie ist immer an deiner Seite gewesen», fügte Herpyllis hinzu. «Es gab keinen Schritt aus dem Hause ohne Ambrakis.»

«Und Tacho!» rief Nikomachos.

«Der dir lesen und schreiben gelehrt», erklärte Aristoteles, damit sein künftiger Vater über Pflichten und Rechte seiner Hausgenossen Bescheid weiß.

«Tacho unterrichtet mich auch in der Grammatik, im Schönsprechen und im Flötenspiel», setzte Nikomachos nochmals ein. Man merkte dabei die Wärme, die in den dankbaren Worten kindlichen Lobes mitschwang.

Während sich die Sklaven einstweilen zurückgezogen, um von der Küche weitere Gerichte zu holen, gab Nikanor der Freude Ausdruck, daß seine Hochzeit zugleich ein Freiheitsfest werde. Dabei nahm er Gelegenheit, Aristoteles gegenüber Gedanken äußern zu können, die er in dessen Büchern, besonders in der Politeia gefunden und die ihn zu Fragen drängten. «Du nimmst die Sklaverei als eine widerspruchslose Sache?»

Aristoteles nickte: «Eine Bedingung, die das Schicksal an unser Leben zu stellen scheint.»

«Schicksalsbedingt?»

«Das bedeutet nicht unbedingt einen Widerspruch mit der Freiheit.»

«Wie ist das verständlich?»

«Durch den Weg der Tugenden», sagte der Denker.

«Ich weiß, du hast ein Leben lang darüber nachgedacht wie über alles. Du sprichst von einer Sklaventugend. Aber sie bleibt eben doch nur eine Ethik der Sklaven.»

«Die *Areté doulon*», griff der Vater wieder ein, «sie ist Voraussetzung für die Freilassung.»

«Aber du nennst den Menschen ein politisches Lebewesen. Ein Wesen, das in der Polis bewußt wird und für die Gemeinschaft lebt. Deine These vom Menschen als ein Polis-bewußtes Wesen schließt die Gleichheit der Menschen ein.»

«Die Gleichheit im Geiste. Die Fähigkeit zu denken ist allen Menschen gleich.»

«Das ist gewiß!»

«Das ist jedoch kein Weg in einer ebenen Wüste. Das bedeutet ein Wandern von Hügel zu Hügel. Ein Besteigen von Berg zu Berg.»

Nikanor wollte eben einen Einwand erheben, als er gewahrte, wie die Hausgefährten hereinkamen, um die Reste vom Lamm und vom Gemüse abzuräumen. Jetzt brachten sie den Nachtisch. Da waren Feigen und Trauben, gelbe Melonen, wie sie jetzt die Jahreszeit des frühen September freigebig herschenkte. Dann stellten sie Schafkäse und Nüsse auf den Tisch. Mit dem leichten Gebäck aus Weizenmehl setzten sie auch den attischen Honig vom Hymmetos hin, den sie noch vor dem Kriege in den Vorratskammern gehortet.

Nachdem sie sich erhoben hatten, brachte Nikanor seine Geschenke hervor, die er seiner Braut zudachte. Es waren Purpurdekken, die er aus Milet brachte, als er von Ephesos aus die alte Stadt besuchte, und dann eine aus Elfenbein geschnitzte Statuette der ephesischen Artemis.

«Ein bedeutendes Bildwerk», entschied Aristoteles, der die kleine Plastik sorgfältig in seinen Händen wog und mit Aufmerksamkeit betrachtete. «Sie soll euren Ehebund segnen, die Schwester Apolls.»

«Artemis!» rief Pythias und blickte auf Aristoteles.

«Da denkst du wohl an die Geschichte der Iphigeneia, die ich dir erzählt!» sagte er, wobei er sich an Nikanor wandte.

«Du kennst also die Sage», sagte dieser zu seiner Braut. «Ist es nicht sonderbar. Ich bin jetzt mit dem Schiff von Aulis gekommen. Es schien noch zu ungewiß, ob die Brücke über den Euripos schon wieder fertiggestellt ist!»

Nikomachos wurde aber auch nicht vergessen. Er erhielt einen persischen Säbel und Reiterhelm, die bei einem Feldzug erbeutet wurden, und einige Silbermünzen mit dem Brustbild von Alexander.

Es ging um die elfte Stunde, als sich Pythias in Begleitung von Herpyllis wieder in die Gynaikonitis zurückzog und Nikomachos mit Tacho in seine Kammer verschwand.

Die beiden Männer aber stiegen in das Turmzimmer hinauf. Keiner dachte daran, schon schlafen zu gehen. Endlich konnte Aristoteles wieder mit einem seiner Schüler argumentieren, deshalb griff er das Thema sogleich abermals auf, das Nikanor während des Deipnon gestreift, weil sie durch die Anwesenheit der Sklaven zu sprechen gehindert waren.

«Ich habe meine Dienstleute nicht zu Sklaven gemacht», begann Aristoteles, «aber ich schenke ihnen die Freiheit.»

«Du schenkst etwas, was du nicht schenken kannst, bevor es ein anderer gestohlen», wendete Nikanor ein.

«Sklaverei kommt vom Krieg. Das weißt du doch selbst als Kriegsmann.»

«Gab nicht immer Sklaven. In der Ilias finden wir noch kein Wort dafür.»

«Aber vom Lösegeld lesen wir bei Homer.»

«Für Kriegsgefangene.»

«Krieg eben. Wie ich sagte.»

«Aber kein Wort über Sklavenmarkt, über den Schacher um den Menschenleib. Zwei Minen soll jetzt bei euch der Mindestpreis für einen minderen Sklaven sein, der kein Handwerk erlernt hat. Zehn Minen und mehr für angelernte Leute.»

Aristoteles sah sich in einer Klemme. Nach einer Pause wich er aus: «Meine Sklaven bitten mich, nach meinem Tode nicht anderswohin verkauft zu werden. Du liest das in meinem Testament, das ich dir vor der Hochzeit zu lesen gebe.»

«Sie lieben dich natürlich, wie wir alle. Aber wer bist du? Du bist nicht irgendein Herr. Du bist der Meister der Meister!»

Auf Schmeichelei wollte Aristoteles nicht eingehen. Deshalb riß er das Steuer in die Richtung begrifflicher Allgemeinheit. «Geboren sind wir alle unfrei. Unmündigkeit ist eine gesetzlich geregelte Unfreiheit.»

«Aber du behauptest, der Hausstand ist nur vollständig mit Freien und Sklaven, weil du den Sklaven als Organon, als lebendiges Werkzeug bezeichnest, also als Besitztum des Herrn!»

«Des Herrn. Jawohl. Das ist es. Herr wirst du über Pythias, über Nikomachos, wie über das übrige Haus.»

«Das ist Übereinkunft von Menschen für Menschen. Gesetze füllen die Lücken aus für das Stückwerk, das wir aus dem Ganzen aus Selbstsucht herausreißen.»

Nikanor sprang auf und ging hin und her. Dabei setzte er fort: «Da steht an einer Stelle deiner Bücher der Satz: Wie die Seele über den Leib, wie der Mann über das Weib, so steht der Freie über den Sklaven. Weißt du, wie mich das dünkt, Vater. Du erwartest von mir Offenheit. Ist das nicht eine Falschspielerei mit Metaphern?»

Aristoteles lachte. Ihm machte die Geradheit seines Sohnes Freude. Widerspruch verwehrte er nie, wenn das Argument genügend begründet war.

«Mann und Weib haben, wie Freie und Unfreie, Seele und Leib. Das lehrtest du uns in deinem Werk über die Seele», bestand Nikanor weiter.

«Ich sehe», versuchte Aristoteles scherzend, «du scheinst auch in Babylon das Denken noch nicht verlernt zu haben!»

Durch diese Bemerkung entstand eine entspannte Pause. Nikanor erwartete, daß Aristoteles seinen Vergleich mit Seele und Leib unterbauen würde. Aber der Denker ging geradewegs auf etwas anderes ein, was ihm verschiedentlich Anfeindung einbrachte. «Ich weiß um das Mißverständnis, das durch meine Behauptung über die Verschiedenheit der Hellenen und der Barbaren entsprang.»

«Du schreibst in deiner Schrift an Alexander, daß der König über die Hellenen als Feldherr, über die Barbaren aber als Despot herrschen solle», zitierte Nikanor treu aus dem Gedächtnis.

«Wenn ich schrieb, Alexander herrsche über die Orientalen wie über Tiere und Pflanzen, dann meinte ich dies nicht wörtlich. Es bezieht sich auf das, was ich ihm in Mieza oft lehrte. Auf Verschiedenheiten menschlichen Bewußtseins. Die Ostmenschen sind keine Tiere. Aber werden nicht die meisten unter ihnen noch wie von einem Gruppengeist geleitet, wie die Gattung eines Tieres oder die Art einer Pflanze?»

«Das Mißverständnis war für manche verhängnisvoll. Am meisten wohl für Kallisthenes. Er fiel – wenn auch ich mit einem Bild spreche – durch den Fußfall!»

«Die unselige Sache mit der Proskynese!» Aristoteles senkte den Blick und legte die Hand vor die Stirn. «Alexander hätte sie niemals von den Hellenen verlangen sollen. Nein, nie von ihnen erwarten dürfen, wenn er meine Worte nicht damals vergessen oder in den Wind geschlagen hätte.»

Nikanor merkte die Ergriffenheit seines Vaters. Es war spät. Es ging gegen Mitternacht. Er wollte abbrechen und stand abermals auf.

«Du kannst jetzt nicht von mir gehen, Nikanor, ehe du mir die Wahrheit über Kallisthenes gesagt hast.»

«Dann sitzen wir hier, bis die Sonne aufgehen wird!»

«Und warum mußt du schon morgen wieder forteilen?» wiederholte der unglückliche Vater seine frühere Bitte.

Nikanor versprach es Antipatros, morgen wieder in Theben zu sein. Es lag nahe, bei der kleinen Entfernung zwischen der böotischen Festung und Chalkis ihm, Nikanor, den gewünschten Urlaub zu gewähren. Es war ein Herzensanliegen des Antipatros, sich des Wohlergehens seines Freundes versichern zu lassen.

«Krateros will, wenn er sich durchsetzt, Athen dem Schicksal von Theben und Sparta ausliefern. Dann ist doch auch das Lykeion in größter Gefahr.»

Da sprang Aristoteles auf.

«Deshalb muß ich bei Antipatros bleiben, um das Ärgste zu verhüten. Er stellte mir einen wichtigen Militärposten in Aussicht, wenn wir friedlich in Athen einziehen. Die Stellung des Kommandanten der Seefestung Munychia am Piraios.»

«Kommandant der Seefestung Munychia?» wiederholte der Vater, wie traumverloren vor sich hin, als wanke der Boden unter ihm. Würde er ein weiteres Warten auf abermalige Rückkunft überleben? Oder ist auch schon von Kassandros ein Meuchelmörder für Nikanor gedungen, ehe er Pythias heimholt? Das alles behielt der Alte vorsichtig für sich, während er nachsann. «Gut. Du mußt morgen gehen. Soldatenpflicht. Ich verstehe. Und Antipatros ist unser beider Freund. Er wird der Vollstrecker des Testaments sein, das dich zum Erben meines Hauses macht. Es ist in Ordnung, ihm beizustehen», redete er weiter und machte mehr Worte als nötig, um eine Frage, die er noch unbedingt vor Nikanors Fortgang stellen mußte, hinauszuschieben, eine Frage, die ihn bis zur Verzweiflung peinigte. Noch immer nicht vermochte er sie über die Lippen zu bringen, sondern sagte, indem er sich wiederholte: «Ich muß die volle Wahrheit über meinen Vetter erfahren. Ich muß alles schonungslos über seinen Ausgang wissen.»

Nikanor legte die Finger der Rechten über die Oberlippe und schwieg.

Da brach es aus Aristoteles, geschwind wie ein Pfeil, der allzu lange im Bogen gespannt lag: «Wie ist es möglich – wie ist das Gerücht, das erdichtet wird, überhaupt möglich, ich hätte Alexander vergiftet, weil er meinen Vetter umbringen ließ?!»

Es blieb Nikanor kein Weg des Ausweichens übrig. Er begann zu erzählen.

## Dreiundzwanzigstes Kapitel

# *Kallisthenes*

Wie konnte Nikanor beginnen?

Er stockte oft. Stieß die Worte tonlos heraus. Wiederholte sich. Versuchte das Gewicht der Geschehnisse zu verringern, soweit es ihm gelingen konnte. Denn er gewahrte, wie der Vater seine innere Bewegung bezwang, den Bericht nicht mit Fragen zu unterbrechen.

Kallisthenes war als Vetter und angeheirateter Neffe ein Verwandter des Aristoteles. Er war dessen ältester Schüler, den er zum selbständigen Lehrer der Geschichte ausbildete. Er wurde sein wissenschaftlicher Assistent, mit dem er in Delphi die Liste der pythischen Sieger zusammenstellte und den er schließlich Alexander als Geschichtsschreiber seiner Kriegszüge empfahl. Kapitel nach Kapitel seines Geschichtsbuches kamen in Abschriften in das Lykeion und bildeten die Berichterstattung der jüngsten Zeitereignisse aus erster Hand, bis die Sendung dieser einzigartigen Teilstücke mit dem Jahr vor dem Aufbruch zum Indienzug schlagartig abbrach.

Sein erstes Buch war über Hermias gewesen. Es war eine Ehrenrettung für den übel Verleumdeten, den einstigen Gönner und späteren Schwiegervater des Aristoteles, der ihm die erste Schulgründung zu Assos ermöglicht hatte. Sein Werk *Hellenika* las Nikanor mit seinen Kameraden in Mieza. Aber auch selbst Philippos ließ sich aus diesem Buch vorlesen, als er immer stärker in die Streitigkeiten der Griechen einzugreifen begann, und verhehlte nie seine Verehrung für Hellas.

Als Historiker, von Aristoteles' Logik unterstützt, korrigierte er einige widersinnige Stellen des Herodot und widerlegte dabei trefflich, was über den Nil geschrieben wurde, indem er der erste war, der erforschte, das Anschwellen des Stromes komme aus der Schneeschmelze Äthiopiens und nicht durch die Etesien, die Nordwinde, welche die Sonne in der heißen Zeit von der Küste forttreiben würden.

Er besaß den geschichtsbildenden Blick für die Eigenart der Landschaft und die Charaktereigenschaften der Völker, wie sie Aristoteles lehrte, und wurde deshalb von diesem zum Kriegshistoriker des Alexanderzuges vorgeschlagen. Kallisthenes war freilich in seiner Gelehrtennatur nie Soldat. Er schrieb und blieb im Hinterlager. So war er meist dem unmittelbaren Umgang mit dem König und dessen Heerführern entzogen. Dieser Umstand förderte seine schrankenlose Treue, mit der er in fast kindhafter Naivität Alexander zugetan war. Er liebte ihn so wie er ihn idealisierte. Er dichtete ihn. Er mythologisierte ihn, wenn er dabei – unvorsichtig genug und unklug mit der Einfalt des Stubengelehrten – in seiner Umgebung ausrief, nicht die Siege des Königs würden ihn einst göttlich erscheinen lassen, sondern sein Geschichtswerk.

«Die Ilias», hob Nikanor an, um mit Tröstlichem zu beginnen, «die du für Alexander in einer verkürzten Fassung zusammenstelltest, worin dir Kallisthenes zur Seite stand, lag auf allen Fahrten unter seinem Kissen am Nachtlager.»

Aristoteles schaute mit tränenerfüllten Augen auf ihn und fragte: «Bis zuletzt?»

Nikanor schob die Schultern hoch. Dann setzte er seine Erzählung fort.

In Seistan, der Stadt, die in dem iranischen Belutschistan liegt, begann die Kette der Verhängnisse. Sie kannten alle Philotas, sie liebten ihn, den Sohn des Marschalls Parmenion, den Schulfreund aus den Tagen von Mieza. Kallisthenes, der in seinem Übereifer für den König Fehlgriffe übersah, Vorzüge übertrieb, Widersprüche übertünchte, schöpfte plötzlich Verdacht einer Verschwörung gegen Alexander, die Philotas rechtzeitig aufzudecken versäumte. Der Argwohn, den Kallisthenes seiner Umgebung gegenüber äußerte, kam schließlich dem König zu Ohren. Zuerst schien es, daß Alexander seinem Jugendfreund Philotas verzieh und sich mit ihm versöhnte. Am Abend versammelte er sich mit seinen Generalen, die indessen Philotas durch Späher beobachten ließen. Nachts wurde er in Ketten gelegt und am Morgen hingerichtet. Sein Vater Parmenion, der Siebzigjährige, wurde elf Tage später in Hamadan gemeuchelt. Als im Heer darauf Meuterei in Treue zu Parmenion ausbrach, wurden die Truppen gesäubert und unter der Führung von Hephaistion und Kleitos neu eingeteilt.

Das Schicksal, das Parmenion und seinen Sohn ereilt hatte, rollte in grausamer Wiederholung weiter. Kleitos, der den König am Granikos vom Ertrinken errettet hatte, konnte als Satrap Baktriens nicht am Indienzug teilnehmen, fühlte sich deshalb zurückgesetzt und in Furcht, ausgeschaltet zu werden. Bei einem Trinkgelage begann Kleitos plötzlich die einstigen Heldentaten des Parmenion zu preisen und das Ammonsorakel über die Halbgöttlichkeit des Königs zu verhöhnen. Was folgte, ist bekannt. Alexander ergriff im Zorn der Trunkenheit eine Sarissa, die er dem Wachsoldaten entriß, und durchbohrte den Jugendfreund, den Sohn seiner einstigen Amme. Drei Tage und Nächte lag er stöhnend im Zelt und schrie, sich anklagend: Mörder meiner Freunde.

Aber nur einer konnte ihn wirklich trösten. Kallisthenes war es, der ihm aus der Iliade vom Zorn des Achilles vorlas, aus der Kurzfassung, die du mit ihm für Alexander herausgabst. Sie lag, wie immer, auch hier unter dem Schlafkissen des Lagers.

Hier stockte Nikanor. Er fürchtete, der ihm gegenüber Sitzende würde Zeichen seiner Erschütterung geben. Aber Aristoteles hob den Kopf und nickte, als wollte er ihm Zustimmung geben, das nun zu erzählen, was er in Umrissen schon gehört, aber noch nie im einzelnen ohne beschönigende Schonung vernommen.

«Unser Kallisthenes war nicht mehr am Hofe unter den hellenischen Gelehrten und Künstlern allein. Da kamen dem König zwei Philosophen nahe, Schüler und Nachfolger des Demokrit.»

«Des Demokrit?» rief Aristoteles und riß die Augen auf, als

erwache er plötzlich aus einem grausamen Traum, «der die Lehre über die Atome erfunden, gegen den ich im ersten Hauptteil meiner Metaphysik polemisiere? Der sagt, man darf nicht nach Ursache der Atome fragen, denn sie sind seit Ewigkeit ursachlos und unsichtbar. Das aber widerspricht meiner Lehre von der Substanz. Die Substanz besteht als Einheit in der Entelechie und nicht im unendlich viel Seienden unteilbarer Kleinstteile ...»

Nikanors Bericht war in Gefahr, durch den Denker mit einem Mal in ein Fahrwasser zu geraten, aus dem es schwerlich einen Rückweg zum ursprünglichen Ausgangspunkt geben mochte. Denn er mußte jetzt, da er nun einmal damit begonnen, von den zwei Demokriteern sprechen, von Anaxarchos aus Thrakien und von Pyrrhon aus Elis, die sich auf den Feldzügen bis nach Indien im Hoflager Alexanders befanden. Sie brachten mit ihrer Sophistik eine Anschauung der relativierenden Skepsis, die einem Glücksbegriff huldigte, der am Abgrund des sittlichen Nihilismus stand. Sie waren Agnostiker, indem sie lehrten, daß das, was unsere Empfindungen verursache, ewig unerkennbar bleibe. Nichts sei in Wirklichkeit weder schön noch häßlich, gerecht oder ungerecht, denn alles beruhe auf willkürlicher Satzung menschlicher Sitte. Da aber die Dinge in ihrem Wesen unserer Erkenntnis unzugänglich seien, müsse man sich des Urteilens enthalten. So habe auch die Tugend keinen realen Inhalt und bestehe nur darin, sich weise im Urteil zu bescheiden. Die höchste Tugend liege im Gefühl der Gleichgültigkeit gegen jegliches Unglück. Sie nannten dies die Tugend der Ataraxie, der Unerschütterlichkeit gegenüber dem Schicksal.

Aristoteles kreuzte seine Beine verächtlich.

Zyniker waren diese Demokriteer, die es verstanden, den trauernden Alexander aufzurichten. Für einen Herrn des Orient sei alles gut, was er tue. Dem Mächtigen sei es erlaubt, sich über alle Zweifel erheben zu dürfen. Mischten die Griechen den Rebensaft zu zwei Dritteln mit Wasser, so lösche man den Durst im Osten mit purem Wein. Diese schmeichelnden Schleicher rissen den König aus dem läuternden Ruhepunkt seiner Reue heraus.

Nun fand Nikanor wieder den Faden.

Kallisthenes war bisher stets mäßig im Trunk. Jetzt blieb er fortan den Gelagen ferne. War er vom Hofe manchmal bei Festen zum Erscheinen genötigt, stahl er sich bald davon, um an seiner Chronik weiterzuschreiben, in der er den König mit Achilles, mit Herakles oder Perseus verglich, die Zahl der gefallenen Feinde übertrieb, die Verluste der Makedonen verniedlichte, das Maß der Militärstrafen, die wegen Meuterei verhängt wurden, auf ein Minimum herunterdrückte. Da geschah es! War es unter dem steigenden Einfluß der Perser und Meder oder war es auf die Reden der relativierenden Zyniker zurückzuführen? Unter dem Lichtschein der Opferfeuer, von den iranischen Zarathustrapriestern entzündet, wurde von dem König der Fußfall eingeführt. Zuerst leisteten bloß die Baktrer und die Iranier die geforderte Proskynese. Bald aber sah man auch manche der alten makedonischen Haudegen in dieser wortwörtlichen Unterwürfigkeit mit dem Mund den Boden berühren und die Füße küssen.

Bei einem Festgelage, an dem Kallisthenes anwesend sein mußte, reizte es Alexander, den Mutterwitz seines Hofhistorikers zu erproben. Er sollte in einer Stegreifrede scherzend die Makedonen mit ihren Fehlern herabsetzen. Kallisthenes tat, wie ihm befohlen, durch witziges Übertreiben die Weinheiterkeit zu steigern. Da befahl der König, in einer zweiten Rede die Griechen zu schmähen. Kallisthenes, selbst ein Grieche, spottete über das Erbübel ihrer Eifersucht und prangerte die in Zwietracht gegeneinander stoßenden Städte als die Ursache an, durch welche die Makedonen ihre Siege erfochten. Da unterbrach der König die Rede, trunken, in übler Laune. Als aber dann Kallisthenes über die Sitte der Proskynese lachte, den Fußfall verweigerte und sagte, jetzt habe die Zeit begonnen, die Orientalen zu hellenisieren und nicht die Hellenen zu Persern zu machen, verweigerte Alexander ihm zum Abschied den Kuß, den er wie üblich den Günstlingen gab. Gelassen nahm Kallisthenes diese Brüskierung hin und sagte, so müsse er diesmal ohne Kuß in sein Zelt zur Nachtruhe gehen.

«Das war noch in Baktrien?» fragte Aristoteles, der in Spannung vornübergeneigt lauschte.

Im iranischen Hochland. Nördlich vom Hindukusch. Wo die Heimat des Zarathustra angenommen wird. Das Bergvolk, das Alexander den grimmigsten Widerstand leistete.

Dort brach unter den Edelknaben, die als Pagen dienten, eine Revolte aus. Fünfzehnjährige, die aus makedonischen Adelsfamilien stammten, rebellierten, weil ihre Väter von Alexander in Undank vom Kriegsdienst entlassen und in ihre Heimat zurückgeschickt wurden. In diesen Jungen, eben erst mannbar geworden, reckte es sich, die verletzte Ehre der Väter zu rächen. Die Kadetten aber lernten zugleich in des Kallisthenes Schule, und ihr Rädelsführer war sein Lieblingsschüler. Diese Jugendgarde hatte gemeinsam die Nachtwache um das Königszelt, als sie das Komplott plante. Aber das Gelage hatte sich in dieser Nacht bis zum Morgen ausgedehnt, als die Ablösung kam. Befreit von der begreiflichen Spannung der Angst schwätzte einer unter ihnen in Lust jugendlichen Renommierens ein Wort zuviel. Das Komplott war verraten. Der König selbst hielt das Verhör ab. Und was mußte er von den Jungen als Gründe hören? Parmenion und Philotas, der Zornmord an Kleitos, die medische Tracht, in die sich die Makedonen kleiden mußten, die Langschläferei des Königs und seiner Generale nach den Gelagen, der persische Fußfall und zuletzt und zuoberst die schmachvolle Entlassung ihrer Väter!

Die Jungen wurden gefoltert. Sie sollten Geständnisse machen über die Schuld ihres Lehrers. Ob Kallisthenes sie zu ihrer Revolte ermuntert? Ob er gar den Anschlag mit ihnen geplant? Die Jungen schwiegen. Was unterrichtete er? Geschichte natürlich. Was für Geschichte? Des eigenen Landes. Der Makedonen? Und auch über die Griechen.

Über die Griechen? Der König wollte über den Unterricht alles wissen. Wer darüber aussagen wolle, würde mit Straffreiheit belohnt sein. Da gibt es stets einen Feigling, der eine Gemeinschaft von Verschworenen gefährdet. Ein solcher gab an: Auf die Frage der

Edelknaben, wo der Tyrannenmord belohnt werde, antwortete Kallisthenes: Athen! Dabei erzählte er die Geschichte der Tyrannenmörder Harmodios und Aristogeiton. Sie fehlt in keinem Geschichtsunterricht über Athen. Eine legitime Belehrung. Nichts anderes. Aber die Gefühle waren unterwühlt in fürchterlicher Todesangst und trübten das Urteil des übermächtig Trunkenen. Der eine, der Feigling, der zu reden geneigt war, obgleich er nichts Belastendes gegen Kallisthenes auszusagen hatte, blieb frei. Die übrigen wurden gesteinigt. Die Blüte des makedonischen Adels verblutete im baktrischen Sand.

Alexander aber ließ Kallisthenes in Ketten legen. Er hielt ihn in Untersuchungshaft. Durch Wochen hindurch wurde er gefoltert, um von ihm Geständnisse zu erpressen. Sie schleppten ihn von einem zum anderen Lager, als das Heer von Baktrien aufzubrechen begann. Aber man ließ ihn am Leben, ihn, der allmählich entkräftet, verhungert, verlaust, an Wunden blutend, geschunden. Sie wollten ihm schließlich in Athen vor Aristoteles den Todesprozeß machen. Wer könnte sagen, wie der furchtbar Geschundene endlich gestorben? Wahrscheinlich hängten sie den Verhungerten, der schon halbtot war, auf. Denn ohne ihn zogen sie dann nach Indien . . .

Aristoteles drückte die Daumen in die Backen, bedeckte mit den Fingern die Augen und preßte die Lippen zusammen. Er erhielt schon vor einigen Jahren durch Stroibos, einem der Sekretäre Alexanders, einen kurzen Brief im kühlen Ton eines Tatsachenberichts. Antipatros zeigte ihm dann später in einem Brief den Wortlaut über den Vorfall mit den Edelknaben. Stammten doch die Pagen aus den Familien des ältesten Landesadels: «Die Knaben wurden von den Makedonen gesteinigt. Den Sophisten aber werde ich selbst strafen, gleich ihm auch die andern, die ihn gesandt und die meinen heimlichen Feinden in den griechischen Städten Unterschlupf geben.»

Das betraf Vorgänge, die viele Jahre zurücklagen. Aber wie war dies mit dem jüngsten Bericht, den Kassandros aus Babylon zurückbrachte, in dem der Name des Aristoteles ausdrücklich vorkam?

Darüber wollte er von Nikanor Genaues erfahren.

«Hellenische Gesandte», erklärte Nikanor, «die nach dem Dekret in Olympia, das ich verkündet hatte, als Theoren nach Babylon kamen, beschwerten sich offenbar über die konservative Makedonenpolitik des Antipatros. Der Siebzigjährige wollte sich wohl nicht eingehender über die Erklärung der Göttlichkeit äußern. Alexander zeigte sich den griechischen Priestern, die zu seiner Huldigung nach Babylon gekommen waren, geneigt, den Beschwerden Glauben zu schenken, und meinte, sie würden doch nicht die Weltreise unternehmen, um eine nackte Verleumdung zu verbreiten. Dabei benahm sich Kassandros, der aufbrausende Bursche, taktlos, indem er mit sophistischen Redewendungen seine hellenische Bildung, die er durch dich erhielt, zur Schau stellen wollte. Das beweise gerade die Tücke, sagte er, die in den Lügen der Hellenen liege, weil sie so weit vom Ort einer Nachprüfung entfernt sind. Da aber schrie ihn Alexander an: ‹Das ist wiederum eine der Spitzfindigkeiten des Aristoteles, die Worte im Winde zu drehen, wie es beliebt. Aber wehe, wenn es sich zeigen wird, daß Antipatros den Hellenen das geringste Unrecht zufügt›.»

Da stand Aristoteles auf. Seine Augen waren trocken. Klar und scharf blickten sie auf Nikanor, während er gelassen und mit bewußter Nüchternheit sagte: «Wir kennen das eine und das andere längst. Vergangenes bleibt vergangen. Aber, mein Guter, erzähle mir doch noch über das, was wenige wissen. Darüber hat unser Kallisthenes viel zu kurz geschrieben. Berichte mir über die Seher, die am Hof um Alexander waren.»

Nikanor starrte ihn erstaunt an. Es machte ihm sichtliche Mühe, sich in seiner Erinnerung auf diese Einzelheit einzustellen. «Ich glaubte», sagte er ausweichend, «du hättest eine wichtigere Frage.»

«Wichtiger? Was könnte denn wichtiger sein als die Beziehung zu der göttlichen Welt!»

«Ich muß dir gestehen. Ich fürchtete diese Frage von Anfang an», ging Nikanor zögernd darauf ein. «Ich meine, die Sache, die elende Verleumdung vom Gift!»

Da brach Aristoteles in mokantes Gelächter aus und rief in bitterer Ironie: «Gift über Meere und Wüsten geschickt, um Alexander aus der Welt zu schaffen! Und das auch noch durch Kassandros! Darüber wird sicher gefabelt werden, wie über mein Zerwürfnis mit Platon.» Dann aber setzte er mit bestimmter Stimme sehr ernst hinzu: «Nein. Alexander starb durch höheren Ratschluß. Und deshalb fragte ich vorhin über die Seher, die er um sich gehabt hatte!»

Nikanor stand zuerst hilflos dieser Frage gegenüber. Mit Mühe versuchte er hinzuzufügen: «Der greise Aristandros war immer um den König, wenn es um eine Entscheidung ging.»

«Immer?» forschte der Vater.

«Bis Kallisthenes umgebracht wurde!»

Aristoteles schnellte auf. Blieb erstarrt stehen. Senkte den Kopf. Ging dann schweigend auf und ab.

«Aristandros», setzte Nikanor nach einer längeren Pause mit merklich leiserer Stimme hinzu, «erschien nach der Hinrichtung nicht mehr am Hof. In Indien kamen Brahmanen zu uns. Und später wieder ein Grieche. Demophon hieß er.» Dann sagte er noch schnell, als müßte er sich für die lückenhafte Berichterstattung über die Seher rechtfertigen: «Die Priester waren nie bei den Trinkgelagen zugegen.»

Aristoteles nickte verstehend. «Habe ich euch nicht schon in Mieza gesagt, ein Trunkener sollte doppelt bestraft sein. Einmal der Trunksucht wegen, ein andermal der Tat halber, die daraus erfolgt. Für unsere Symposien im Lykeion habe ich selbst eine Trinkregel gegeben, um das richtige Maß zu halten, wenn der Wein die Zunge lockert.» Nach dieser Abschweifung kam er rasch wieder auf Kallisthenes zu sprechen und sagte: «Er hatte nicht alles geschrieben, was er gesehen, und was er gesehen, hat er nicht immer verstanden.»

«Wer wird jemals die Geschichte Alexanders als Ganzes fassen, Vater!»

«Hast du nie daran gedacht, auch etwas darüber zu schreiben?»

fragte nach einer bangen Pause der Vater. «Du warst doch bei fast allem dabei!»

«Nicht in den letzten Wochen», kam es von Nikanor ausweichend. «Er schickte mich nach Ephesos, wie du weißt.»

Aristoteles nickte nachdenklich. Dann, wiederum nach einem Schweigen, in dem sich Angst zu fragen verbarg, wandte er sich ihm zu und sah ihm unmittelbar in seine Augen: «Und hat dich nicht zu mir geschickt? Hat nicht zu dir über mich gesprochen?»

Nikanor blickte verlegen zu Boden.

«Und mich nicht grüßen lassen?» setzte der Alte hinzu, als spräche er nur leise zu sich selbst.

«Er plante den Zug nach Arabien», lenkte Nikanor rasch ab. «Er rief Nearchos zu sich und sprach lange mit Ptolemaios, der jetzt Pharao von Ägypten ist. Man hört, daß Alexander in Ägypten begraben sein wollte. Er bestimmte den Ort dafür, wo sein Sarkophag liegen sollte. Nicht in Alexandreia, sondern in Siwah, in der Libyschen Wüste. Im Mysterientempel des Orakels von Ammon.»

«Das war der Wunsch Alexanders?» fragte Aristoteles. Weitere Worte, die er noch sagen wollte, erstickten Tränen der Ergriffenheit. Dann wandte er sich zu Nikanor und sagte zum Abschied: «Jetzt hast du mir ihn wieder nahegebracht!»

Es war lange nach Mitternacht, als Nikanor sich für den kargen Rest der Nacht auf das Lager warf. Beim Aufgang der Sonne weckte ihn sein Adjutant, der in der Festungskommandantur genächtigt, und ritt mit ihm über die eben fertig gebaute Brücke des Euripos nach Theben zurück.

## Vierundzwanzigstes Kapitel

# *Das Los*

Herpyllis merkte erst beim Aufwachen am Morgen, daß Aristoteles nicht bei ihr im Thalamos lag, und eilte dem Turmzimmer zu. Dort fand sie ihn im Lehnsessel sitzend, auf dem er die Nacht über wachte und sann. Sie erschrak über sein fahles Gesicht. Den Augen sah sie an, daß Tränen darin noch nicht getrocknet waren.

Das alte Übel? Sie wollte ihm gleich das Öllinnen bringen, um es auf seinen Magen zu legen.

Er wehrte ab. Es sei heute nicht der Magen. Es gehe ihm leidlich. Nur konnte er nachts nicht schlafen.

Sie wolle ihm das Frühstück bereiten lassen.

Nein. Nüchtern bleiben, solange es geht. Denn erst nach der Mahlzeit melde sich manchmal der Magen im Krampf.

Er habe wohl gestern beim Deipnon Gerichte gegessen, die ihm nicht gut bekommen?

Aristoteles schüttelte verneinend den Kopf, aber lächelte ihr dann doch zu. Milde, die aus dankbarer Liebe lebt, lag in den Mundwinkeln. Er brauche nichts als allein zu sein, um denken zu können.

Jetzt sprach sie auf ihn ein, was alles zur Hochzeit bereit sei. Die Truhen seien voll, die Aussteuer für Pythias. Und die Vorratskammern für das festliche Deipnon. Das Schwein, das für das Mahl geschlachtet werde, sei gut gemästet im Stall. Vielleicht bedürfe es zusätzlich einiger kleiner Ferkel.

Er blickte wortlos ins Leere.

Sie meinte natürlich, die Ferkel für die Jungen, die aus der Stadt zum Brautzug kämen und die man nicht in der Aule, sondern im

Garten bewirten werde. Das habe noch Zeit, bis Nikanor zurückkommt.

Da erhob sich ihr Herr. Stand vor ihr in seiner schlank gebliebenen Gestalt auf zarten Beinen. Streifte den Chiton zurecht, der durch die Liegelage Falten bekam, schritt zum Fenster. Hob etwas die Schulter. Ob er zurückkommt?

Das habe er doch versprochen.

Ja, die Ehe mit dem Mädchen. Aber ...

Er habe Pythias gesagt, eine Woche.

Eine Woche?

Bis er zurück sei.

Wenn die Athener sich ohne Bedingung ergeben würden. Dann sei vielleicht Friede. Aber das halte er jetzt für unmöglich.

Warum unmöglich?

Unmöglich, sagte er herrisch. Er war nie gewohnt, mit ihr zu politisieren und kehrte ihr die Schulter. Sie sollte nicht nasse Augen sehen. Sie werden Athen zerstören, wie einst Theben und Sparta. Wie aber werde Nikanor das Gemetzel auf allen Ecken und Plätzen der brennenden Stadt überleben?

Als er Herpyllis leise in ihr Tuch hinein weinen hörte, wandte er sich um und näherte sich der Tür.

«Ohne Frühstück?» brachte die Frau noch heraus, als sie ihn bereits den Raum verlassen sah.

Kaum war Aristoteles durch die Aule in den Garten gegangen, sprang ihm Nikomachos nach. Die Mutter war es wohl, die in ihrer Sorge ihn herbeigerufen, um den Vater auf seinem Spaziergang zu beschützen, denn er schien wie gewohnt die Richtung zum Euripos zu nehmen.

Als der Vater den Jungen sah, den Halbwüchsigen, der in sein dreizehntes Jahr ging, mit all seiner Fragepein und Wißbegierde, Naseweisheit und Altklugheit, strich er ihm über seinen Scheitel. Mit einem Mal wurde er heiter dabei. Und dachte an Alexander. An Alexander im dreizehnten Jahr, als er ihm zum ersten Male in Mieza begegnet war.

«Ja, Junge», begann er, während er sich bereits dem Hoftor genähert. «Er war damals genau in deinem Alter.»

«Schon dreizehn?»

«Erst dreizehn», belehrte er lächelnd. «Mieza war keine Schule für kleine Knaben. Für die Unterstufe sorgte die Mutter Olympias. Darüber erzählte mir Alexander oft später.»

Jetzt mußte er, dem Drängen des Sohnes nachgebend, alles schildern, wie es vorgegangen.

Olympias epirotischer Onkel, der Reiteroberst Leonidas, überwachte damals die Jungen. Da gab es zur Abhärtung Märsche durch halbe Nächte vor einem kargen Frühstück. Wenn Olympias manchmal Leckerbissen unter das Kopfkissen steckte, weil auch abends die Mahlzeit zu schmal war, nahm es Leonidas, sobald er es merkte, zornig fort.

Nikomachos biß sich unwillkürlich in die Lippen.

Für die Geometrie ließ sich der Oberst aus der Akademie damals den Menaichmos kommen. Aber gegen sein mathematisches Dozieren revoltierten die Jungen und rissen ihm rüpelhaft aus. Gerne hörte Alexander mit seinen vier Gefährten Hephaistion und Leonnatos, Marsyas und Proteas, die mit ihm die Anfangsklasse der winzigen Hofschule bildeten, den jungen Philiskos, der ihnen aus der Ilias rezitierte. Aber wie waren sie alle empört über die karg bemessene Freizeit, die der engstirnige Leonidas mit seiner strikten Soldatenzucht bestimmte.

Als er ins vierzehnte Jahr ging, nahm der Vater die kleine Schule der Olympias und deren Onkel aus der Hand.

Hermias, so besann sich Aristoteles, um in seiner Erzählung fortzufahren, war mit Philippos im geheimen Bündnis gegen die Perser oftmals am Hofe in Pella gesehen worden. Sicher war es, daß er dem König über die Schule in Assos erzählte und über die kleine Akademie auf Lesbos in Mytilene, wo er mit Theophrastos seine eigene Lehrstätte schuf.

«Daß dein Großvater Nikomachos einst Leibarzt des Vaters von Philippos gewesen, das konnte, als Alexander geboren wurde, kaum

Ausschlag geben, waren sie beide schon lange tot. Mich kannte damals noch keiner. War ein unbekannter Anfangsstudent in der Akademie.»

Nikomachos drängte ihn, endlich über Alexander selbst etwas zu erfahren.

«Philippos nahm, wie gesagt, die Schule der Frau, die ihm verhaßt geworden, in seine Hand. Fern vom Hauptquartier seiner Soldaten, abseits von Pella, der kriegsfiebernden Hauptstadt, stand im Haine der Nymphen, den Musen geweiht, in Mieza eine stille Villa. Dort war fortan mein Bleiben.

Theophrastos kam mit und Kallisthenes, auch manche andere Schüler aus Assos und Mytilene zogen mit mir nach Mieza. Dort konnten wir forschen und denken, dort wurden Bücher geschrieben. Kallisthenes arbeitete mit mir an der Liste der Pythischen Spieler, und Theophrastos legte den Grund zu seiner Botanik. Mit mir studierte er Physiognomik, und ich trieb die Analytik und Topik weiter. Das war das eine. Aber nun kam das andere auf uns zu. Die Schule der Jungen! Die mannbar gewordenen, wie du, brauchen noch greifbare Bilder. Kallisthenes war zu trocken im Unterricht der Erdbeschreibung. Theophrastos war zu geneigt, sich in Einzelheiten zu verlieren, aber half mir beim Entwerfen von Landkarten. Die Schule mußte gelingen, denn der König hatte uns allen sein Vertrauen geschenkt.

Am ersten Morgen sah ich die Burschen alle wild im Ringkampf sich balgen, im Kriegsspiel sich listig verstecken. Einer sprang von einem wilden thessalischen Roß herunter. Sah mir zum erstenmal in die Augen. Gab mir die Hand. Stand plötzlich da. Ganz ruhig geworden. Wartete auf mein Grußwort . . .»

«Das war Alexander!» nickte Nikomachos.

«Die Jungen wollten natürlich gleich alles wissen so wie du: die großen Flüsse, das Weltmeer, die Länder der fremden Völker. Die Namen der Sterne. Die Einteilung der Erde in fünf Zonen, wie die Gürtel am Himmel. Unbewohnbar die Zone unterhalb des Bären. Aber auch die oberhalb des Wendekreises im Süden, wo es keinen

Schatten gibt . . . Ich lehrte sie über die Grenzländer der bewohnbaren Erde, über die Oikumene. Iberien im Westen, Skythien im Norden, Indien im Osten, Libyen im Süden. Das ist die Welt: Europa, Asien und Libyen. Die Zone im Norden, trocken und kalt. Unten im Süden sind die Länder feucht und heiß. Dazwischen liegen die Wüsten. Aber da ist auch die Oikumene, in der wir leben, von den Säulen des Herakles bis nach Indien.»

«Und das Meer?» fragte Nikomachos.

Aristoteles lachte auf. «Gerne ließ ich mich auch von ihm durch Fragen unterbrechen. Ja, wie du es jetzt tust. Ein einziges Meer, der Okeanos. Spanien und Gallien nannte ich ihm als Keltike, weil die Kelten dort wohnen. Die Grenze im Norden ist die Maiotis, das Asowsche Wasser. Im Süden des Okeanos liegt Äthiopien.

Aber wie groß ist die Oikumene? fragte mich Alexander, als die Lehrstunde schon vorüber. Da zogen ihn Hephaistion und Philotas, Ptolemaios und Nearchos, Kassandros, Harpalos und unser guter Nikanor am Ephebenchiton ungeduldig zum Kriegsspiel ins Freie. Aber beim nächsten Mal blieb er allein mit mir zurück. Zuerst kurz. Dann immer länger. Die Oikumene – wie groß? Die Entfernung von den Säulen des Herakles bis zum Indus hat wohl zur Breite ein Größenverhältnis von fünf zu drei. Das wollte er gründlicher verstehen. Und blieb länger, als er allmählich fünfzehn Jahre alt wurde und dann sechzehn. Da sprach er lange mit mir allein. Am Abend. Im stillen Einzelgespräch. Da gab ich ihm meine innere Lehre. Was nicht in Büchern geschrieben steht. Wofür es kein Buch gibt. So hatte es ja auch mein eigener Lehrer, Platon, einstmals getan in der Akademie. Das Beste bei mir ist die ungeschriebene Lehre. Über die Seele. Die Seele des Menschen, die Seelen der Völker, die Seele der Sterne, die Seele der Welt . . .

Ich habe ihm über die Völker gesprochen, über die, welche in den kalten Gegenden in Europa sitzen, die sind tatkräftig und entschlossen, aber minder begabt im Verstand und in der Kunstfertigkeit. Sie sind unfähig, Staaten zu bilden, um ihre Nachbarn zu beherrschen. Die Völker in Asien sind klug und geschickt mit den Händen, aber es mangelt ihnen an selbständigem Willen. Darum werden sie auch oft unterjocht. Die Hellenen haben von beiden ihr Teil. Darum behalten sie ihre Freiheit, wenn sie in ihrer Verschiedenheit ihre Einheit finden würden . . . Das wirst du später auch in meinem Buch über den Staat finden. Aber – so sagte ich zu Alexander, wenn wir allein waren – das begreift doch nur einer, der meine innere Lehre versteht. Da ließ ich das Wort über die Barbaren und Griechen fallen. Herrsche als Heerführer über die Hellenen. Über die Asiaten zeige dich als einer, der sie allmählich erst zu Hellenen macht. Ich gebrauchte für ihn ein Wort, das nicht in meinen Büchern steht. Das Wort vom Hellenisieren. Ich schrieb es ihm auf, *hellenizein.* Hellenisch machen, das heißt erst wahrhaft zur Menschheit erwachen.»

Nikomachos wollte dies genauer bedacht haben.

«Mensch sein heißt, ein gemeinschaftsbildendes Wesen zu werden, ein Wesen, das sich der Idee der Polis bewußt wird. Das können die Asiaten noch nicht. Deshalb beherrsche man sie zuerst nicht als Hegemon, als Heerführer, sondern als Großkönig, der Königsgott ist. Erst der Mensch, der sich zu seiner Vernunftseele, zum Dianoetikon, erhebt, reicht zum Göttlichen hinauf. Die Völker im Osten sind noch in Gruppen geschart wie eine Herde. Sie träumen in der Seele ihrer Gruppe. Sie leben noch in der lebendigen, empfindenden und sich bewegenden Seele. Sind in ihrem Traumbewußtsein ähnlich der höheren Tierwelt. Aber dann sagte ich ihm auch etwas, was früher in den Mysterienschulen gelehrt wurde. Er fragte mich nämlich selbst danach. Das kam wohl durch Gespräche mit seiner Mutter, von der ihn sein Vater durch den unglücklichen Ehezwist zu trennen versuchte, seitdem er sich von ihr geschieden hatte. Sie erzählte ihm von Samothrake, wo sie bei den Weihen seinem Vater erstmals begegnet war. Und auch von Ephesos, weil der Brand des Tempels durch den frevlerischen Verrat des Brandstifters Herostratos, der selbst Priester war, auf die Nacht fiel, in der sie ihn zur Welt gebracht.

Der Mensch – so sagte ich ihm, als er bald in das sechzehnte Jahr ging – ist eine Doppelgestalt. Geteilt durch den Nabel. Oben hat er im Geistteil einen Begleiter. Unterhalb des Nabels einen im Leibteil. Ohne diesen hätte er keinerlei Freude an Speise, Trank und Geschlecht. Jener aber, der oberhalb des Nabels wohnt, der steht mit dem unteren im ständigen Zweikampf. Denn wenn der obere Halbteil immer mit der Gottheit in uns zum Freund wird, wächst im unteren ein Dämon, der dessen Feind ist. Er widersetzt sich der Freundschaft mit der Gottheit. Er ist ihr Widerpart. Die Mythendichter wußten um ihn, den bösen Begleiter, und auch die Weihepriester in den alten Mysterien. Aber wenn du älter wirst, sagte ich ihm, dann werden wir hier eine Akademie gründen für dich und deine Gefährten, eine hohe Schule. Da wirst du dann hören, wie die Perser, unsere Feinde, auch darüber wissen, wenn wir dir von Zarathustra erzählen, der vom Sonnengott Ormuzd sprach und von seinem Widersacher Ahriman. Bei uns aber, in Delphi, heißt er Apollon, der gegen den Drachen Python kämpft. Darüber später, sagte ich. Und ich dachte, wir haben noch so viele Jahre des Lernens zusammen . . .»

Nikomachos hörte mit offenem Munde zu.

«Sein Vater Philippos war ja erst sechsundvierzig. Er war robust und gesund, trotz mehrerer Narben im Gesicht und am Nacken, trotzdem er ein Auge verlor in der Schlacht und am linken Bein hinkte. Er heiratete ein sechzehnjähriges Mädchen aus makedonischem Adel. Sie war keine Ausländerin, wie Olympias, die sich grollend nach Epiros zurückzog. Da war allerdings die Frage, was mit dem Sohn würde, den ihm Eurydike, die neue Gemahlin, schenkte. Denn dieser sei ein reinblütiger Makedone.

Da lag ein Schatten über dem sechzehnjährigen Alexander. Blieb er weiter der Kronprinz? Aber ich lachte ihn an und sagte, du hast doch noch ohnehin zwanzig Jahre zu warten, ehe dein Vater stirbt. So kannst du mit mir bis zu deinem fünfunddreißigsten Lebensjahr lernen, damit du dann ein guter, ein weiser Philosophenkönig wirst! Mieza wird dann die Pflanzstätte aller hellenischen Bildung werden.»

«Wie anders alles kam», sagte Aristoteles zu seinem Sohn, während er das Ufer des Euripos erreichte. «Schon mit sechzehn zog Philippos den Sohn auf den Exerzierplatz, und mit siebzehn bereits zum ersten Feldzug, bis der Zwist zwischen den beiden losbrach. Das war bei der Hochzeit des Vaters mit Eurydike. Da war ich entschuldigt. Denn sooft es nur ging, blieb ich dem Hof in Pella fern und war im stillen Mieza. Das bewahrte mich, Zeuge des Zwistes gewesen zu sein, der an der Tafel zwischen Philippos und ihm losbrach, als der Onkel der neuen Gemahlin, Attalos, den Becher erhob mit dem Wunsch, dem König werde endlich ein rechtmäßig makedonischer Thronerbe beschieden werden. Alexander soll den Becher ergriffen und ihn gegen Attalos geworfen haben, als Philippos das Schwert zog, in Trunkenheit zu Alexander schwankte, stolperte und hinfiel. Alexander rief spottend dem Vater nach: du willst nach Asien ziehen und kannst nicht einmal von einer Bank zur anderen wanken. Dann verließ Alexander den Hof und, statt nach Mieza zu mir zu gehen, floh er zu seiner Mutter nach Epiros.

Philippos rief ihn alsbald zurück, damit er an der Hochzeitstafel seiner Schwester teilnehmen sollte. Hier mußte ich allerdings auch zugegen sein, so ungern ich mich in die Hofgesellschaft einbeziehen wollte. Es galt ja der Schwester meines geliebten Schülers. Aber zuletzt doch auch dem König selbst als Vater der Braut. Am Morgen nach der Hochzeit war der abschließende Höhepunkt des Festes im Theater der alten Königsstadt Agai.

Ich saß mit Antipatros, Parmenion und den anderen Paladinen in der ersten Reihe des Theaters. Saß unter den Gesandten der hellenischen Stadtstaaten, den Vertretern der thrakischen und illyrischen Nachbarstämme, mit den Baronen der makedonischen Land- und Berggaue, mit Abgesandten der kleinasiatischen Küstenstädte, saß hier am Hof des mächtigsten Herrschers Europas!

Wir erlebten den festlichen Einzug des Königs. Zu seiner Rechten schritt der zwanzigjährige Alexander – meiner Schule schon seit langem entzogen, hatte er doch vor zwei Jahren entscheidend bei Chaironeia mitgekämpft – links von Philippos schritt Attalos, der an dem damaligen Tag sein Schwiegersohn wurde. Im kultischen

Festzug wurden die Standbilder der zwölf olympischen Götter vorangetragen. Dahinter kam als dreizehnte Standarte das Riesenbild des Königs Philippos. Der Jubel des Volkes brach aus tausend Kehlen – und verstummte in furchtbarer Plötzlichkeit. Philippos wurde ermordet . . .»

Aristoteles schloß die Augen und hielt mit seinem Gang am Flußufer inne. Was jetzt in sein Erinnern kam, überschritt die Schwelle von Worten, die er seinem Dreizehnjährigen zu sagen vermochte, wie sehr auch dieser, wißbegierig und altklug, weiterhin zu hören drängte. Da wäre zuviel von dem zu erwähnen, was wohl keinem damaligen Thronerben erspart blieb, bis die Erbfolge gesichert.

Dann aber sagte er leise, als spräche er zu sich selbst, obwohl es durchaus für die Ohren des Sohnes gemeint war, in merkbarer Bewegung: «Von da an verlor ich den früheren Schüler und gewann meinen neuen König.»

«Wie lange also war er wirklich dein Schüler gewesen?» fragte Nikomachos.

«Drei Jahre», sagte der Vater. «Und schon im dritten Jahr entzog ihn mir der Vater oft für die Manöver. Er war bald Reitergeneral und gewann mit seinem Vater die Schlacht bei Chaironeia. Er kam dann nur noch selten zu Besuch nach Mieza. Zu kurzem Besuch. Und im Frühling des nächstfolgenden Jahres ging er über den Hellespont. Wir sahen uns seither nie wieder!»

Aristoteles wandte sich mit einem Ruck von Nikomachos ab. Wollte er die Tränen, die ihm wieder in die Augen traten, vor ihm verbergen, oder wünschte er, wie oft schon früher, beim Anblick auf den Euripos mit seinen Gedanken allein zu sein? Nikomachos, zartfühlend, wie er trotz seiner rauh werdenden Hände im Stimmbruch des Adoleszenten nach außen erschien, merkte die Absicht des Vaters, jetzt allein sein zu wollen und nahm rasch die Richtung dem Hof zu.

Einzigartig im Monat, so wußte der Alte, rannen heute die Wasser im Euripos. Es war der Tag, wo seine Strömungsrichtung bis zum vierzehnten Male nordwärts und südwärts zu wechseln vermag. Dieser Euripos! Von dem sie sagen, es verschlinge ihn eine unsichtbare Kluft nach unten, die ihn erst bei Eleusis wieder in die Oberwelt entläßt, um ihn in den Salzseen der Rhetoi zum Stillstand zu bringen. Wer je hinter sein Geheimnis gelange?

Wie er am Ufer stand, auf die Wellen schauend, dachte er wieder über das Rätsel von Bewegung, Wechsel und Zeit.

Die Zeit ist ein Sein über Erscheinen von Bewegung und Wechsel. Das schien für ihn schon entschieden. Die Zeit äußert ihr Sein in Bewegung und tut sie im Wechsel kund. Als ihr Wesen ist sie aber wirkender Geist. Wirkt in den Wandelgestirnen als göttliche Beweger, als Gehirne in den Gestirnen, als Renner, als Theoi. Götterdenker der Zeit!

Schicksal, sagte der Greis leise zu sich vor den Wellen des Schönstroms, des Gutflusses! Wirkt nicht Schicksal wie ein himmlischer Pfeil der Zeit, der teilt, wenn sie eilt. Der heilt, weil sie wieder enteilt! Ist das Schicksal nicht dreigeteilt? Denn es sind drei der Moiren! Klotho spinnt den Faden. Lachesis knüpft ihn, und Atropos wirft ihn als Los aus: Schwestern des Schicksals seit der Geburt, während des Lebens, bis zum Tod.

Und stehen über den Göttern, über den Rennern der Wandelsterne, über dem Raum, über Bewegung und Zahl, über unserem berechnenden Denken!

Mit einem Male schien sich etwas der Lösung zu nähern, was bislang untröstlich ungelöst blieb im Rätsel des Euripos. Denn die Wellenbewegung ist dreiteilig. Von unten sich hebend, nach oben im Bogen sich wölbend und dann wieder nach unten sich selbst auflösend. Da ist Entstehen, Leben und Sterben. Da zeigt sich gebärendes Winden, lebendes Schweben, sterbendes Entschwinden. Ein Gleichnis der Moiren, Sinnbild der Schwestern, im Schicken, im Schenken und Nehmen, im wieder Verschließen: Das Los!

Die Lösung des Unlösbaren auf Erden liegt im Los des Himmels!

So war er wieder im Geiste seines Erinnerns bei Alexander. Der hatte ein eingeborenes Frommsein, von Jugend auf. Das vergaß er vorhin Nikomachos zu erzählen. Er hätte es hören sollen, wie Alexander zu beten verstand, weil er eines Gefühles des Verehrens inne war wie keiner der anderen ... Hatte darüber Kallisthenes ihnen nicht in das Lykeion geschrieben? Die Stunde der größten Entscheidung des Schicksals. Ja, so war es, er hatte es trefflich beschrieben. Da, im engen Raum zwischen Gaugamela und Arbela, nach der Nacht des neunundzwanzigsten September, vollzog der Priesterseher Aristandros die Opferhandlung vor der Schlacht, bei der Alexander ein einziges Mal in seinem Leben ein Stieropfer dargebracht hatte. Alexander, so schrieb uns Kallisthenes, nahm die eiserne Lanze von der Rechten und legte sie in die Linke. Mit der Rechten, die er erhob, betete er zu den Göttern, während an seiner Seite der Seher in weißen Gewändern im Golddiadem an den Reihen der Heere vorbeiritt. Dann kam es zur Schlacht. Alexanders Lanze verfehlte Darius, aber traf seinen Wagenlenker. Da ergriff der persische Großkönig die Flucht, anstatt mit einem Todesstreich Alexander zu treffen. Darius entfloh nach Norden. Alexander wandte sich südwärts, ging den Tigris zur Rechten hinab und kam nach Babylon, in die Stadt Marduks.

Marduk? Wer war er? Der Ahriman wehrende Sonnengott, mit Speer und Schild stehend vor Ormuzd, als wäre er dessen Antlitz. Der Geist der Wende der Zeit, der babylonische Drachentöter Apollon, der die verfallenden Stämme erschlägt, die Phylen verläßt, die Phratrien auflöst in ihrer Blindheit der blutgebundenen Sippen: diesem Marduk hatte Alexander noch an dem Tag vor dem Tode geopfert ...

Plötzlich stand Nikomachos wieder vor ihm. Bubenhaft verlegen legte er den Daumen der Rechten vor die Lippen, als ob er sich selbst verbäte, dem Vater mit neuen Fragen zur Last zu fallen. Aber seine besorgte Mutter hatte ihn doch zurückgeschickt, um den Vater zum Frühstück nach Hause zu holen.

«Ich weiß», sagte der Denker, nicht unwillig ihn wiederzusehen, «du warst mit meiner Erzählung wenig zufrieden.»

Nikomachos wehrte kopfschüttelnd ab.

«Doch», bestand der Vater. «Das weiß ich selbst. Ich habe alles mit dir nur von außen gesehen. Das kannst du später auch in den Büchern lesen. Aber du kommst, wie ich hoffe, bald zu Theophrastos in das Lykeion. Und dann sollst du von mir noch manches erfahren, ehe Nikanor dein Vater wird. Ja, höre nur», setzte er rasch hinzu, als er gewahrte, wie sein Junge erbleichte und seine Augen feucht wurden, «du wirst später ein Buch von mir herausgeben, wenn Theophrastos dir hilft. Das ist die letzte Fassung meiner Ethik. Als ich sie schrieb, war Alexander schon lange von mir gegangen. Und doch. Ich dachte dabei an ihn. Er hatte nicht nur den Mut des Soldaten. Er war auch mutig im Frommsein. Denn er besaß Demut. Demut: das ist Mut, den Göttern zu dienen.»

Nikomachos wagte ihn nicht durch Fragen zu unterbrechen, während es ihm gelang, mit dem Vater den Heimweg zu finden.

«Er sah seine Seher täglich. An jedem Morgen deuteten sie ihm die Träume», setzte Aristoteles fort. «Darüber wissen die meisten wenig. Auch Kallisthenes war darüber zu wortkarg.»

Er blieb wieder eine Weile stehen, dem Euripos den Rücken zuwendend.

«Ich habe Alexander in Mieza vieles gesagt, was in keinem meiner Bücher steht. Am Abend, wenn wir allein waren, im letzten Jahr, vor Chaironeia. Ich schrieb damals mit Kallisthenes an dem Katalog über die Konstitutionen der hellenischen Städte. Da kam ich dazu, auch über die griechischen Kolonien zu schreiben. Eine darunter ist Kyrene. Du weißt wohl schon, wo sie liegt!»

«Kyrenaika?»

«Gewiß. Das lehrte dich wohl der gute Tacho. Der Name des Landes Kyrene kommt von der Quelle Kyra. Sie gibt das Wasser, was in diesem Landstrich im Osten von Libyen den Wüstensand zur Oase macht. Dort entstand vor dreihundert Jahren ein Tempel, dem Apollon geweiht und seiner Schwester Artemis. Das war um die

Zeit, wo Apollon zu wandern begann aus Delphi, zu andern Völkern zu wandern. Dieser Tempel Apollons in Kyrenaika stand in der kleinen Oase mitten in der Libyschen Wüste. Nahe von einem andern Orakel, dem Ammontempel in Siwah. Zu diesem Tempel – du weißt das wohl von Tacho – zog ja später auch Alexander.»

«Wußtest du das schon in Mieza voraus, daß der König den weiten Weg durch die Wüste machen wird von Memphis aus in fast zweitausend Stadien?»

Aristoteles lächelte, erfreut über die eindringend entscheidende Frage. «Nein. Wer wußte damals überhaupt, ob er König wird und nach Ägypten zieht. Aber ich erzählte ihm eine Geschichte, die du in meiner Schrift über Kyrene im Lykeion lesen wirst . . .» Dann hielt er bewegt inne.

Nikomachos blickte ratlos zu ihm hinauf.

«Wenn es mein Lykeion noch geben wird.»

«Vater!»

«Vielleicht brennt morgen schon ganz Athen.» Aber dann nahm er einige energische Schritte, bezwang seine Erregung und fuhr fort. «Da schrieb ich eine Geschichte auf, die ich Alexander damals schon in den Lehrstunden erzählte. Es ist die Geschichte von einem Pilger aus Argos, der den Weg durch die Wüste nach Siwah über Kyrene gemacht hatte, ohne einen einzigen Schluck Wasser getrunken zu haben.»

«Warum sah er sich nicht vor? Sein Kamel hätte doch genügend Krüge getragen?»

«Nein. So darfst du nicht dabei fragen. Es war für ihn eine Erprobung des Willens. Denn er begab sich ja mit seiner Tempelreise auf eine Einweihungsfahrt zum Orakel von Siwah.»

Sie setzten langsam den Heimweg fort.

«Der Zug Alexanders zum Orakel von Siwah geschah erst, nachdem er die Doppelkrone der Pharaonen in Memphis erhalten, wo er zum lebendigen Sonnensohn des Horus geweiht worden war. Ist dir die Bedeutung klar? Die Fahrt durch die Wüste nach Siwah war also keineswegs eine Wiederholung der Weihe, die er nach ägyptischem Ritus in Memphis empfing. Sie war eine weitere Steigerung seiner inneren Kräfte, eine Einweihungsfahrt.»

«Achtzehn Tage, so lernte ich schon, ist er in der Wüste gewandert. Er wollte dorthin, wo seine Ahnen Herakles und Perseus einst gewesen.»

Aristoteles legte lächelnd die Hand auf die Schulter des Jungen. «So steht es im Buch von Kallisthenes, das leider ein Bruchstück geblieben. Und so wird es in vielen Büchern stehen, die noch nachher kommen. Aber das alles ist nur von außen gesehen.»

«Wieso von außen? Kallisthenes war doch in Siwah dabei.»

«Gewiß. Auch Ptolemaios und der Seher Aristandros. Die blieben alle draußen. Sahen das Priesterboot mit dem Bild des Gottes Ammon-Ra auf Goldgrund gemalt mit der Strahlensonne. Von außen. Ja. Denn keiner außer Alexander war im Innern des Tempels. Und von dorther konnte niemand ein Wort vernehmen. Es wurde auch nicht gesprochen, denn es war jenseits der Worte, außerhalb der Sprache, über das gewöhnliche Denken unseres Verstandes.»

«Hat nicht doch einer von draußen ein Grußwort auffangen können?» fragte Nikomachos. «Tacho hat mir davon erzählt. Der ägyptische Priester sprach schlecht griechisch. *Paidios*, Junge, wollte er sagen, aber stockte mit seinem gebrochenen Griechisch und sagte *Pai dios*, Kind des Zeus oder Zeussohn.»

Da waren die beiden nun bereits in den Hof getreten und sahen Herpyllis besorgt vom Frauenhaus herüberwinken.

«Glaubst du nicht, Nikomachos, daß hinter solchen Berichten sich oft eine doppelte Wahrheit verbirgt? Zum ersten, was die Anrede betrifft, die aus einem Versprechen des Ägypters herrühren soll, was sagt sie denn aus? Alexander war damals schon fünfundzwanzig Jahre alt, da paßt doch die Bezeichnung Kind, Knabe oder Junge nicht mehr. Respektlos aber wäre sie für einen geweihten König Ägyptens, der sich Sohn Gottes nennt. Du siehst wieder, wie das alles nur die äußere Seite betrifft. Und solcher Titulaturen, solcher Wortformeln halber sollte er den lebensgefährlichen Ritt von zweitausend Stadien durch die Wüste gemacht haben?»

«Gewiß nicht.»

«Nun, Sohn. Was war es dann?»

«Wie du in der Geschichte des Argivers erzählt hast, eine Prüfung des Willens.»

«Das klingt mir zu ungefähr», kam es von Aristoteles. Er ging ganz nah an ihn heran. «Hielt er sich nur für den Sohn eines Göttlichen oder wußte er, daß er einer war?»

Nikomachos verharrte stumm mit offenem Munde.

«Glaubte er selbst daran oder ließ er nur die anderen glauben machen?» bestand der Alte auf Antwort.

«Hielt sich für einen Nachkommen von Herakles und Perseus», lenkte Nikomachos ein als deutlich merkbare Ausflucht.

«Das sind Abstammungstafeln des Leiblichen. Genealogien der Physis. Standortbestimmungen, Ortsregister. Dein Großvater Nikomachos war Arzt und betonte den Ursprung unseres Hauses von Asklepios.»

«Aber», so sagte der Junge, immer verzweifelter in die Enge getrieben und doch stolz auf seine Schlagfertigkeit, mit der er sich bei jedem Gefechtsgang zu behaupten vermochte, «die Priester in Memphis weihten ihn doch schon zum Sohn des Horus ein, ehe er nach Siwah kam.»

«Aber Siwah war auf keinen Fall eine Wiederholung von Memphis. Der ganze Wüstenzug wäre völlig sinnlos gewesen.»

Da stand Herpyllis mit einem Mal vor den beiden. Vor ihr gab es jetzt kein Entweichen. Folgsam betraten beide die Aule, wo das Morgenmahl schon lange auf sie wartete.

«Denk selbst darüber nach, Sohn», sagte Aristoteles, nahm einen Trunk, ließ das Brot unberührt liegen und zog sich schnell in seinen Turm zurück.

Er war im Grunde zufrieden, daß das Gespräch mit losen Enden abbrach. Was er jetzt weiter sann, war noch nicht für die Ohren des Halbwüchsigen. Es berührte Intimstes, was er erst im dritten Jahr von Mieza dem prinzlichen Schüler anzuvertrauen gewagt hatte. Da sprach er ihm gegenüber von der Idee der Entelechie, von dem, was im Innern jedes einzelnen sich selbst zum Ziel setzt, seine Bestimmung des Schicksals in sich trägt. In der Entelechie des Menschen liegt der Keim der Vergottung. Denn mit der Kraft des Denkens über das eigene Denken vollzieht sich der Akt einer Selbstzeugung. Was sich selbst erzeugt, gebiert sich auch selbst. Die Priesterseher, die in ein gesteigertes Bewußtsein einweihen, wissen, daß jeder Menschengeist von einem Gotte regiert wird. In jedem ist etwas, was königlich ist. Und was königlich ist, wird zugleich göttlich. Psammon, der Seher von Siwah, wußte von dem Gottesprinzip, das durch sich selbst besteht, sich zum Gott macht als nicht erzeugter Erzeuger.

In Mieza sprach er im Sinn seiner Lehre von der sittlichen Höherentwicklung, daß der Mensch auf der höchsten Stufe zugleich der nächste Freund der Gottheit wird. Denn er ist in seiner Entelechie dem Gotteswesen verwandt. Nenne es Apollon oder Helios, Zeus oder Ammon, Sarapis oder Marduk – hebe dich mit der Gottheit der Zeitenlenkung aus dem Leibe heraus, dann wirst du Zeuge deiner eigenen Wiedergeburt. Denn das, was in dir eigen ist, stammt nur von dir selbst, deinem Eigenen ab.

Hat er das wirklich damals in Mieza gesagt, fragte sich jetzt der Denker? Nein, so nicht. So vermochte er es selbst noch nicht zu formen, so hätte der andere es auch nicht fassen können. Jetzt aber ergab sich ein geschlossener Kreis, den der Tod gezogen. Sonderbar, Alexander kehrte an keinen Orte wieder zurück, außer dorthin, wo er gestorben. Wie? Als wäre er wiedergekehrt, ein babylonischer Königsgott aus einem andern Jahrtausend?!

Schließt sich jetzt ihm, dem Meister des Schließens, ein neu beweisender Kreis?

Dem Drachentöter Marduk, dem babylonischen Apollon, opferte Alexander noch bis vor seinem Tode. Er baute seinen Tempel wieder auf, den einst der Perserkönig Xerxes zerstörte, der das Gold seiner Statue einschmelzen ließ, um damit den Krieg gegen Hellas zu führen. Soll Marduk derselbe sein, den das Prophetenbuch kennt, von dem ihm der Hebräer gesprochen, den er mit seinem Engelnamen Michael nannte und sagte, das heiße so viel wie ‹Wer ist wie Gott?› . . .

Aristoteles fiel in den Lehnstuhl zurück. Es war ihm, als schwanke der Boden unter seinen Füßen, als stünde er in diesem Augenblick vor dem Abgrund des Todes. Es ergriff ihn das Gefühl des Falles in völlige Verlassenheit. Einsamsein riß ihn in ein Grenzenloses hinein, das ihn seiner Selbstsicherheit, der er bisher gewiß war, zu berauben drohte. Sollte sein Jünglingsschüler, der so rätselhaft plötzlich vor ihm, dem Alten, vorangegangen, wie Moses, von dem der gelehrte Hebräer gesprochen, an der Grenze des ersehnten Landes eingehalten haben, um zu warten auf den Kommenden, der größer als alle Götter, den unerzeugten Erzeuger, dessen Name Ich bin der Ich bin ist . . .

Herpyllis, in Sorge um den Lebensgefährten, von dessen Raum eine so lange Zeit kein Laut und kein Tritt mehr zu hören war, eilte an sein Lager, gefolgt von Ambrakis, die das Ölbecken hielt. Ohne ihn durch Fragen zu wecken, legte sie das Linnen auf den Leib des in tiefem Schlafe Liegenden und schickte sogleich Nikomachos in Begleitung des Tacho zu Aristomenes, dem Hausarzt. Sie kauerte indessen vor ihm auf dem Boden und lauschte dem Atemgang seines Schlafes.

## Fünfundzwanzigstes Kapitel

# *Der Friedenssieg*

Nikanor erreichte Theben beinahe zur gleichen Zeit, in der die Gesandtschaft aus Athen zu Friedensverhandlungen auf der Kadmeia eintraf. Er kam gerade in dem Augenblick, da die beiden Feldherren sich zuerst über einige grundsätzliche Fragen einig zu werden Mühe hatten.

Krateros bestand darauf, die Athener mit allem Pomp makedonischer Weltkönigsdiplomatie zu empfangen. Als Prostates der Krone ließ er für Antipatros und sich vergoldete Stühle mit Purpurdecken in den Burgsaal der Kadmeia stellen, während die Gesandten stehend ihre Verhandlungsreden entgegennehmen sollten.

Antipatros war solchem Auftreten seiner puritanisch-soldatischen Wesensart nach abgeneigt. Er fügte sich diesmal jedoch dem jüngeren Kollegen, der ihm im Rang durch die letzte Ernennung Alexanders übergeordnet war. Jetzt galt es bis in diese Einzelheiten hinein Einigkeit zu beweisen.

«Ich befürchte», sagte Antipatros, als Nikanor hinzutrat, «unseren alten Phokion, der zehn Jahre älter als ich, noch mehr zu demütigen. Und was sollte uns das nützen? Er war die früheren Jahre unser verläßlichster Freund.»

«Vergißt du, daß er unseren Mikion erschlagen ließ, als dieser mit seinem Schiff von Euboia den Boden Attikas betrat?» versetzte Krateros barsch.

«Der Achtzigjährige tat seine Pflicht, die ihm die Volksversammlung übertragen, trotzdem er seine makedonenfreundliche Haltung den Stadtvätern gegenüber nie verleugnete.»

«Makedonenfreundlich?» rief Krateros mit verkniffenen Lippen.

«Darüber besteht kein Zweifel.»

«Da hätte er aus Athen auswandern sollen, solange Demosthenes und Hypereides die Zügel in der Hand hatten.»

«Sie brauchten den Rat des Achtzigjährigen.»

«Nein», herrschte Krateros ihn an. «Pytheas ist auch ausgewandert und hat sich in Sparta für uns eingesetzt. Deshalb blieben die Spartaner mit den Achaiern und Arkadiern das ganze Kriegsjahr über neutral. Wenn die alle noch bei den Thermopylen gestanden hätten, wären wir wohl lange nicht, wo wir sind und wo wir morgen – so bin ich sicher – morgen schon sein müssen.»

«Phokion war immer maßvoll», entschied Antipatros. «Er war von Anfang an gegen den Krieg.»

«Weil er klug genug war zu wissen, daß sich keine hellenische Stadt auf die andere verlassen kann, wenn es sich um Bundesgenossenschaft handelt.»

«Nein. Weil er die Hohlheit der Demagogie des Demosthenes durchschaute.»

Krateros schritt unwirsch einige Schritte auf und ab. Dann brummte er, zur Seite gewandt, und schaute auf Nikanor.«Wir müssen hier heute fertig werden. Es eilt. In Asien werde ich bereits wieder erwartet. Antigonos soll schon auf der Flucht vor Perdikkas in Pella sein.»

«Wir halten das Andenken an Alexander in Ehren, wenn wir mit Hellas Frieden machen.»

«Einen Frieden, wie die es verdienen, die dem Abenteurer, diesem Leosthenes mit seinen landfremden Söldnern, ins Garn gegangen.»

«Die Demosthenes zurückgerufen und Aristoteles zum Tode verurteilt», fügte Nikanor rasch hinzu, indem ihm bewußt war, daß dies Argument bei Antipatros entscheidend in die Waagschale fallen mußte.

Antipatros nickte Nikanor zustimmend zu, als wolle er sagen, daß der Verbannte aus Euboia wohl sehr bald in sein Lykeion zurückkehren könne, aber der Augenblick war nicht angetan, sich auf ein

Nebengeleise schieben zu lassen, das von der Unerbittlichkeit der Kriegspolitik auch nur einen Fußbreit sich entfernte. «Es geht hier nicht gegen die Athener. Es geht um die Entscheidung für die Idee von Panhellas gegen die Phrasen überlebter Kleinstaaterei engstirniger Nationalisten.»

«Wir führen den Krieg nicht gegen ein Volk», warf wieder Nikanor ein, «sondern gegen dessen Verführer. An die Stelle der stammesgebundenen Mutterstadt muß die Weltstadt treten.»

«Wir sind nicht zu einem Symposion ins Lykeion gekommen», schaltete sich Krateros ein, ohne Nikanor eines Blickes zu würdigen. «Hier ist die Liste der Gesandtschaft, die man mir eben überbrachte.» Er gab die Rolle dem Antipatros in die Hand.

«Der gute Phokion kommt diesmal selbst», sagte Antipatros, während er die sieben Namen der Delegation ins Auge faßte, die auf der Liste standen. «Kommt mit Demades, dem man die Geldstrafe erließ und den Verlust der bürgerlichen Ehrenrechte rückgängig machte. Demetrios von Phaleron ist dabei und – siehe da – auch Xenokrates, der Leiter der Akademie.»

«So wären Lykeion und Akademie brüderlich vereint für die Sache der panhellenischen Weltbürgerlichkeit», rief Nikanor.

«Xenokrates?» hielt Antipatros zweifelnd inne. «Er stammt aus Kalchedon und ist deshalb ein Ausländer.»

«Ihn schickt offenbar die Bürgerschaft mit. Er ist neben Phokion der älteste. Athen setzt jetzt auf den Geist der Philosophie, nicht auf die Rhetorik der Demagogen», warf Nikanor nochmals ein.

«Die drei andern wollen wohl mit Demades und Phokion die neue Regierung bilden. Kallimedon brauchen sie als reichen Besitzer der Silberbergwerke. Und Charikles ist der Schwiegersohn von Phokion. Pythokles war einmal ein Anhänger des Demosthenes, der sich von ihm rechtzeitig abgekehrt hat», rief Krateros und fand es nun an der Zeit, die Gesandtschaft vorzulassen.

Die Leibwächter der beiden Feldherren brachten ihnen einen purpurfarbenen Umhang zum Zeichen königlicher Würde. Antipatros saß zur Rechten des Krateros. Nikanor stand hinter Antipatros zwischen den beiden makedonischen Adjutanten, die den Rang von Reiterobersten bekleideten.

Phokion betrat an der Spitze der Sieben die Halle, gefolgt von Demades und Demetrios. Xenokrates schloß sich an die übrigen an, wollte als Metöke erst am Ende erscheinen, wurde aber von Kallimedon an seiner Seite gesehen.

Als Phokion, der achtzigjährige Stratege, mit festen Schritten, aber leicht nach vorne gebeugt erschien, kam Antipatros dem einstigen Kollegen entgegen und streckte ihm seine Rechte hin, ging aber gleich wieder auf seinen goldverzierten Stuhl zurück, nachdem er die übrigen nur nickend begrüßt hatte.

Er komme im Auftrag der Volksversammlung, begann der Athener, um die frühere Freundschaft wiederzugewinnen und die Bundesgenossenschaft zu erneuern.

Krateros starrte den Greis an. Unterdrückte den Grimm noch mit Schweigen.

Antipatros senkte den Blick.

Nikanor faßte indessen Demetrios von Phaleron in sein Auge, dem er vor zwei Jahren in Olympia erstmals begegnet war, als dieser mit Demosthenes vor ihm erschienen, um Aufschub in der Frage der Rückkehr der Verbannten auf Samos zu erlangen. Schon damals schlossen sie Freundschaft, beide verbunden durch ihren gemeinsamen Lehrer.

Demades gab inzwischen dem greisen Phokion ein Zeichen, in seiner Eröffnungsrede weiterzufahren.

Die Bürgerschaft von Athen, so setzte Phokion fort, habe ihn, den Alten, der so manche Schlachten siegreich erfochten, in das makedonische Lager geschickt, um für einen gerechten Frieden zu bitten. Billig sei nun die Bitte, die er im Namen der neuen Regierung bringe, die sich mit ihm gebildet, eine Bitte zugleich im Auftrag der Volksversammlung an die beiden Feldherren. Das makedonische Heer möge nicht weiterrücken. Hier in Theben, auf der Kadmeia, wo noch vor kurzem Demosthenes kommandierte und von wo er nun floh, bleibe die Grenze des Vormarsches. Wie Philippos und dann sein weltmächtiger Sohn Alexander, verschone man den attischen Boden vor den Hufen der makedonischen Pferde . . .

Da sprang Krateros von seinem Goldstuhl auf. In rauhem Soldatenton rief er: «Wir lagern jetzt bei den Böotiern, die unsere Bundesgenossen waren, ehe ihr sie zum Abfall von Makedonien bewogen habt. Sollen wir ihnen und den Thessalern, den Phokrern und Lokrern in der Umgebung weiter zur Last fallen? Sollen unsere Pferde deren Äcker zerstampfen, aber euer Attika verschonen? Nein, niemals», überschlug sich seine Stimme im Zorn, während Phokion erbleichend einen Schritt zurücknahm. «Wie kann ich vor meinen Sodaten, die mir von Indien und Persien gefolgt sind, die mit mir in Kilikien lagerten, die mit mir über den Hellespont setzten und dann nach Pella einrückten unter dem Siegesjubel der Makedonen, wie kann ich dies meinen Soldaten begreiflich machen, jetzt nicht nach Athen zu ziehen? Habt ihr euch denn nicht im zerstörten Theben umgesehen? Habt ihr die Vergangenheit ganz vergessen? Wo ist, wo steht denn Theben? Seht ihr vielleicht noch einen einzigen Stein, ein Haus, einen Platz . . .»

Demades tauschte einen verzweifelten Blick mit Demetrios. Kallimedon stand breitbeinig da und stieß mit dem Ellbogen an Xenokrates. Antipatros aber erhob die Hand, blieb ruhig im Stuhl, wandte sich freundlich Krateros zu und faßte ihn bei der Hand: «Wir könnten dies unserem alten Freund vielleicht zu Gefallen tun. Aber laßt ihn erst selbst zu Ende sprechen, was er von der Bürgerschaft uns zu übermitteln hat.»

Phokion machte mit dem rechten Fuß einen Halbschritt nach vorne und versuchte die Hauptbedingung vorzubringen, unter der Athen bereit sei, Frieden zu schließen: Attikas Boden zu schonen!

Antipatros sprang von seinem Sitz und rief mit erhobener Stimme: «Diese Bedingung stellt ihr? Bedingungen? Erinnert ihr euch nicht an Lamia mehr? Nicht an die Antwort, die mir Leosthenes gab, uns bedingungslos zu ergeben?»

Da trat ein furchterregendes Schweigen ein. Schweigen, das unheilschwanger schwelte. Antipatros kostete es aus, eine lange

Weile, holte dann aus der Tiefe der Brust Atem und rief: «Ihr habt eure Flotte bei Amorgos verloren und eure Bundesgenossen bei Krannon, wo unser Sieg auf den Jahrestag der Schlacht von Chaironeia gefallen. Damals nach eurer Niederlage vor sechzehn Jahren betrat kein Makedone den Boden Attikas. Damals blieb eure Seemacht unversehrt, ihr triebt euren Handel in allen Häfen, und ihr, die ihr die Schlacht verloren, habt sogar noch Oropos wiedergewonnen als Land an eurer böotischen Grenze!»

Wiederum Schweigen. Des Schweigens Pein, als ob sich diese bis in die pochenden Pulse bohrte!

«Und wer hat euch Oropos wiedergegeben? Wer machte euch solch ein Geschenk, euch, den Besiegten? König Philippos, den euer Demosthenes in unzähligen Reden schmähte, der Vater des großen Sohnes. Und was tat euch Alexander? Er hat eure attische Sprache bis an den Indus gebracht! Er hat Attisch in Babylon zur Hof- und Staatssprache erhoben! Er hat den Geist von Athen, den ihr nach der Niederlage als zerstoben erachtet, er hat ihn in mehr als dreißig Akademien seiner Alexanderstädte neu erstehen lassen. Und dann sprecht ihr noch frech vom Verlust eurer Freiheit?»

Phokion warf auf Demades einen Blick, der ihn zu sprechen auffordern sollte. Demades, den die Volksversammlung zurückholte, nachdem der Areopag den Verlust seines Bürgerrechts widerrufen und die Geldstrafe ihm erlassen hatte, fühlte Grund genug zu bangen, wie man die Friedensbedingungen aufnehmen würde, die er seiner Stadt zurückbringt. Denn die nationalistischen Heißsporne um Demosthenes, Demochares und Demophilos lauerten im Untergrund, obgleich sie sich augenblicklich nicht auf der Agora untertags blicken ließen. An allen Ecken und Enden standen noch ihre Spitzel. Falls die Makedonen die Stadtmauern von Athen durchbrechen würden, kämen die Söldner und Veteranen, die nach des Leosthenes Tod unter Antiphilos und Menon kämpften, aus ihren Schlupfwinkeln hervor und wären entschlossen, um jeden Fußbreit zu kämpfen. Ehe er sich bereit erklären wolle, die Bedingungen im einzelnen entgegenzunehmen, um sie dann morgen in Athen der Versammlung zu verkünden, möge doch erst noch Xenokrates sprechen, der nach Phokion der älteste unter ihnen sei, der weithin bekannte Philosoph, der Leiter der Akademie.

Nun trat der Mann hervor, der schon unter Platon wirkte und dann nach dessen Tode gemeinsam mit Aristoteles nach Kleinasien aufbrach, um unter dem Schutz des Hermias zu lehren.

Aber kaum konnte er Atem holen, stand Krateros auf. «Du bist in Kalchedon geboren und lebst als Metöke in Athen. Du hast überhaupt kein Recht», herrschte er ihn an, «mit den Athenern herzukommen. Aber jetzt gar zu sprechen versuchen, zeigt uns schon die Frechheit von Leuten, die ihre Köpfe nur in Bücher stecken.»

Antipatros erhob die Linke, um Krateros in Schranken zu halten. «Hören wir ihn, der sich sein Leben lang um die Lehre des Staates bemüht. Kennen wir ihn doch auch schon aus den Tagen, wo er unter Philippos an unserem Hofe in Pella geweilt hat.»

Das machte Krateros verstummen.

Xenokrates blickte erschrocken auf Krateros. Als dieser sich brummend gesetzt hatte, wandte sich Xenokrates an Antipatros mit einer Bitte. Ein Ersuchen, das billig erscheine, weil es selbstlos sei. Man möge die Kriegsgefangenen freigeben und sie in die Stadt zurückschicken, ehe die Makedonen als Besatzung einziehen. Das würde das wirksamste Zeichen zu späterer Versöhnung geben.

Die andern, die noch nicht geredet, stimmten nickend dem greisen Philosophen zu.

Jetzt ergriff Demades nochmals das Wort. Er könne sich nicht für einen standhaften Waffenstillstand verbürgen, wenn nicht die Makedonen selbst die Festung Munychia am Hafen Piraios gleichsam zur Schutzhaft der Stadt besetzen würden.

Krateros, mit rotem Kopf, nickte Antipatros zustimmend zu, aber sah, wie der greise Phokion beschwörend die Hände erhob mit der Bitte, nicht auf den Rat des Demades einzugehen.

«Wie kannst du, Phokion, Ruhe und Frieden verbürgen, solange an allen Ecken der Stadt die geheimen Agenten des Demosthenes, Hypereides, Polyeuktos und Himeraios unterminieren.» Und als der athenische Feldherr darauf keine Antwort zu geben vermochte, trat Antipatros in die Mitte der Halle. Ein Sekretär an seiner Seite gab ihm eine Schriftenrolle in die Hand. «Ich will eure Stadt nicht belagern, wie ihr es mit mir in Lamia getan. Unser Heer wird um Attika einen Bogen ziehen, um euch zu zeigen, daß wir Athen nur in Schutzhaft nehmen gegenüber euren inneren Feinden. Wir werden unser Hauptquartier in Kleonai bei Korinth aufschlagen. Dort haben wir seit jeher willige Freunde und treue Bundesgenossen. Nikanor aber wird mit seiner Reiterei die Seefestung Munychia besetzen, sobald die erste Bedingung erfüllt ist. So höret. Die Führer, die zum Krieg gegen uns gehetzt und zuletzt uns in Lamia umzingeln ließen, müßt ihr unserem Kriegsgericht nach Kleonai ausliefern.»

Demades nickte sofort bejahend und überstimmte den vorsichtigen Phokion, der zuerst zögerte, ehe er die andern Bedingungen hören könne. Antipatros aber hob die Rolle empor und rief, daß er die Friedensbedingungen erst in Kleonai verkünden werde. Er bestimmte Demetrios von Phaleron als den Führer der Gesandtschaft, denn seine Person verbürge zur Genüge, daß die Auslieferung erfolgen werde und übergab ihm das Schriftstück, auf dem die Namen der Geächteten standen.

Am nächsten Morgen, nachdem die Athener sich unverzüglich auf den Rückweg nach Athen gemacht hatten, zogen die beiden makedonischen Feldherren mit Nikanor an der Spitze der Reiterei in die Richtung zur Grenze von Attika. Als sie sich westwärts nach Megara wandten, begann ihr triumphaler Empfang. Von allen Seiten strömte die Bevölkerung ihnen entgegen. In Korinth wurden sie mit königlicher Ehrenbezeigung umjubelt, und kurz darauf erreichten sie unter begeisterten Zurufen, die ihnen als Befreier galten, das nahe gelegene Kleonai.

Die athenische Gesandtschaft kehrte indessen wieder in ihre Stadt zurück.

Sie trauten zuerst nicht ihren Augen und Ohren. Athen lag wie im Taumel. Ein Taumel verzweifelter Raserei! Die Agora wurde zur

Arena sinnloser Schönrednerei, haltloser Hoffnungen, phrasenhafter Verwünschungen im Leerlauf demagogischer Drohungen.

Da sahen sie – er war es wirklich! – den Demosthenesneffen Demochares auf einem Pferd. Er hatte sich theatralisch sein Schwert um den Leib gegürtet, ritt in der Agora herum und hetzte zum letzten Widerstand gegen die Makedonen.

«Jetzt ist wieder die Zeit des Festzugs gekommen», rief er in die Menge. «Der Festzug nach Eleusis», wiederholte er mit dem Pathos, das er seinem großen Onkel abgelauscht hatte, zu dem Zielpunkt seiner Rede zu kommen. «Das wißt ihr doch alle, daß die Prozessionen auf der Heiligen Straße morgen beginnen werden. Morgen, sage ich, trotz des Krieges. Nein, ihr Athener! Nicht trotz des Krieges, sondern wegen des Sieges! Warum schaut ihr so erstaunt mich an, als hätte ich mich versprochen. Wegen des Sieges, sage ich nochmals. Eleusis wird uns wieder die Wendung bringen, genauso wie damals, als Xerxes, der Perserkönig, die Flotte um Salamis gesammelt hatte. Damals, Athener, wißt ihr es nicht mehr oder wollt ihr es heute vergessen, damals stieg der Opferrauch aus dem Mysterientempel empor, zum heiligen Zeichen, daß die Götter uns Griechen den Sieg über die Barbaren verliehen . . .»

Der alte Demophilos, der als Staatsanwalt die Anklage gegen die Gottlosigkeit des Aristoteles erhoben hatte, mühte sich schwitzend ab, an der Seite des Pferdes mit seinen müden Beinen Schritt zu halten, um von Zeit zu Zeit, wenn der Demosthenesneffe außer Atem geriet, einige Worte selber hineinzurufen.

In den Stunden solcher Volksbewegung versuchten Demades und Phokion mit Mühe allmählich zu Wort zu kommen und Gehör zu erhalten. Als sie endlich Gelegenheit hatten, von den Friedensbedingungen zu sprechen, die sie mit Antipatros und Krateros verhandelt hatten, erscholl ihnen von einigen Seiten gleichzeitig ein Hohngelächter entgegen. «Wie? Ihr wollt die Kriegshetzer vor Antipatros bringen? Sagt ihm doch, daß er sie sich selbst holen soll. Demosthenes ist entflohen!»

«Demosthenes und Hypereides sind mit Aristonikos und Polyeuktos im Schutz des Tempels des Aiakos», rief Demochares triumphierend.

«Ihr Asyl auf Ägina», sekundierte Demophilos, «werdet ihr nicht zu schänden wagen!»

Demetrios von Phaleron, der als Führer der Gesandtschaft einigen Makedonenfreunden, die sich um ihn geschart hatten, nähere Einzelheiten über die Friedensbedingungen berichten wollte, geriet aus dem Konzept seiner Rede. Er hatte vorhin nur vier Namen gehört, die als Flüchtlinge auf Ägina Asyl suchten. Wo aber war sein Bruder, wo war Himeraios?

Himeraios gehörte ja von Anfang an zu den Aufständischen, die mit Demosthenes und den Seinen zum Krieg gegen die Makedonen hetzten.

Es lag in der Tragik dieser Zeitenwende, den politischen Hader bis in das Vaterhaus austragen zu müssen. Denn beide Brüder, Demetrios und Himeraios, gehörten seit ihrer Geburt zum gleichen Stadtviertel der Phyle Aiantis, zu Phaleron, dem früheren Hafenplatz von Athen, bevor ihn der ausgebaute Piraios überflügelt hatte. Himeraios war es gewesen, der durch seinen Bruder Demetrios von dem Fluchtplan des Aristoteles erfuhr und der es listig zu bewerkstelligen wußte, dem Diomenes das Fahrzeug als Steuermann zu überlassen.

Seit dem Ausbruch des Lamischen Krieges waren die Brüder tödlich entzweit. Die Blutsbande der gemeinsamen Phyle, aus der sie stammten, waren gelöst. Der eine, Himeraios, hatte in seiner Verblendung die Hand zum Meuchelmord an dem Mann geboten, der vom Areopag zum Tode verurteilt worden. Demetrios aber, der andere, gab sein gesamtes Gut für ihn, den er als Größten seiner Zeit verehrte und den er bereits gestorben glaubte.

Als Demetrios auf der Kadmeia Nikanor sah, gab es keine Gelegenheit, ein einziges Wort zu wechseln und die Freundschaft zu erneuern, welche die beiden bereits seit der Begegnung in Olympia vor zwei Jahren geschlossen.

Nun war es an Demetrios, die verräterische Tat seines Bruders zu rächen. Er war überzeugt, daß auf den Rat Nikanors Antipatros ihm die Sonderstellung in der Führung der Delegation übergeben hatte. Gerade die brüderliche Entzweiung verbürgte den Erfolg für Demetrios, die Geächteten als Staatsfeinde zu verfolgen.

Wo also war Himeraios?

Ehe Demetrios ins Vaterhaus nach Phaleron zu eilen vermochte, um den Bruder aus einem Schlupfwinkel herauszulocken, hörte er die Nachricht über dessen Tod. Bei der Flucht auf das rettende Schiff kam es nämlich in den Straßen um den Piraios zu einem kurzen Gefecht mit der Vorhut der Reiterei, die Nikanor unterstand. Himeraios fiel.

Mit dieser Nachricht machte sich Demetrios sogleich auf den Weg nach Kleonai und sah von einiger Entfernung die Prozession, die eben aus Athen aufgebrochen und nun in Agrai zur ersten Weihestation angekommen war.

Die beiden Feldherrn jedoch erhielten bereits Stunden vorher die Nachricht über die Flucht der Feinde und schickten Nikanor an der Spitze seiner Reiterei, um die Seefestung Munychia zu besetzen.

Es war der Tag, an dem die Jakchosprozession von Athen nach Eleusis begonnen hatte.

Antipatros aber setzte das Datum fest, weil es als Wiederkehr des Jahrestags der Zerstörung Thebens durch Alexander als ein warnendes Mahnmal allen Athenern dienen sollte.

Nikanor und Demetrios trafen sich auf der Munychia und erneuerten die Freundschaft, die sie mit Aristoteles verband. Hier hörte Demetrios, daß Antipatros bereits Archias von Thurii mit thrakischen Söldnern nach Ägina geschickt hatte, um Demosthenes und Hypereides nach Kleonai zu bringen.

Demochares und Demophilos gehörten unter die Geächteten, die als Kriegshetzer des Landes verwiesen wurden.

## *Das Opfer der Locken*

Herpyllis merkte, wie Aristoteles erst spät in der Nacht sich auf das Lager gelegt und kaum Schlaf gefunden. Sie sah seiner Hautfarbe an, daß sich sein Leiden heute deutlich verstärkte. Rasch wollte sie sich erheben, um das Öllinnen zu holen, um den Heilsaft zu brauen, den ihm Aristomenes empfohlen.

Er hielt sie aber zurück. «Herpyllis», begann er, «wir haben heute den großen Tag unseres Hauses. Da gibt es viel zu besprechen. Sieh, das wird keine übliche Hochzeit, wie sie sonst in anderen Häusern gefeiert. Denn du mußt anstelle der Mutter für Pythias Brautführerin sein.»

Sie nickte lächelnd, als sie hörte, im Brautzug hinter dem Wagen mit der Fackel schreiten zu müssen, wie es der Hochzeitsbrauch vorschrieb.

«Aber mehr noch, Liebste. Du mußt die Tischordnung wissen. Denn das ist der seltene Tag, wo auch ihr Frauen mit uns Männern zusammen sitzt. Die vier Vormünder kommen mit ihren Frauen. Das sind jeweils vier. Du und Ambrakis, der wir morgen die Freiheit schenken. Das sind sechs Frauen am Tisch. Und die siebente», sagte er lächelnd, «die ist heute die erste. Unser geliebtes Kind, die Braut. Sie sitzt mit Nikanor am einen Ende der Tafel.»

«Ja, Herr! Und die Männer?»

«Am andern Ende natürlich. Ich in der Mitte. Neben mir dann Aristomenes und Hipparchos zu meiner Rechten, links von mir Timarchos und Dioteles. Und jetzt zu Nikomachos. Der Junge hat heute seinen besonderen Tag. Er ist der Parachos, Führer des

Bräutigams. Laß ihm von Tacho den neuesten Chiton anlegen. Aber noch mehr. Als Nympheutria, als Brautjungfer, habe ich die treue Ambrakis gewählt. Sie wird Pythias unter deiner Aufsicht das Brautkleid anlegen, den Chiton mit dem Himation, den Kranz und zuletzt den Schleier.»

«Und was geschieht mit dem kleinen Myrmex?» fragte die Frau.

Ihn hätte er im Aufzählen beinahe vergessen. Er sollte als siebenter unter den Männern sitzen. Unterdessen sah er eine Weile ins Leere.

«An wen dachtest du? Wer sollte noch kommen?» fragte Herpyllis bange, denn sie sah Tränen in seinen Augen, die er mit Mühe ihr gegenüber zu unterdrücken suchte. Er verschwieg es der Frau. Sie aber fühlte seinen Gedanken an Theophrastos und lenkte ihn liebevoll ab: «Nikanor ist doch gekommen!»

«Ja, er ist da», sagte er schnell. «Er wird der Herr im Haus. Ist General. Und ein Staatsmann. Aber ein anderer ist mein geistiger Sohn.»

Herpyllis sah ihn verwundert an. So hörte sie ihn vorher nie mit ihr sprechen.

Er aber setzte rasch fort: «Es gibt heute viel zu bedenken. Wir bleiben noch in unserem Haus. Wenn ich wieder nach Athen zurückkehren werde, kann sich das ändern. Aber für die Brautleute richten wir vorläufig unser Gästehaus ein. Dort soll zur Nacht der Hochzeitszug einziehen.»

«So ist es schon vorgesehen», beeilte sich Herpyllis zu sagen. «Sei unbesorgt.»

«Gut so, Teure», sagte er herzlich und berührte liebkosend ihre Schulter. «Und dann noch etwas. Das Festmahl. Wir haben es nach Sonnenuntergang. Es wird diesmal lange dauern. Essen werde ich nicht. Aber die Rede halten. Und wenn dann nachher der Brautzug durch die Stadt fährt, durch alle Straßen – ganz Chalkis wird auf den Beinen sein –, werdet ihr mich nicht missen!»

Sie wollte die innere Bewegung, die sie erregte, nicht merken lassen und sagte deshalb geschäftig: «Die Küche ist vorbereitet.

Nach unserem Brauch wird schon zu Mittag das Schwein geschlachtet. Olympios und Philon haben dabei die Aufsicht. Die Galle wird zuerst entfernt und nicht mit den übrigen Eingeweiden verbrannt.»

«Richtig. Das gehört zur kultischen Handlung. Dafür wird Nikanor verantwortlich sorgen. Er soll nur noch einstweilen schlafen, der Gute. Wir haben wieder die halbe Nacht miteinander gesprochen.»

«Die Sesamkuchen sind auch schon gebacken», sagte sie im Eifer des Aufzählens.

«Aber die Musikanten! Die möchte ich nochmals sprechen. Die Kitharaspieler zuerst. Und dann die Flötenbläser beim Umzug bis in die Nacht. Das muß alles bedacht sein.»

Im Hause war von früh an freudiges Treiben. Bäcker brachten in Mengen die Mazafladen. Händler lieferten in Holzkisten Schafkäse, Jäger Wachteln und Wildtauben, die sie heute vor Sonnenaufgang erlegt hatten. Salbenhändler boten verschiedene Lekythen feil für das Hochzeitsbad der Brautleute. Blumengirlanden wurden um das Eingangstor gebunden. Und die Mägde um Herpyllis stapelten im Garten vor dem Gästehaus die Gaben der Mitgift auf und schmückten sie mit Bändern: fein gewobene Linnen, Tücher aus Seide, neue Hymatien, gestickte Umhänge, zierliche Schuhe aus Ziegenleder, und alle die Spangen, Ketten, Ringe, Armbänder, Nadeln . . .

In der Küche lagen die Fladen. Die Sesamkuchen waren aufgetürmt, die Äpfel, Birnen, Pfirsiche und die Nüsse zum Nachtisch.

Auf einer gesonderten Schale lag eine einzige Frucht: der Quittenapfel, den nach allem Schmausen und Trinken die Braut ganz zuletzt allein verzehrt, bevor sie ins Brautbett getragen.

Aus der Aule erscholl das probende Tönen der Flöten und Zithern.

«Nein!» entschied Aristoteles vor den Musikanten, die schon eine geraume Zeit auf ihn in der Aule gewartet, «nein, es wird keine gebräuchliche Hochzeit. Alles wird anders hier. Die Zeit ist geändert. Laßt die lasziven Töne fort, die Lockrufe und die Scherze», sagte er zu den Flötenbläsern, die der Sitte gemäß im Tanze hinter dem Brautwagen gingen. «Ja, den Hymenaios stimmt an, mit dem fröhlichen Text, den Aristophanes am Schluß seiner *Vögel* singen läßt zu den höchsten Göttern, zu Zeus und Hera. Freilich, ihr Guten, die Worte wollen wohl rezitiert sein! Kennt ihr sie alle?»

«Natürlich. Aber auch andre», sagten sie rasch hintereinander.

«Nein. Nur den von Aristophanes. Er ist ja heiter genug, aus der berühmten Komödie. Aber es steckt Tieferes darin. Das versteht ihr vielleicht nicht. Also mäßigt euch im Tanzschritt und spielt nicht zu laut. Ihr habt doch alle die attischen Doppelflöten, die klarinettenartig klingen?»

«Wir haben sie. Und die üblichen Mundbinden dazu.»

«Nun aber zu euch, Kitharöden. Ich sehe, ihr habt noch die alten Instrumente mit dem Schallkasten aus Holz.»

«Das gibt bessere Resonanz, Herr, als die kleinen Lyras, die sie jetzt mit Schildkrötenschalen herstellen. Aber, was sollen wir spielen, zuerst, beim Einzug der Gäste? Da wir auf deinen Wunsch hin unser Schlagzeug, die lärmenden Tympanas, Kymbalas und Krotalas zu Hause gelassen – weil keine Tänzerinnen bestellt sind.»

«Nein. Keine Tänzerinnen. Es ist nicht, wie ihr es sonst gewohnt seid, ich sagte das schon. Aber euren Phormingen, den alten Leiern, dem Apoll geweiht, kommt deshalb eine größere Bedeutung zu, als wenn wir mit dionysischen Lärm- und Taktmachern der Tamburins, Becken und Kastagnetten uns vergnügen müßten.» Als er ihre verlegenen Gesichter sah, setzte er schnell noch hinzu: «Wie bei den Flöten der Tanzschritt, so dient bei den Phormingen die Dichtung als Begleitung. Ich wünsche mir, daß ihr die hypodorische Tonart bevorzugt. Ich habe sie auch in meinem Lykeion für die Zither am geeignetsten bei den Symposien gehalten.»

Die Epheben, die durch ihre musische Schulung in der phrygischen, lydischen und dorischen Tonart zu spielen lernten, gingen gerne auf seine Bitte ein.

«Der Rezitator», fuhr der Alte fort, «muß am längsten auf der Mese verweilen, um sich am Ende auf die Hypate zu senken.»

«Und was nun», wiederholten die Jungen, jetzt ungeduldig geworden, «am Anfang, beim Einzug? Wir sehen, Herr, du hast da einige Rollen wohl vorbereitet.»

«Gewiß. Zuerst eine sapphische Strophe. Hier ist sie», sagte er, indem er die Rolle hervorzog. «Habe sie seit meinen Tagen von Mytilene im Ohr. Wißt ihr, damals, als ich eine kleine Schule auf Lesbos hatte und meinen besten Schüler Theophrastos gefunden.»

«Und dann während des Gastmahls?»

«Ein Vers von Terpander, wenn ihr ihn kennt.»

«Wir haben den Tag noch zum Üben Zeit», rief der Jüngling, welcher als Rezitator bestimmt war.

«Seht», sagte er und zögerte nochmals. «Das ist freilich zu lang. Viel zu lang, aber einen Teil daraus werdet ihr schaffen. Den homerischen Hymnos an Demeter.»

«Den aus Eleusis?»

«Den heute keiner mehr wirklich versteht. Am wenigsten die im Tempel.« Aber als er das sagte, kehrte er ihnen den Rücken.

«Nun, Herr», sagte der Chorführer selbstsicher, «wir wissen jetzt alles. Laßt uns rasch die Zeit noch nutzen für ein gründliches Üben.»

Und sie hüpften heiter aus der Aule hinaus.

Als Aristoteles wieder allein im Turm saß vor seinem Schreibzeug und den unbeschriebenen Pergamenten, zwang ihn der Demeterhymnos, den er vorhin den Spielern gegenüber flüchtig erwähnte, zu tieferem Denken. Hüteten sie nicht in Eleusis über ein langes Jahrtausend das Geheimnis der heiligen Hochzeit? Aber die Seherkräfte sind entschwunden. Die Zeit der stammesgebundenen alten Urgeschlechter ist lange vergangen, die Mysterien im Frevel furchtbar verraten. Formeln von Worten, welche ihre einstige Bedeutung verloren, werden in leeren Litaneien geleiert . . . .

Da faßte ihn wieder die Schwäche. Der Magen begann erbarmungslos auf die Gedärme zu drücken; von unten her, von der dunklen Küche, von wo die Triebe des Hungers, des Durstes und des Geschlechts den Willen zu wachem Denken eindämmen.

Könnte er doch noch ein wenig vom Schlafe nachholen, den die letzte Nacht ihm geraubt! Nur nicht Herpyllis jetzt rufen. Denn es wird Zeit, für das Brautbad zu sorgen . . .

Mit dem Brauch des bräutlichen Bades begann der kultische Teil der Hochzeit. Denn es war seit altersher Übereinkunft, das Wasser aus einer geheiligten Quelle zu bringen oder aus einem göttlich geweihten Flußbett. Nahe lag die heilige Quelle der Arethusa vor dem Stadttor von Chalkis. Von dort hatten sie Wasser, das sie mit Fässern, auf Wagen geladen, schon am Vortage geholt.

Es war Zeit, Nikanor endlich zu wecken. Nach dem Bade der Braut war auch für ihn die Stunde, mit der Reinigung des Leibes die Läuterung der Seele zu erleben.

Währenddessen aber war Pythias wieder in der Gynaikonitis. Um sie waren Herpyllis und Ambrakis bemüht, unterstützt von mehreren Dienerinnen. Ihre Stirn wurde mit Bleiweiß geschminkt, die Wangen mit Mennige. Die Augenbrauen erhielten die Schwärze von Kienruß. Und dann kam das Bürsten, Kämmen und Glätten der Haare, der dunklen, die sie mit Essig gelichtet.

Ambrakis als Nympheutria nahm aus den Lekythen verschiedene Salben, glättete ihre Haut mit dem Öl der Oliven und besprengte die Brust und den Hals mit Rosenwasser. Ihr Haar wurde mit Bändern geschmückt, mit roten, blauen und gelben. In die Locken steckte sie Blütchen der Muskathyazinthe, Weißdorn und gewimpertes Perlgras, das dazwischen zitterte. Dann wurde ihr der frisch geglättete Hochzeits-Chiton angelegt. Zum Schluß kam der Schleier, der gemäß der Sitte ihr Gesicht bis zum Munde verhüllte. So blieb sie lange sitzen, während Ambrakis mit ihren Gehilfinnen den Spiegel in den verschiedensten Stellungen ihr vor das Gesicht hielt.

Sie konnte sich selbst nicht oft genug sehen! Immer wieder blickte sie von einer anderen Seite in ihr Gesicht. So war es ihr noch niemals vorher geschehen, so wird es niemals mehr nachher kommen. Das achtzehnjährige Mädchen, bisher wie ein behüteter Vogel im Käfig, wurde für diesen einzigen Tag gezeigt vor allen Bürgern in Chalkis, vor den Archonten und den übrigen Ratsherren, den Richtern und Priestern, auch allen anderen, die in der Stadt kein Bürgerrecht hatten, den Metzgern und Bäckern, den Händlern am Hafen, auch den Banausen, die draußen die Äcker bestellten, und selbst den Sklaven, die von ihren Herren den Urlaub bekamen, um den Hochzeitszug im Vorbeifahren bejubeln zu dürfen.

«Nein, den Schleier noch nicht», befahl Herpyllis, die wieder zurückkam, um das Werk ihrer Getreuen mit Dank zu bewundern. «Der Schleier, der kommt zuletzt. Du kannst dich noch im Spiegel weiter deiner erfreuen. Denn unten schlachten sie nun das Schwein. Da sollen nur Männer dabeisein. Die Sitte sagt, da hat die Braut, haben die Frauen nichts zu schauen.»

Und schon hörte man unten vom Hofe freudiges Lachen, den Zuruf, das wirre Geschrei der Schlächter mit ihren Messern. Dazu wurde der Priester gerufen vom Tempel der Artemis. Stand im würdigen Abstand davor, mit dem weißen Umhang über dem gelblichen Chiton, mit der vorgeschriebenen kultischen Binde am Kopf. Artemis und Apollon galten als die besonderen Hochzeitsgötter in Chalkis wie in ganz Jonien. Jonisch war Euboia seit eh und je, kolonisiert von Attika aus und selbst kolonisierend den Norden, die Chalkidike bis Olynth und Stagira. So also war dem Artemispriester der Auftrag zuteil, die Rechte der Väter, die Stammesgebote der Phylen prüfend zu überwachen. Das war das Einzige, was ihm verblieb, nach dem Brautbad zu fragen, ob aus der entsprechenden Quelle das Wasser geholt und ob das Schlachten des Schweines nach den Regeln des Ritus vollzogen. War doch das alles auch Brauchtum der kleinen Mysterien von Agrai für die Mysten, die zu derselben Zeit im Zug nach Eleusis schritten, den Weg auf der Heiligen Straße am heißen Tag, zur Zeit der Tag- und Nachtgleiche im September.

Der Priester nickte beifällig, wie die Schlächter zuerst mit gebotener Vorsicht dem Tier die Galle entfernt und diese auf einen besonderen Teller gelegt hatten. Dann nahmen sie mit ihren wulstigen Fingern die Eingeweide heraus, den Magen, den Darm, die Leber, die Milz und zuletzt das Herz.

Nikanor stand mitten unter ihnen dabei, nachdem er das Bad genommen, mit einigen Blüten des Weißdorns im Haar bekränzt. Der bartlose Mann – nach der Sitte, die Alexander an sich selbst als Beispiel am Hof eingeführt hatte, der sauber Geschorene, der sich merklich von den bärtigen Männern Euboias abhob: Nikanor, der heute Herr wird im Hause, ein Bürger in Chalkis, der begüterte Erbe des Hofes der Phaistis und ihres Sohns, den sie, den Weisen, nur immer von Ferne würdevoll grüßten, Abstand bewahrten, warteten, ob er selbst an sie ein Wort richten würde oder ob er, in seine Gedanken vertieft, an ihnen vorbeiging. Nein, der Weise war nicht dabei, wer mochte das merken bei dem Rufen und Schreien der Schlächter, bei dem Knacken des trockenen Feuers, bei dem Rauch, der in Schwaden schlangenzüngelnd durch die Flammen aufbrach!

Jetzt kamen die Auleten mit ihren Doppelflöten im kurzen Chiton und ärmellosen Jacken. Die munteren Bläser spielten, als die Eingeweide verbrannten, stießen dann einmal kurz durch ihr Mundstück beim Brennen der Galle und nochmals zuletzt, als sie das Schwein mit zwei großen Spießen über die Flammen hielten.

Aristoteles fühlte sich wieder erholt. Die Luft war erfrischend, die herbstliche unter dem Licht der Sonne, die leicht durch Streifenwolken schien, vom Boreas würzig umweht, dem Wind aus makedonischen Bergen.

Sein Raum lag auf der Rückseite des Hofes, wo das Schlachtfeuer brannte und ihn verschonte vom Geruch der verbrannten Eingeweide und der Borsten des fetten Schweines, so daß er nicht zu befürchten hatte, die Gerüche siedenden Fetts würden dem Magen abermals Übelkeit bringen.

Die Leute unten am Hof standen mit ihrem Artemispriester abergläubisch beim Feuer, ohne eigene Denkkraft, unter dem Bann der Sitte, und vollzogen unter dem Zwang des Brauchtums den Ritus der Ahnen. Aber lag nicht in allem ein kleines Abbild des Geschehens im Großen?

So erschien es dem Denker. Denn die Lebensorgane des Leibes – sind sie nicht aus den Sphären der Sternengötter weise in unseren Leib hineingekreist? Das schauten die Seher als Deuter der Därme, als Eingeweidebeschauer vergangener Zeiten.

Der Magen, so sann er weiter, die Milz, die Leber, die Lunge, das Herz, das Gehirn sind Gebilde, die aus den Ordnungen der Gestirne gezeichnet.

Flammt nicht das Herz, wenn es denkt, in Wärme? Aber der Blutbrand wird im Gehirn des Kopfes gekühlt. Aus der Kühle des Hauptes erfassen wir die Gedanken, die vom feurigen Herde des Herzens herrühren. So beschrieb er es oftmals. Jetzt lag dies unter den Rollen seiner Bibliothek im Lykeion versteckt.

Erst das Reinigungsbad, dann das läuternde Feuer! Aus dem Herzblut flammen Gedanken auf, mit der Bewegung der Luft werden sie eingeatmet, durch die Augen des Hauptes dringen sie in den Äther hinaus und machen allmählich aus Tiergebundenen Freunde der Gottheit . . .

Schon war im Hof des Hauses kein Platz mehr zum Stehen und Gehen. Alles, was in Chalkis, der Stadt, und im weiteren Landkreis lebte, war in Bewegung. Philo, der Türhüter, hatte da seine Mühe!

Denn sie brachten, die Guten, allerlei kleine Gaben, auch die Kinder, die man vorangeschickt. Alle wollten den Wagen sehen, den sie jetzt schmückten, der schon im Hofe bereit stand mit erhobener Deichsel.

Ein dreirädriger Wagen war es, der in den Dörfern meist bei solchen Anlässen angespannt wurde, draußen bei den Banausen, bei den Handwerkern oder Händlern, auch bei den vielen Metöken, die sich auf der Insel eine Bleibe gesucht. Das aber war kein Bauernkarren, kein gemietetes Metökengefährt. Der Hof der Phaistis besaß einen Wagen, von zwei Pferden gezogen, mit zwei breiten Sitzen. Vorn vor der Deichsel war eine erhöhte Matte für den Kutscher. Den Bock hinter den beiden Sitzen bedeckten milesische Purpurdecken.

Darauf wird die Brautführerin sitzen, die glückliche Ambrakis, die ihre Freilassung erhält. Wo aber war die Braut? Hat sie schon einer erspäht? Mancher der kecken Jungen rief ihren Namen vorlaut heraus. Wer konnte es ihnen verwehren bei diesem Gelächter, bei Scherzen und Singen von allen, die da im Hof und auf der Straße standen!

Nun sahen sie mit bekränztem Haar Nikomachos, mit einer bunten Binde, den Paranymphos im Epheben-Chiton. Als er mit einem scheuen Lächeln plötzlich erschien, klatschten die Jungen im Jubel. Der ist es, Sohn des Herrn, Bruder der Braut, Vetter des Generals! Aber in der Gynaikonitis stand mit leichtem Zittern, noch hinter dem Vorhang, die verschleierte Braut.

Aristoteles blieb allein, in seinem Klismos gelehnt, und sann weiter. Es war ihm heute, als wäre sein Lebensbuch aufgeblättert wie ein bebilderter Teppich. Leichter als je zuvor ließ es sich jetzt erinnern, deutlicher Bilder an Bilder reihen. Seltsam hatte das Feuer sein sinnendes Erinnern regsam gemacht.

Herpyllis stand an der Schwelle und sah ihn in Ruhe sitzen. Wie es ihm gehe? Werde er sich nun auch den andern zeigen? Sie warten auf ihn schon lange. Pythias sähe in ihrem Brautkleid einer Nymphe ähnlich. Gut habe Ambrakis sie herausgeputzt.

Der Gnomon zeige die Neige der Nachmittagssonne. In einer Stunde werde es Zeit für das Festmahl.

Herpyllis wollte ihn nicht mit Fragen plagen, die sich auf seinen erkrankten Magen bezogen. So harrte sie bloß seiner befehlenden Weisung.

«Es geht schon leidlich, Herpyllis», sagte er leise. «Rufe mir jetzt Nikanor, ehe wir essen.»

Nikanor, im Bräutigamschiton und Ziegenledersandalen, mit blumenbekränztem Haar, einen Stock in der Hand, betrat den Raum.

Aristoteles sah ihm ins bartlose Antlitz. Es schien ihm, als wäre er noch der Jüngling geblieben, der in Mieza mit den übrigen Schülern studierte, der später am Hof als Reiteroffizier paradierte, der schließlich mit Alexander nach Asien marschierte, der einzige hier, der ihm aus der Frühzeit übriggeblieben!

«Habt keine Sorge um mich», begann der Vater. «Aber du mußt begreifen, morgen soll ich mit frischer Kraft dabeisein, wenn Ambrakis und die andern Getreuen feierlich ihre Freiheit erhalten werden. Dann aber folge ich euch nach Athen. Macht nur, daß es wieder die Stadt wird, die sie gewesen.»

«Du wirst doch beim Deipnon nicht fehlen», rief Nikanor.

«Ich kann keinen Bissen zu mir nehmen.»

«Aber die Rede . . .?» stieß Nikanor verzweifelt hervor.

«Nein, Nikanor, du bist nun der Herr und du übernimmst auch die kleine Rede, die ich für euch aufgesetzt habe. Morgen, wenn die Sklaven die Freiheit erhalten, lies ihnen die Abschrift des Testaments.»

Nikanor trat einen Schritt zurück.

«Du wirst heute zweifacher Vater – der Tochter, dem Sohn. Es ist alles bestens bestellt. Ich hoffe, die Kitharöden halten den Ton, und die Auleten benehmen sich würdig beim Brautzug.» Dann aber fügte er völlig verändert hinzu, als er in das entsetzte Antlitz des Schwiegersohnes blickte: «Sieh, ich war nie wieder bei einer Hochzeit seit vierzehn Jahren.»

Nikanor schien außerstande zu sein, in diesem Augenblick zu verstehen. «Aber es ist doch deine eigene Tochter heute . . .»

«Damals war es auch eine Tochter.»

Nikanor schüttelte verzweifelt den Kopf.

«Du erinnerst dich nicht?»

Nikanor verneinte.

«Die Tochter des Königs. Die Schwester von Alexander!»

Jetzt begann Nikanor den Faden zu finden: «Aber, Vater. Verzeih. Du warst doch im Leben noch niemals abergläubisch. Wer, bei den Göttern, soll etwa hier die Rolle des Mörders Pausanias spielen und wer den König Philippos?» Und setzte schnell hinzu: «Mir scheint, wir haben leider zu lange über Vergangenes gesprochen.»

Nikanor war nicht in der Lage, den Zusammenhang der Sätze des Vaters zu fassen. Stand da in sorgender Kümmernis. Schwieg.

Aristoteles aber, von seinem leidenden Leibe leicht gelockert, verweilte noch immer in der Erinnerung, als er sagte: «In jedem Unglück verbirgt sich stets auch das Los eines Glücks.»

Auf ein weiteres Wort wartend, bemerkte Nikanor jetzt ein beseeltes Lächeln, das in den Mundwinkeln des Vaters lag, riß sich zusammen und versuchte in einem frohlockenden Ton: «Wenn wieder Friede wird, hole ich Pythias zu mir nach Athen und du kommst in dein Lykeion zurück!»

Aristoteles blickte auf seinen Sohn wie aus weiter Ferne. Als dieser zögernd ging, setzte er sich aufrecht, ohne den Rücken mit der Lehne berühren zu müssen. Sein Magenkrampf hatte nachgelassen.

Die Sonne senkte sich hinter Aulis, eingehüllt in das Grauviolett der Abendschatten, als zur gleichen Zeit im Osten der Vollmond über das Meer heraufzog.

Aristoteles merkte, es war an der Zeit, in die Aule zu gehen, wo sie alle plaudernd vor ihren Bänken standen. Und sah die Braut, ging auf sie zu, schloß die Tochter in seinen Arm. Sie war bis zum Munde verschleiert. Er sah nicht die Augen, fühlte nur ihren kindlichen Kuß und die feuchte Hand im leichten Zittern.

Er, der Herr, der Kyrios des Hofs, begrüßte die Gäste, kam zuerst zu Aristomenes, dem Arzt, Timarchos, dem Archon, reichte Hipparchos die Hand, der von Erythreia herbeigeeilt war, und dem alten Dioteles. Die Frauen dieser vier Männer, die ihnen auf der Bank gegenüberlagen, grüßte er mit erhobener Hand, während er dem Nikomachos, der kunstreich bekränzt und mit bunten Bändern geschmückt war, auf die Schulter klopfte.

Inmitten der freudigen Erregung sah er schließlich Ambrakis, die neben Pythias Platz nahm, und winkte den Sklaven zu, die nun die Amphoren hereintrugen.

Wie sollte er nun beginnen? Hielt er doch heute nicht Vortrag bei einem der Monatssymposien im Lykeion! Anders packte er zu erzählen an. Denn ein Blick der Pythias kam ihm geschwind zu Hilfe.

Heute galt es Artemis zu gedenken, der Mütter beschützenden Göttin des Mondes. Wohlweise ist der Brauch, die Hochzeit beim Vollmond zu feiern. Seht die ephesische Allmutter, die vielbrüstige Nährgöttin, von Stieren und Greifen umgeben, mit Bienen und Faltern im Halsband und mit Löwen, die an den Armen lagernd die Mondscheibe halten, auf der ihr die tanzenden Horen bemerkt, und die Bilder des Tierkreises: Artemis, Jungfrau, die mit ihrer Linken Bogen und Köcher und mit der Rechten die Fackel emporhält, Schwester Apolls!

Zum Anfang des Mahles werden die Kitharöden in dorischer Tonart anstimmen, denn auch die Jungfrau-Göttin steht vor uns im dorischen Chiton, hochgeschürzt, ohne Ärmel, umgürtet mit einem leinenen Tuch. Sie, die Lichtgöttin, Selasphoros, und Lochia, Hebamme bei der Geburt. Als Eukleia, Schützerin der Jungfräulichkeit, und als Prothyreia, Schirmerin des Herdes. Hymnia mit der Leier und Wächterin mit der Leuchte . . .

Und so wies der Patriarch auf die ortsverbundene Sage, nach welcher Leto, die Mutter der Göttergeschwister, von Delos zuerst nach Chalkis kam, ehe sie später nach Delphi weitergezogen. Zu Apollon kommend wandte er sich an Nikanor. Pries den Gott als den Sänger der Sänger, als den ersten im Sieg der Pythischen Spiele . . .

Keiner vernahm wohl unter den Gästen das leise Zittern der Stimme und sein mühsames Unterdrücken der Tränen. Schon eilte er weiter, sprach von Apollon, der den Orestes entsühnte, und dabei ein geschlachtetes Ferkel über den Kopf des Bruders der Iphigeneia gehalten. Ja, so esset auch heute vom Schwein, denn in weiser Voraussicht habt ihr mit den Eingeweiden auch die Schenkel verbrannt. Erfreut euch der Früchte des Feldes und des Honigs. Bei Äpfeln, Trauben und Nüssen gedenken wir der Göttergeschwister.

Weißt du, Pythias, wandte er sich am Ende der Rede unmittelbar an die Tochter als Braut, was die Iphigeneia in Tauris der Artemis einst geopfert? Und ehe die Erschrockene Atem geholt, antwortete er schon schalkhaft: sie opferte ihre Locken.

Das aber war es auch wirklich, was die Tochter, ehe der Schleier das Haupthaar verhüllte, vorher getan.

Nun begannen die Kitharöden die homerischen Hymnen an Demeter und Artemis zu rezitieren als Auftakt zum festlichen Mahl.

Aristoteles hatte wohl vorgehabt, sich bald von der Tafel fortzustehlen. Aber als er das glückliche Lächeln der Tochter ausstrahlen fühlte, als er Herpyllis, Ambrakis, alle die andern weinfröhlich beim Schmausen wahrnahm, vergaß er seinen leidenden Magen und traute ihm mehr zu, als dieser vertrug.

Erst dann, nachdem Nikomachos den Sesamkuchen herumgetragen und dem Brauche entsprechend den Vers «Dem Unheil entfloh ich, Besseres fand ich» gesungen, brach der Alte auf, von keinem bemerkt, denn schon drängten die Auleten hinaus zum bräutlichen Wagen, andere folgten rasch ihnen nach, und bald brannten die Fackeln.

## Siebenundzwanzigstes Kapitel

# *Der Hain des Akademos*

Zurückgekehrt in seine Turmklausur fühlte er sich noch nicht müde. Von Übelkeit seines Magens war kaum etwas zu spüren. Glücklich war er in seinem Vatergefühl. Die Heirat der Tochter, der einzigen, war geleistet. Nikanor besaß er fortan im doppelten Sinne als Sohn.

Erscheint unser Schicksal nicht mit göttlicher Schönheit, wenn es uns die Hände verschränken läßt mit schenkendem Nehmen! So sann der einsame Alte. Und das Rinnsal seines Erinnerns trieb ihn bis in die Tage der Jugend zurück, zum Vater Nikanors, zu Proxenos, dem er einst selbst als Pflegesohn anvertraut war. Es zog ihn zum Quellgrund hin. Zum Ursprung zurück. Es zog ihn zu Platon.

Ein Siebzehnjähriger war er gewesen! Im eigensten Treiben, aus innerstem Drängen wollte er fort, nach Athen! Dies ging vorerst gegen den Willen der Sippe. Sahen doch alle in ihm den Nachfolger seines Vaters, den künftigen Arzt. Für solche Ausbildung wäre das thessalische Trikka am nächsten gewesen . . .

Proxenos holte sich erst den Rat bei Apollon in Delphi. Hoffte vielleicht, daß die Pythia, wie in der Vorzeit, sich für den familienverbundenen Erbberuf entscheiden würde. Aber Apollon leistete damals bereits dem Jüngling den Beistand, den er dem Manne gegenüber später so vielfach bewiesen.

Alsbald brachte ihn Proxenos aus dem stillen Stagira nach Athen. Nachdem sie mit einem Schiff aus Thessalonike im Piraios gelandet, wanderten sie zum Dipylon im Nordwesten der Stadt, auf der

Heiligen Straße, die nach Eleusis zieht. Hinter den der Athena geweihten Ölbäumen lag das Gymnasion, das seit Vorvätertagen unter dem Schutz des Heros Akademos stand.

Dort bogen die beiden ein und kamen an der Exedra vorbei, dem halbrunden Vortragsplatz mit steinernen Bänken, vor dem Standbild des Eros, nahe dem Tempel der Musen. Wie bebte sein Herz. Wie bangte, wie hoffte er damals, mit jedem näheren Schritt ihm zu begegnen, hier, im Hain, vielleicht gar allein, dem Meister der Weisen. Aber das erste Wort, das er hörte, brachte arge Enttäuschung. Platon war gar nicht da. Er war auf Sizilien. Er weilte in Syrakus.

Als vertretender Leiter, als Scholarch war Eudoxos bestellt. Ihm stand Herakleides zur Seite. Dieser fand an dem bartlosen Jungen aus der Chalkidike, mit dem Gehaben der thrakischen Kleinstadt, gleich Gefallen. Schlug dem Schüchternen ermunternd auf die Schultern. Er komme auch vom thrakischen Norden. Aus Herakleia am Pontos.

Erstaunt riß der Junge die Augen auf. Aber wagte noch keine Frage.

Kaum einer im Hain ist ein echter Athener. Die allermeisten kamen hierher als Metöken.

Das löste dem Jungen die Zunge. Warum, fragte er bang, ist Platon nicht da?

Der *Staat* – war verblüffend die Antwort. Die *Politeia.* Sein letztes und größtes Buch, das er vollendet, ehe er wieder nach Syrakus ging.

Wieder?

So erfuhr der kaum erst angekommene Schüler die Leidensgeschichte des Lehrers.

Platon war damals um vierzig, als Dionysios, der Herrscher von Syrakus, ihn als seinen Lehrer gerufen. Aber wie bald habe er eingesehen, wie seine Bemühungen, aus Dionysios einen weisen Herrscher zu machen, vergeblich gewesen. Schließlich ließ ihn der Stadttyrann auf einem lakonischen Schiff nach Ägina bringen, wo damals die Spartaner, im Kriege gegen Athen, eine Basis der Flotte besaßen. Die Spartaner ergriffen den feindlichen Athener, der aus dem adligen Hause des Solon stammte, nahmen ihn kriegsgefangen, erklärten ihn zum Sklaven und wollten ihn als solchen verkaufen. In letzter Stunde brachte ein Freund aus Kyrene für ihn das Lösegeld. Und so war er gerettet.

Platon, aus solcher Todesnot heimgekehrt, gründete seine Akademie. Er war ein andrer geworden. Vorher schrieb er über des Sokrates Tod. Nachher ließ er aus eigener Seele den Sokrates sinnen.

Aber weshalb, so fragte der Ephebe, wage er sich trotz aller früheren Unbill zum zweiten Male nach Syrakus?

Die Hoffnung sei es, die er auf den Sohn, den zweiten Dionysios, setze und besonders auf Dion, seinen treuesten Freund. Denn jetzt bringe er seinen fertig geschriebenen *Staat* mit. Den wolle er dort zur Wirklichkeit wachsen lassen ...

Herakleides – so kam es dem Alten wieder in seiner Rückschau mit lebendigen Bildern zu – beeilte sich, dem Jüngling, der betrübt und bekümmert dastand, sein Studienprogramm zu entwerfen. Er selbst war Lehrer der Geschichte und Rhetorik und schrieb ein Buch über Zarathustra. Eudoxos kam mit einer Schar eigener Schüler von Knidos und gesellte sich als Scholarch zu den übrigen Lehrern in Mathematik und Astronomie. Geometrie lehrte damals Menaichmos. Ja, derselbe, den später Leonidas und Olympias nach Pella gerufen, der unglückselige Stubengelehrte, dem Alexander ausgerissen. Ließ vielleicht Menaichmos die Worte am Eingang einmeißeln: Keiner trete ein, der nicht Geometrie kann? ...

Aber da war auch die Bibliothek, von Philippos von Opos verwaltet. Der Siebzehnjährige begehrte sogleich, das Buch über den Staat zu studieren.

Wolle er auf den Olymp, herrschte ihn Philippos an, und habe noch nicht den Roßhügel hier erklommen, den Kolonos Hippios, bei dem, der Sage nach, der unglückliche Ödipos seinen Frieden gefunden! Nein, er müsse mit Platons frühesten Dialogen beginnen, mit denen, die er vor der Gründung der Akademie geschrieben, gleich nach dem Tode des Sokrates. Hier sei die Liste der Schriften.

Da fiel sein Blick unter den Titeln der Dialoge auf die *Apologie.*

«Gut. Das wäre ein Anfang», sagte der Bibliothekar, «aber zuerst mußt du den *Eutyphron* lesen! Er ist vor der *Apologie* geschrieben. Wir sprechen später darüber. Wir studieren die Dialoge von Tag zu Tag. Du brauchst ein Leben dazu. Aber» – er hielt inne, als wisse er nicht, ob er ihm das schon zu Anfang sagen sollte – «das ist noch lange nicht alles!»

Der Jüngling schaute ihn staunend an.

«Die Akademie ist keine Bibliothek. Nicht bloß eine Sammlung von Schriften. Das wirst du erst begreifen, wenn er zurückkommt. Das sind die Gespräche, die jeder einzelne unter uns mit ihm allein hat.»

«Allein?»

«Manchmal allein, manchmal mit andern. Wie es der Meister bestimmt. Dann geht er allein mit einem von uns durch den Hain. Und spricht von etwas, was nirgends aufgeschrieben.»

«Schreibt denn keiner das auf?» rief der Jüngling. «Das verstehe ich nicht!»

«Mit siebzehn!» lachte Philippos. «Es gibt Dinge, mein Lieber, die schwingen nur in der Ätherluft zwischen Atem und Ohr!»

So fing es nun an. Mit Übungen in Rhetorik, Poetik, Musik, im Kursus über Geschichte, im Studium der Mathematik, im Lernen der Astronomie, im Zeichnen der Geometrie, in der Übung der Stereometrie, die durch Theaitet, der einst ein Sokratesschüler gewesen, erhöht war, bevor er im Kampf gegen die Thebaner gefallen.

Und las die *Apologie* doch heimlich zuerst! Später, wie es geraten, den *Eutyphron,* dann nochmals die Verteidigungsrede des Sokrates, und *Kriton* und *Phaidon,* die Dialoge, die allesamt um den Tod des Sokrates kreisen.

«Was ist dir am *Eutyphron* aufgegangen?» fragte Philippos, nachdem der Junge die Rollen des Dialogs wieder zurückgegeben.

«Daß der Seher ein Schwätzer ist, der nur vorgibt, mit seiner Seele zu sehen, aber im Geiste wirklich nichts weiß.»

«Woraus schließt du das?»

«Eutyphron meint am Morgen vor der Gerichtsverhandlung, Sokrates werde freigesprochen. Er geht an der Wirklichkeit vorbei. Und deshalb vermag er auch nicht wahrhaft herauszufinden, was Frömmigkeit ist.»

«Sehr wohl, mein Junge», versetzte der Bibliothekar. «Du hast das genau gelesen. Sag mir nun, warum ich dir empfahl, den Dialog an erster Stelle zu lesen?»

«Weil er zeitlich der Verteidigungsrede vorangeht», sagte der Jüngling.

«Das träfe doch auch für andere Dialoge zu, für den Kriton und den Gorgias. Indem Sokrates das Frommsein beschreibt, zeigt er zugleich sein eigenes Wesen», setzte der Bibliothekar hinzu.

«Das bleibt noch viel zu unbestimmt, was Platon über die Frömmigkeit sagt! Fromm ist, was die Götter lieben, was ihnen gefällig ist, oder was gerecht ist, als Pflege und Dienst. Ist Frömmigkeit ein Tun oder ein Wissen, ein Opfern oder ein Beten, Schenken oder Bitten?»

«Dein Einwand ist gut», sagte Philippos. «Der Dialog schließt mit losen Enden. Aber er zielt bereits auf etwas, was du später wirst dir erarbeiten lernen. Es ist die Frage nach der Idee. Die Frage nach dem Wesen, dem Allgemeinen des Frommseins. Das kommt hier zum ersten Mal zum Vorschein. Bricht aber ab, schwebt im Unbestimmten, verschwindet.»

Sogleich las er den Dialog nochmals. Las ihn wieder. Las ihn die ganzen Nächte, wieder und wieder. Und bald stand vor ihm, in Umrissen schon gezeichnet, was er später in seiner Topik und Syllogistik herauszuarbeiten hatte mit logischer Definition der Begriffe.

Eutyphron besitzt noch ererbte Seherkraft. Aber solche, die ihn nicht mehr in Wahrheit belehrt. Denn die Tempelweisheit der Mysterienpriester hat sich im Irrgang von Formeln verkehrt.

Sokrates ist der Mensch des neuen Jahrhunderts. Warnend ruft in ihm seine innere Stimme, sein Daimonion, das ihn vom Schlechten abhält. Aber weder heute früh noch vor Gericht, bei keinem Wort im Prozeß stellte sich ihm das göttliche Zeichen warnend entgegen. So muß, denkt Sokrates, was jetzt mit ihm geschehen wird, zu seinem Wohl sein.

Er verteidigt sich nicht um seiner selbst willen, denn er möchte durch seine Verurteilung wie ein Daimonion warnen alle Athener, daß sie sich nicht an den Gaben vergehen, die Apollon ihnen verliehen.

Ja! Den Delphier ruft er selber als Zeugen an, denn die Pythia weissagte seinem Freund Chairephon, keiner sei weiser als Sokrates, der gegenüber den Göttern vom eigenen Nichtwissen weiß.

Dies aber ist Anfang eines neuen Erkennens im Geiste Apollons, im Sinne seines Tempelspruchs «Erkenne dich selbst».

Die drei Ankläger, im Namen der Dichter, Politiker und Redner wissen nichts von der Macht des Gewissens, das als Daimonion mit der Stimme der delphischen Gottheit in Sokrates einzieht.

Ach, um das Weh in dieser Wende der Zeiten, sann der Alte jetzt in seinem Lehnstuhl versunken, erinnerte sich der Streichung seines Namens auf der Liste der pythischen Spieler in Delphi, gedachte des geschleiften Weihesteins mit seinen Versen, als Athen auch ihn zum Tode verdammte . . .

Auf dem Hofe unten drängten alle sich um den festlichen Hochzeitswagen. Die Auleten sprangen tanzend umher, als das Hochzeitspaar durch das Haustor schritt. Hinter ihm als erste Herpyllis neben Ambrakis. Dazwischen munter und schon voran Nikomachos als der Brautführer.

Langsam nahmen die Brautleute ihre Sitze im geräumigen Gefährt ein. Herpyllis hatte, wie es der Sitte entsprach, am Herde des Hauses ihre Fackel entzündet. Jetzt kamen alle an sie heran, um an ihrem Feuer die übrigen Leuchten zu entfachen. Sie schritt gleich hinter dem Wagen, gefolgt von Ambrakis und den Flötenspielern. Nikomachos aber lief den Pferden voran.

Als der Zug den Hof verließ, sah Herpyllis den Herrn am Tore erscheinen. Er winkte ihr nach. Sie sah ihn, vom Licht des vollen Mondes beschienen. Keiner außer der Frau bemerkte den Alten. Alles blickte aufs Brautpaar.

Nun ging es mit gemächlicher Feierlichkeit über den sanft abfallenden Hügel, auf dem der Hof stand, hinunter zum Treiben der Stadt.

Jetzt setzten die Flöten ein und bliesen freudig den Hymenaios.

Die Moiren vermählen
in hohen Wolken
dem Herrn die Hera
im Äther der Welt.
Hymen. O Hymenaios!

Nachdem die Strophe gespielt und von einem der Auleten gesprochen, folgte als Chor der ganze Zug und sang nochmals. Dann intonierten sie die zweite Strophe und spielten:

Kommt Eros im Golde
Auf Flügeln getragen
Die Zügel hält er
in segnender Hand.
Hymen. O Hymenaios!

Sie wiederholten das Lied, begleitet von den Kitharöden.

Nun hielten sie vor dem Amtshaus des Archon, der den Brautleuten ein altes Bronzegefäß schenkte. Denn der Name Chalkis – so wisse fortan Nikanor – ist mit Chalkos, der Bronze, seit Tagen der Vorzeit verbunden.

Von der Altstadt Kastro zog der Zug südwärts und gelangte zu der geheiligten Quelle der Arethusa, aus der sie am Vortag das Wasser für das Brautbad geholt hatten. Hier stieg Nikanor mit Pythias aus, um von der Quelle zu trinken. Alle übrigen kosteten danach vom geweihten Wasser. Nikomachos, der den Zug anführte, erhielt hier den letzten Becher.

Dort, bei der Quelle, stand ein Tempelchen, das dem Apollon Daphnophoros, dem Lorbeerträger, geweiht war. Die Auleten gedachten des göttlichen Delphiers auch hier mit einem Hymnos.

Hierauf bog der Zug nach Westen in die Richtung zum Meer, an das Ufer des Euripos. Dort wurde abermals Halt gemacht. Sie warfen Blumen aus den Kränzen der Festgäste in das Wohlwasser der Schnellströmung.

Nordwärts ging es dem Meerufer entlang. Der Mond warf sein Licht auf den Dyrphis, den höchsten der Berge auf der Insel im Norden. Die Scheibe des Silbergestirns, das der Hochzeitsgöttin, der Artemis heilig, stand im Zenith, als sie im Gesang, begleitet von Flöten und Zithern, das Lied von den Schicksalsschwestern anstimmten, die Zeus und Hera in Ätherhöhen vermählen, während Eros, von goldenen Flügeln getragen, mit segnenden Händen die Zügel hält.

ACHTUNDZWANZIGSTES KAPITEL

## *Platon*

«Platon ist da!»

Hört er den Ruf durch den Hain und die Hallen, um die Exedra und bei der Palaistra bis in die letzten, lichtarmen Winkel der Bibliothek? Hört ihn heute, im Klismos sitzend, dem niederen Lehnstuhl im Turmraum, bequem zum Schreiben, hört den Freudenruf heute genauso wie einst: «Platon ist von Syrakus endlich zurück. Platon lehrt wieder in seiner Akademie!»

Nach bangen Jahren des Wartens sah er ihn, den Lehrer der Lehrer. Zuerst nur von der Ferne im Hain. Dann beim Vortrag in der Exedra, schließlich beim ersten Gespräch.

Damals ging er ins zwanzigste Jahr und Platon war dreiundsechzig. Vaterfreund war er von Anfang an. Vater unter den Philoi, wie sie sich alle, die Schüler untereinander als Freunde der Weisheit verstanden. Solche, zu denen Sokrates im Symposion über den Eros gesprochen, den Daimon, der zwischen Göttern und Menschen steht und der das Sehnen der Seele erweckt, im Schönen der vergänglichen Sinne das Wissen im ewigen Geiste zu zeugen. Das Standbild des Gottes sahen sie täglich vor dem Tempel der Musen.

In den zwei Jahren der Abwesenheit Platons – was hatte er alles schon lesen müssen als Jüngling: die Frühdialoge bis zur *Apologie*, dann den *Kriton* und *Gorgias*, und immer wieder die zehn Bücher der *Politeia*. Nun, so erinnerte sich der Alte, im Klismos ruhend, als der Lehrer zurückkam, brachte er ein neues Buch mit. Bevor er es aber zum Studium freigab, wünschte er, daß die Schüler noch einmal gründlich den *Phaidon* und das *Symposion* durchnehmen sollten, das

Gespräch über die Unsterblichkeit der Seele und über den Einweihungsweg der Erkenntnis unter der beflügelten Führung des Eros.

Kommt im Erinnern das Glücksgefühl wieder zurück, das der Jüngling empfand im Erlebnis des siebenstufigen Aufbaus im Gastmahl? Ein Pfad zur Initiation, auf dem der Myste des Eros von Stufe zu Stufe emporsteigt, erst im Leiblichen ringt, dann in der Seele sich reinigt und dann im Geiste sich erkennend befreit, um das Göttliche im Schauen zu fassen mit den Worten der Priesterin Diotima. War nicht schon damals das Wort gefallen vom Freunde der Gottheit, das er dann selbst so oft in seiner Ethik behandelt? «Weisheit ist das Schönste, und Liebe gehört zur Schönheit, deshalb ist der Freund der Weisheit ihr wahrer Liebhaber . . ., denn im Anschauen der Schönheit durch die Augen des Geistes bringt der Mensch nicht nur Abbilder hervor, sondern Wirklichkeiten wahrer Tugend, durch die der Mensch zum Freund der Gottheit und der eigenen Unsterblichkeit inne wird . . .»

Platon, zurückgekehrt aus Syrakus zu den Freunden, ließ seinen neuesten Dialog von den Schülern lesen. Hatte er seinen *Phaidros* nicht als eine Trostschrift für Dion geschrieben, den geliebten Freund, den Dionysios bald nach seiner Ankunft in Syrakus aus Eifersucht in die Verbannung geschickt? Dion, der ihn verstand, weil er ihn verehrend geliebt hat, der versuchte, die Lehre vom Staat für die Syrakuser in die Tat umzusetzen . . .

Ja, das war wohl die Zeit, als Platon ihn, den Jüngling, zum erstenmal ganz allein unter den Ölbäumen ansprach . . .

Die Vorlesung über den *Phaidros* war beendet, die Unterredungen, das Gespräch im Wechsel von Frage und Antwort, die Argumente, die Stellungnahmen, das Für und Wider der Schüler. Saßen sie damals erst an die zwanzig im Halbrund der Steinbank, der Exedra.

Hier, im zweiten Teil seines *Phaidros*, gab nicht schon damals Platon ihnen ein Geheimnis preis?

Die Kunst der Rede ist im höchsten Sinne Führung der Seele, Psychagogie, wenn das Wort vom Mund des einen zum Ohr des andern geht und zum erkennenden Selbstdenken erweckt. Das Geschriebene ist nur Notbehelf. Das Wirkliche in der Akademie ist das lebendige Wort vom Lehrer zum Schüler. So stand er endlich vor ihm allein im Hain der Oliven.

«Du hast meinen Phaidros gelesen?»

Ergeben nickte der Ephebe.

«Zum siebenten Mal?»

«Wie angegeben.»

«Was fiel dir dabei als Einteilung auf?»

«Die Zweiheit der Themen. Das Gespräch über die Liebe und das über die Redekunst, über das Wort.»

«Was verbindet aber die Zweiheit?»

Der Ephebe verstummte. Blickte zu Boden. Zögerte, sich urteilend zu entscheiden. Aber Platon erwartete sein weiteres Wort.

Da raffte sich der Jüngling auf. «Dein Bild vom Wagenlenker, Platon. Dein Mythos vom Nus, der die beiden Pferde lenkt, das eine, das zur Welt der Ideen sich aufschwingt, das andere, das sich in die Begierdenwelt verstrickt. Das eine, das geistige, das unsterblich bleibt, und das andere, sinnliche, das sterblich ist.»

Der Meister griff nun ein und fragte, als spräche er still vor sich hin: «Wie hat die Seele Anteil an der Idee des Guten, der höchsten Einheit? Erreicht sie die reinste Einheit durch das Denken?»

«Das reine Denken.»

«Denken erreicht niemals die höchste Reinheit.»

«Wenn es Denken über das Denken ist.»

«Dann bleibt es – du kennst mein Gleichnis in meiner *Politeia* – im Schatten der Abbilderwelt, in der Höhle.»

«Du sprichst aber doch auch von höherer Entrückung, von Begeisterung und Entzückung.»

«Im vierfachen Sinn. Prophetische Weissagung, wie die Pythia des Apollon, die kathartisch erweckende der Dionysien, die poetische unter den Musen und die beflügelnde unseres Götterlieblings, des Eros.»

«Du sprichst mit Mythen», sagte der Schüler kritisch.

«Mythen sind höhere Weisheit.»

«Aus alter Zeit. Die vergangen. Mythen werden heute ohne Verbindlichkeit mit verschiedensten Bildern gedeutet. Da schwankt der Boden unter den Füßen.»

«Solange du sie mit deinem Verstande zerlegst, von dem sterblichen Flügelroß im unreinen Leibe gehalten. Aber der Nus in uns schwingt sich auf, dringt bis an den Rand des Reiches der ewigen Ideen und bringt uns – wenn wir begnadet – bringt uns den Augenblick einer Erleuchtung.»

Der Ephebe wagte kein weiteres Wort. Denn Platon selbst schien den letzten Satz in Erregung gesagt zu haben, als ob er gleich darauf bereut hätte, so weit dem Jüngling gegenüber gesprochen zu haben.

Der Junge aus Stagira sah schweigend zu Boden. Er fühlte den Widerspruch: die Seele zu teilen, sie einerseits sterblich zu machen, andererseits aber an den Ideen teilhaben zu lassen. Teilhabe nur am Rand, an der Grenze, durch eine Erleuchtung. Erleuchtung? Angedeutet bloß im Gespräch zu Auserwählten?

Platon aber – als hätte er seine abwehrenden Gedanken gelesen – antwortete nach einer langen Pause des Schweigens: «Du wirst später manches anders sehen als ich. Gut so. Ich liebe Adler, die aus ihrem Horst fliegen. Aber da ist etwas, was du auch später behalten mußt. Der Nus als der beste Teil ist der Aristos der Seele, der unsterblich ist. Warum habe ich dieses Bild euch an dieser Stelle gebracht?»

Der Ephebe wartete in regloser Spannung.

«Nun. Es steht doch in einem Zusammenhang mit den Reden über den Eros, die mit Sokrates gipfeln. Über den heiligen Wahnsinn, der das gleiche ist wie die Entrückung des entzückten Sehers. Was folgerst du aus diesem Zusammenhang?»

Keine Antwort.

«Daß der Nus mit Liebe verbunden ist. Nus als höchste Vernunft ist reinste Liebe. Als höchster Vater, als reinste Form. Das ist der eine Teil. Der andre ist über Rhetorik. Das ist heute, wo die griechische Polis zugrunde gegangen, für euch von besonderer

Bedeutung. Die rechten, die falschen Redner. Wahrer Rhetor kann nur der Philosoph sein. Seine Rede ist Weg zum Wissen, führt zur Dialektik. Das ist das einzige Mittel, um die Rhetorik zur echten Kunst zu erheben. Siehst du in diesem Teil auch eine Zweiheit?»

Da griff der Jüngling sogleich zu. «Ja, in der Diärese, in der Zerlegung der Begriffe, und in der Synagoge, der Vereinigung des Getrennten.»

«Daran wirst du mir weiterschreiben. Wirst mir helfen, das weiter zu denken», sagte Platon freudig bewegt. «Denn du hast schon Ansätze zu eigenen Schriften, die du mir gezeigt, den *Protreptikos* und *Über Philosophie*. Das hast du geschickt zusammengefaßt, was wir hier lehren. Das ist noch Rückblick des Schülers. Du mußt an dem weiterarbeiten, was mit der Diärese und Synagoge zusammenhängt. Aber sieh weiter! Wenn wir beim ersten die Liebe als den Wagenlenker erkennen, was wäre dann der höchste im zweiten? Der Lenker des richtigen Rhetors, nicht des Demagogen, der verführt, sondern des Mystagogen, der zur Einweihung weist? Ich sehe, du wartest, daß ich es dir selbst sage, obwohl ich glaube, daß du soviel Einsicht hast, es selbst zu finden, weil du es einmal später noch besser sagen wirst als ich. Hinter den Worten ruht das Wort, der Logos.»

Aristoteles sah bebend in die Augen Platons.

Dieser aber setzte sogleich fort, denn er wußte, daß der Ephebe, der vor ihm stand, schon damit begonnen. «Der Logos. Das ist der zeugende und gezeugte Daseinsgrund, der Stoff, die Substanz, das Wesen. Denke darüber nach, wie das mit dem Stoff und der Gestalt zusammenhängt. Aber ist dir nicht noch etwas aufgefallen in diesem Zusammenhang? Es steht am Ende. Wie hoch steht der lebendige Logos über der besten Schrift, über dem vollendetsten Buch? Die Rede» – er hielt bewegt ein, es war der Höhepunkt des Gesprächs – «erzeugt den lebendigen Logos in den Seelen des Sprechenden. Er verbindet die Zwei zur Drei. Deshalb siehst du mich zu bestimmten Stunden immer nur mit einem einzelnen gehen. Damit sich aus dir und mir ein Drittes gebiert. Verstehst du das? Das ist das Geheimnis des Denkens, das nach langem Reden und Raten im lebendigen Wechselgespräch einen Funken entzündet, ein Licht, das alle Begriffe zusammenhält. Denn das muß es ja geben. Eine oberste Kraft, die alle Begriffe zusammenfaßt, wie eine oberste Tugend, die alle Tugenden auf den höchsten Gipfel bringt. Das ist das Gute, die Gottheit, das Agathon, das ist Gott . . . Aber darüber spreche ich mit dir ein anderes Mal. Das mag länger dauern, als hier im Rundgang um die Oliven. Da wandern wir einmal auf der Heiligen Straße gegen Eleusis.»

Schrille Rufe und derbe Gesänge durchzitterten die Stille des Hofes, der bisher im Mondlicht menschenleer dalag.

Es ging schon der zweiten Stunde nach Mitternacht entgegen, als der Hochzeitszug sich allmählich unter ausgelassenen Liedern der Jugend wieder dem Hause näherte.

Der Fackelschein warf das Licht auf alle die lustig Trunkenen, auf die Auleten, die bis zum Schluß mit ihren Liedern durchhielten, auf die Kitharöden, auf Herpyllis und Ambrakis, die am Ende des Wagens erschöpft wankten, und auf Nikomachos, der munter als Brautführer seinen Stab hochhielt, als tanze er unter den Korybanten bei einem Dionysosfest. Auch Nikanor verstand es, bis zuletzt soldatisch aufrecht zu sitzen, nur Pythias senkte den Kopf, und das Kinn fiel der Ermüdeten auf die Brust.

Nun kam der Augenblick, auf den alle Jungen und Alten die ganze Nacht schon gewartet. Der Wagen hielt vor dem Brauthaus im Garten vor einer breiten Platane.

Hier harrte bereits Herpyllis mit ihrer Fackel auf die Rückkunft. Sie hielt in der Hand den Teller, auf dem der Quittenapfel lag. Den reichte sie nun der Braut, als diese ausstieg, bevor Nikanor sie dann zum Thalamos hinauftrug.

Dort war aber, dem Brauchtum gemäß, die Tür verrammelt mit dürrem Gestrüpp. Die Braut sollte hier die letzten Geschenke entgegennehmen. An der Tür hing eine Mörserkeule zum Zerkleinern der Getreidekörner. Dann sah man ein Sieb, ein Röstgeschirr und eine Schaufel. Das hatte Pythias, die in den Armen Nikanors lag, in ihre Hände zu nehmen, während die Auleten zum Epithalamion anstimmten, das der Vater vormittags nach den Versen Theokrits zu singen vorgeschlagen.

«Schlaft und haucht in die Brust euch Liebesentzücken und Sehnsucht. Aber vergesset nur nicht, wenn das Frührot naht, zu erwachen! Wir auch kehren zurück in der Früh, wenn der Morgenverkünder recket den glänzenden Hals, lautkrähend hervor aus dem Neste.

Hymen. O Hymenaios!»

Als diese Verse erklangen, kam Aristoteles aus dem Haus und sah Herpyllis mit ihrer Fackel das Brauthaus bewachen. Sie sagte ihm, heute werde sie nicht wie sonst im Thalamos schlafen, damit die Burschen nicht in Tollheit trunkener Laune allerlei Unfug machen. So möge er diesmal ohne sie ruhen und über sie unbesorgt sein.

Lächelnd nickte ihr Herr. Entzündete sich eine Fackel, die bei Herpyllis lag, und ging langsam davon.

Dabei bemerkte ihn keiner. Er nahm den Weg zum Euripos.

## Neunundzwanzigstes Kapitel

# *Die Todeshochzeit*

Einsam schritt er unter dem Dach der Nacht, unter den Augen tausender Sterne, im Lichte des vollen Mondes. Die Fackel in seiner Hand war allmählich niedergebrannt.

In Erinnerungsbildern sprach er wieder mit Platon. Sah seine graublauen Augen, die immer über seine Stirne hinweg in die Ferne des Himmels blickten. Denn der Greis war größer im Schreiten als der andere, der es im Sitzen zu sein schien. Fühlte ihn jetzt so ganz, wie er früher vor ihm einst gestanden, nah und doch fern. Da erzwang sich ohne Absicht zwischen den beiden deutlich Distanz.

Die untere Lippe, vom Bart der Backen umrahmt, lag breit, als schwelle sie schmollend, verschlösse ihm den Mund, über Entsagen zu klagen und über enttäuschte Freundschaft. Steil stieg die Stirne empor unter ergrauten Brauen; und zwei tiefgefurchte Falten breiteten sich bis zu den Schläfen, herrscherlich streng und erheischten unweigerliches Schweigen.

Da geschah das letzte Gespräch. Sie beide waren allein auf der Heiligen Straße, wanderten in die Richtung gegen Eleusis.

«Lies meinen *Kratylos* wieder», setzte der Achtzigjährige ein, geradeheraus und scheinbar ohne Vermittlung. Es war der Dialog vor seinem letzten Werke, vor den *Gesetzen.* «Du weißt es sehr wohl, der alte Ephesier aus dem Kreis Heraklits war mein erster Lehrer gewesen, ehe ich Sokrates traf.»

Aristoteles sah sich im Geiste den Inhalt des Dialoges rasch umreißen. Es ging darin um das Wesen der Worte, legte den Grund zur Wissenschaft über Sprache. Sokrates steht in der Mitte zwischen

Kratylos und Hermogenes. Dieser sieht in den Lauten der Sprache, im Nennen der Namen nur eine Willkür menschlicher Übereinkunft. Für Kratylos aber kommen die Worte aus dem Wesen der Welt. Sie sind von den Göttern gegeben, ihre Gebärden und Gesten entstammen den sich stetig bewegenden Reigen aus den Reichen der Sternenrhythmen. Eine Gabe der Götter, welche die Menschen allmählich nachahmen lernen.

«Du erinnerst dich wohl», griff wieder der Greis ein, «und du weißt, daß ich am Ende durch Sokrates auch dem Kratylos widersprach, nachdem ich den platten Hermogenes abgetan hatte. Denn seine heraklitische Lehre vom ständigen Fließen erlaubt kein gesichertes Wissen. Die Ideen sind ein bleibendes Reich, Urbilder ewiger Welt, unverändert jenseits der Sinne. Sie bedürfen keiner irdischen Stofflichkeit oder gar der Gebärden, Gesten und Laute des Menschen. Deshalb ließ ich am Schluß des Dialogs meinen Sokrates unsicher werden und für das Bleibende der Ideen sich entscheiden.»

Die letzte Entscheidung bleibt offen. Sokrates hofft doch am Ende des Dialogs nochmals später von Kratylos darüber belehrt zu werden. Das lag wohl in der Absicht des Dichterweisen?

«Gewiß», schaltete Platon sich abermals ein. «Du hast es trefflich verstanden. Nennen wir dich doch in der Akademie schlechthin den Leser. Ich kenne deine Kritik darüber, daß die Dinge der Sinne nur Abbilder sind der Ideen, als solche vergänglicher Schein, betrügende Täuschung. In meiner Zweiweltenlehre habe ich auch zwei Prinzipien genannt, zwei Seelen der Welt, eine gute und böse. So erscheint dir der Kosmos, das Schmuckgebilde der Götter, unseren Sinnen nur täuschendes Scheinbild, von dem Gegenprinzip des Bösen bedroht. Du siehst darin keine Lösung, die uns erlöst.»

Eine Weile schritten sie schweigsam dahin. Der jüngere, längst schon durch Widerspruch selbständiger Lehrer, wartete weiterer Worte.

«Mein Bemühen ist, mit Mythen in Bildern zu sprechen. In meinen Mythen lebt etwas von den Lehren des persischen Zarathustra – du weißt, wir haben in der Akademie mit Hilfe unserer

Astronomen das Datum seiner Geburt festgestellt. Auch aus der Weisheit des Hermes, des Trismegistos, der ich in Ägypten begegnet, habe ich viel geschöpft, und in meinem *Timaios* findest du von der Flut der Atlantis, die mir Priester in Sais überliefert.»

Sie setzten sich jetzt auf einen breiten Steinblock, der am Rande des Hieros Hodos unter einer Platane stand. Platon schien noch immer zu zögern, ihm das zu sagen, was dieser Stunde aufbewahrt war.

«Hier setze fort», sagte er endlich, aber brach gleich wieder ab.

Der andere rührte sich nicht.

«Den Weg vom Mythos zum Logos hast du schon lange beschritten. Du wandelst die ephesische Lehre vom Logos zur Logik. Mit deiner Lehre von den Kategorien, den obersten Begriffsbestimmungen, wagst du die Ideen wirklich auf die Erde zu bringen. Das ist meiner Denkart fremd. Durch deine Lehre von Form und Stoff mag dir ein neuer Ansatz gelingen. Da kannst du leisten, was ich nicht mehr in meinem Alter vermag. Du findest die Wissenschaft von der Natur.»

Aristoteles nickte vor sich hin, ohne durch ein Wort den Fortgang des Gesprächs gefährden zu wollen.

«Hast du bemerkt, ich habe nur ein einziges Mal in meinen Büchern den Namen der Demeter genannt. Und das geschah bloß im Kratylos, der Deutung des Namens der Erdmutter wegen. Setze die Demeterweisheit der eleusinischen Mysterien in das Licht deiner Physik, und was hinter ihr ist, der Metaphysik.»

Dann fügte er leiser in seiner Stimme hinzu, obgleich kein Mensch in seinem Gesichtsfeld war: «Ich hatte, als ich jung war, an den Weihen in Eleusis teil.»

Er legte die Hand auf die Stirn. «Denen dort», er deutete auf die Aigaleosberge, hinter denen Eleusis lag, «wird die Erleuchtung in der Epopteia lang schon verdunkelt, oder sie vergessen sie trunken durch den Kykeion. Du tust recht, keine Tempelweihen zu suchen. Du findest, wie ich, in einsamer Stunde eine geheime Erleuchtung. Darüber will ich dir jetzt etwas sagen. Das geht in die Zukunft.»

Aristoteles hielt den Atem an.

Platon erhob sich mit einem kräftigen Ruck, nahm den Stab wieder in seine Rechte und begann weiterzuschreiten. «Du kennst meinen Brief, den ich an Hermias schrieb nach Atarneus, drüben, an der jonischen Küste Kleinasiens, wo auch unsere Freunde Koriskos und Erastos weilen.»

Der andere nickte.

«Dann erinnerst du dich gewiß auch der Stelle am Schluß mit der Bitte, daß die drei Freunde meinen Brief miteinander lesen möchten, so oft wie nur möglich.»

Aristoteles bejahte.

«Und dabei einen heiligen Eid schwören. Schwört, nicht mit pedantischem Ernst, nein, wie ich's schrieb, mit Heiterkeit eures Geistes. Schwört bei dem göttlichen Herrscher, dem Lenker alles gegenwärtigen Seins und der kommenden Zukunft, und schwört zugleich auch beim Vater dieses Lenkers und Leiters, bei dem allmächtigen Gott, dem höchsten Wesen des Guten.»

Er erinnere sich dieser Stelle, sagte Aristoteles. Sie sei voller Rätsel. Ähnlich dem Satze im sechsten Buche der *Politeia.*

«Ja!» Auf diese Stelle ging jetzt Platon schnell ein. «Ich schrieb euch damals von Helios, dem Gott der Sonne, dem höchsten der sich schaffend bewegenden Sterne, dem Herrn, dessen Licht bewirkt, daß unser Gesicht sieht. Er ist der Sohn des Guten, der ihn als sein Ebenbild gezeugt hat. Aber den Vater – den kann ich nicht auch in die Bewegung der Gestirne mir hineindenken. Er ist jenseits aller Bewegung, der Vater als der Erhalter und Urgestalter des Guten.»

Gewiß kannte der Jüngere diese Stelle und begehrte noch mehr über Helios zu erfahren.

«Da wir vom Kratylos ausgegangen, laß mich mit einer Deutung des Namens auf einen Vergleich mit einer anderen Sprache gelangen. Die Hebräer sprechen vom Schöpfer der Welt und nennen ihn mit einer Siebenheit ihres Pluralis die Elohim. Das findest du in dem Buche der Genesis bei Moses, der mir, wie mich dünkt, mit der Sonnenweisheit des Zarathustra und Hermes mehr als verwandt ist.

Unser griechischer Helios oder Elios, wie wir schreiben, ist wohl derselbe wie die hebräischen Elohim, die Schöpferwelt der Erde und des Menschen.»

Der Jüngere blieb staunend stehen.

«Du kennst die Stelle im *Staat*, wo ich über das Licht und das Gesicht schrieb, über Helios, den Gott der Sonne, und über das Auge, welches das Licht schaut. Ich glaube, auch hier ist eine wirkliche Zweiheit. Und das hängt mit Apollon zusammen. Apollon offenbart Helios. Apollon ist wie sein Gesicht, sein Antlitz. Bei den Hebräern – wir haben Handschriften in der Akademie – heißt dieses Wesen Michael, was soviel bedeutet wie ›wer ist wie Gott‹ oder auch: wer ist wie das Auge ein Zeuge des Lichts. Das ging mir einmal in einer heiligen Stunde der Erleuchtung auf.»

Nun stand Platon still und sah hinüber in die Richtung, wo die Heilige Straße über den Aigaleospaß nach Eleusis führt. Und kehrte ihr dann den Rücken.

«Über Geheimes meiner Erleuchtung habe ich nie geschrieben. Das lebt nur im Wort unter den Menschen. Darum wagt wohl kein wahrhaft Weiser, das Nachgedachte in der erstarrten Form von Buchstaben sterben zu lassen. Du weißt das auch, und deshalb sind deine Bücher in Wahrheit als Vorträge gesprochen und nicht geschrieben. Nachgeschriebene Reden sind sie, obwohl du die Dialogform verlassen hast, wie auch ich im Alter in meinen *Gesetzen.* Aber, ich schweife ab», sagte Platon, nachdem sie bereits den Rückweg angetreten hatten. Es lag etwas von einer Ungeduld darin, als wäre es endlich angemessen, die Scheu zu überwinden, auch das Letzte jetzt ihm zu sagen.

Sie erreichten wieder die Bank unter dem breiten Baum.

«Ich glaube, es ist an der Zeit, die alten Mythen mit neuen Begriffen zu denken. Dafür erscheinst du mir denkerisch berufen zu sein. Denn so wie Licht und Gesicht in der Einheit zweierlei sind, so muß es doch auch mit dem Gutsein und dem Guttun beschaffen sein. Die Erkenntnis des Guten ist mit dem Schaffen des Guten beim Höchsten, beim Agathon, das eine und gleiche Wesen. Die Idee des höchsten Guten – du nennst sie Form – verbindet sich mit dem tiefsten Stoff – du nennst sie Hyle. Hyle ist Hülle, mütterlich hüllend. Form, Gestalt oder Morphe ist zeugende Tat. Ich glaube, auf deinem Wege, mit deiner Methode wird sich noch manches klären, was mir Altem verschlossen. Vater, Mutter und Kind – das eleusinische Gleichnis. Und Persephoneias Ruf dem kommenden Kinde!»

Da aber setzte er ab. Es schien, als ringe er mit dem Atem, obwohl er regungslos saß. Dann sah er ihn an, mit einem Lächeln der Liebe, wie nie zuvor in den vergangenen zwanzig Jahren des Lehrens und Lernens. «Wisse um deinen Weg, um dein Wesen. Sieh, ich habe in keinem der Dialoge dich beim Namen genannt. Auch nicht beim *Sophisten,* der deinem Wesen am nächsten ist. Im *Phaidros* habe ich deinen Namen einmal an einer einzigen Stelle heimlich verschlüsselt. Nannte dich dort den Artiteles, den Neugeweihten, den Neophyten der Akademie. – Dann den Leser, und schließlich – ein ernster Scherz, ein heiterer Ernst – rief ich dich als den Nus unserer Schule. Aber seit du deine Idee von der Entelechie zu entwickeln begannst, hörte ich auf, dich mit diesem Namen zu rufen. Denn du weißt dein Ziel wie kein anderer, die Bestimmung des eigenen Schicksals, die Entelechie. Du bist der edelste, der das beste Ziel hat. So ist deshalb dein Name selbst, was das beste Ziel hat. Denn du heißt von Anfang an der Bestgeweihte: Aristoteles.»

Er stand wieder auf. Im Schreiten fiel es ihm zu denken leichter.

«Was ich dir jetzt sage, du Bestgeweihter, werden andere später mißverstehen. Der Sohn meiner Schwester, du kennst meinen Neffen Speusippos – er ist athenischer Bürger wie ich und stammt aus dem Geschlecht des Solon –, er wird den Hain des Akademos künftig erben. Du aber gehe hinüber zu Hermias, geh zu Erastos und Koriskos, nimm Xenokrates mit dir und gründe dir deine eigene Schule. Du wolltest doch früher schon zu Themision nach Kypros gehen, aber ich widerriet dir. Ich sehe dich lieber dort an der jonischen Küste, in der Nähe von Ephesos, als hier in Athen. Und vielleicht» – begann er abermals – «wirst du einmal unsern Menaichmos ersetzen, den ungelenken Pedanten, dem der makedonische Kronprinz aus der Schulstube ausriß.»

Nun betraten sie bereits wieder den Hain der Oliven. Platon war aus den Augen entschwunden . . .

Aristoteles stand mit seinen rückschauenden Bildern schon lange am Ufer des Euripos, des Wohlstroms, welcher der Sage nach hier in die Unterwelt strömt, um erst wieder vor Eleusis als geheiligter Teich zur Ruhe zu kommen.

Als er auf das Gewässer sah, dachte er dabei – wie konnte er heute anders – an den Herakliteer von Ephesos, an Kratylos. Dachte an seinen Satz, mit dem er Heraklitos noch überboten: Keiner steigt auch nur ein einziges Mal in den gleichen Fluß. Denn alles ist in Bewegung, in immerwährendem Fortgehn, in der Entwicklung zur Entelechie.

Da erfaßte ihn ein Augenblick des Glücksgefühls in dem Berührtwerden mit einer übersinnlichen Wahrheit. Das höchste Gute liegt zugleich auch im tiefsten Schoße der Gottheit, als der Entelechie der Entelechien. Nicht abgetrennt von der Welt, nicht jenseits vom Menschen. Sein unbewegter Beweger ist ein Widerspruch seiner Lehre, ein Überbleibsel der platonischen Lehre des unveränderlich ruhenden Reichs der Ideen!

Ncin! Die Ideen wohnen als geistige Formen dem leiblichen Stoffe bei. Im Stoffe, in der Hyle, der Mutterhülle schläft die Form schon als Möglichkeit, als Potenz, erwacht dann als Wirklichkeit, wird wirksam als Energie und vollendet sie in dem, was sein Ideenziel in sich selbst hat als Entelechie.

Schrieb der Epheser Heraklitos nicht den Satz: Der Hinweg und Rückweg – derselbe! Jetzt setzte Aristoteles hinzu: Was in der Bewegung des Erkennens zu den Ideen hinauf das Erste ist, das erweist sich in der Bewegung von den Ideen herab als Letztes.

Das Erste ist der göttliche Vatergrund des Seins. Das Letzte der Wege ist die Materie, der Mutterschoß. Die Gottheit bleibt nicht nur höchstes Sein. Sie ist immerzu auch tiefstes Werden. Gott west oben als höchstes Dortsein. Unten erscheint er als tiefstes Dasein.

Ja! Die Wahrheit ist denkbar, der Hoffnungsruf nach dem Kinde. Und Jakchos kommt. Wag es zu fassen! Die höchste Einheit in Gott, als Zielgrund der Ziele wird sich einmal in einem einzigen Menschen vollenden!? Was Erstes gewesen, wird als Letztes erscheinen? Und Gott kommt, die Hoffnung von Simon, dem Tyrer! ...

Da kam ein Krampf mit einem Schlag auf den Magen. Ein taumelnder Fall auf den Boden. Die Augen auf den Euripos.

Der Vollmond sank hinter Aulis, und über den Bergen stieg das Frühlicht.

So fand ihn alsbald ein Fischer. Er faßte die Hand. Aber sie war schon erkaltet.

## Dreissigstes Kapitel

# *Ausgleich*

Herbststürme heulen im Dunkel der Neumondnacht. Keuchen durchs feuchte Knieholz der Kiefern. Woge auf Woge türmt sich auf und brüllt mit der Brandung. Die Wellenkämme zischen im weißlichen Gischt wie Vipern mit giftigen Zähnen.

«Höre, Poseidon, höre mein Herz, das voller Empörung. Athen ist wieder betört!» Rauh ruft die Stimme von der Höhe des Tempels auf der Insel Kalauria. Des Meergottes Schrein ist dort Stätte rettender Zuflucht. Vielen Asyl seit der Väter Vorzeit. Älter als Apollons Altäre in Delphi und Delos, schützt den Flüchtling der Tempel Poseidons auf den kalaurischen Klippen bei Poros, dem Port.

«Das Holz deiner stolzesten Flotte, Poseidon, vermodert im Meeresgrund bei Amorgos, bei dem Eiland, wie hier, dem deinen, das aus dem einstigen Feuerschlunde Vulkan mit Felsen gefesselt. Rufe Hephaistos zu Hilfe. Brich mit ihm geschichtete Tuffe, rote Porphyre, schwarz geglättete Bänke der Lava, speie feurige Steine auf unsere makedonischen Feinde. Poseidon, wo du auch wohnst im Ohr des Volks oder wo du bist im verständigen Sinnen, hörst du meine Empörung?»

Im Wüten der Wellen sprüht ihm Regen entgegen, bespült sein Gesicht. Einsamer er, der im Rundgang um die Stufen des Tempels stampft, rund um sich selber immer herum, und spricht, als gälte es, Tausende auf der Agora mit seiner Trauerrede aufzurütteln bei des Leosthenes Leichenfeier . . . Ach, die Rede, wohl war sie vorbereitet in Wortwahl und Aufbau, hat ihm damals der Archon nicht zu halten erlaubt. Keiner hat die fertig geschriebene Rede gelesen, keiner der Neider nahm die Rolle in seine Hand. Oh, um die stetige Stauung, die seine Brust einengt, seine Zunge zerschneidet ...

So spricht Demosthenes in der Nacht, die vom Monde verlassen, vor der Mitte des Monats Oktober.

«Hör meines Herzens Empörung», setzt er abermals ein und schreit sich den Haß aus dem Halse. «Teile mit mir, geflohen vor meinem Volk, dem schmachvoll Verbannten, teile mit mir den Haß im Herzen der Rache, mir, dem sie drohen, zum Hohne der Makedonen, vor dem Tode die Zunge herauszureißen ... Laß mit dem Sturm der mondlosen Nacht nicht nach. Kein einziger Stern schaue auf unser Grauen herab ...»

Und hebt wiederum an: «Hier, am Altar Poseidons kann keiner mich fassen. Nicht wie die andern, die mit mir auf Ägina, nun in den Händen der Häscher. Verräterisch von dem üblen Mimen aus dem Verborgnen herausgelockt mit eitler Versprechung. Wie schnell sich in uns die Zunge verstellt und das Höchste zum Häßlichsten wandelt ...»

Setzt sich jetzt vor den Altar und spricht weiter zu sich: «Du überwandest dich stets durch den Widerstand. Seit der Jugendzeit, wo du am Strand mit dem Stein im Mund die Zunge bezwungen. Ausgemerzt hast du längst den Akzent der landfremden Mutter. Hat dich das skythische Halbblut nicht hellhörig gemacht, um die Gefahr zu beschwören, wacher als alle die andern Athener, die Verzärtelten, Kunstverbuhlten, Schönheitssüchtigen ...

Nichts ist vergeblich im Leben. Am wenigsten ist es das Warten. Brachte nicht Warten dir immer Gewinn? War es doch erst im Vorjahr, da kamst du schon einmal aus der Verbannung, aus dem nahen Troezen zurück nach Athen. Und welch ein Triumph, deine Rückkunft, auf dem größten Kriegsschiff, auf der Salaminia, und standest vor allen Admiralen und Generalen, den neun Archonten, den Richtern und Priestern und dem eleusinischen Hierophanten ...»

Schon fällt hinter Wolkenfetzen das Frühlicht auf das Giebelgebälk. Schritte sind hörbar von ferne. Von Poros, dem Hafen, kommt einer langsam herauf zur regelmäßigen Stunde. Ein Fischer bringt ihm das Frühstück. Aber was dem Einsamen wichtiger dünkt als dürftige Nahrung, das ist die Nachricht von Demochares, dem Neffen. Kurze Botschaft, die oft ein Seemann auf einem Boot aus Athen in den Hafen geschmuggelt, verborgene Worte von Mund zu Ohr, ohne ein einziges aufgeschriebenes Zeichen.

Was hat heute der Seemann dem alten Fischer ins Ohr geflüstert?

Der Alte zaudert. Er zerrt mit der Hand an der Mütze. Macht sich nochmals mit dem Korb zu schaffen, der das karge Frühstück birgt. Es schaudert ihn, dem andern alles zu sagen. «Die Bedingungen, die Antipatros stellte, haben die Athener erfüllt.»

Demosthenes beißt in die Lippen.

«Das andere», versucht der Fischer zögernd, «das andere kannst du dir denken.»

Demosthenes hält noch immer das Wort zurück hinter verbissenen Lippen.

«Die im Vorjahr zum Kriege gehetzt . . .»

Demosthenes unterbricht ihn rasch: «Sprich nicht im Makedonenton über die Patrioten. Nenne sie mir. Es sind Namen von Helden!»

Da fällt dem Fischer die Mütze aus der Hand. Er bückt sich nicht, sie vom Boden zu holen. Er stammelt: «Du kennst sie. Sie waren mit dir in Ägina zusammen.»

Demosthenes reißt die Augen auf: «Hypereides?»

Der Fischer nickt.

«Und die andern?» preßt Demosthenes gequält durch die Kehle.

«Alle!»

«Was, alle?»

«Vor Antipatros gebracht und hingerichtet!»

Demosthenes rennt auf und ab. Dann bleibt er plötzlich stehen und ruft erschrocken. «Und wo ist mein Neffe? Wo ist Demochares?»

«Entflohn. Aus Athen entkommen mit Demophilos.»

An eine Säule gelehnt – steht Demosthenes wie zu Stein erstarrt. «Du lügst!» herrscht er den Fischer an. «Du hast doch die Nachricht von meinem Neffen erhalten!»

Da schüttelt der Fischer verneinend den Kopf. «Nein. Die Ächtung der Makedonenfeinde gehört zu den Friedensbedingungen, die jetzt jedermann weiß.»

«Was weiß jedermann?» ruft Demosthenes drohend im Zorn.

Der Fischer tritt einige Schritte zurück, als müsse er sich vor dem Unwirschen schützen. Da fällt dem Alten in seinem Mutterwitz zu sagen ein: «Alles weiß man jetzt auf unsern Inseln. Nur nicht dein Versteck.»

Demosthenes atmet auf.

Der andere wird nun gesprächig, als wäre er unten im Hafen. Athen trägt die Kosten des Krieges, tritt Oropos ab und gibt Samos zurück. Alle, die weniger als zweitausend Drachmen besitzen, verlieren ihr Bürgerrecht und erhalten Wohnrecht in Thrakien. Und das Wichtigste: Am Hügel Munychia wird eine makedonische Seefestung aufgebaut. Nikanor ist als ihr Kommandant eingezogen.

«Nikanor!» Demosthenes verhüllt sein Gesicht und stürzt auf die Stufen.

Der Fischer verschwindet mit hochgezogenen Schultern.

Demosthenes aber versucht, wieder zu Poseidon zu beten: «Älter ist hier dein Altar, älter als Delphis Apollon, der uns verraten. Du bist nie auf der Seite des Philippos gestanden, Poseidon. Aber als er in Olympia die Spiele eröffnet, der Barbar, da lieh ihm Apollons Priesterin ihre Stimme. Als Philippos den Vorsitz in Delphi über die hellenischen Stämme einnahm, schlug sich wieder die Pythia auf die makedonische Seite. Schweigt Apollon? Weilt er denn nicht mehr in Delphi? Läßt an die dreißig Städte gründen mit seinem Namen, außerhalb Griechenlands, soviel wie sie jetzt in Asien Alexanderstädte zählen! Warum ist sein Mund stumm! Was bedeutet sein furchtbares Schweigen?»

Demosthenes fällt in Schlaf, vor dem Altar, im Schutz des inneren Tempels. Ein Traum kommt in den Schlaf des Erschöpften. Er sieht sich selbst im Theater des Dionysos in Athen im Rednerwettkampf über den Schauspieler Archias siegen.

Ein gutes Zeichen, denkt der Wiedererwachte. Das bringt die Wendung, auf die er wartet. Da hört er Schritte im Kies. Ist es der Fischer wieder mit einer besseren Kunde? Ist Antipatros schon von einem der Diadochen erstochen? Kommt Kassandros an die Stelle Nikanors . . .

«Ich bringe dir Rettung!» ruft eine Stimme. Aber nicht in der Mundart des Fischers von Poros. Es klingt wie in attischer Bühnensprache.

Demosthenes hält regungslos den Atem an.

«Zu deiner Rettung komme ich», versucht der Fremde nochmals. «Du findest mich ohne Waffen. Ich bin allein, um dir eine gute Botschaft zu überbringen.»

Da erhebt sich Demosthenes. Entfernt sich mit einigen Schritten vom schützenden Altar. Tritt langsam hervor. Erblickt jetzt Archias. Das Traumbild wird Wirklichkeit, denkt er bei sich. Rettung von Poseidon gesendet? Geht dann einen weiteren Schritt hinaus über die oberste Tempelstufe.

«Antipatros will Frieden mit Athen. Die Stadt ist nicht zerstört.»

Demosthenes bringt kein Wort über die Lippen.

«Er will sich mit allen Athenern versöhnen», betont Archias.

Der Redner macht noch einen weiteren Schritt auf die nächste Stufe.

«Ich bin dir bekannt. Du hast mich doch oft auf dem Theater gesehen», setzt Archias fort. «Athen ist unzerstört. Und wartet auf dich!»

Da nimmt Demosthenes einige Helme wahr, die im Sonnenglanz durch die Kiefern schimmern. Jäh zieht er den Atem ein. Dann platzt er mit Hohnlachen heraus. Sein Stolz sucht die Verzweiflung zu verdecken, in der seine Stimme erzittert: «Ja, du schauspielerst jetzt so schlecht wie früher, als du deine Rolle des Kreon mimtest. Warte noch eine kleine Weile, bis ich einige Zeilen an die Meinen geschrieben und zu Poseidon gebetet!»

Er verschwindet schnell in das Innere. Dort nimmt er den vergifteten Griffel zur Hand, den er stets bei sich trägt. Und durchstößt sich die Kehle.

Mit letzter Lebenskraft wankt er aus dem Tempel. Er will nicht das Heiligtum, das ihm Asyl lieh, mit seinem Blute beflecken. Ohne Archias noch ein einziges Mal anzusehen, sinkt er entseelt in den Sand.

Der Oktobersturm der Neumondnacht wich wieder linderen Winden. Die Wellen brachen sich abermals am Kalk der Küste und sprachen im Urtiefenton ihres poseidonischen Atems. Nirgends wob ein Wolkenschleier, der sich aus lichten Schichten düster verdichtete.

Was aber stieg aus den Tiefen herauf und bedrückte die Brust der Athener?

Seht, mit einem Male mieden sie, miteinander Worte zu wechseln. Die, sonst so redselig, wichen unwirsch zur Seite. Kehrten schweigend den Rücken. Niemand erhob grüßend die Hand. Keiner wagte einen freudigen Zuruf. Denn der Wagen des Reichsverwesers, aus Kleonai über Eleusis von der Heiligen Straße gekommen, fuhr durch das Dipylon in die Stadt ein.

Antipatros saß in der Mitte der mit makedonischen Hoheitszeichen verzierten Karosse, Nikanor zu seiner Rechten, Demetrios links von ihm. Umgeben von ihrer Leibgarde, die um Sicherheit sorgend bangte, überließ sich jeder der drei einsam seinen eigenen Gedanken.

Kein Gebäude steht hier zerstört, dachte Antipatros bei sich, und da sieht man keinen freudiger schreiten?

Besetzten wir die Munychia nicht, so sann Nikanor, hetzten sie heimlich sich wieder in einen Krieg hinein.

Demetrios wunderte sich nicht über ihre Bedrückung. Jeder zweite zählte sich zu denen, die ihr Bürgerrecht verloren und auswandern mußten. Weil sie weniger als zweitausend Drachmen besaßen? Nein, weil aus ihnen, den kleinen Leuten, aus den niederen Schichten sich der Funke zum Aufstand am frühesten entfachte ...

Aber Antipatros sann inzwischen in Sorge um sein eigenes Haus. Warum ließ Perdikkas sich von seiner Tochter Nikaia scheiden und nahm aus der Hand der Olympias ihre Tochter Kleopatra zur Frau? Die Schwester Alexanders! Mit ihr wollte er, der den Siegelring des Königs erhalten, die alleinige Herrschaft des Weltreichs. Und jetzt lag er erschlagen von seinen eigenen Leuten, die zu Ptolemaios übergelaufen, im fernen Ägypten ...

Nikanor dachte aber an Kassandros. Denn dessen Vater ernannte zu seinem Nachfolger den besonnenen Polyperchon. Würde sich Kassandros mit einer untergeordneten Stelle begnügen und ihn von der Munychia ruhig weiter über Griechenland wachen lassen? Krateros ist schon nach Asien wieder zurückgeeilt, und Antipatros folgt ihm morgen ...

Der Wagen fuhr indessen am Tempel des Theseus vorbei.

Demetrios blickte von seinem Sitz auf den Hügel des Areopag und auf den Felsen der Akropolis. Nach dem Amtsjahr des alten Phokion, so sann er, wurde ihm das Archontat für die künftigen Jahre versichert. Würde es gelingen, der Stadt eine neue Verfassung zu geben? ... Die alte Polis war tot. Verlor nicht die jungfräuliche Göttin der Stadt schon längst ihre Ägis? Aber Apollon wandert von Stadt zu Stadt, treibt an zu kolonisieren, treibt in die Ferne. Waren es nicht an die dreißig Apollonia-Städte, die gegründet, und nicht geringer an Zahl die Alexanderstädte in aller Welt? Denn Apollon ist auch schon am Nil eingezogen als Osiris-Apis. Als Sarapis bewacht er Alexandreia ...

Das königliche Gefährt kam jetzt langsam an den Rand der Agora.

Wäre Perdikkas sein Schwiegersohn geblieben, dachte Antipatros, dann hätte der in Ehrgeiz Verblendete Roxane nicht zum Mord an Stateira verführt, die ihren Säugling als Alexander ausrufen ließ gegen den Halbbruder Arrhidaios, dem die Soldaten den Eid geschworen.

Als die vier Pferde den Staatswagen mit den Emblemen der

makedonischen Krone am Fuße des Lykabettoshügels vorbeizogen, wanderten Nikanors Gedanken bange zu Pyrrhon hinüber. Denn hier ließ er sich jetzt, der Schüler des Demokrit, nieder, der Zweifler, der agnostische Atomist, der einst Alexander unheilvoll bis zu dessen Tode in Babylon beraten. Der Skeptiker, der hier lehrt, daß alle Dinge unserer Erkenntnis unzugänglich, weil sich dem Zweifel für jeden Satz gleichviele Für und Wider ergeben . . .

Nun hielt der Wagen vor dem Tore des Diochares, im Osten der Stadt. Antipatros stieg mit den beiden Gefährten aus und befahl der Garde zu warten. Denn von hier aus schritten die drei zu Fuß, um das Lykeion zu besuchen.

Friedvolle Stille umgab sie, als sie zum Tempel des Apollon Lykeios kamen, wo sie Theophrastos mit der Schar seiner Schüler feierlich erwartete.

«Er wollte mit mir nach Athen zurück», sagte Nikanor, als sie die Büste des Aristoteles sahen, die vor der Bibliothek stand.

«Dort!» rief Demetrios bitter, «wo sie ihm keinen einzigen Stein zu eigen gaben!»

«Und zum Tode verdammten», setzte Antipatros hinzu.

«Sein Weg geht weiter!» sprach Theophrastos nach Schweigen des Trauerns. «Nach Westen. Wohin auch Alexander ziehen wollte, nachdem er Arabien erobert.» Dann fügte er, der Leiter des Lykeion, mit leiserer Stimme hinzu: «Mit dem Zug der Sonne. Der Zukunft zu. Wie Apollon Lykeios, der Sonnenläufer, über den Erdkreis. Er, dem hier keine Bleibe, gehört aller Welt!»

# ZEITTAFEL

| | |
|---|---|
| 384 | Geburt des Aristoteles in Stagira auf der Halbinsel Chalkidike. |
| 367 | Eintritt des Siebzehnjährigen in Platons Akademie in Athen. |
| 367–364 | Platon in Syrakus auf Sizilien. |
| 361–360 | Platons letzter sizilischer Besuch. |
| 356 | Geburt Alexanders. |
| 354 | Tod des Eudemos vor Syrakus. |
| 349 | Die Chalkidike wird makedonisch. Stagira zerstört. |
| | Erste Philippika des Demosthenes. |
| 347 | Platons Tod (Mai). |
| | Aristoteles verläßt nach zwanzig Jahren die Akademie und begibt sich nach Assos in Kleinasien zum Stadtfürsten Hermias. |
| 345 | Aristoteles mit Theophrastos in Mytilene auf Lesbos. |
| 343 | König Philippos von Makedonien beruft Aristoteles zur Oberleitung der Erziehung Alexanders nach Mieza. |
| | Zweite Philippika des Demosthenes. |
| 341 | Hinrichtung des Hermias in Susa. |
| | Aristoteles nimmt dessen Schwester (oder Nichte?) Pythias zur Frau. |
| | Dritte und vierte Philippika des Demosthenes. |
| 340–339 | Während des Krieges gegen Byzantion läßt Philippos Alexander als Regenten zurück. |
| | Aristoteles abwechselnd wohl in Mieza, Pella und Stagira. |
| 338 | Schlacht bei Chaironeia. Alexander als Reitergeneral. |
| 337 | Aristoteles arbeitet, inschriftlich bezeugt, mit Kallisthenes in den Archiven von Delphi. |
| 336 | Alexander wird König von Makedonien. |

335 Rückkehr des Aristoteles nach Athen. Lehrtätigkeit im Lykeion.

Alexanders Zerstörung von Theben. Niederwerfung des griechischen Aufstandes.

334 Frühjahr: Aufbruch des Alexanderheeres nach Asien.

334–325 Hauptdaten des Alexanderzuges: Granikus (334). Issos (333). Unterwerfung Syriens, Palästinas und Ägyptens. Gründung von Alexandreia (332/1). Gaugamela (331). Alexander König von Asien. Babylonien, Persien, Baktrien. Hinrichtung des Kallisthenes (327). Zug nach Indien (327–325).

324 Juli: Nikanor eröffnet die olympischen Spiele. Reichsdekret über die Rückkehr aller Verbannten und die Halbgöttlichkeit Alexanders.

Der Harpalosprozeß. Verbannung des Demosthenes.

Aristoteles am Höhepunkt seiner Lehrtätigkeit im Lykeion.

323 Tod Alexanders in Babylon am 13. Juni.

Herbst: Ausbruch des Lamischen oder Hellenischen Krieges gegen die makedonische Herrschaft. Aufbruch der griechischen Verbündeten unter Leosthenes. Rückkehr des Demosthenes.

Aristoteles zum Tode verurteilt durch den Oberpriester von Eleusis mit Hilfe des Staatsanwalts Demophilos.

Flucht des Aristoteles aus Athen nach Chalkis, wahrscheinlich im Spätherbst oder vor der Winterwende.

322 Belagerung von Lamia. Antipatros mit seinem makedonischen Heer eingeschlossen.

Aristoteles in Chalkis auf Euboia von allen Freunden abgeschnitten.

Frühjahr: Anmarsch makedonischer Entsatzheere.
Niederlage der attischen Flotte bei Abydos.
Sommer: Krateros vereint sich mit Antipatros.
Vernichtung der attischen Seemacht bei Amorgos. Endsieg der Makedonen bei Krannon (Anfang August).

Tod des Aristoteles in Chalkis, vermutlich in der zweiten Septemberhälfte.

Einzug Nikanors in die Seefestung Munychia bei Athen.
Ende des Demosthenes auf Kalaureia (Mitte Oktober).

Die Daten sind nach dem Stand neuester Forschung (vgl. u. a. Ingemar Düring: *Aristoteles,* Heidelberg 1966; A. H. Chroust: *Aristotle,* New light on his life, 2 vols. London 1973; Fritz Schachermeyr: *Alexander der Große,* Österreichische Akademie der Wissenschaften, Wien 1973).

Der Text des Testaments von Aristoteles (9. Kapitel) ist authentisch. Briefstellen von Alexander sind dokumentarisch ungesichert, wie dies für die gesamte Epistolographie der Antike gilt. Briefe des Aristoteles an Theophrastos gehören wie alles übrige zum Bereich biographischer Dichtung. Verurteilung und Flucht des Aristoteles wie auch die Einzelheiten des Lamischen Krieges sind historisch fundierte Fakten. Demosthenes mit seiner nationalistischen Logomachie (Wortkämpferei) wirkte als Widerpart des kosmopolitischen Begründers der Logik schicksalshaft mit denselben Daten von Geburt und Tod.

FRIEDRICH HIEBEL

# Campanella

Der Sucher nach dem Sonnenstaat.
Geschichte eines Schicksals.

306 Seiten, Leinen

«Hiebels Buch Campanella basiert auf intensiven Studien. Es ist nicht nur informativ, sondern auch spannend. Campanella hat, ein Märtyrer fortschrittlicher Gesinnung, 27 Jahre bitterer Kerkerhaft erlitten und in dieser Zeit die Idee seines ‹Sonnenstaates› konzipiert, die unser Aufhorchen verdient . . . Friedrich Hiebel, mit seinem Buch ‹Die Botschaft von Hellas› als humanistischer Gelehrter ausgewiesen, arbeitet die religiöse Komponente im Lebensbild seines Helden, der ursprünglich Dominikaner war wie Giordano Bruno, mit eigenartig drängender, manchmal stichworthafter Handhabung der Sprache und ebenso drängender Szenenfolge heraus.»

*Die Welt*

«Hiebel hat die geistigen Kräfte und Mächte in Gestalten sichtbar gemacht, die sich dem Leser einprägen, er hat die Strömungen und Gegenströmungen ans Licht gehoben und in Bildern von starker Eindringlichkeit und Sinnlichkeit gedeutet. Langjährige Studien bilden die Grundlage des Werkes, er hat aber auch in freien dichterischen Erfindungen Zwischenglieder geschaffen, die das historische Bild ergänzen und belegen.»

*Neue Zürcher Zeitung*

VERLAG FREIES GEISTESLEBEN

## *Weitere Werke von Friedrich Hiebel*

*Novalis.* Deutscher Dichter, Europäischer Denker, Christlicher Seher, 5.–7. Tausend.

*Die Botschaft von Hellas.* Von der griechischen Seele zum christlichen Geist, 3. Auflage.

*Rudolf Steiner im Geistesgang des Abendlandes.* 2. Auflage.

*Goethe.* Die Erhöhung des Menschen, Perspektiven einer morphologischen Lebensschau.

*Christian Morgenstern.* Wende und Aufbruch unseres Jahrhunderts.

*Albert Steffen.* Die Dichtung als Schöne Wissenschaft.

*Biographik und Essayistik.* Zur Geschichte der Schönen Wissenschaften.

FRANCKE VERLAG BERN UND MÜNCHEN

*Himmelskind und Adamsbotschaft.* Kunstgeschichtliche Menschheitsmotive im besonderen Zusammenhang mit Michel angelos Sixtinischer Decke.

*Alpha und Omega.* Sprachbetrachtungen.

PHILOSOPHISCH-ANTHROPOSOPHISCHER VERLAG DORNACH/SCHWEIZ

*Paulus und die Erkenntnislehre der Freiheit.* 2. Auflage.

*Bibelfunde und Zeitgewissen.* Die Schriftrollen vom Toten Meer im Lichte der Christologie Rudolf Steiners.

*Der Bote des neuen Bundes.* Drama der Zeitenwende um Johannes den Täufer, 2. Auflage.

RUDOLF GEERING VERLAG BASEL

# Es war einmal in Brasilien

Paula Macedo Weiß

deutsch von Michael Kegler

**axel dielmann – verlag**
Kommanditgesellschaft in Frankfurt am Main

*die scharfen zähne des lebens*
*mögen das fleisch lieber*
*in jungen jahren der kindheit*
*wenn*
*die bisse mehr weh tun*
*und unauslöschliche narben hinterlassen*
*wenn*
*der geschmack des fleisches*
*noch nicht verdorben ist*
*durch die pökellauge des alltags*

*wenn*
*noch geweint wird*
*wenn*
*man sich noch empört*
*wenn*
*es noch geht*

(Paulo Leminski)

# I

Ich wurde 1969 in Londrina geboren, im brasilianischen Bundesstaat Paraná, sechs Tage nachdem der erste Mensch seinen Fuß auf den Mond gesetzt hatte. Eine schwere Geburt, ich war eine der ersten Überlebenden einer Zervixcerclage in Brasilien. Das Krankenhaus São Leopoldo, in dem ich geboren wurde, gibt es nicht mehr, und der Arzt, der mir ins Leben half, nahm sich später aus Liebeskummer sein eigenes – mit einer Säge. – So, wie mein Vater mir die Geschichte nicht ohne Überhöhungen schilderte, dürfte dies schon mein Leben geprägt haben, denn es geht darin um Liebe, Verzweiflung und Entschlossenheit.

Wie es der Musiker Jorge Ben Jor ausdrücken würde, kam ich in einem tropischen Land zur Welt, das von Gott gesegnet und von Natur aus schön ist. Ja, das ist wahr, aber 1964 erschütterte auch ein Militärputsch das Land und zwang es in die Knie. Die Militärs übernahmen die Macht, drängten den rechtmäßig gewählten Präsidenten João Goulart ins Exil, der nach Uruguay ging und später nach Argentinien. Das Land hatte sich damals in einem Modernisierungsprozess befunden, die brasilianische Gesellschaft entwickelte sich rasant von einer rückständigen Agrargesellschaft zu einer vorwiegend städtischen Industrienation. Das Militärregime brach mitten in diese Entwicklung hinein, und die Veränderung nahm ihren Lauf, nun aber nicht mehr wie vorgesehen mit dem Ziel einer humanen Gesellschaft. Im Gegenteil. Es kamen finstere Jahre: Die permanente Missachtung der Menschenrechte, politische Unruhe,

Einschränkungen der Bewegungsfreiheit, der Pressefreiheit, der Meinungsfreiheit waren in dieser düsteren Zeit Alltag. Leute wurden festgenommen, gefoltert, verschwanden, wurden ermordet und viele mussten ins Ausland fliehen.

In dieser Zeit der Notstandsgesetze wuchs ich auf, umgeben von Politik und von Träumen. Außer davon, dass irgendwann wieder Demokratie herrschen würde, träumte mein Vater davon, dass ich einmal in den diplomatischen Dienst gehen sollte, um mein Land in der Welt zu vertreten. Es ist sehr viel schwerer, aus Welten herauszukommen, als in sie hineinzukommen, wie Gore Vidal uns sagt ◈ (diese und folgende Anmerkungen sind im Glossar auf Seite 236 zu finden). Ich hatte das Glück, unterschiedliche Welten betreten zu dürfen. Eins führt immer zum anderen und dann weiter zum nächsten. Am besten fangen wir mit dem Anfang an. „Wie beim Anfang beginnen, wenn die Dinge geschehen, bevor sie geschehen?“, fragt Clarice Lispector in *Der Große Augenblick* ◈. – Dies ist die Geschichte meines ersten Lebens, so wie es einmal war.

# 2

Das historische und gesellschaftliche Umfeld des Landes hatte sehr großen Einfluss auf die Erfahrungen meiner Familie, auf unsere Art zu denken und zu leben. Es hatte Einfluss auf unseren Alltag und hat Spuren in unserer Familienstruktur hinterlassen. Viele historische Prozesse spiegelten sich direkt in unserem Leben und beeinflussten unsere Entscheidungen. Die Bandbreite der Möglichkeiten war unermesslich, alles war möglich, und was auf die eine Weise geschah, hätte auch anders geschehen können. Ich kann allerdings immer nur eine der möglichen Varianten erzählen. Die äußeren Fakten sind Hintergrundmusik. Im Vordergrund steht mein Leben. Die individuelle Erinnerung und das kollektive Gedächtnis sind miteinander in permanenter Interaktion.

Die Militärdiktatur in Brasilien von 1964 bis 1985 ist ein solcher Prozess. Sie war gekennzeichnet durch die Aufhebung von allem, auf das sich moderne Demokratien gründen. Gleich nach dem Putsch erließen die Militärs zahlreiche Verfassungsdekrete, insgesamt waren es 17, die ihre diktatorische Macht in der Exekutive absichern sollten und in der Summe zu einer tiefgreifenden Veränderung der Gesetzgebung in Brasilien führten, die Macht der Militärs über die Zivilgesellschaft schrittweise stärkten und das Militärregime institutionalisierten.

Mit dem Putsch war die Direktwahl des Präsidenten abgeschafft worden und bereits mit dem Verfassungsdekret (Ato Institucional) Nr. 2 durch ein Wahlkollegium ersetzt worden, das fortan den Präsidenten bestimmen sollte. Derselbe Erlass verlieh der Exekutive das Recht, den Kongress aufzulösen oder zeitweilig zu entmachten, und erweiterte die Befugnisse des Präsidenten bis hin zu dem Recht, ohne Zustimmung des Parlaments den Ausnahmezustand für bis zu 180 Tage auszurufen sowie Personen aus dem öffentlichen Dienst zu entlassen, die eine Bedrohung für die nationale Sicherheit darstellten. Das alles „im Interesse des Friedens und für die Ehre der Nation". Zudem wurden alle damals aktiven politischen Parteien aufgelöst, an deren Stelle nun ein Zweiparteiensystem etabliert wurde, mit einer „Nationalen Erneuerungsallianz" ARENA auf der Seite der Regierung und einer „Brasilianischen Demokratischen Bewegung" MDB, das Movimento Democrático Brasileiro, als Sammelbecken der von den Militärs tolerierten Opposition. Das von den neuen Machthabern eingerichtete Zweiparteiensystem war einerseits ein Instrument der politischen Schwächung, andererseits aber auch ein Zeichen dafür, wie sich der Autoritarismus als demokratisch zu tarnen gedachte. Jede Art von Diskussion und jeder politische Pluralismus wurde eliminiert und fand sich in zwei geschlossenen Kategorien wieder: Regierung und Opposition. Die unterschiedlichen, zuvor in zahlreichen Parteien organisierten politischen Strömungen waren nun gezwungen, sich entweder ARENA oder der MDB anzuschließen. Die Folge war die Herausbildung zweier gegensätzlicher, aber in sich heterogener Lager, in denen sich Politiker aller möglichen Couleur wiederfanden.

Obwohl die Bewegungsfreiheit der „demokratischen Bewegung" MDB sehr beschränkt war – es war ja nur eine vom Regime geduldete Opposition –, leistete sie einen sehr wichtigen Beitrag zur späteren Re-

Demokratisierung. Auch wenn sich in ihr die unterschiedlichsten Ideologien und politischen Ansichten sammelten, verfolgten doch alle ihre Repräsentanten relativ geschlossen das Ziel, die Militärdiktatur zu überwinden und die Demokratie wiederherzustellen.

Drei Wochen nachdem ich das Licht der Welt erblickt hatte, es war August 1969, geschah Woodstock – *three days of peace and music*. Das Festival strahlte auch auf die Jugend im Süden aus. Ich wurde zum Klang der rebellischen Jugend, die die Welt verändern wollte, gestillt. Meine Eltern hatten alle erdenklichen Platten: Joan Baez, Bob Dylan, The Who, Janis Joplin, Jimi Hendrix. Joan Baez war mit Abstand die Primadonna, die Muse meiner ersten Schritte ins Leben.

Das hinderte meine Eltern aber nicht daran, Onkel Sam auch kritisch gegenüberzustehen. Im Gegenteil, denn der Mythos dieser „Vereinigten Staaten von *Love and Peace*“ war umso attraktiver, als er dem Bild der Vereinigten Staaten, unter deren Einfluss die Militärdiktaturen überall in Lateinamerika standen, diametral entgegenstand. Auch die Diktatur in Brasilien passte in dieses weltweite politische Bild. USA und Sowjetunion wetteiferten im Kalten Krieg um Einflusssphären, und die Vereinigten Staaten hatten ein klares Interesse daran, die Hegemonie über unseren Kontinent zu behalten. Sie waren hier, unterstützten und kontrollierten die brasilianischen Streitkräfte „nur zwei Tage von Santos entfernt“, wie es hieß.

Die Zeit zwischen 1969, meinem Geburtsjahr, und 1975 – bekannt als die „bleiernen Jahre“, in denen die Übergriffe und die vom Regime ausgehende Gewalt ihren

Höhepunkt erreichten – waren gleichzeitig die Jahre des sogenannten Wirtschaftswunders. Das Land erlebte ein bemerkenswertes Wirtschaftswachstum, eine Zunahme des Bruttoinlandsprodukts von um die 10 % jährlich. Erst 1973 sollte sich dieses im Zuge der Ölkrise abflachen. Doch mit dem angeblichen Wirtschaftswunder machte sich auch der nationalistisch überhöhte Größenwahn einer angeblichen „Großmacht Brasilien" breit. Die Militärregierung leitete eine Periode patriotischer Kampagnen ein, um die Sympathie der Bevölkerung zu erlangen. Es wurden Slogans geschaffen wie *„Dieses Land hält niemand auf"*, aber auch *„Brasil: ame-o ou deixe-o"*. Ein Wortspiel, das zugleich „Brasilien: liebe es oder lass es" heißen konnte sowie „liebe es oder geh"! Lieben hieß in diesem Fall, sich den Normen der Diktatur zu unterwerfen. Die Aufforderung es zu (ver)lassen ging an jene, die mit den neuen Spielregeln nicht einverstanden waren.

1970 wird Brasilien in Mexiko Fußballweltmeister, und das Volk strömt in allgemeiner Euphorie auf die Straße und singt patriotische Lieder, verwechselt Fußball mit der Regierung in einem gigantischen Karneval außerhalb der Saison. Es lebe Brasilien! In seinem Buch *A Ditadura Escancarada* (Die offensichtliche Diktatur) schreibt Elio Gaspari: „Das Brasilianische Wunder und die Bleiernen Jahre verliefen parallel. Beides war real und geschah gleichzeitig, sich gegenseitig in Frage stellend."

In der Zeit der Militärdiktatur und des gleichzeitigen Wirtschaftswachstums kam es paradoxerweise auch zu einer nie dagewesenen Konzentration des verfügbaren Einkommens und wachsender sozialer Ungleichheit. Es gab keine Wirtschaftspolitik, die auf eine Verteilung des verfügbaren Einkommens gezielt hätte. Der damalige Wirtschaftsminister Antonio Delfim Neto sagte, die Entwicklung des brasilianischen Binnenmarktes könne aus sich heraus Wachstum erzeugen, Brasilien müsse nur seine Binnenreserven erhöhen – mit anderen Worten, den Kuchen vergrößern, um ihn aufzuteilen. Soweit ich weiß, ist der Kuchen allerdings nie aufgeteilt worden. Der Staat als Akteur des sozialen Wandels war, was die Militärdiktatur angeht, eine herbe Enttäuschung.

In den 1960er und 1970er-Jahren entwickelte sich die Studierendenbewegung zum großen Kristallisationspunkt der gesellschaftlichen Mobilisierung und des Widerstands gegen die zivil-militärische Diktatur. Ende der 1950er-Jahre begann diese Bewegung mit der Gründung neuer Fakultäten und Universitäten zu wachsen. In einem sich entwickelnden Land war der Zugang zu höherer Bildung der Schlüssel zu einer schnelleren Modernisierung und öffnete gleichzeitig vielen die Tür zu sozialer Mobilität und gesellschaftlichem Aufstieg. Die Universitäten waren auf einmal voll von jungen Leuten aus einem mittleren Segment der Gesellschaft. Mein Vater war einer von denen, die von diesen Veränderungen profitierten. Mit den Studierendenzahlen wuchs auch die Zahl neuer politischer Strömungen an den Universitäten, die überwiegend ein sozialistisches Projekt der gesellschaftlichen Veränderung verfolgten. Meine Mutter, die im Gegensatz zu meinem Vater aus einer liberalen Familie der Oberschicht stammte, dafür aber eine der wenigen jungen Frauen war, die in jener Zeit an die Universität gingen, erzählte uns später: „An der Universität ging es nur noch um Politik, es war viel Idealismus dabei, allen ging es darum, eine bessere Welt zu errichten"; und: „Alle, die eine gerechtere Gesellschaft wollten, mehr Demokratie, mehr soziale Gleichheit, eine gerechtere Verteilung der Einkommen, wurden ‚Kommunisten' genannt."

Mein Vater studierte von 1960 bis 1965 an der Landesuniversität von Paraná in Curitiba Rechtswissenschaften. Als er sich einschrieb, studierte dort bereits mein Onkel João Carlos, der ältere Bruder meiner Mutter, er selbst war Kommilitone meiner Mutter und meines Onkels Tataio, dem späteren Ehemann ihrer jüngeren Schwester, meiner Tante Mingua. Alle studierten mehr oder weniger gleichzeitig. Mein Vater hatte als studentischer Aktivist und Mitglied der UNE, vor allem aber aufgrund seiner geschliffenen Rhetorik bereits eine regelrechte Gefolgschaft.. Meine Mutter studierte Jura und Journalismus, während mein Vater tagsüber für den Lokalteil der Tageszeitungen *Estado do Paraná* und *Gazeta do Povo* arbeitete, um seinen Lebensunterhalt zu verdienen. Er studierte abends – das Übliche in Brasilien, wenn man sich sein Studium selbst finanzieren muss. Sie lernten sich ein Jahr vor dem Militärputsch kennen.

Damals brodelte es nur so von Ideen und Haltungen, die Studierenden beteiligten sich aktiv am Leben der Universität und der Gesellschaft. Wie viele ihrer Generation wollten meine Eltern die Welt retten. Mein Vater war aktives Mitglied der Studierendenbewegung, Mitglied der UNE und hatte mit seiner geschliffenen Rhetorik schon eine regelrechte Gefolgschaft. Einmal wurde er von der Fakultätsleitung wegen angeblicher Subversion vorübergehend suspendiert. Als er schon

Vorsitzender des Akademischen Zentrums war, hielt er bei anderer Gelegenheit einen Vortrag, den auch meine Mutter besuchte. Nach der Veranstaltung gingen alle zusammen in ein Imbisslokal, und bei der ersten Gelegenheit sprach sie ihn an, dankte ihm und sagte, ihr habe sein Vortrag gefallen. Nach nur wenigen Worten sagte mein Vater aus heiterem Himmel: „Ich heirate dich.“ Meine Mutter lachte und erwiderte: „Wer weiß.“ Sie war gerade von einem mehrmonatigen Aufenthalt in den Vereinigten Staaten zurück, wo sie eine Beziehung mit einem Mitstudenten aus São Paulo eingegangen war, die auch nach der Rückkehr nach Brasilien noch eine Zeitlang anhielt. Meine Mutter musste sich erst wieder in Curitiba einleben, hatte gerade die Zulassungsprüfung zur Universität bestanden und mit dem Studium angefangen. Nach einem Jahr voller Flirts und viel politischem Engagement wurden sie und mein Vater schließlich ein Paar.

Mein Vater wurde trotz seiner bescheidenen Herkunft von der großbürgerlichen Familie meiner Mutter gut aufgenommen. Mit seiner brillanten Intelligenz und seinem Interesse an Politik fand er die Anerkennung meiner Großeltern, vor allem, als er sich entschloss, der Tradition meines Großvaters mütterlicherseits folgend in die Politik zu gehen. Für meine Mutter bedeutete die Verbindung mit ihm einen Bruch mit der Tradition ihrer bürgerlichen Herkunft. Er war ein idealistischer Mann voller Überzeugungen und mit der Energie der Entschlossenen. Meine Mutter besaß eine bestimmte respektlose Spitzbübigkeit und ein ansteckendes, unerschütterliches Vertrauen ins Leben.

1965 schloss mein Vater sein Studium ab, wenn auch auf Umwegen. Er war für seinen Jahrgang zum Sprecher der Absolventen der Universität gewählt worden. Das System sah vor, dass nur eine Person für die Absolventen aller Fakultäten sprechen sollte. So wollte man einzelne Äußerungen gegen das Militärregime möglichst unterbinden. Da er bei der Universitätsleitung bereits bekannt und für seine flammenden Kommentare und politische Positionierung sogar schon bestraft worden war, suchte man nun nach einem Weg, ihn daran zu hindern, im Namen des gesamten Jahrgangs zu sprechen. Verlassen konnte sich die Diktatur dabei auf die Zuarbeit von Professoren, die bestimmten Studierenden Hindernisse in den Weg legten. In seinem Fall war dies ein Professor, der ihm eine nicht ausreichende Zensur in Zivilrecht gab und ihn damit zur Wiederholung der Prüfung zwang. Meinem Vater war klar, dass dies nur geschehen war, um ihn davon abzuhalten, als Sprecher der Absolventen aufzutreten. Er erhielt sein Diplom also später und konnte an der gemeinsamen Abschlussfeier nicht teilnehmen.

Zwei Jahre später heirateten meine Eltern aus Liebe. Wie alle Jugendlichen ihrer Zeit hatten sie den gemeinsamen Wunsch, den Lauf der Welt zu verändern, und die Hoffnung, dabei sie selbst sein zu können, authentisch und frei von Vorurteilen und verlogenen Konventionen. 1967 zogen sie nach Londrina mit dem Ziel, dort ein gemeinsames Leben zu beginnen, fanden, es könne keinen besseren Ort geben als diesen, um eine Familie zu gründen – Londrina war eine weltoffene Stadt. Ihre Architektur weist einen deutlichen englischen Einfluss auf. Meine Eltern kauften ein hübsches rotes Häuschen im Kolonialstil, das meiner Mutter ausgesprochen gefiel. Es war geräumig und hatte eine Veranda, und im Garten gab es eine Schaukel für den Nachwuchs, der bald kommen sollte. Dort bin ich geboren und aufgewachsen. Meine Eltern bekamen drei Kinder: mich als Älteste, meine Schwester Camila und meinen Bruder Bruno.

# 3

Mit dem Putsch änderte sich in der Gesellschaft alles. Es gab keine juristische, ethische oder moralische Grenze mehr für die staatliche Repression in Brasilien. Nach der antikommunistischen Logik der nationalen Sicherheitsdoktrin konnte nun jeder Bürger ein Sympathisant oder Anhänger des „Kommunismus“ sein, zumindest aber subversiv oder ein Feind. Diese Doktrin wurde zur Staatspolitik, und die Armee wurde zu einer verbissenen Polizei. Bis 1967 bediente sich die Diktatur der schon in den einzelnen Bundesstaaten vorhandenen Repressionsstrukturen und mobilisierte die Abteilungen für Politische und Gesellschaftliche Ordnung. Ab Mitte 1967 wurden dann spezielle Organe geschaffen innerhalb des brasilianischen Systems der Informationsbeschaffung und -auswertung und der Repression, einschließlich der Folter von Gefangenen – als Mittel zur Ausschaltung oppositioneller Bewegungen, der „Feinde“. Die Folter unter der Militärregierung ist ein dunkles Kapitel unserer Geschichte. „Gegen das Vaterland gibt es keine Rechte“, verkündete ein Schild im Eingangsbereich vor den Aufzügen der Polizei in São Paulo.

Von 1967 an wurde die Studierendenbewegung die wichtigste Opposition gegen das Militärregime und den herrschenden Autoritarismus. Die jungen Leute waren ja nicht mehr von der Welt isoliert, auch im Ausland waren Studierende gegen den Autoritarismus und für die Demokratisierung der Gesellschaften auf die Straße gegangen – Daniel Cohn-Bendit war in meiner Kindheit ein wichtiger Bezugspunkt. Mit ihren Forderungen, Protesten und Demonstrationen nahmen die Studierenden den Kampf gegen die Diktatur auf und hatten entscheidenden Einfluss auf die Politik im Land, rüttelten die Kultur auf, setzten sich für die Aufklärung der Bevölkerung ein und insgesamt für das Engagement der brasilianischen Jugend. Die Studierenden übernahmen die Straßen mit Losungen wie: „Ja zum Volk, nein zur Diktatur."

Angesichts dieser gigantischen Ablehnung des Willkürregimes wurde schließlich der berüchtigte AI-5 erlassen, das umfassendste und beständigste unter den Verfassungsdekreten. Er untersagte jedwede öffentliche politische Äußerung, verlieh der Exekutive das Recht, Abgeordnetenmandate zu kassieren, jedem beliebigen Bürger die verfassungsmäßigen Rechte zu entziehen und stellte sie damit über alle anderen Gewalten. Die Regierung Médici, die in meinem Geburtsjahr 1969 für vier Jahre die Macht in Brasilien übernommen hatte, war die Zeit der schlimmsten Repression. Die Unterdrückung der Opposition, die Einschränkung etlicher Grundrechte und überhaupt die Missachtung der Menschenrechte erreichten in dieser „bleiernen Zeit" ihren Höhepunkt.

Meine Mutter erzählte, dass der AI-5 am Anfang ihren Alltag als junge Mutter nicht sonderlich beeinträchtigt habe – sie erfreute sich ihrer Mutterschaft und an allem, was sich damit veränderte. Begeisterung und Leidenschaft dominierten, und sie ließ sich vor allem von ihren Hormonen steuern: schlicht andere Prioritäten. Meine Großmutter Militina, die Mutter meiner Mutter, eine majestätische Frau, stieg von ihrem Thron in Curitiba und reiste für ein paar Tage ins Landesinnere, um mich kennenzulernen. Eine große Stütze für meine Mutter war in diesen Tagen meine Tante Terezinha, eine Cousine, die in Londrina wohnte und bereits erfahrene Mutter von vier Kindern war. Die drei Frauen zusammen, die unterschiedlicher nicht hätten sein können, bildeten ein wunderbares Triumvirat. Sie ließen den Himmel meiner Existenz strahlen, und jede hat mich auf ihre ganz eigene Weise beeinflusst, mich behütet und mir beigebracht, dass es unterschiedliche Formen zu lieben und zu leben gibt. Der Musiker Milton Nascimento predigt in seinem Song *Paula e Bebeto*: „Jede Art Liebe verdient es, zu sein / jede Art Liebe lohnt es sich, zu lieben / sie lieben sich sowieso / lieben sich ein ganzes Leben lang." Das war meine heile Welt.

Aber die Wirklichkeit im Land sah anders aus. Nach dem AI-5 konnte sich das Regime auf ein umfassendes System der Überwachung und Repression stützen, die Vorab-Zensur von Büchern und Zeitungen wurde institutionalisiert, auch die Zensur aller anderen Kommunikationsmittel und jeder Form von künstlerischem Ausdruck. Alles, was den Behörden missfiel, war verboten. „Es ist verboten, zu verbieten" sang Caetano Veloso mit den „Mutantes" 1968 trotzig in die Mikrofone des 3. Internationalen Musikfestivals von TV Globo. Das war der Moment, in dem die Musik eine entscheidende Rolle übernahm.

Die Festivals beflügelten die brasilianische Popmusik, die „Música Popular Brasileira", etablierten den „Tropicalismo" und wurden mit ihren Protestsongs schließlich zu einer politischen Bühne. Die zunehmende Repression gegen die Studierenden und ihre Institutionen, gegen Künstlerinnen und Künstler, Intellektuelle und die

Gesellschaft im Allgemeinen, die der Staat alle gewaltsam zum Schweigen bringen wollte, rief in den ersten Jahren der Diktatur die unterschiedlichsten Reaktionen hervor. Eine davon war ein Kreativitätsschub. Die Gesellschaft suchte nach Alternativen, um sich politisch und künstlerisch ausdrücken zu können, und dies ebnete unter anderem dem „Cinema Novo" den Weg, dem „Cinema Marginal" und den besagten Musikfestivals. Vor allem die Festivals wurden zu einem Ventil, einer kollektiven Katharsis für viele idealistische, unterdrückte Jugendliche. Die Musik als ein Instrument des Protests und der Antwort auf die Repression kam nun nicht mehr nur heimlich im Radio, sondern erreichte die Leute am Fernseher, weckte Begeisterung bei den Leuten, die ganz gemütlich zu Hause saßen oder in den Konzertsälen der Fernsehstationen Record oder Globo in São Paulo oder in Rio, und sich dort das Recht nahmen, leidenschaftlich zu applaudieren oder zu pfeifen. Meine Eltern haben all diese Festivals miterlebt und waren leidenschaftliche Anhänger dieser unangepassten Jugend. Einer der größten Repräsentanten dieser Zeiten war Chico Buarque, der zusammen mit Gilberto Gil ein prägendes Lied schrieb, das die Situation jener Zeit sehr gut zusammenfasst: *Cálice* – das portugiesische Wort für Kelch, „cálice", klingt wie der Befehl „cale-se" (sei still!).

„Pra não dizer que não falei das flores": Um nicht zu sagen, ich hätte nichts über Blumen gesagt, von Geraldo Vandré wurde zur Hymne gegen die Diktatur. Der Songwriter spricht die Ungerechtigkeit unverblümt an und fordert die Leute auf, sich gegen das Regime zusammenzuschließen. Er wurde verhaftet, gefoltert und ins Exil getrieben. Singen wurde zu einer riskanten Tätigkeit, denn die Zensur drückte allen, die gegen das Regime aufbegehrten, ihr Brandzeichen auf. Aber man konnte nicht einfach still sein, die Zeit verlangte nach Haltung und Konsequenz. Als ich später als Jugendliche die Bedeutung all dieser Lieder erfasste, wenn ich selbst sie mit Freunden sang, war ich oft sehr ergriffen und bekam feuchte Augen, einen Kloß im Hals und Gänsehaut. Auch wir feierten damit die Freiheit.

Mit dem Umzug meiner Eltern nach Londrina – mein Vater mochte die Stadt und war dort schon zur Oberschule gegangen und bei der Armee gewesen – verstärkte sich die räumliche und emotionale Distanz meiner Mutter zu ihrer Familie. Die Beziehung meiner Mutter zu meiner Großmutter war schon immer nicht einfach gewesen, Bezugsperson und Beschützer war für sie mein Großvater. Mit dessen Erkrankung war eine Verbindung zum Rest ihrer Familie zerrissen. Sie fühlte sich allein und schutzlos.

Nach seinem Universitätsabschluss wurde mein Vater stellvertretender Staatsanwalt im Verwaltungsbezirk Londrina, eine Stelle, die er ein paar Monate später wieder aufgab, um mit vier Kollegen eine Anwaltskanzlei aufzumachen. Daneben war er Dozent für Strafrecht an der juristischen Fakultät und für öffentliches Recht an der Wirtschaftsfakultät der Universität von Londrina. Zwei Mal war er Vorsitzender des Anwaltsvereins von Londrina und der erste örtliche Vorsitzende der brasilianischen Alphabetisierungsbewegung Mobral. Parallel zu seiner Anwaltstätigkeit übernahm er das Amt eines Prokuristen des Brasilianischen Kaffeeinstituts IBC in Londrina.

Das IBC war eine Abteilung des Ministeriums für Industrie und Handel und zuständig für den Anbau und die Vermarktung des brasilianischen Kaffees im In- und Ausland. Erneut kreuzte sich hier sein Weg mit dem meines Großvaters mütterlicherseits, der Jahre zuvor Mitglied im Exekutivrat und Vorsitzender dieses Instituts gewesen war. Irgendwann dann beschloss mein Vater, richtig in die Politik zu gehen. Er hatte sich ja schon an der Universität politisch engagiert, und nun war die Zeit gekommen, Politik für Erwachsene zu machen. Also wurde er 1967 Vorsitzender des Kreisverbands von Londrina der Demokratischen Bewegung Brasiliens (MDB), und er blieb es bis 1975.

Als meine Eltern nach Londrina gezogen waren, hatte meine Mutter ihr Jura-Studium noch nicht abgeschlossen, und ihre beste Freundin an der juristischen Fakultät, Lígia, heiratete ebenfalls und zog mit ihrem Mann, der Arzt war, nach Maringá im Norden von Paraná, nicht weit entfernt von Londrina. Da sie beide noch ein Jahr bis zum Abschluss hatten, wechselten sie sich damit ab, nach Curitiba an die Uni zu fahren und sich gegenseitig in die Anwesenheitslisten einzutragen, gaben sich ihre Aufzeichnungen weiter und unterstützten sich gegenseitig. So schlossen sie beide 1968 ihr Studium ab. Kurz nachdem ich geboren war, bekam Lígia Krebs und starb noch im gleichen Jahr. Krebs war damals ein Tabuthema und niemand sprach darüber. Wenn jemand Krebs hatte, zog er sich verschämt zurück. Es herrschte der verbreitete Irrglaube, dass Krebs ansteckend sei.

Die Reaktion meiner Mutter auf den Tod ihrer Freundin war, noch einmal an die Uni zu gehen. Sie wollte verstehen lernen, was in den Köpfen der Leute vor sich ging, verstehen, wie die Psychologie von Gruppen funktioniert, verstehen, verstehen, verstehen, was oft nicht zu verstehen ist – das Gefühl mit Vernunft begreifen, wie sie es ausdrückte. Also schrieb sie sich an der gerade eröffneten Universität von Londrina für Psychologie ein. Der Weg zum Campus außerhalb der Stadt führte über unbefestigte Straßen. Wenn es regnete, verwandelten sich diese in einen dichten, klebrigen Morast, durch den sich meine Mutter in ihrem Auto quälte, schlitternd und immer wieder im Schlamm stecken bleibend, wenn der Weg einen der vielen Hügel außerhalb der Stadt hinaufführte. Ich fuhr gern mit ihr mit und sah ihr bei ihren Versuchen mit weißen Labormäusen zu. Von Verhaltenspsychologie verstand ich damals natürlich gar nichts, aber ich war fasziniert von den kleinen Mäusen in ihren Laufrädern.

# 4

In den ersten Jahrzehnten des 19. Jahrhunderts siedelten sich Leute aus aller Welt in Londrina an, einer Stadt, die dort mitten im Atlantischen Regenwald von Engländern errichtet worden war. Wo früher ein Meer von Bäumen gewesen war, entstand nach und nach ein Ozean aus Kaffeeplantagen. Von den 1930er-Jahren an galt die Gegend aufgrund ihrer außergewöhnlichen Produktion als „Welthauptstadt des Kaffees" und war bis 1975, als ein plötzlicher Kälteeinbruch die Plantagen vernichtete, eine der wichtigsten Kaffeeanbauregionen weltweit. In den 1920er-Jahren war eine englische Expedition nach Brasilien gekommen, um Brasiliens Schulden in England einzutreiben. Ein Mitglied dieser Delegation, der schottische Financier Simon Joseph Fraser, 14. Lord Lovat, war von den Aktionären des „Sudan Plantations Syndicate", des im Sudan ansässigen Hauptlieferanten von Baumwolle für England, beauftragt, Investitionsmöglichkeiten in der Gegend zu erkunden, sich über die brasilianische Baumwollproduktion zu informieren und Land zu erwerben. In diesem Zusammenhang bereiste Lord Lovat den Norden von Paraná und stellte fest, dass nichts von dem, was er über die Gegend gehört hatte, übertrieben war. Zurück in England und von den Investitionsmöglichkeiten im sogenannten „Norte Pioneiro" beeindruckt, informierte er seinen Vertrauten Arthur Thomas über die unermesslichen Ausmaße des Regenwalds, den die brasilianische Regierung in der Region zur Kolonisierung freigegeben und für die Investitionsziele der Aktionäre der Sudan Plantation zur Verfügung gestellt hatte. So bildete sich 1925 die „Companhia de Terras Norte do Paraná“ (CTNP), eine britische Firma, die zur großen Landkonzessionärin in der Region wurde und sogleich unter der Leitung von Arthur Thomas mit der Kolonisierung begann. Die Gesellschaft bekam das Recht zugesprochen, die gesamte Region des „Norte Pioneiro“ in Parzellen aufzuteilen. Im Gegenzug verpflichtete sie sich zum Ausbau des Eisenbahnnetzes der Region sowie zur Gründung von Städten.

In dem charakteristischen Nebel, der aus den Urwäldern der Region aufstieg, erkannten die Engländer Ähnlichkeiten zum Nebel in London. Zu Ehren ihrer Herkunft nannten sie die Gemarkung Londrina, Klein-London. Auf diese Weise entstand diese Stadt, deren Geschichte untrennbar mit der Erschließungsgesellschaft CTNP verbunden ist – gleichermaßen wie Uraí, Rolândia und Bela Vista do Paraíso. Die Gesellschaft zur Erschließung von Nord-Paraná kaufte Land, rodete einen Teil des Waldes, baute Straßen und organisierte die Aufteilung des geschaffenen Siedlungsraums in Parzellen, Städte und Siedlungen, die sie anschließend vermarktete. Es wurde viel Propaganda dafür gemacht, um Käufer anzulocken, und das ließ weitere Einwanderer aus Brasilien und aus dem Ausland auf die besonderen Eigenschaften des Bodens aufmerksam werden. Arthur Thomas legte Wert darauf, stets zu betonen, dass es „rote Erde“ sei, ohne die Blattschneiderameisen, die andernorts in Brasilien eine Plage waren.

Die Erde zeichnet sich durch ihren rötlichen Farbton aus, sie ist weich und außerordentlich fruchtbar, das Ergebnis von jahrmillionenaltem Zerfall von Basalt –

„der beste Boden der Welt“, wie es hieß. Die zum portugiesischen Fachbegriff dafür gewordene Bezeichnung „Terra Roxa“, zu Deutsch violette Erde, geht auf die in den Kaffeeplantagen tätigen italienischen Einwanderer zurück, die den Boden korrekt „terra rossa“ nannten, was schließlich nach dem Gehör ins Portugiesische übernommen worden ist.

Die Propaganda und andere Faktoren, wie etwa die Armut in den Herkunftsländern und -regionen sowie die Hoffnung auf ein besseres Leben, führten dazu, dass viele Menschen aus ganz Brasilien und aus dem Ausland dort Land kauften oder sich im Norden von Paraná Arbeit suchten, das schließlich als das „Kanaan Brasiliens“ oder gar „Eldorado“ bekannt wurde. Kolonisten aller möglichen Herkunft und Nationalität zog es dorthin, und der Kaffeeanbau war dabei der wichtigste Magnet – alle suchten ein neues Leben, und viele beabsichtigten, reich zu werden. Die Engländer allerdings suchten nicht nach kurzfristigem Profit, sondern nach Siedlern, die das Land noch wertvoller machen sollten. Manche bezahlten das erworbene Land vom Erlös aus dem Holzverkauf ihrer gerodeten Parzellen.

Zwei dieser Einwanderer waren mein Großvater mütterlicherseits, João, und mein Großvater väterlicherseits, Cirilo. Neben brasilianischen Einwanderern in großer Zahl kamen auch viele aus dem Ausland. Die drei größten Bevölkerungsgruppen in Londrina stammen aus Japan, Deutschland und Italien. „Im roten Staub lernte ich, weder Farbe zu sehen noch Herkunft, noch, unter welchen Bedingungen jemand lebt, denn wir alle sind hier als Menschen angekommen, auf der Suche nach neuem Leben und neuem Land“, sagt der Protagonist des Romans „Terra Vermelha“ des brasilianischen Schriftstellers Domingos Pellegrini.

Trotz der englischen Kolonisierung und mehrerer Einwanderungswellen blieb Portugiesisch immer die offizielle Sprache im Alltag. Andere Sprachen wurden höchstens zu Hause gesprochen, in den eigenen vier Wänden. Die Sprache war stets das einende Band, die Verbindung zwischen uns allen und unserer Region, wie mein Vater stets predigte.

Brasilien ist aus der Kolonisierung entstanden und war von Beginn an von Einwanderung und Binnenwanderungen geprägt, was in einer großen ethnischen und kulturellen Vermischung sowie religiösem Synkretismus mündete, wie schon Gilberto Freyre feststellt. Auch für mich waren in meiner Kindheit und Jugend mehrere unterschiedliche Kulturen prägend. Das Pionierland im Norden von Paraná hatte sich als Region aus Wanderungsbewegungen voller Träume und Hoffnungen herausgebildet. Alle, die Anfang bis Mitte des 20. Jahrhunderts dort einwanderten, taten dies für einen Neuanfang, um sich eine Existenz aufzubauen, für sich und ihre Familien. Die englische Einwanderung war der Anstoß gewesen für die gesamte Region, aber alle anderen Einwanderungswellen, allen voran die japanische und die deutsche, haben ebenfalls ihre tiefen Spuren hinterlassen und waren prägend für die Kultur der Region – was natürlich auch mich direkt oder indirekt beeinflusste.

# 5

In sehr kurzer Zeit erlebte Londrina in den 1950er und 1960er-Jahren eine beeindruckende wirtschaftliche Entwicklung, vor allem wegen des Kaffeeanbaus. Man schätzt, dass 1961 ungefähr 51% des weltweit produzierten Kaffees aus der Gegend um Londrina kam. Die Landbesitzer, Herren über riesige Ländereien, ließen sich Villen bauen und wurden als „Kaffeebarone" in aller Wet bekannt. Die Kaffeebohnen wurden als „grünes Gold" bezeichnet. 1975 passierte dann jener Kälteeinbruch, der „schwarze Eisregen", der den gesamten Norden von Paraná traf und die Kaffeeplantagen vernichtete. Einige Kaffeeproduzenten nahmen den Kaffeeanbau wieder auf, andere investierten in neue Geschäftszweige. Da es zwei Jahre dauert, bis man von neu gepflanzten Kaffeesträuchern den ersten Kaffee ernten kann, verlor Londrina seine Stellung als große Kaffeeproduzentin, doch die Stadt war in der Zwischenzeit auch in anderer Hinsicht gewachsen, Industrie hatte sich angesiedelt, Universitäten und Dienstleistungsbetriebe waren entstanden.

Neben der Kolonisierung unter englischer Regie wurde auch Brachland vergeben, das sich im Besitz des Bundesstaats Paraná selbst befand. In den Regionen Assaí und Uraí erhielt die japanische Firma Nambei Toshi eine Konzession und versuchte, japanische Einwanderer in die Region zu bringen. Die japanische Einwanderung nach Brasilien vollzog sich in mehreren Schüben. Mit der Ausweitung der Kaffeeplantagen war die gesamte damit verbundene Ökonomie Mitte des

19. Jahrhunderts bis Mitte des 20. Jahrhunderts der große Motor der brasilianischen Wirtschaft insgesamt, was zu einer starken Nachfrage nach billiger Arbeitskraft in den ländlichen Regionen führte. 1885 wurde der erste Freundschaftsvertrag zwischen Brasilien und Japan unterzeichnet. Allerdings beschränkte sich die brasilianische Einwanderungspolitik nicht nur darauf, Brasilien zu kolonisieren und zu entwickeln, sondern war auch auf die „Zivilisierung" des Landes gerichtet und darauf, die Bevölkerung mittels europäischer Einwanderung im rassistischen Sinne „weißer" zu machen. 1890 wurde daher die Einwanderung aus Asien praktisch verboten. Es gab heftige Vorurteile gegenüber dieser Einwanderergruppe. Dann allerdings verschärfte sich die Situation auf den Kaffeeplantagen, da die italienische Regierung die bis dahin geförderte Migration nach Brasilien verbot. Als nun Arbeitskräfte auf den Plantagen fehlten, gestattete die brasilianische Regierung wieder die Einwanderung von Japanern.

Mit dem Ende des Ersten Weltkriegs nahm die Einwanderung aus Japan noch einmal zu. In den 1930er-Jahren besaß Brasilien bereits die größte japanische Gemeinschaft außerhalb Japans. Die von Getúlio Vargas 1937 errichtete Diktatur des „Estado Novo" versuchte den brasilianischen Nationalismus durch die Unterdrückung der Kulturen von Einwanderern zu betonen, die ihrerseits in recht geschlossenen Gemeinschaften lebten. Vor allem während der beiden Weltkriege verstärkten sich solche Verbote. Besonders betroffen waren Bürger oder Auswanderer aus den Achsenmächten Japan, Deutschland und Italien. Die Repression reichte von Zensur bis zu ethnisch-kultureller Verfolgung aus nationalistisch motivierten politischen Gründen. Es wurde ihnen zum Beispiel verboten, sich zu versammeln, Fahnen zu benutzen, Radiosendungen in ihren Sprachen auszustrahlen oder entsprechende Publikationen zu drucken, wenn überhaupt, dann zweisprachig. Auch ethnisch geprägte Veranstaltungen wurden verboten, wie etwa das Oktoberfest, das anfangs entgegen dem Verbot von Veranstaltungen anderer Kulturen durch den Estado Novo betrieben wurde. Als Jugendliche war ich dort einmal mit Freunden. Blumenau liegt im benachbarten Bundesstaat Santa Catarina. Das Oktoberfest war damals schon das zweitgrößte außerhalb Deutschlands.

Mein Großvater mütterlicherseits, João, wurde kurz nach der Hochzeit mit meiner Großmutter Militina Arzt einer japanischen Kolonie in Pirianito, das damals zum Distrikt Assaí im Norden von Paraná gehörte. Der Name Pirinaito leitet sich vom Begriff „Periquito“ ab, der japanisch gefärbten Bezeichnung für einen dort in der Gegend vorkommenden Papageienvogel. 1940 eröffnete Großvater eine Klinik, richtete eine Gesundheitsstation und ein Post- und Telegrafenamt ein. Mein Onkel João Carlos, der älteste Bruder meiner Mutter, ist noch in Pirinaito geboren. Mein Großvater half ihm eigenhändig auf die Welt. Das zweite Kind meiner Großeltern starb bei der Geburt. Meine Mutter und ihre jüngere Schwester sind in Jacarezinho geboren, woher meine Großmutter stammte und wo es damals schon ein Krankenhaus gab. 1947, als die Kolonie Pirianito zur Stadt Uraí wurde, übernahm mein Großvater das Amt des Bürgermeisters und ließ in dieser Funktion das erste Krankenhaus und die erste Grundschule errichten. Meine Großmutter bekam dort ihre erste Stelle als Lehrerin und unterstützte meinen Großvater am Anfang ihrer Ehe. Meine Mutter und ihre Geschwister hatten eine wundervolle, unvergleichliche Kindheit in dem kleinen Ort Pirianito. Sie gingen in den Häusern der Einwohner ein und aus, die meisten waren gute Freunde der Familie und in ihrer Mehrheit Japaner. Sie badeten in dem Gemeinschaftsbad Ofuro und aßen japanisches Essen – süße Bohnen etwa, die anderswo in Brasilien kaum bekannt waren. Die unterschiedlichsten Genüsse kamen auf den Kaffeetisch: Dorayaki, Mochi und vor allem Yaki Manju, was meine Mutter sehr liebte, und das auch in meiner Kindheit zu Hause nie fehlen durfte.

Kaffee als wichtigstes Landwirtschaftsprodukt prägte die gesamte Region, aber die dortige Kolonie lebte vor allem vom Anbau von Chinagras, einer Faserpflanze, die insbesondere in der Leinenproduktion Verwendung fand, aber auch bei der Herstellung von Seilen und Bindfäden – und auch Geldscheine wurden damals aus der daraus gewonnenen Zellulose hergestellt. Der Chinagras-Anbau schuf viele Arbeitsplätze auf dem Land und in der Industrie und wurde für die Entwicklung von Uraí entscheidend, das bald einen beneidenswerten Grad an Wohlstand und Ordnung vorzuweisen hatte. Der Chinagras-Anbau war in Brasilien von einer Familie Itimura eingeführt worden, japanischen Einwanderern, deren Familienoberhaupt Sussumo ein großer Agrarier war. Unter denen, die ihn bei seiner Ankunft in Brasilien unterstützt hatten, war auch mein Großvater. In den 1980er-Jahren zogen die jüngeren Mitglieder der Familie

Itimura nach Londrina, und ein Enkel Sussumos wurde ein Schulfreund von mir. Die Welt ist klein.

In Londrina war die japanische Präsenz überall im Alltag zu spüren, in den Essgewohnheiten, im Leben ganz allgemein. Mindestens ein Drittel in meiner Klasse war japanischstämmig, als Kind war mir das aber gar nicht bewusst, es waren schlicht Schulfreundinnen und -freunde, wie die vielen Abkömmlinge anderer Ethnien auch. Ich erinnere mich noch gut an eine Reklame der Firma Toshiba aus den 1980er-Jahren: „Unsere Japaner sind besser als andere Japaner" – nach heutigen Maßstäben vielleicht nicht mehr politisch korrekt, aber ein Hinweis auf die faszinierende Mischung aus japanischen Werten und der Hitze der Tropen. Noch heute hat Paraná die größte japanischstämmige Bevölkerung in Brasilien.

Am Ende seiner Amtszeit als Bürgermeister wurde mein Großvater 1950 Abgeordneter im Landesparlament von Paraná, und die Familie zog in die Hauptstadt Curitiba. Zwei Mal wurde mein Großvater wiedergewählt, 1954 und 1958. Dann schied er aus dem Parlament aus, wurde Agrarminister von Paraná und im Jahr darauf unter Gouverneur Moisés Lupion (1956 bis 1962) Innenminister.

Bei den Wahlen im Oktober 1962 wurde mein Großvater für die sozialdemokratische Partei PSD, der er von Anfang an angehörte, Abgeordneter des Nationalparlaments für den Bundesstaat Paraná. Nach der Auflösung aller politischen Parteien durch den AI-2 und die darauffolgende Errichtung des Zweiparteiensystems schloss er sich 1966 der sogenannten Nationalen Erneuerungsallianz ARENA – der Regierungspartei – an.

Damals war Brasília bereits Hauptstadt Brasiliens, und mein Großvater blieb dort von Montag bis Donnerstag. Die Familie lebte weiterhin in Curitiba. Das klassische Modell der Parlamentarier jener Zeit.

Am Ende seiner Amtszeit, 1966, war er eine der ersten Personen in Brasilien, die von dem großen Chirurgen Euryclides Zerbini an der Mitralklappe operiert wurde, eine damals sehr heikle Operation. Er war auf dem Höhepunkt seines politischen Ansehens, 52 Jahre alt, hatte nicht genug Zeit, sich von der Operation zu erholen und konnte nicht noch ein weiteres Mal kandidieren. Enttäuscht und niedergeschlagen kehrte er nach Curitiba zurück: Nach zwanzig Jahren der Mandatsträgerschaft auf unterschiedlichen Ebenen fühlte er sich nun ausgelaugt. Kurze Zeit darauf wurde er als große Figur der Kaffeewirtschaft des Landes Direktor des Brasilianischen Kaffeeinstituts IBC. Das IBC war über die lange Zeit, da der Kaffee noch das Rückgrat der brasilianischen Wirtschaft war, eine Institution in Brasilien. Es bestand aus einem geschäftsführenden Vorstand und einem Verwaltungsrat als beratendem Gremium. Mein Großvater war vier Jahre lang Mitglied des Vorstands und wurde mehrmals zu dessen Vorsitzenden gewählt. Zuvor hatte er bereits im Verwaltungsrat jahrelang die Kaffeeproduzenten vertreten, war nun also in der Geschäftsführung dieses Organs angekommen. In dieser Eigenschaft war er Gründer und Ideengeber des Agronomischen Instituts von Paraná (Iapar), einer Kaffee-Forschungsanstalt.

Im Dienste des IBC reiste er regelmäßig nach Rio, dem Hauptsitz des Instituts, zu Versammlungen des Verwaltungsrats und der Geschäftsführung. Er ließ sich von Rio verzaubern und kaufte am Ende der 1950er-Jahre dort eine Wohnung, um die Ferien mit der Familie zu verbringen. Rio de Janeiro war in dieser Zeit eine kosmopolitische und gleichzeitig exotische Stadt, zunehmend beliebt bei Touristen und berühmt für sein Nachtleben. Bevor er die Wohnung kaufte, wohnte mein Großvater immer im Copacabana Palace. Dort verbrachte dann auch meine Mutter mehrmals einige Zeit. Die Eröffnung dieses Luxushotels hat mit dazu beigetragen, dass Copacabana einer der berühmtesten Orte der Welt wurde. Seinen Namen verdankt der Stadtteil der ersten Kirche dort in der Gegend, der Kirche *Unserer Frau von Copacabana*, die wiederum wegen einer Replik der Heiligen Jungfrau von Copacabana in Bolivien so heißt. Copacabana ist ein bolivianisches indigenes Wort und bedeutet in der Verbindung der zwei Begriffe „Copa" und „Caguana" so etwas wie *strahlend, erleuchtet*.

Während seiner Tätigkeit für das IBC befreundete sich mein Großvater unter anderem mit dem damaligen Präsidenten Juscelino Kubitschek. In der Zeit, als Brasília gebaut wurde, war er mehrmals bei meinen Großeltern zu Hause und zog immer, wenn er den Raum betrat, erst einmal seine Schuhe aus. Sogar bei Besprechungen. Eine Marotte des Präsidenten.

„Fünfzig Jahre in fünf Jahren" war Kubitscheks Masterplan für Brasilien. Er versprach, den Fortschritt von fünfzig Jahren in seiner fünfjährigen Amtszeit zu vollziehen, und das unter Wahrung der demokratischen Institutionen. Sein Ziel war es, das Land wirtschaftlich, vor allem industriell zu entwickeln. Die „Meta-Synthese" dieses Plans war der Bau von Brasília und der Umzug der

Bundeshauptstadt von Rio de Janeiro auf diese Hochebene in der geografischen Mitte Brasiliens. Die Idee, Brasilien ins Landesinnere auszudehnen, geht schon auf die Kolonialzeit zurück. Schon in der ersten republikanischen Verfassung von 1891 lautete ein Artikel: „Im Eigentum der Union [der Bundesregierung] verbleibt die zentrale Hochebene der Republik auf einer Fläche von 14400 Quadratkilometern, die zu gegebener Zeit für die Errichtung der zukünftigen Bundeshauptstadt erschlossen werden soll." Doch erst viel später wurde der Bau von Brasília tatsächlich im Rahmen des nationalen Entwicklungsprojekts möglich. Es war Ausdruck des großen Ziels einer nationalen Integration sowie eines Strebens nach Modernität und einer historischen Umkehr des Blicks auf das Landesinnere anstatt immer nur über den Atlantischen Ozean nach Europa.

Trotz der insgesamt auf das Landesinnere gerichteten Politik blieb die Kaffeepolitik völlig auf den Export gerichtet. Mein Großvater reiste durch die Welt, repräsentierte Brasilien, verhandelte und bahnte Kaffeegeschäfte an. Meine Großmutter begleitete ihn dabei nie, denn sie hatte panische Angst vor dem Fliegen. Nach dem Tod meines Großvaters war sie auch nur noch selten auf der Fazenda, dem Landsitz der Familie, fuhr aber zwei Mal im Jahr nach Foz do Igauçu, nicht wegen der berühmten Wasserfälle, sondern um dort einzukaufen. Foz do Iguaçu liegt an der Grenze des brasilianischen Bundesstaats Paraná zu Ciudad del Este in Paraguay. Die „Freihandelszone" dort war eine der wenigen Möglichkeiten, importierte Produkte legal nach Brasilien zu bekommen, was damals ansonsten verboten war.

Brasilien verschloss sich lange gegenüber der Welt, um die einheimische Produktion zu stärken. Es gab hier und da einzelne Läden mit Importwaren, sie waren gesetzlich toleriert, aber das Angebot war begrenzt. In Curitiba kaufte meine Großmutter in einem solchen Laden Schweizer Schokolade und andere Süßigkeiten. Auch in Manaus, der Hauptstadt Amazoniens, gab es aus Gründen der Regionalförderung eine Freihandelszone, die „Zona Franca". Aber mehr nicht. „Aus Paraguay importiert" galt nicht gerade als Qualitätssiegel, oft waren die Produkte gefälscht. Wer hat damals nicht auch falschen Johnny Walker getrunken? Und Käse gab es in meiner Kindheit höchstens aus Minas Gerais (eine Art fester Frischkäse), einen Weichkäse namens Queijo Prato und „muçarela", ein gelblicher Scheibenkäse, der mit italienischem Mozzarella nur den ungefähr ähnlichen Namen gemeinsam hatte. An Aufschnitt kannten wir eine Art Mortadella italienischer Art und Kochschinken. Bei meiner Großmutter aber gab es noch andere Sachen, zum Beispiel „Salame rosa", eine Art Fleischwurst, die man nur in Curitiba bekam, wegen der Deutschen dort, oder Emmentaler Käse, den sie von einem Großhändler für Importwaren bezog. Kinderschuhe hießen „Bamba" und „Conga", die bis von den 1960er-Jahren bis in die 1990er Teil der Schuluniform waren. Später gab es dann Turnschuhe der Marke „Kichute", unglaublich hässlich und grob einem Fußballschuh nachempfunden, mit Stollen und Sohlen, die kaum biegsamer waren als Backsteine. Aber ich fand sie unglaublich schick. So war das damals.

# 6

Meine Mutter hat vier Kinder gleich nach der Geburt verloren. Sie überlebten jeweils nur wenige Stunden. Sie litt an einer Zervix-Insuffizienz, einer vorzeitigen Öffnung des Muttermunds. Dadurch kamen die Babys als Frühgeburten zur Welt, und ihre Aussicht zu überleben war nicht eben groß. Als sie mit mir schwanger war, vernähte der Arzt den Muttermund, was unter dem Fachbegriff Zervixcerclage bekannt ist. Damals eine neue Technik und nicht ohne Risiko, denn es hätte zu einer Infektion oder ebenfalls zu einer Fehlgeburt führen können. Mein Großvater, der selbst Arzt war, sprach sich dagegen aus. Er glaubte, eine spontane Fehlgeburt sei schlicht eine angemessene Reaktion des Organismus auf eine genetisch bedingte Fehlbildung des Embryos. Aber meine Mutter setzte sich schließlich durch und klammerte sich mit aller Kraft an diese letzte Hoffnung. Wir wären beide, heißt es, bei der Geburt fast gestorben, doch wir besiegten dieses Schicksal und überlebten. Manche sagen, die Persönlichkeit eines Kindes würde sich genau in diesem entscheidenden Augenblick der Geburt entscheiden. So war mein Schicksal also von dem Moment an besiegelt. Einige meiner leiblichen Geschwister hatten dieses Glück nicht. Bei deren Schwangerschaften wurde dieselbe Technik angewandt, die Gebärmutter meiner Mutter so lange wie möglich geschlossen zu halten, bis das Baby groß genug sein würde, um außerhalb des Mutterleibs zu überleben. Vergeblich. Und wegen dieser traumatischen Verluste musste meine Mutter immer wieder für einige Zeit zur Kur – da ich damals noch sehr klein war, erinnere ich mich nicht mehr genau, es gibt nur ein paar undeutliche, zusammenhanglose Bilder.

Nach so vielen vergeblichen und leidvollen Versuchen wussten fast alle um uns herum von ihrem Martyrium und ihrem dringenden Wunsch, weitere Kinder zu bekommen. Irgendwann wurde meine Mutter von einer Bekannten angesprochen, die ihr erzählte, ihre Hausangestellte sei schwanger und wolle das Kind nicht behalten. Meine Eltern entschlossen sich also, dieses Kind zu adoptieren. Sie kamen für die Kosten bis zur Geburt auf, und am Tag der Geburt informierte der Gynäkologe sie, dass sie ein Mädchen bekommen hätten. Vier Jahre nach meiner Geburt bekam ich so das wichtigste Geschenk meines Lebens: meine Schwester Camila. Ein paar Stunden danach waren sie wieder zu Hause mit einer bezaubernden Neugeborenen und einer Puppe für mich. So trat meine geliebte Schwester in mein Leben und wurde von da an der Mittelpunkt all meiner Aufmerksamkeit. Ihre leibliche Mutter war nach der Geburt spurlos verschwunden.

Nach einigen Jahren gelang es meiner Mutter wie durch ein Wunder dann doch noch, ein weiteres Kind zu bekommen. Diesmal den so ersehnten Sohn, meinen lieben Bruder Bruno, ein rundliches, fröhliches Baby, das ich praktisch nie aus dem Arm legte. Ich weiß noch, wie meine Eltern darüber diskutierten, welchen Namen sie ihm geben sollten. Erst nach Tagen kamen sie auf einen gemeinsamen Nenner.

Als mein Vater dann meinen Bruder beim Standesamt anmelden wollte, traf er vor der Tür einen Bekannten, einen überzeugten Atheisten.

„Ein Junge, herzlichen Glückwunsch! Wie soll er denn heißen?"

„Cristiano", erklärte mein Vater.

„Cristiano? Cristiano Ribeiro Evangelista de Macedo? Das ist aber reichlich Verantwortung. Soll er der nächste Erlöser werden?"

Evangelista war einer der Nachnamen meines Vaters. Die Bemerkung des Freundes verunsicherte ihn – warum hatte er eigentlich nicht früher daran gedacht? Cristiano und Evangelista in einem einzigen Namen wäre nicht nur redundant, sondern tatsächlich zu viel Vorbestimmung für einen einzigen Menschen. Spontan änderte er also den Namen und kam zur Verwunderung meiner Mutter mit meinem Bruder namens Bruno zurück. Mein Bruder, Hansdampf in allen Gassen, lebensfroh, aber auch gewitzt, war ein miserabler Schüler und trieb meine Mutter mit seinen Streichen und Bockigkeiten manchmal fast in den Wahnsinn.

Ich selbst hätte Diana oder Oriana heißen sollen. Diana war einfach ein Name, der meiner Mutter gefiel – die „Prinzessin der Herzen" gab es damals ja noch nicht. Mein Vater dagegen wollte gern Oriana, wegen Oriana Fallaci, der gewaltigen Schriftstellerin und Journalistin, die ihrer damaligen Zeit weit voraus war, und vielleicht in dem heimlichen Wunsch, dass auch ich, Nomen est omen, eine Kämpferin werden, die Welt erobern und zu Großtaten fähig sein sollte. Bei Diana wäre dieser Fingerzeig an das Schicksal etwas komplizierter gewesen. Diana nämlich hieß auch das größte Bordell in der Stadt, und diese womöglich sich selbst erfüllende Prophezeiung wäre zu heikel gewesen. Im Zweifel entschieden sie sich also für einen in ihren Augen neutraleren Namen, den ihre Tochter dann einst mit selbst errungenen Eigenschaften zu füllen hätte. Einen Namen, den ich immer gern und mit Freude getragen habe.

Meine Eltern klärten mich von Anfang an über die Adoption meiner Schwester auf, und einige nahe Freunde und Verwandte wussten es auch. Nicht zuletzt, weil meine Mutter ja vorher nicht schwanger gewesen war. Für mich war das Thema gegenüber Dritten allerdings Tabu. Ich hatte nie jemandem erzählt, wirklich niemandem, dass meine Schwester adoptiert war. Ich hasste es, mit diesem Thema behelligt zu werden, egal von wem. Es verursachte mir regelrechtes Entsetzen, denn es brachte mich sofort in eine scheinbar privilegierte Position, die ich nie angestrebt hatte. „Ich weiß nicht, ob es ein Schicksal gibt, ob jemand den Faden spinnt, aufwickelt, abschneidet", wie Chico Buarque schreibt ◇, aber die unabänderliche Tatsache, dass ich die leibliche Tochter war, stellte sich in meinen Augen wie Karma dar. Zwischen uns machte es keinerlei Unterschied, also gab es für mich auch nichts zu besprechen. Wir waren Schwestern und fertig. Trotzdem erinnere ich mich, dass ich einmal ohne jeden Hintergedanken beim Spielen sagte:

„Sie ist meine Mutter!"

Und sie erwiderte:

„Ich weiß."

Ich erschrak über mich selbst. Vielleicht war es ein unbewusster Versuch gewesen, sie zu erniedrigen, aber rational gesehen war es für mich ein Schock. Es tat mir unendlich leid. Betroffen erlebte ich dieses erdrückende schlechte Gewissen, das mich immer befiel, wenn ich von Dritten in ähnliche Situationen gebracht wurde. Von den unzähligen Malen ganz zu schweigen, bei denen mich meinerseits Zweifel über meine eigene Herkunft befielen. Denn wenn sie adoptiert war, war ich es vielleicht auch und sie wollten es mir nur nicht erzählen? Jahrelang hatte ich die Befürchtung, dass sie mich darüber nur im Unklaren gelassen hätten. Aber was hatte ich schon zu verlieren? Nichts. Selbst wenn es um unsere Ähnlichkeit ging, wenn jemand feststellte, dass wir uns nicht ähnlich sähen oder irgendwie doch, sagte ich nie etwas. Das Leben ist kompliziert.

Ich weiß nicht, wo meine Schwester herkommt, aber es ist für mich unerheblich. Sie allerdings forschte nach, als sie in die Pubertät kam, stellte Fragen und spekulierte. Sich vorzustellen, wer wohl ihre Vorfahren waren, unter welchen Umständen sie gezeugt wurde, welche genetische Last sie mit sich trug, waren Fragen, die sie beängstigten und ihr ein latentes Unbehagen verursachten. Sie war ein sehr hübsches Mädchen mit etwas dunklerer Haut und kräftigen schwarzen Locken, freundlich, einfallsreich und sehr schüchtern. Meine Eltern gingen mit dem Thema sehr natürlich um, aber ich hatte oft riesige Angst, Camilla zu verlieren.

# 7

Wir verbrachten einmal mit der ganzen Familie ein paar Tage in den Ferien im Thermalbad Águas de São Pedro im Hinterland von São Paulo. Eines Morgens nach dem Frühstück bügelte meine Mutter mit dem Reisebügeleisen ihr Kleid. Als sie fertig war, stellte sie das Bügeleisen auf den Nachttisch zum Abkühlen. Sie trug nur einen Bademantel und mein Vater sagte zum Spaß:

„Die Mama hat nicht mal ein Höschen an!"

Und um das festzustellen (wir Winzlinge in Badekleidung waren eigentlich schon auf dem Weg ins Schwimmbad), versuchten wir, ihr unter den Bademantel zu schauen. Kichernd kugelten wir alle dabei über das Bett. Und dann kam im Getümmel das Bügeleisen zu Fall und landete auf meiner Brust. Ich brüllte auf, denn ich hatte mir auch den Kopf gestoßen, meine Eltern hörten auf herumzutollen, um mir zu helfen. Als ich aufstand, klebte das Bügeleisen auf meiner Brust. Meine Mutter stieß einen entsetzten Schrei aus, zog mir das Bügeleisen ab, riss mich an den Händen hoch und rannte mit mir unter Tränen die Treppen herunter ins Erdgeschoss des Hotels, um mich zur Sanitätsstation zu bringen. Ich war zunächst völlig verdutzt, denn im Moment spürte ich keinerlei Schmerzen, da mir wohl das gesamte Nervengewebe verbrannt war, aber ich schämte mich vor den fremden Blicken. Der diensthabende Arzt stellte, völlig unerfahren, eine Verbrennung dritten Grades fest, und damit waren unsere Ferien jäh zu Ende. Zurück in Londrina korrigierte ein Spezialist die Diagnose zu einer Verbrennung nur zweiten Grades, aber ich hatte riesige, nässende Brandblasen, die mich über Wochen daran hinderte, etwas auf der Haut zu tragen. Ich weiß noch, dass ich mit einer gelben Creme auf der Brust in den Kindergarten ging, die ich täglich auftragen musste, um die Haut feucht zu halten und daran zu hindern, sich zu entzünden. Wegen der feuchten, sehr schmerzenden Oberfläche konnte ich keinerlei Kleidung auf meinem Brustkorb ertragen. Überhaupt glaubte man damals noch, dass eine Verbrennung atmen müsse, um besser zu verheilen. Der Kindergarten gehörte zu einer reformierten Montessori-Schule, die auf den Vorstellungen Piagets fußte, ein Potpourri guter und damals als fortschrittlich geltender Einflüsse und Methoden. Der Schüler stand im Mittelpunkt des pädagogischen Prozesses. Mein Glück, dass die Umgebung damals so zugewandt und liberal auch mein „oben ohne" tolerierte, der Unfall war ja im Sommer passiert. Mein Verband aber weckte das Interesse meiner Mitschüler ebenso wie das Mitgefühl der Erwachsenen, was mir schließlich einige Vorteile verschaffte.

Als die Verbrennung verheilt war, blieb dort eine riesige, rosafarbene Narbe zurück, und wir reisten kreuz und quer durch Brasilien auf der Suche nach entsprechenden Spezialisten. Meine Mutter entschied sich für eine neuartige Behandlung, die ihr ein argentinischer Arzt empfohlen hatte: Subkutane Kortisonspritzen in die Narbe, einmal in der Woche, monatelang, für bessere Elastizität, bessere Wundheilung des Gewebes, damit es weniger rosa aussah und die Haut nicht verdickte. Die Termine waren Leidenstermine im wahren Sinne des Wortes: für mich, wegen der Schmerzen, und für meine Mutter, weil sie mit mir litt. Aber es hat sich gelohnt. Als Jahre später in der Pubertät meine Brüste größer wurden, war keine Deformation mehr zu sehen und die Narbe war auch praktisch verschwunden. Als ich als junge Erwachsene den Arzt wiedertraf, der mich gerettet hatte, weinte er vor Freude, als er mich untersuchte.

Die Verbrennung geschah zu der Zeit, als mein Vater für das Regionalparlament des Bundesstaats kandidierte. 1974 war das Wahlrecht schon deutlich eingeschränkt, aber es gab noch Direktwahlen zu den Regionalparlamenten, zu den beiden Kammern des Nationalparlaments und auf kommunaler Ebene, außer für das Bürgermeisteramt der Hauptstädte der jeweiligen Bundesstaaten. Mit dem Fortbestehen der Wahlen sollte der falsche Eindruck vermittelt werden, es gebe unter der Militärregierung keine Einschränkung der Demokratie. Seit dem AI-3 wurden die Gouverneure der Bundesstaaten und deren Stellvertreter durch indirekte Wahlen bestimmt, also von den Mitgliedern der jeweiligen Regionalparlamente gewählt. Die Gouverneure ernannten dann in den Hauptstädten die Bürgermeister. Auf diese Weise entwickelten die Militärs einen für sie sicheren Kontrollmechanismus, der Zerwürfnisse zwischen den Gouverneuren und den Bürgermeistern der Hauptstädte verhindern sollte. Ein weiterer Schritt hin zur politischen Demobilisierung im ganzen Land.

Oppositionskandidat zu sein war eine Frage der Haltung, aber auch des Geldes. Der Wahlkampf war unglaublich teuer, und das allein war eine Barriere, die eine Kandidatur schon verhindern konnte. Die Kandidatur musste entweder aus eigener Tasche bezahlt werden, durch Spenden von Einzelpersonen oder aus Mitteln der jeweiligen Partei. Hier kam meine Mutter ins Spiel, die über die Jahre stets die wichtigste Wahlkampfhelferin meines Vaters war. Sie stimmte politisch mit ihm überein, unterstützte ihn und sponserte seine Kandidaturen. Das damals geltende Wahlgesetz verbot Wahlkampfunterstützung mit Geld aus dem Ausland, aus öffentlichen Geldern oder Mitteln der Gewerkschaften. Letzteres war neu eingeführt worden und ein weiterer Versuch der Regierung, die Opposition zu behindern. Denn die Restriktionen traten genau in dem Augenblick in Kraft, als die Oppositionspartei MDB in den großen Städten, vor allem dort, wo es Industrie und natürlich auch mächtigere Gewerkschaften gab, stärker wurde. Die Regierungspartei ARENA, die ihre Basis in den weniger entwickelten Bundesstaaten hatte, verlor seit 1966 kontinuierlich an Rückhalt.

Mein Vater hatte ein kleines Wahlkampfbüro in der Innenstadt von Londrina. Ich erinnere mich an einen Raum voller „Heiligenbildchen“, wie damals die Leporellos mit Foto und Kandidatennummer genannt wurden. Der Geruch nach Papier und frischer Farbe war schwindelerregend und ist mir bis heute in Erinnerung. Die Faltblätter zeigten ihn entweder allein oder mit einem weiteren Kandidaten zum Nationalparlament oder zum Senat. Allesamt politische oder persönliche Freunde. Die T-Shirts mit Slogan und seinem Foto, die in einem anderen Raum gestapelt waren, wurden in dem Jahr zu meiner Uniform: Wie ein Pfau stolzierte ich damit durch die Gegend. Auf dem Höhepunkt des Wahlkampfs war es dann nur noch Rennerei, und mein

Vater reiste quer durch den Bundesstaat. Dass er so oft nicht zu Hause war, war für mich neu. In Brasilien wird nicht nach Wahlbezirken gewählt, sondern man kandidiert für den Bundesstaat. Also musste man, auch wenn ein Kandidat sich natürlich für seine Heimatregion besonders einsetzte, auch im gesamten Bundesstaat Wahlkampf machen, und der Kandidat war gezwungen, viele Kilometer zu reisen.

In meiner frühen Kindheit war mein Vater meist da, und ich vergötterte ihn. Als passionierter Leser kaufte er jedes Buch, das er bekommen konnte, für sich selbst oder für uns. Einmal in der Woche ging er zum Kiosk, um alle Wochenzeitschriften zu kaufen, und brachte uns alle Heftchen mit, die er finden konnte. Er war maßlos in allem, das ihm gefiel, egal ob Bücher, Musik oder Essen – von allem musste es immer reichlich sein. Literatur, Philosophie, Soziologie, politische Wissenschaften, alles verschlang er mit Leidenschaft und führte uns mit ebenso großer Freude in sein Universum ein. Er las ganze Passagen laut vor, kommentierte die Tagesnachrichten, sagte Gedichte auf, sang die neusten Hits, war immer in Bewegung. Als enthusiastischer Anhänger der „Música Popular Brasileira" sammelte er Schallplatten ebenso leidenschaftlich wie Bücher, er kannte alles, und wenn er zu Hause war, lief immer Musik auf dem Schallplattenspieler. Mein Bruder konnte kaum sprechen und sagte schon Manuel Bandeira auf: „Ich gehe fort nach Pasárgada / Dort bin ich ein Freund des Königs / Dort habe ich die Frau, die ich will / In dem Bett, das ich auswählen werde", woraufhin mein Vater in schallendes Gelächter ausbrach. Ich trällerte mein damaliges Lieblingslied: „Teco, teco, die Murmeln aus Glas / waren mein Leben, als ich ein Kind war inmitten der Kinderschar / spielte ich nur um mein Leben“ – Eliana Pittman. Natürlich lebte ich selbst auch nach dieser Devise. Meine Schwester wurde von meinem Vater immer in Anspielung auf ihren etwas dunkleren Teint mit Clara Nunes empfangen:

„Da kommt meine Lieblings-*Morena*!“, und schon sang er: „Morena aus Angola, mit ihrer Rassel am Fußgelenk / Ist sie es, die mit dem Fußgelenk rasselt / oder ist es die Rassel, die sie zum Tanzen bringt“. Und dann küsste sie ihn verlegen auf die Wange.

Das Leben war eine kulturelle Bewegung. In seiner Anwaltskanzlei fand mein Vater in seinen Partnern würdige Schach-Gegner, und wenn ich ihn manchmal dort abends mit meiner Mutter abholen kam, verfolgte ich die Partien mit großer Begeisterung. Damals wurde ich wohl auch vom Virus der Freude am Lesen angesteckt, den ich nie wieder los wurde.

Mein Vater liebte alles, was mit Volkskultur zu tun hatte, nicht nur Musik, sondern auch traditionelle Süßspeisen (vor allem aus Kürbis oder Süßkartoffeln), volkstümliches Spielzeug von früher wie Jo-Jos, Papierdrachen, Zwillen, Peteca, Holzkreisel oder das Geschicklichkeitsspiel Bilboquet, Leitermännchen und auch diese halbpornografische Priesterpuppe, unter deren Soutane ein Penis zum Vorschein kommt oder der Sarg, in dem sich beim Öffnen der Penis des Toten aufrichtet. Es machte ihm Spaß, dann unsere erschrockenen Mienen zu sehen. Die Spezialität meiner Mutter dagegen war „Cinco Marias“. Ganze Nachmittage lang saßen wir, wenn wir auf unserem Grundstück auf dem Land waren, auf der Veranda der Fazenda und spielten dieses sehr brasilianische Kinderspiel.

Mein Vater war stolz auf sein Land und auf dessen Leute, blieb seinen Ursprüngen immer treu und ließ nie eine Gelegenheit aus, dieses Land, das er liebte, zu loben und zu besingen. Dazu zitierte er gern Fernando Pessoa:

*Der Tejo ist schöner als der Fluss meines Dorfes,*
*Aber der Tejo ist nicht schöner als der Fluss*
*meines Dorfes.*
*Weil der Tejo nicht der Fluss meines Dorfes ist*
[...]
*Der Fluss meines Dorfes erinnert an nichts.*
*Wer an seinem Ufer steht, steht nur*
*an seinem Ufer.*

Dieser Liebe ist auch sein politisches Engagement zu verdanken, das eine Art bedingungsloser Hingabe war. Sein Wahlkampfslogan lautete: „Osvaldo Macedo, Oposição sem medo" – Opposition ohne Angst. Opposition zu sein, war damals ein riskantes Geschäft. Eine Kandidatur für die Opposition war für sich allein schon ein Kraftakt und ein Akt des Widerstands. Wie ließ sich die Stimme erheben, ohne riskieren zu müssen, festgenommen zu werden? Viele seiner Weggefährten und Freunde damals wurden eingesperrt und gefoltert, auch sein Nachfolger als Vorsitzender der MDB in Londrina. Im Jingle zu seiner Kampagne hieß es „Elf achtundzwanzig ist die Zahl der Entscheidung / ein Mann, der sich für dich einsetzt und der für dich spricht / Muss einer von der MDB sein / Die Opposition ohne Angst / Dein Abgeordneter im

Paraná-Parlament: / Osvaldo Macedo." Stolz klang dort mit und Würde. Ich mag die aufrichtige Einfachheit dieser Reime. Ich lernte die Strophe damals auswendig, trällerte sie überall, und sie hat sich in meine „Festplatte" eingebrannt. Nach Jahren noch kommt mir immer mal wieder die Melodie plötzlich in den Sinn. Ich mochte diesen Mann einfach, der mein Vater war.

Im Namen dieser Verehrung schlug ich einmal die Glastür zum Bad ein, weil ein Schulfreund, dessen Vater ein politischer Freund meines Vaters war und ebenfalls für das Parlament kandidierte, sich weigerte, sie zu öffnen und mich beleidigte. Er wagte es, zu behaupten, sein Vater sei besser als meiner und Mädchen seien sowieso weniger wert. Das brachte mir eine Naht mit sechs Stichen am Arm ein. Meine nächste Narbe. Aber ich hatte unsere Ehre verteidigt.

Ich weiß noch, dass ich kurz darauf, bei einem Kindergeburtstag auf einem Grundstück bei Londrina, als wir alle auf einer Wiese herumtollten, so ganz genau erinnere ich mich nicht mehr, einen großen Stein in die Luft warf, der dann auf dem Kopf eines anderen Mädchens landete. Ein großes Drama, mit all dem Blut, all dem Streit, dem Schimpfen. Es musste genäht werden und Freundschaften wurden aufgekündigt. Unsere Eltern waren Freunde – er unterstützte als Chef eines örtlichen Fernsehsenders den Wahlkampf meines Vaters –, gerieten aber deswegen in Streit: „So geht man nicht mit meiner Tochter um!" Im Leben wie in der Politik kann man nicht Griechen und Trojanern zugleich dienen. Und was die Geburtstage anging, waren unsere sowieso immer die größten Ereignisse. Meine Mutter veranstaltete mit großer Hingabe Mottoparties, jedes Mal ein Event.

Im November 1974 wurde mein Vater für die MDB Abgeordneter im Regionalparlament von Paraná und meine Eltern entschlossen sich, umzuziehen in die Hauptstadt Curitiba. Ein Glück, denn so konnte auch ich endlich raus, aus der Asche neu aufsteigen, ein neues Leben beginnen. Wie das Land reagierte auch ich und griff nach der nächsten Chance.

Symptomatisch war, dass 1974, nach zwei Regierungsperioden der harten Hand, General Ernesto Geisel die Präsidentschaft übernahm, ein Vertreter der moderaten Linie des Militärs. Die allgemeinen Wahlen in dem Jahr waren ein historischer Moment und stellten eine Wende in Richtung politischer Öffnung dar. Die Oppositionspartei MDB nutzte den Wahlkampf, um das Unrecht der Militärdiktatur anzuprangern und die Bevölkerung aufzurufen, sich für die Demokratie einzusetzen. Sie gewann an Zustimmung. Die bewaffneten Gruppen der Linken schlossen sich nach ihrer militärischen Niederlage ebenfalls dem demokratischen Kampf an und unterstützten eine nach der anderen das MDB, und auch die Studierendenbewegung schloss sich an, die innerhalb der Partei eine eigene Stellung erhielt. Die Wirtschaftskrise begann, die soziale Basis der Militärs anzugreifen und ließ die politischen Grenzen des „Wirtschaftswunders“ zutage treten. Aus der Gesellschaft heraus baute sich Druck auf für eine bessere Verteilung der Einkommen und für eine politische Öffnung. Ein großer Teil der Bevölkerung stimmte nun aus Unzufriedenheit für die Opposition.

Im Rahmen dieses ersten historischen Sieges für die Opposition wurde mein Vater mit den meisten Stimmen in ganz Paraná zum Abgeordneten gewählt. Im Februar 1975 trat er sein Mandat an und wurde Fraktionsvorsitzender der MDB in der Abgeordnetenkammer. Der deutliche Sieg der Opposition schreckte das Regime auf, das in den Jahren darauf neue Maßnahmen ergriff, um die Opposition unter Kontrolle zu halten. Elf Jahre sollte sich die Diktatur so noch halten.

Angesichts der neuen Lage zog Präsident Ernesto Geisel eine Bilanz des autoritären Regimes und leitete schließlich den Beginn der sogenannten Öffnung ein. Die radikale Linke war demnach vernichtet und kurzfristig nicht mehr in der Lage, den bewaffneten Kampf wieder aufzunehmen. Die Bevölkerung allerdings war die Macht der Militärs und das Fehlen von politischen Freiheiten leid. Die Wirtschaft litt zunehmend, und ein neues Wirtschaftswunder war nicht in Sicht. Auch die Streitkräfte selbst waren in die Krise geraten, denn vor allem die niederen Dienstgrade spürten die Auswirkungen der wirtschaftlichen Situation inzwischen selbst am heimischen Esstisch: Inflation, sinkende Einkommen, Armut und Elend.

Nach Einschätzung des Präsidenten war das Regime durch eine politische Öffnung zu retten. Die Öffnung wurde zum Programm, ein Projekt der Regierung, die in eine Reihe von Maßnahmen mündete, die der Bevölkerung die unter der Militärregierung verlorenen Rechte schrittweise wieder zurückgeben sollten: „langsam, schrittweise und sicher", wie der Präsident selbst es bestimmte, um die Konfrontation mit den extremen

Flügeln des Militärs zu vermeiden. So sollte die Bevölkerung allmählich die Freiheiten, die ihnen das Regime genommen hatte, wiedererlangen, und das Regime würde im Gegenzug seinen autoritären und repressiven Charakter verlieren. Im Hinblick auf diese Öffnung wurden folgende Maßnahmen beschlossen: Freilassung und Amnestie der politischen Gefangenen, schrittweise Auflösung der staatlichen Repressionsorgane, ein Ende der Zensur der Kommunikationsmittel, ein Ende der staatlichen Einflussnahme auf die Gewerkschaften, die Studierendenbewegung, Initiativen der Katholischen Kirche und sonstige soziale Organisationen, Zulassung neuer politischer Parteien, regelmäßige Durchführung von Wahlen, allmähliche Rückübertragung der Macht an die Zivilgesellschaft.

Die wichtigste Maßnahme der politischen Öffnung unter Ernesto Geisel war sicherlich die Zurücknahme des Einflusses des politischen Repressionsapparats. Vor allem nach dem Tod des Journalisten Vladimir Herzog im Oktober 1975 sowie des Arbeiters Manoel Fiel Filho im Januar 1976 in den Räumen der Geheimpolizei DOI-Codi in São Paulo. Im Fall von Vladimir Herzog musste sogar der Präsident einräumen, dass es „tatsächlich Mord war". 1978 wurde der brasilianische Staat in einem Prozess, den die Familie des Ermordeten angestrengt hatte, dazu verurteilt, eine bedeutende Entschädigung für den Tod des Journalisten zu zahlen. Nach diesem Vorfall verloren die Repressionsorgane allmählich an Bedeutung und verschwanden schließlich gegen Ende des Militärregimes ganz.

Die Folter hatte in Brasilien Tradition seit der Kolonialzeit. In der Diktatur allerdings wurde sie zu einer politischen Praxis, und die Folterer waren meist Angehörige des Militärs. Die wichtigsten Zentren der Folter in Brasilien waren die Abteilung für Informationsvorgänge – Operationszentrum für Inlandsverteidigung DOI-Codi, militärische Organe der inneren Sicherheit. Aber es gab auch zivile Folterer, die auf Anweisung der Armee tätig wurden.

Die Repressionsapparate gingen extrem grausam und rücksichtslos vor. „Papageienschaukel", „Lebendes Krokodil" oder „Drachenstuhl" waren keine Figuren aus Kindergeschichten, sondern stehen in Brasilien für die Gewalt unter der Diktatur. Dutzende schrecklicher Berichte darüber prägten unser Leben. Landesweit und auch international bekannt wurde die persönliche Tragödie der Zuzu Angel, der ersten international bekannten brasilianischen Modeschöpferin, deren Kreationen in renommierten Geschäften in den Vereinigten Staaten verkauft wurden. Entschlossen und unermüdlich suchte sie über Jahre nach ihrem Sohn Stuart, der als politischer Aktivist 1971 in Rio de Janeiro ermordet worden war. Laut späteren Aussagen soll Stuart in der Haft den Militärs nicht die gewünschten Informationen geliefert haben. So hatte man ihn mit dem Mund an ein Auspuffrohr eines Jeeps gebunden und hinter dem Fahrzeug über das Gelände der Luftwaffenbasis Galeão gezerrt, bis er von den Abgasen erstickte. Zuzu Angel appellierte an die internationale Prominenz und Politiker wie Henry Kissinger und Edward Kennedy, ihr zu helfen, den Leichnam ihres Sohnes zu finden. Fünf Jahre später wurde sie selbst ermordet, sie starb bei einem vom Repressionsapparat inszenierten Autounfall. Stuart Angels Leiche wurde trotz zahlreicher Initiativen nie gefunden.

# 8

Mit unserem Umzug nach Curitiba 1974 wurde für mich ein Traum wahr. Endlich konnte ich all denen nahe sein, die ich mochte. Meine Eltern waren im Landesinneren von Paraná geboren, dann aber mit ihren jeweiligen Familien nach Curitiba gezogen, meine Mutter bereits als Jugendliche, mein Vater zum Studium. Die Stadt war für mich meine Familie, wir waren die Einzigen, die in Londrina wohnten – mit roten Füßen, wie man damals zu den Leuten sagte, die dort geboren waren. Die rote Erde, unsere berühmte „Terra roxa", machte die Kleider dreckig und färbte die Fußsohlen rot. Aus dem Mund von Personen aus Curitiba klang dieses „Rotfüßler" abschätzig, denn es meinte unser provinzielles Dasein als Hinterwäldler. Doch letztendlich befanden wir uns alle außerhalb der Achse Rio – São Paulo, die alles bestimmte, was Mode war. Uns andere südlich des Wendekreises des Steinbocks einte vor allem unsere Randständigkeit, wir waren nur Bauern im größten Heuschober des Landes. Denn der landwirtschaftliche Ertrag von Paraná ist tatsächlich der größte in ganz Brasilien, und der Bundesstaat insgesamt erwirtschaftet immerhin 23 % des gesamten brasilianischen Bruttoinlandsprodukts. Aber, wie der große Soziologe Eduardo Viveiros de Castro sagt, sind „alle [in Brasilien] Indios, außer denen, die keine sind" – also im Grunde wir alle: in Paraná, Rio de Janeiro, Minas Gerais, São Paulo, die Bauern auf dem Land, die Handlanger der Landbesitzer, die Hilfsarbeiter, die Kinder der Reichen. Und alle lebten wir nur provisorisch in einem herrlichen Indioland voller Abenteuer und Menschenfresser, gezeichnet von

Freundlichkeit, Leidenschaft und der Bauernschläue des „jeitinho“ ◊ und der Improvisation.

Es war wiederum eine Finte des Schicksals, dass genau in dem Jahr, in dem mein Vater seinen Sitz in der gesetzgebenden Versammlung einnahm, mein Großvater mit 63 Jahren, vier Jahre, nachdem er eine Embolie erlitten hatte, verstarb. Er war sehr stolz auf meinen Vater und darauf, dass der seinen politischen Weg ging, auch wenn sie sich in ihren politischen Überzeugungen gegenüber standen – der eine war Opposition, der andere in der Partei der Regierenden, aber das immer mit großem gegenseitigem Respekt. Mein Großvater war ein großer Mann, und wir waren alle sehr traurig darüber, dass wir nur so wenig von ihm gehabt hatten. Doch wo man hinkam, waren seine Spuren zu erkennen. Meine Mutter sagte, er sei eine Art Midas gewesen, wegen seines Geschäftssinns, aber er hatte auch ein großes Herz und ließ dabei niemanden zu Gold erstarren. Er war auf der Fazenda Marrecas in Campina Grande do Sul geboren, das heute Bocaiúva do Sul heißt. Meine Urgroßmutter zog dort elf Kinder groß. Mein sehr viel älterer Urgroßvater starb, kurz nachdem er das elfte Kind gezeugt hatte.

Mit dem frühen Tod meines Großvaters wurde meine Großmutter Militina, eine charismatische, großmütige Frau, die Familienmatriarchin. Mit ihrer Schönheit und Großzügigkeit bezauberte sie alle. Sie war recht eitel und kleidete sich immer tadellos. Und obwohl sie sehr jung verwitwet war, heiratete sie nie wieder. Trotzdem tat sich mit dem Tod meines Großvaters für sie eine neue Tür auf. Denn nun konnte sie ausgehen, wann sie wollte, nach Hause kommen, wann sie wollte, alles tun, was sie wollte. Von dem Moment an war sie die alleinige Bestimmerin über ihr Leben. Und sie pflegte eine fast heilige Routine. Jeden Nachmittag spielte sie mit ihren Freundinnen Bridge oder Tranca bei sich zu Hause, wo sie einen perfekten Spielsalon eingerichtet hatte, oder bei einer der Freundinnen. Zwei Mal in der Woche ging sie in den Schönheitssalon und wusch sich niemals zu Hause die Haare; ein Vormittag der Woche galt dem Einkaufen. Sie trieb nie Sport, trug nie einen Badeanzug, und wenn wir auf der Fazenda am Schwimmbecken waren, etwas unterhalb des Herrenhauses, blieb sie dort immer in voller Montur und stets im Schatten eines Sonnenschirms. Sie zog reichlich Lehren aus ihrem Leben und wurde eine sehr offene Frau, mit der wir uns über alles unterhalten konnten. Als überzeugte Katholikin ging sie jeden Sonntag zur Messe, aber ihrer kritischen Beurteilung entging nicht einmal der Papst. Sie arbeitete in unterschiedlichen karitativen Projekten mit, versagte niemandem ihre Hilfe, selbst wenn es ihr mitunter widerstrebte. Zahlreiche Verwandte fanden bei ihr Unterschlupf, wenn sie es brauchten. Sie stammte aus einer Familie von Kaffeebauern und hatte sechzehn Geschwister. Geboren war sie in Brodowski als Nachbarin des Malers Portinari und in Jacarezinho aufgewachsen. Alle sechzehn Geschwister überlebten – was damals nicht selbstverständlich war – und studierten alle in Rio de Janeiro, der damaligen Hauptstadt, oder in Curitiba. Meine Großmutter ging also nach Curitiba, und dort begann unsere Geschichte. Sie war Internatsschülerin am Colégio Cajuru, das für die Stadt sehr bedeutend war und wo auch meine Mutter später zur Schule gehen sollte. Mein Großvater, der damals in der Stadt Medizin studierte, sah sie am Fenster, als er auf der Straße vor ihrer Schule vorbeiging, und verliebte sich. Sie ließ sich an der Escola Normal de Curitiba zur Lehrerin ausbilden und er machte seinen Abschluss an der Medizinischen Fakultät von Paraná. Sie heirateten und zogen nach Pirianito in der Gemarkung Assaí in Nordparaná. Wie es weiterging, habe ich schon erzählt.

Meine Familie mütterlicherseits war ein untrennbarer Teil unseres Lebens. Für mich zählte nur dieser Teil der Familie. Meine Großmutter, meine Onkel und Tanten, meine geliebten Cousins, wir waren so gut wie Geschwister. Eine Bande von sieben Musketieren, einer für alle, alle für einen. Zwei davon waren meine Geschwister. Natürlich gab es auch Streit, vor allem unter den Geschwistern, aber nichts davon konnte unsere Blutsbande lösen. Wir würden zusammenhalten, was immer auch geschehen sollte.

Mit der Familie meines Vaters hatten wir eine eher lose Beziehung. Wir besuchten meine Großeltern, wenn wir in Curitiba waren, aber die Besuche beschränkten sich auf ein Kaffeetrinken am Nachmittag mit Krapfen und Maiskeksen, die meine Großmutter Maria, die aus Minas Gerais stammte, backen konnte wie keine Zweite. Mein Großvater Cirilo, ein cholerischer Typ, stets schlecht gelaunt, Diabetiker und hoch hypochondrisch, sprach immer nur von seinen Wehwehchen. Von seinem Thron herab, mit verschwommenem Blick und Diabetikerbeinen scheuchte er meine Großmutter permanent herum. Und sie gehorchte ihm mit einer fast himmlischen Sanftmut und lächelte dabei verlegen.

Sie war zweifellos eine Heilige. Die beiden kamen aus einem kleinen Ort im Landesinneren von Minas Gerais, Guaraciana, und waren seit 1940 verheiratet und mit den drei kleinen Töchtern auf dem Arm in den Norden von Paraná gezogen, auf der Suche nach Arbeit hatten sie dort alles riskiert. Mein Großvater fand Arbeit als Viehtreiber und half bei der Erschließung des Landes durch die Companhia de Terras Norte do Paraná, erst in Sertanópolis, dann in Florestópolis und Bela Vista do Paraíso, wo dann mein Vater und sein jüngster Bruder zur Welt kamen. Genau in derselben Gegend, wo mein anderer Großvater João als Arzt in der japanischen Kolonie von Pirianito niedergelassen war.

Als seine beiden Söhne geboren wurden, versteifte sich mein Großvater Cirilo darauf, dass sie Doktoren der Rechtswissenschaft werden sollten. Um diesen Plan zu verwirklichen, musste er seine Lebensverhältnisse verbessern. Eine seiner Strategien, um das Familieneinkommen aufzubessern, war, meinen Vater noch als Kind Süßigkeiten verkaufen zu schicken, die meine Großmutter fleißig herstellte. Mein Vater ging jeden Tag nach der Schule mit einem Tablett voller Süßigkeiten auf die Straße, um sie an der Bushaltestelle der Siedlung zu verkaufen. Einmal saß mein Vater bei dieser Gelegenheit dort auf der Bank, wartete auf die Ankunft des klapprigen Busses und las in einem Buch, das er auf der Straße gefunden hatte, da wurde er von einem anscheinend wohlhabenden Herrn angesprochen:

„Guten Tag", sagte der wohlhabende Herr.

„Guten Tag", antwortete mein Vater, eher misstrauisch angesichts solcher Förmlichkeit.

„Liest du gern?“

„Ich lese sehr gerne.“

„Dann bringe ich dir ab jetzt jede Woche Bücher mit, die du lesen kannst.“

Und so kam mein Vater zu Büchern. Das Lesen wurde zu seinem treuen Begleiter und zu einer Stütze sein ganzes Leben lang. Nichts konnte es in den Hintergrund drängen. Es bestimmte seine Zukunft und seine Entscheidungen. Der wohlwollende Mann mit dem großen Herzen, der meinen Vater noch so manches Mal in seiner Jugend unterstützen sollte, ist irgendwann leise und wie auf Zehenspitzen verschwunden, ganz so wie er in sein Leben getreten war.

Lange Zeit später eröffneten meine Großeltern in Peabiru eine Pension, wo mein Vater dann die Mittelschule besuchte. Er war ein brillanter Schüler, ging schließlich allein nach Londrina, um zu arbeiten, sich selbst zu ernähren, und auf die Oberschule zu gehen. Er arbeitete tagsüber im Notariat Salinet, wohnte dort in einem Zimmerchen und ging abends zur Schule. In Londrina absolvierte er dann auch den Wehrdienst. Meine Großeltern zogen ebenfalls nach Curitiba, als die zwei jüngeren Söhne zur Universität gingen. Als Erwachsene wohnten die fünf Geschwister, längst verheiratet, überall verstreut in Paraná. Die Älteste war von zu Hause abgehauen, um in Campo Mourão zu heiraten und ließ sich später in Londrina nieder. Mein Vater litt sehr an ihrem Verschwinden. Sie war es, die, fünfzehn Jahre älter als er, sich um ihn gekümmert und ihn jeden Tag in die Schule gebracht hatte. Die zweite Schwester heiratete und ging nach Paranaguá an der Küste, der zweitgrößte Hafen des Landes. Ihr und ihrem Mann verdanken wir die Entdeckung der Ilha do Mel, einer Insel vor Paraná, und wundervolle Momente in ihrem Haus dort. Die dritte Schwester heiratete, ihr Mann fing an zu trinken, sie trennten sich, und sie zog die Kinder alleine auf.

Der jüngste Bruder meines Vaters studierte Jura wie mein Vater und verwirklichte wie er damit den Traum meines Großvaters, wurde Rechtsanwalt in Curitiba. Er war verheiratet, hatte drei Kinder ungefähr in unserem Alter, trennte sich räumlich dann aber kurz nach der Geburt des Jüngsten von seiner Frau, die einen ersten Anfall von Schizophrenie erlitten hatte. Er behielt die Kinder, und meine Tante zog wieder zu ihrer Mutter. Nur ab und zu kam sie die Kinder zu sehen, wenn es ihr einigermaßen gut ging. Mein Onkel, ein erfolgreicher Anwalt, kümmerte sich gut um die Kinder, war ihnen Vater und Mutter zugleich und gleichzeitig streng wie ein Offizier. Ich fürchtete mich vor ihm und seinem ätzenden Sarkasmus. Er lebte in einem großen Haus, in dem alles sehr ordentlich war und sehr bürgerlich, und wurde dabei von seiner Schwester unterstützt, die sich von ihrem Mann getrennt hatte und, als ihre eigenen Kinder groß waren, zu ihm nach Curitiba gezogen war, um ihm den Haushalt zu führen und ihm mit den Kindern zu helfen. Seine frühere Frau nahm sich ein paar Jahre später in einem ihrer Schübe das Leben. Wie mein Vater war er starker Raucher, liebte wie er guten Whisky. Irgendwann starb auch er an einem Infarkt, im Alter von gerade einmal 45 Jahren. Keins seiner wunderbaren Kinder war da schon erwachsen.

Wir hatten nie eine besonders emotionale Bindung zu diesem Zweig der Familie gehabt, vor allem aus

Unfähigkeit und fehlendem Interesse vonseiten meines Vaters. Solange sie noch verheiratet waren, pflegte allerdings meine Mutter den Kontakt. Sie mochte seine Schwestern. Eine davon, die älteste Schwester meines Vaters, die auch mit der Familie nach Londrina gezogen war, sahen wir regelmäßig, ansonsten beschränkte sich unser Kontakt mit diesem Zweig der Familie auf gelegentliche Besuche in Curitiba und die Sommerferien auf der Ilha do Mel. Nach der Trennung meiner Eltern endete auch dieser Kontakt, von der Familie meiner Tante in Londrina einmal abgesehen.

Meine Schwester muss vier Jahre alt gewesen sein, als wir mit meiner Mutter eine der Schwestern meines Vaters besuchten. Nach dem Besuch verabschiedeten wir uns und stiegen in den Aufzug, der sehr alt war und eine Gittertür hatte, die sich automatisch öffnete. Der Aufzug hielt in einem Zwischengeschoss, und in dem Augenblick steckte meine Schwester einen Finger durch eins der rautenförmigen Gitter, und beim Schließen wurde ihr ein Fingerglied vom Zeigefinger abgetrennt und hing nur noch an einem Hautfetzen. Meine Mutter war schier außer sich. Mit aller Kraft versuchte sie die Aufzugtür aufzuhalten, damit der Finger nicht vollständig amputiert wurde, und schrie nach Hilfe. Es kam Hilfe, alle rannten herbei. Jemandem gelang es, die Außentür des Aufzugs zu öffnen, und meine Mutter, in der einen Hand die baumelnde Fingerspitze, versuchte die sprudelnde Blutung zu stillen und stürzte gleichzeitig die Treppe hinab, ich immer hinterher. Wie in einer göttlichen Fügung hatte ihr vor ein paar Tagen erst jemand von einem auf Handchirurgie spezialisierten Arzt in der Stadt erzählt. Wir nahmen ein Taxi und ließen uns direkt in das Krankenhaus fahren, in dem dieser Handspezialist uns auch sofort behandelte. Er wollte versuchen, das abgetrennte Fingerglied anzunähen, wollte sich für den Erfolg aber nicht verbürgen. Nach der Operation musste meine Mutter mit meiner Schwester wochenlang jeden Tag in die Klinik gehen, um die Farbe der Haut untersuchen und am Finger riechen zu lassen, um auszuschließen, dass er doch verfaulte. Die Operation glückte, und der Finger wuchs wieder an. Eine weitere kleine gewonnene Schlacht.

# 9

Im Juli, also auf der Südhalbkugel im Winter, hatten wir immer einen Monat lang Schulferien, die wir normalerweise auf der Fazenda oder in Rio de Janeiro verbrachten. Mein Großvater João, der Vater meiner Mutter, hatte uns seine Wohnung in Copacabana vermacht, direkt an der Avenida Atlântica. „Copacabana, Prinzessin des Meeres", sang schon Tom Jobim. In Rio war es deutlich wärmer als in Paraná mit seinem subtropischen Klima.

Im Juli 1975, damals wohnte ich in Curitiba, übernachtete ich erst bei meinen Onkeln, weil wir am nächsten Tag alle nach Rio fahren wollten. Meine Cousins und ich spielten am Abend im Garten, die Luft war so kalt, dass es einem in der Lunge brannte, und einer von uns kam auf die Idee, nach dem Vorbild der jüngsten Eroberungen im Weltraum eine Rakete zum Mond zu schicken. Als Treibstoff wollten wir Alkohol nehmen, der damals als Putzmittel überall in brasilianischen Haushalten verfügbar war, aber in unserer Naivität und aus Unwissenheit über dessen chemische Eigenschaften begingen wir einen fatalen Fehler: Wir kippten den Alkohol in das schon brennende Feuer, was sofort zur Explosion der ganzen Flasche führte. Meine Cousine, die noch sehr klein war, fing sofort Feuer in ihrem rosafarbenen, flauschigen Schlafanzug. Geistesgegenwärtig warfen wir sie zu Boden und rollten sie über das feuchte Gras – zum Glück war schon viel Tau gefallen – und trampelten auf ihr herum, die zu allem Überfluss auch noch einen Arm in Gips hatte. So konnten wir in letzter Sekunde das Schlimmste verhindern, nicht weil wir mutig gewesen wären, sondern aus reinem Instinkt. Als die Situation unter Kontrolle war, standen wir da, starr vor Schreck und frierend. Zur Strafe mussten wir sofort ins Bett, traumatisiert, als Überlebende einer gescheiterten Mondfahrt.

Am nächsten Morgen – es war der 18. Juli 1975 – mussten wir früh aufstehen, um später am Vormittag das Flugzeug nach Rio zu nehmen. Und da wurden wir staunend und begeistert Zeugen eines ganz besonderen Schauspiels: Es schneite. In der Gegend dort eine wirkliche Seltenheit. Unser kindliches Glück war so groß, dass wir die Zeit, die uns noch bis zur Abreise blieb, mit einer Schneeballschlacht zubrachten und damit, einen Schneemann zu bauen. Was die Freude der einen war, war für viele andere das pure Unglück: Es war dieser Kälteeinbruch, der „schwarze Eisregen", der ganz Paraná und vor allem die Gegend um Londrina herum heimgesucht hatte und fast alle Kaffeeplantagen im Land vernichtete. In einer einzigen Nacht war das wichtigste landwirtschaftliche Erzeugnis des Bundesstaats nicht mehr da, Existenzen waren vernichtet. Das hinterließ im Bewusstsein der Leute tiefe Spuren. In völliger Unkenntnis der Dimension der Tragödie stiegen wir glücklich und mit tausend Geschichten, die wir zu erzählen hatten, ins Flugzeug und kamen eineinhalb Stunden später in Rio an. Dort war gerade noch Zeit, um kurz in die Wohnung zu gehen, sich umzuziehen, und schon ging es weiter an den Strand, kopfüber in die Wellen zu tauchen und sich von ihnen wieder an den Strand treiben zu lassen.

In Rio de Janeiro an den Strand zu gehen, war etwas Besonderes. Es war dort immer voll von Menschen aus allen möglichen Ländern und allen möglichen Typen. Frauen wie Skulpturen, junge, gesunde Männer, Leute, die Strandvolleyball spielten, alte Leuten, die über die Promenade flanierten, ein herrliches Gewimmel. Für mich waren vor allem die Maniokmehlkekse der Marke „Globo" ein „must", die es nur dort gab, aus meiner Sicht damals der wichtigste Teil des Strandrituals.

Rio ist eine ganz besondere Stadt, eine Großstadt am Meer, wo die Leute im Bikini und mit Sonnenschirm über der Schulter durch die Straßen flanieren, unterwegs zum Strand oder von dort zurück, während andere in ihrer jeweiligen Arbeitskleidung ihren normalen Tätigkeiten nachgehen. Rio, die Stadt der Künstler und all dessen, was angesagt war, immer vorn dran, Stadt der Bohème und des Karnevals in jeglicher Hinsicht, der Sambaschulen und der winzigen Bikinis! Dort, wo der riesige Christus uns vom Berg herab mit ausgebreiteten Armen willkommen heißt, ganz im Gegensatz zur Stadt selbst, die ich nie als besonders gastlich empfunden habe. Und mit einer einzigartigen Geografie aus unglaublichen Landschaften. Nicht umsonst nennt man sie die „wunderbare Stadt". Gleichzeitig lebt dort ein Großteil der Bevölkerung in den Favelas, manche davon in geradezu privilegierter Lage, in extremer Armut und leidet unter Gewalt und Drogenhandel. Seit meiner Kindheit gehört die Favela zum Gesamtbild von Rio de Janeiro, aber das war nicht immer so. In den 1950er-Jahren, der Zeit als meine Mutter als Jugendliche sehr oft in Rio war, lebten gerade einmal 7% der Bewohner in diesen Elendsvierteln. Sie sind das Ergebnis einer Reihe von Veränderungen, die Rio im letzten Jahrhundert durchlebte, die jeweils die sozialen Gegensätze verschärften. „Rio am Abhang der Zivilisation, der Kreuzwege, jeder besiedelte Abhang ist eine Nation“, singt Chico Buarque.

Ich hatte immer ein schwieriges Verhältnis zu dieser Stadt, glaube, dass sie sich mir nie richtig erschlossen hat. Vielleicht ist es meine eigene Dummheit oder Kulturlosigkeit, denn Rio jedes Jahr zieht Tausende von Touristen an und hat eine Gefolgschaft von eingeschworenen Enthusiasten, was ich sogar verstehen kann, denn die Geografie der Stadt ist wie dafür geschaffen, sich am Anblick der Strände, der Berge, am Charme der Stadt und ihrer Geschichte zu begeistern. Wahrscheinlich ist es in meinem Fall schlicht die unterbewusste Fortführung der historischen Rivalität zwischen „Cariocas“ und „Paulistanos“. Und ich muss gestehen, dass mein Herz mehr für São Paulo schlägt. Immer schon. Rio war immer mehr etwas für Grüppchen und Cliquen, und die Mitglieder dieser Cliquen bewegten sich in Rudeln, in denen Leute von außerhalb keine Chance haben. Eines dieser Grüppchen war die Clique um die Zeitschrift *Pasquim*.

Der *Pasquim*, in den 1970er-Jahren von den Journalisten Tarso de Castro und Sergio Cabral sowie dem Cartoonisten „Jaguar“ gegründet, wurde schnell zu einer Art Leitmedium jener Jahre. Die Redaktion war als „subversiv“ angesehen, weil sie sich gegen das Militärregime stellte, und führte ein neues Format in die brasilianische Presselandschaft ein. Was als Lokalzeitung begonnen hatte, verkaufte sich bald mit einer Auflage von 200 000 Exemplaren, brasilienweit. 1970 wurde die gesamte Redaktion festgenommen. 1980 jagten Extremisten, die noch rechter waren als die Regierung, einige

Kioske in die Luft, in denen der *Pasquim* und andere alternative oder linke Presseerzeugnisse verkauft wurden.

Dagegen ist die Offenheit, mit der die Einwohner von São Paulo Neulinge empfangen, sprichwörtlich. Der *Paulistano* ist offen, weltgewandt, großzügig, kreativ, er stürzt sich kopfüber in die Welt, ist Kosmopolit. Es ist nichts Persönliches, ich bin einfach nur für mein Team.

Apropos Team: Fußball! Als Kind in Londrina konnte ich mit meinem Vater einige Klassiker im „Estádio do Café" hautnah miterleben, war für die „Haie" des Londrina Esporte Clube. Auch als Jugendliche war ich noch ein paar Mal aus Spaß zu einigen Spielen im Stadion, aber ohne wirkliches Interesse. Wenn man in einem Land voller fanatischer Fußballfans lebt, ist das irgendwie schizophren. Der Fußball ist in Brasilien mehr als nur Kultur, er ist eine Eigenschaft, Fanatismus, nationale Begeisterung. Wenn Weltmeisterschaft ist, kommt alles zum Stillstand und nichts geht mehr, kein Vögelchen zwitschert. Die Weltmeisterschaft 1970 war für die Militärs ein sehr gutes Geschäft. Brasilianische Politiker überhaupt nutzen den Fanatismus für sich, und nichts eignet sich besser, um Massen zu manipulieren, als eine Weltmeisterschaft – wenn dann auch noch Brasilien gewinnt, umso besser, dann hat die Regierung es gut. Gebt dem Volk Brot und Spiele, sagte schon Cäsar. „Oft ist es nur fehlende Charakterstärke, die ein Spiel entscheidet. Weder Literatur, noch Politik oder Fußball entstehen aus guten Eigenschaften", polterte einst unser „pornografischer Engel" Nelson Rodrigues, der anfangs noch das Militärregime unterstützte. Als dann sein Sohn Nelsinho festgenommen und gefoltert wurde, zog er Bilanz und engagierte sich für eine umfassende Amnestie der politischen Gefangenen.

Mein Vater war immer ein glühender Anhänger von „Corinthians“, dem 1910 von Arbeitern in São Paulo gegründeten Verein der Vereine, einem der populärsten Fußballklubs in Brasilien. Die Hymne des Klubs lernte ich sozusagen durch Osmose: „Es lebe Corinthians / der Meister der Meister / für immer in unseren Herzen ...“ Jeden Sonntagnachmittag gab es ein Spiel in der nationalen Liga. Mein Vater verpasste kein einziges, ganz egal, wo er gerade war. Um 16 Uhr saß er vor dem Fernseher. Er liebte Sócrates ◈, einen der großen Cracks meiner Jugend, und achtete ihn auch intellektuell.

In den 1980er-Jahren war der Fußballverein die „Corinthians“ sehr stark, mit Sócrates, Casa Grande und anderen guten Spielern, die zugleich Teil einer einzigartigen und gewagten Unternehmensführung waren. Alle Entscheidungen des Vereins wurden demokratisch getroffen, von Spielern, Funktionären und Trainern. Die „Korinthische Demokratie“, wie sie von dem berühmten Werbeunternehmer Washington Olivetto genannt wurde, brachte Glück auf dem Spielfeld und stärkte die Bewegung für ein Ende der Diktatur. Die Spieler, allen voran Sócrates, das Idol der Fans, wurden zu Wortführern der Re-Demokratisierung, das Wort „Demokratie“ stand auf ihren Trikots, und während der Kampagne für die Direktwahlen zur Präsidentschaft trugen sie den entsprechenden Slogan „Diretas já“ (Direktwahlen sofort!) auf den Platz. Hier eine kleine Hommage an den legendären Präsidenten des Teams, Vicente Matheus, ein bescheidener und charismatischer Mann, der berühmt war für seine unverwechselbaren Aussprüche, etwa diesen: „Das Spiel ist erst aus, wenn es zu Ende ist." Eine Redundanz, mit der er recht behielt. Der Kampf für die Demokratie war noch nicht gewonnen, es war noch einiges an Spielzeit zu überstehen.

Und der Karneval? Der Karneval ist das größte Volksfest des Landes, das einen Großteil der Bevölkerung erfasst, völlig unabhängig von Alter, Geschlecht oder Klasse. Als ich Kind war, schuf meine Mutter für uns immer identische Verkleidungen, und wir gingen als eigener Block auf die Karnevalsveranstaltungen. Wir verbrachten den Nachmittag im *Klub*, bei der Faschingsfeier für Kinder, Kinder und Erwachsene durcheinander mit Konfetti und Luftschlangen: ein Riesenspaß. Es wurde zum Takt der „marchinhas" getanzt und bis in den Nachmittag hinein gelacht und sich vergnügt. In meiner Jugend veränderte sich das zum Besseren. Schon Wochen vorher bereitete man die Kostüme vor, je nachdem, wo ich gerade war, mit Freunden oder den Cousins. Meist gingen wir zu den im Süden und Südwesten typischen und in Sälen stattfindenden Faschingsbällen (nur im Nordosten ist der Straßenkarneval das wichtigere Ereignis), Abend für Abend unermüdlich von Freitag bis Karnevalsdienstag bis weit in die Nacht hinein, tanzend, flirtend, lachend und sich über die allgemeine Ausgelassenheit freuend. Die als „Parfümflacon" bezeichneten Ätherfläschchen waren damals zwar schon verboten, aber noch überall frei verfügbar, gehörten dazu. Karneval befreit wirklich die Seele, ist kollektive Katharsis, das einzige landesweite Fest ohne Herren, wo man völlig sorglos sein, sich zwischen unterschiedlichen Gruppen bewegen, neue Beziehungen knüpfen kann in völlig unverdächtiger Solidarität. Bis zum Aschermittwoch, dann ist alles wieder normal, zurück in der alten gefestigten Ordnung.

Der Karneval als ein Fest der Befreiung von gesellschaftlichen Konventionen und stand natürlich aufgrund seiner libidinösen Eigenschaft immer im Fadenkreuz der Zensur. Die moralische Zensur in Brasilien hat eine lange Geschichte, doch unter der Militärdiktatur verstärkte sie sich. Mit dem Ziel der Bekämpfung des Kommunismus, der Korruption und des Sittenverfalls, bediente sich das Militärregime der unterschiedlichsten Verfahren der Zensur, um im Namen der Moral und der guten Sitten gesellschaftliche Kontrolle auszuüben und die Ausbreitung unmoralischer oder subversiver Verhaltensweisen zu verhindern. Wie Musiktexte, Theaterstücke und Filme entkam auch der Karneval nicht dieser Zensur. Alle Vereinigungen, Straßenkarnevalgruppen, Kordone, Sambaschulen mussten detailliert vorlegen, wie sie sich den Karneval vorstellten, und sie hofften, von der Zensur verschont zu bleiben. Und trotzdem vergnügte das Volk sich, und der Karneval verlor nie seinen freien und spielerischen Charakter.

# 10

Seit ich klein war, verbrachten wir einen Teil unserer Ferien auf der Fazenda Santa Guilhermina. Das war die Lieblingsfazenda meines Großvaters mütterlicherseits. Ich verstand diese Liebe zu diesem Ort und teilte sie. Er lag nicht nur auf dem fruchtbarsten Boden Brasiliens, der „terra roxa", sondern war auch von ergreifender Schönheit. Eukalyptusalleen eskortierten uns kilometerweit wie treue Soldaten. All die Hügel, der See, die grünen Weiten, Pinien- und Araukarienwälder. Die Fazenda lag bei Arapongas im Umland von Londrina, und so waren wir dort auch fast jedes Wochenende, solange wir noch in der Gegend wohnten. Die Ferien dort zu verbringen war trotzdem etwas Besonderes. Die ganze Familie meiner Mutter kam dann meist sehr zahlreich zusammen. Das Haus war voll, auch mit Freunden, die für eine Weile dort blieben. Wir Kinder beschäftigten uns mit Dingen, die man auf dem Land machen kann, Reiten, Angeln, Ausflüge in die Wälder, auf Lianen schaukeln, Schwimmen und Boot fahren auf dem See, immer zusammen als Bande. Unvergesslich unsere Ausritte, vor allem zum Wasserfall auf der anderen Seite der Fazenda, die großen Erwartungen auf dem Weg dorthin durch unterschiedliche Landschaften, und wie wir die Gatter auf dem Weg öffneten und wieder schlossen, immer mit ein bisschen Anspannung und Angst vor den Rindern. Angekommen nahmen wir den abschüssigen Pfad durch das Unterholz, der schließlich den Blick freigab auf das aus großer Höhe herabstürzende Wasser, das unten ein kristallklares natürliches Becken bildete. Wir stürzten uns mit Geschrei ins Wasser, das wie erwartet eiskalt war und uns gut tat und erfrischte. Es gab einen herrlichen Obstgarten mit Avocados, Mangos, Orangen, Feigen, Jabuticaba, den brasilianischen Baumstammkirschen, Kakis und einer unendlichen Vielzahl weiterer tropischer Früchte. Dort spielten wir Verstecken und Räuber und Gendarm und pflückten uns hier und da eine Frucht direkt vom Baum und bekleckerten uns. Das Mittagessen später am Nachmittag war stets ein Ereignis. Die traditionellen Gerichte türmten sich auf dem Tisch und wir genossen sie sehr, stundenlang zwischen Gesprächen, Geschichten und Lachen. Die Nacht überraschte uns dann immer viel zu früh. Nach dem Baden spielten wir noch entspannt stundenlang vor dem offenen Kamin Pantomime, alle Generationen machten begeistert mit, dramatische Szenen spielten sich ab, auch unglaublich witzige. Oder wir lasen, ganz still, jeder für sich eingetaucht in die unterschiedlichsten Welten, wie in kollektiver Meditation.

In den Winterferien im Juli war es immer kalt, die Winternächte sind dort üblicherweise frostig, und wenn wir bibbernd ins eisige Bett schlüpften, war das Gefühl von Feuchtigkeit so groß, als tauchte man in einen eiskalten Fluss. Dann endlich schlief man nach ein paar unerträglichen Minuten unter Tonnen von Bettdecken ein, die einen fast erdrückten. Morgens lag Raureif auf den Feldern, eine feuchte, weiße Schicht lagerte über allem und wickelte die Welt in eine Decke aus Tau, die sich langsam auflöste, wenn die Sonne herauskam.

Im Sommer saßen wir immer bis spät auf der Veranda und schauten hinaus in diese riesige Welt ohne

Ende. Die vollkommene Dunkelheit, der Himmel voller Sterne, nahm uns voll und ganz gefangen, und wir suchten nach unserem jeweiligen Lieblingsstern. Das Kreuz des Südens zeigte sich in seinem perfekten Quadranten, und die „drei Marien" im Sternbild Orion waren treue Begleiterinnen. Nie wieder habe ich einen so intensiven Himmel erlebt wie auf der Fazenda und am Meer auf der Ilha do Mel. Wenn es heiß war, schliefen wir manchmal in unserer Tarzanhütte auf einem Baum in fünf Metern Höhe. Wir breiteten Maiskolben unter unseren Decken auf dem Boden aus, um dem Ganzen einen noch rustikaleren Anstrich zu geben. Morgens wachten wir dann mit blauen Flecken auf, schlimmer als die Prinzessin auf der Erbse.

Vor dem Schlafengehen stellten wir abends schon unsere Becher mit Zucker und Zimt in der Küche bereit, um dann früh am morgen damit in den Stall zu gehen und Sebastião, den Vorarbeiter im Stall, zu bitten, Milch direkt aus dem Euter in unsere Becher zu melken. Ich hasste Milch, schon der Geruch drehte mir den Magen um, aber was sollte ich machen? Ich liebte das Ritual und wollte nicht anders sein als die anderen. Ich weiß noch, dass ich mich bei der ersten Gelegenheit immer zur Seite schlich und die Milch heimlich wegkippte, ängstlich, dass man mich dabei ertappen könnte. Davor aber gingen wir albern mit unsern dampfenden, schäumenden Bechern zum Puppenhaus, dieser Kopie einer deutschen Berghütte mit einem Brunnen vor der Veranda, kleinen Holzmöbeln wie im Haus der Sieben Zwerge, einer hübschen Küche mit handbemalten Fliesen und einem kleinen Holzherd, der sogar funktionierte. Dort setzten wir uns an den winzigen Küchentisch, noch ganz mit der Milch beschäftigt und noch völlig schläfrig, und warteten, bis es im großen Haus Frühstück gab. Dort, in einem komplett roten Raum, in dem die gesamte Dekoration in Rot gehalen war, ein rustikales und behagliches Ambiente, aber alles irgendwie aus der Zeit gefallen, das mich später an die Installation *Desvio para o Vermelho* von Cildo Meireles erinnerte, eins der poetischsten und kompromisslosesten Werke gegen die Diktatur. Gierig stürzten wir uns auf die frisch gebackenen Käsebällchen, die warmen Maniokmehlkekse, das hausgemachte Brot, den Maismehlkuchen und die unendlich vielen Gelees und das Obst aus dem Garten. Wenn wir satt waren, drehten wir unsere obligatorische Runde durch den Spielsalon, um uns mit Snooker, Billard und Tischtennis aufzuwärmen und dann endlich zu unseren Abenteuern aufzubrechen. Wenn es regnete, war der Spielsalon unser Rückzugsort. Wir verbrachten Stunden dort mit allen möglichen Spielen. Einmal wollten wir ausprobieren, wie man Babys macht, legten uns immer zu zweit aufeinander, bekleidet natürlich, und bewegten uns. So also ging das, so einfach! Ich weiß noch, dass ich den übrigen Sommer in dem Glauben verbrachte, schwanger geworden zu sein.

Auf der Fazenda gab es eine kleine Kapelle, und sonntags kam ein Priester aus der Stadt, um für die Angestellten und ein paar Leute von Nachbarfazendas die Messe zu lesen. Wenn wir dort waren, gingen auch wir in den Gottesdienst. Es war eine hübsche Kirche aus Holz, gelb und weiß angestrichen, mit einem Turm, dessen Glocke ich mit Freude läutete. Ich hängte mich an das Seil und ließ mich vom Klang und vom rhythmischen

Schwingen des Seils treiben. Dabei beobachtete ich, wie die Leute herbeikamen, und wenn die Kirche voll war, begann die Messe. Ich übernahm gern die erste Lesung aus der Bibel, stand auf, mit klopfendem Herzen, und konzentrierte mich auf meine Aufgabe, las den Text vor und kehrte dann mit rotem Kopf, aber zufrieden auf meinen Platz zurück. Es war bei einem dieser wenigen Male, dass ich als Kind zur Messe ging, ich weiß noch, wie die Gläubigen schief und ziemlich aus dem Takt Lieder sangen, die ich nicht kannte, und nicht selten musste ich ein Lachen unterdrücken, indem ich die Hand vor den Mund schlug. Eins dieser Lieder ist mir im Gedächtnis geblieben: „Halte dich an der Hand Gottes / und schau nicht zurück / Halte dich an der Hand Gottes und geh / hab keine Furcht / geh voran / und schau niemals zurück / denn sie / wird dich halten ..." Ich fand das albern, aber die Melodie wärmte mich, der Gesang war eine Gemütsregung, die mich beruhigte. Ich gebe zu, dass ich das Lied manchmal sang, wenn ich Halt brauchte. Dann umfing es mich und brachte mich zurück an den Ort, der für mich immer Frieden und Zugehörigkeit bedeutete.

In den Sommerferien waren wir oft länger auf der Ilha do Mel – unserem brasilianischen Saltkrokan. Zu unserem Haus zu gelangen, war immer eine wahre Odyssee. Die Anreise von Curitiba aus mit dem Auto durchs Graciosa-Gebirge dauerte zwei Stunden. Zunächst mussten wir nach Pontal do Sul, ein neu erschlossenes Strandgebiet an der Küste von Paraná, das meinem Großvater João gehörte. Von dort nahmen wir ein Boot rüber zur Ilha do Mel, eine Überfahrt von vielleicht einer halben Stunde, die in meiner kindlichen Wahrnehmung aber eine Ewigkeit dauerte, vor allem, wenn stürmisches Wetter war und die hohe See für uns das größte Abenteuer bot. Auf der Insel angekommen, mussten wir noch einmal an die fünf Kilometer durch Sand über Trampelpfade zu Fuß laufen, bis wir dann erschöpft endlich das Haus sahen. Die Insel war damals noch unerschlossen, es gab keine Geschäfte, und wir mussten unsere gesamten Vorräte und Wasser mitbringen. Einige der Inselbewohner halfen uns dabei.

Eine meiner ersten Erinnerungen an die Insel jedoch ist alles andere als positiv. Ich muss etwa sieben Jahre alt gewesen sein, reiste mit meiner Tante, der Schwester meines Vaters und einem Cousin voraus. Meine Eltern sollten mit meinen Geschwistern am nächsten Tag nachkommen. Kaum waren wir angekommen, gab es ein Unwetter, die Dunkelheit schloss uns ein. Draußen peitschte der Regen. Das Haus war damals noch eine Fischerhütte aus Holz, einfach und unverputzt, die im Wind klapperte. Der Regen kam durch alle Ritzen, und mit ihm die Angst. Ich legte mich zum Schlafen ins Stockbett, mein Cousin schlief im Bett darüber. Er war zwei Jahre älter als ich und zog mich die ganze Zeit über damit auf, dass das Haus sicher gleich einstürzen würde. Plötzlich krachte sein Bett buchstäblich über mir zusammen und er brach erschrocken in Tränen aus – zu Recht: die Strafe des Himmels kommt unweigerlich. Der Schrecken war glücklicherweise größer als der Schaden. Endlich schlief ich den Schlaf der Gerechten, bis mich eine kräftige Sommersonne wieder aufweckte. Es war windstill und ein schöner Tag, an dem dann obendrein noch meine Eltern kamen, meine Beschützer.

Meine Onkel und Tanten hatten dieses Fleckchen Erde entdeckt und uns mit ihrer Leidenschaft für den Ort angesteckt. Anfangs waren wir zu Besuch bei ihnen, in ihrem weitläufigen Strandhaus, das alle Familienmitglieder mit offenen Armen empfing. Dann mieteten meine Eltern das Haus von Freunden und erhielten schließlich die Konzession, unser eigenes Haus am Strand von Praia Brava zu bauen, wo wir unter den ersten Anwohnern waren. Wir hatten alle Freiheiten der Welt auf der Insel inmitten von wilder Natur, fernab der Zivilisation. Den ganzen Tag verbrachten wir in Badekleidung, unterwegs, an der Praia Mansa oder der Praia Brava. Der Leuchtturm, unser majestätischer Nachbar, war die Trennlinie zwischen diesen beiden Stränden, dem „sanften" und dem „wilden" Strand. Wir stiegen fast jeden Tag hoch zum Leuchtturm, einen steilen Pfad entlang, wo es zu beiden Seiten in die Tiefe ging und unten das unendliche Meer gegen die Felsen rauschte. Von oben konnten wir weit zum Horizont blicken und in die Weite der Welt. Hin und wieder gingen wir auch zur Festung auf der anderen Seite der Insel, die 1770 zum Schutz der Bucht von Paranaguá in Sklavenarbeit errichtet worden ist und eine der größten Festungsanlagen des kolonialen Brasiliens ist. Wir spielten dort zwischen Kanonen und Kellerverliesen, die an lange vergangene Zeiten erinnerten. Die Insel war riesig mit ihrem Umfang von 35 Kilometern und bot uns unendliche Abenteuer, wie den Aufstieg zum Leuchtturm oder den Morro do Sabão oder die Erforschung der Höhlen, die den Namen „Encantadas" (Verwunschene) tragen und nur bei Ebbe zugänglich sind. Bei Ebbe taten sich neue Wege und Pfade durch paradiesische Landschaften auf. Wir sprangen von

Stein zu Stein, von Felsen zu Felsen und ernteten Muscheln direkt vom Gestein, die wir zu Hause dann mit Essig und Öl zubereiteten für die großen Abendessen mit vielen Gästen und reichlich Bier und „Guaraná", dem klassischen brasilianischen Erfrischungsgetränk. Wir fuhren mit dem Boot hinaus, stundenlang, und erforschten unbewohnte Inselchen, machten Picknick und ließen das Boot über die Wellen springen.

Ein paar Mal versuchte ich mich auch im Wellenreiten. Aus ganz Brasilien kamen Surfer auf die Insel, wegen der berühmten Wellen der Praia Brava, damals ein Geheimtipp für Eingeweihte. Ich war nicht sehr erfolgreich im Wellenreiten, also beschränkte ich mich darauf, zuzusehen und mit den Jungs mit den sonnengebräunten Körpern und den paraffinblonden Haaren zu flirten, deren Nasen sich immer schälten, oder, wenn die Haut völlig aufgeplatzt war, mit irgend einer Zinkcreme eingeschmiert wurden. Damals dachte man nicht einmal im Traum an Sonnenschutzfaktor und Klimaerwärmung. Im Gegenteil: Wir schmierten uns mit allen möglichen Cremes ein, um schön braun zu werden. Nie vergesse ich diese unmöglichen Hausmittelchen, manchmal mit Feigenblättern oder Coca Cola, die nicht selten schwere Schäden anrichteten. Meine Mutter nutzte vor allem „Rayito de Sol", ein aus Paraguay geschmuggeltes Bräunungsmittel, damals groß in Mode. Sein besonderer Geruch blieb mir noch jahrelang in Erinnerung – als ein ganz typischer Geruch meiner Mutter. Sie schmorte gern stundenlang in der Sonne. Auch als längst schon richtige Sonnencremes in Mode waren, blieb sie ihrem Rayito treu. Ich hatte nie großes Interesse am Sonnenbaden und

Sand auf der Haut und war meist unterwegs, zum Herumliegen fehlte mir die Geduld. Dann am Abend schnell eine Dusche unter freiem Himmel, um das Salz und den Staub des Tages abzuwaschen.

Es gab Muscheln aller Art und in allen Größen, Seesterne in Massen, Quallen, an denen wir uns manchmal verbrannten. Natur pur, unfassbar. Wenn die Fischer von ihren Fischzügen zurückkamen, die Netze voll mit jeder Menge der unterschiedlichsten Fische, war unser Abendessen gesichert. Ich sah gern zu, wie die Kugelfische sich in den für sie bedrohlichen Netzen aufplusterten wie ein Gummiball. Da sie giftig waren, wurden sie zurück ins Meer geworfen.

Nur wenige hatten bis dahin eine Konzession bekommen, ein Haus von den Einheimischen zu mieten, anfangs noch ohne Strom und ohne fließendes Wasser. Der erste war mein Onkel gewesen, der dieses Paradies für sich entdeckte, dann kamen wir und noch ein paar andere dazu. Wir lebten dort mit den Fischern, die dieses Gebiet schon seit Jahren bewohnten und vom traditionellen Fischfang lebten, in vollkommener Harmonie. Ohne elektrischen Strom, ohne Auto, ohne Fernsehen, ein Paradies, himmlisch. Später dann erwarben wir das Recht, unser eigenes Haus dort zu bauen, im Stil der Insel, aber mit Generator, der den Strom für unsere zivilisatorischen Bedürfnisse lieferte: Kühlschrank, warmes Wasser, elektrisches Licht – eine Errungenschaft, die dann auch den Einheimischen zuteil wurde. Am Ende gab es fließendes Wasser für alle.

Einmal in der Woche war Tanz ⟨O⟩. Als Kinder sprangen wir zwischen den schwitzenden Paaren herum.

Später als Jugendliche verbrachte ich Stunden mit Freunden, Cousins und auch mit einheimischen Fischern auf der Tanzfläche. Ich glaube, nie mehr hatte ich eine so intensive Körpererfahrung, verschwitzt, energiegeladen, ein Gefühl, das mir bis dahin unbekannt gewesen war, primitiv und sinnlich. Zwei, drei Mal in der Woche buken ein paar Einheimische Brot und Süßgebäck mit Guavenmus und „Doce de Leite". Das wurde von Tür zu Tür verkauft, noch ganz warm. Unvergleichlich!

Im Sommer hatten wir praktisch drei Monate Ferien. Gleich nach Weihnachten fuhren wir an den Strand und verbrachten die ganze Zeit im Rhythmus der Insel. Die Türen unseres Hauses standen zu jeder Tageszeit offen, es war immer etwas los, die Cousins aus der Familie meiner Mutter blieben oft wochenlang bei uns, auch väterlicherseits hatten einige Verwandte dort Häuser, ebenso einige Freunde. Alle gingen nach Lust und Laune bei uns ein und aus. Die Mahlzeiten waren Ereignisse, und nach dem Essen streckten wir uns in den Hängematten überall auf der Veranda oder im Garten aus. Wenn es Abend wurde, senkte sich eine urzeitliche Stille über den Ort und eine unvergleichliche Dunkelheit, leer, herrlich und immer überraschend und unvermittelt, als hätte jemand das Licht der Welt ausgeknipst, und im Hintergrund war nur das donnernde Rauschen der Wellen und die Unendlichkeit eines Himmels voller Sterne und vielleicht sogar ein Stückchen Gott. Wie Ruben Braga sagen würde: „Die Gläubigen sagen, Gott ist in allen Dingen; aber ich bin sicher, das künstliche Licht, der Verkehrslärm, das Fernsehen, das Radio, alles in voller Lautstärke, ärgern ihn auch ein bisschen. Also hält er sich lieber in einem gemütlicheren Eckchen auf, sitzt vielleicht auf einem Stein auf einer Insel vor Palmas und hört nur dem Wind und dem Meer zu, deren Rauschen die Musik Gottes ist."

Mein Vater dachte sich irrsinnige Schnitzeljagden aus, Aufgaben, die ins Unmögliche gingen. Wir mussten zu zweit die verrücktesten Dinge auf der Insel suchen. Einmal gingen wir kilometerweit, um eine schwarze Katze zu finden, die wir dann auf den Arm nahmen und später bis in die tiefe Nacht hinein zurück schleppen sollten, um sie wieder ihrem Besitzer zu bringen. Am selben Tag klopften wir an jede Tür auf der Jagd nach einem hochhackigen Schuh mit zehn Zentimetern Absatz. Und das auf einer einsamen Insel ohne festen Straßenbelag. Ich lüge nicht, wenn ich sage, dass wir trotzdem alles fanden.

# II

Als meine Mutter 1978 beschloss, mit uns auf die Fazenda zu ziehen, ihre Kinder auf dem Land meines Großvaters aufzuziehen, näher bei ihm zu sein, war dies eine zumindest außergewöhnliche Idee. Vielleicht inspiriert von Elis Regina und ihrem Lieblingslied *Casa no Campo* (Haus auf dem Land).

Oder aus zwei ganz rationalen Gründen. Zum einen war wieder Wahljahr und mein Vater kandidierte für die Abgeordnetenkammer in Brasília, bereiste ohne Unterlass alle vier Ecken des Landes und warb für sich. Zweitens hatte die Erbengemeinschaft nach dem Tod meines Großvaters beschlossen, all seinen Landbesitz zu verkaufen, außer unsere geliebte Fazenda Santa Guilhermina, wo wir unsere Ferien verbrachten. Bis dahin hatte sich ein jüngerer Bruder meines Großvaters, Onkel Odilon, um die Kaffeeplantagen gekümmert, die er im Lauf seines Lebens im Bann seiner Leidenschaft für den Kaffeeanbau erworben hatte. Mit dem Verkauf der Ländereien war auch klar, dass er sich fortan nicht mehr ums Geschäft kümmern sollte. Da meine Mutter eine große emotionale Bindung zu meinem Großvater gehabt hatte, fühlte sie sich nun auch verpflichtet, dessen Erinnerung zu bewahren und entschloss sich, die Verwaltung der Fazenda zu übernehmen, der Lieblingsbesitzung meines Großvaters mit damals 370 alqueires, das entspricht rund 896 ha, Kaffee in voller Pracht.

Als meine Mutter den Besitz 1978 übernahm, war sie im brasilianischen Agrobusiness eine der ersten Frauen. Sie hatte Jura, Journalismus und Psychologie studiert und war nun von einem Augenblick auf den anderen Landwirtin. In der männlich dominierten Landwirtschaft im Brasilien der 1970er-Jahre hatte sie es mit Großgrundbesitzern, Genossenschaften, Bankdirektoren und deren Arbeitskräften zu tun. Umso größer war die Herausforderung, da sie eine Kaffee-Monokultur geerbt hatte, die durch den Kälteeinbruch vollkommen am Boden lag. Als sie den Besitz übernahm, ließ sie einige Hektar Kaffee neu anpflanzen, mehr von Nostalgie getrieben als durch reinen Geschäftssinn. Eine Hommage an meinen Großvater und seine Liebe zum Kaffeeanbau, eine Fortführung der Tradition und Bewahrung seines Erbes. Aber das reichte ihr nicht. Sie machte aus dem Besitz einen Musterbetrieb, führte den alternierenden Anbau von Getreide und Soja ein, den Zwischenanbau von Luzerne, ließ die abgeernteten Böden nicht mehr abbrennen, terrassierte Felder, investierte in neue Technologien und in für die Region neue Kulturen und engagierte sich vor allem für die Verbesserung der Lebensqualität ihrer Angestellten, baute ein Gemeinschaftswerk für die Arbeiter auf.

Traditionell war der Landarbeiter in Brasilien eine Art Knecht. Das Landarbeiterstatut von 1963 war eine große Errungenschaft gewesen, das sich in weiten Teilen an der 1943 eingeführten Arbeitsgesetzgebung für Industriearbeiter orientierte, auf dem Land aber nur begrenzt Anwendung fand. Für Landarbeiter galt nur die Hälfte des Mindestlohns, und die Gesetzgebung galt ausschließlich für Männer: Frauen und Minderjährige waren von den Arbeitsgesetzen nicht erfasst. Erst mit der nach der Diktatur erarbeiteten Verfassung von 1988 wurden auch Landarbeiter in die Allgemeine Sozialversicherung aufgenommen mit einer Reihe von Absicherungen, etwa der Rente mit 60 Jahren für Männer und mit 55 für Frauen, einer Invalidenrente und Lebensversicherung, Mutterschutz und Krankenversicherung, die sie bis dahin nicht gehabt hatten. Mein Vater hatte sich immer für solche Maßnahmen eingesetzt, die dann endlich in die Verfassung von 1988 aufgenommen wurden. Auch deswegen war dieser persönliche Einsatz meiner Mutter für die Verbesserung ihrer Angestellten in den 1970er-Jahren so wichtig. Indem sie die Fazenda dann auch noch zu einem rentablen Betrieb machte, wurde sie ein Vorbild für eine ganze Generation. Sie war sich stets ihrer privilegierten Position bewusst gewesen und fühlte sich nicht immer wohl damit, sich nicht in die gängigen Muster zu fügen. Die Verbindung mit meinem Vater hatte ihr neue Horizonte eröffnet und sie darin bestärkt, kritisch zu sein und aktiv zu werden. Sie engagierte sich für eine bessere Gesellschaft, in unterschiedlichen karitativen Projekten, aber eher im weiteren Sinne des Wortes, nicht nur paternalistisch im Sinne von Geben, sondern aktiv in dem Versuch, Möglichkeiten zu Teilhabe und Bildung zu schaffen. Neben ihrem Bemühen, das Leben ihrer Angestellten zu verbessern, gründete sie Institutionen zur Unterstützung von Straßenkindern, unterstützte Selbsthilfeorganisationen in bedürftigen Wohnvierteln, engagierte sich für die Verbesserung der Lebensbedingungen alter Menschen und ganz persönlich für krebskranke Kinder. Sie machte – vollkommen überparteilich – Politik auf ihre eigene Weise. Geleitet von wahrer Nächstenliebe.

Wir wurden in Rolândia auf die Deutsche Schule geschickt, ungefähr 30 Kilometer entfernt von der Fazenda. Das hieß um fünf Uhr früh aufstehen, um pünktlich um viertel nach sieben in der Schule zu sein. Ein Fahrer brachte uns über unbefestigte Staubstraßen dort hin, die, wenn es regnete, zu Schlammpisten wurden, zu einem schmierigen Sumpf. Das Auto schlitterte oder blieb stecken. Manchmal dauerte die Fahrt Stunden.

Von einem Tag auf den anderen also trat die deutsche Kultur in mein Leben – für immer. Die Schulleiterin Maria Luiza Müller, eine vorbildliche Frau und Bürgerin, die in der ganzen Umgebung geachtet war, befreundete sich mit meiner Mutter. Es war eine Ganztagsschule, aber da die Stadt klein war, gingen die Kinder, die in der Nähe wohnten, immer zum Mittagessen nach Hause, nur die wenigen, die dieses Glück nicht hatten und von außerhalb kamen, mussten in der Schule essen. Meine Schwester und ich hassten es, es war immer dasselbe, so dass die Schuldirektorin uns schließlich mittags mit zu sich nach Hause nahm, damit wir dort essen konnten. Sie war sehr dynamisch, begeisterungsfähig, voller Tatendrang, hatte ein ansteckendes Lachen, war für alles offen und immer bereit für neue Unternehmungen. Ob ihr wohl irgendwann bewusst war, wie viel mir das für mein späteres Leben bedeutet hat?

Die Tage waren lang, und wir waren erst am späten Nachmittag müde auf der Fazenda zurück. Zwei Mal in der Woche kam ein Sportlehrer auf die Fazenda und gab uns Schwimmunterricht. Dann fielen wir immer sehr früh ins Bett, völlig erledigt. Jedes Wochenende brachte ich neue Freundinnen mit auf die Fazenda. Zum Beispiel

Cacá, die in Rolândia wohnte und für mich in diesem ungewöhnlichen Jahr sehr wichtig war. Sie war unternehmungslustig, frech und locker wie ich, wir dachten uns immer etwas Neues aus, sie war die ideale Begleiterin in dieser Welt auf dem Land voller Ereignisse und ohne Schranken. Dann aber zog sie nach São Paulo um und ich nach Brasília. Wir haben uns nie wieder gesehen, aber ich denke mit großer Zärtlichkeit an diese Zeit und an unsere Freundschaft zurück. Hin und wieder erfuhr ich über gemeinsame Freunde etwas aus ihrem Leben. Dann, einige Jahre später, dass sie gestorben war. Der Tod an sich ist schon furchtbar, den Tod eines jungen Menschen zu fassen, ist umso schwerer. Erst recht bei ihr, die sie ein Mädchen so voller Leben und Träume gewesen war und irgendwann einmal alle Tiere der Welt hatte retten wollen.

Das eine Jahr, in dem ich auf der Fazenda lebte und in Rolândia zur Schule ging, war sehr prägend. Es entstanden ein paar dauerhafte Bindungen, und die dortige Kultur sollte selbst viel später noch Einfluss auf meine Entscheidungen haben. Ich war in Londrina zur Welt gekommen, dem Zentrum der Region, und Rolândia war, vor dieser Zeit auf der Fazenda, nur irgendeine Stadt, die man auf dem Weg dorthin passieren musste. In diesem Jahr auf der Fazenda konnten wir die Stadt und ihre Umgebung jedoch ausgiebig erleben, ihre Aura und die Geschichte der Leute dort. Viele benachbarte Fazendas gehörten Deutschen. Die Familien Bismarck, Oetker und Koch-Weser besaßen dort Land. Jahre später wurden die von Treuenfels unsere Nachbarn und Freunde, während Boehringers die Fazenda nebenan kauften, um dort Solanaceae für die Herstellung des Medikaments Buscopan anzubauen.

Der deutsche Beitrag zur Kolonisierung und für die Entstehung der brasilianischen Gesellschaft war bedeutend. Überhaupt hatten sie großen Anteil an der Diversifizierung der Landwirtschaft, der Urbanisierung der Städte, der Industrialisierung und an der Kultur. Die organisierte Einwanderung setzte im 19. Jahrhundert ein und hielt bis Mitte des letzten Jahrhunderts an. Meist in den Süden Brasiliens. Die ersten Deutschen gingen nach Rio Grande do Sul und Santa Catarina, später erst auch nach Paraná. Und in Paraná nicht nur nach Rolândia, sondern auch in die anderen Städte des „Norte Pioneiro". Unsere Geschichte vermischte sich auf unterschiedliche Weise und zu unterschiedlichen Zeiten.

Zum Jahreswechsel 1932/33, als die Weimarer Republik in den letzten Zügen lag, hatte sich der Tropeningenieur Oswald Nixdorf aus dem gerade gegründeten Londrina aufgemacht, um fünfzehn Kilometer westlich die Siedlung Gleba Roland zu gründen, aus der später der Verwaltungsbezirk Rolândia wurde. Der Auftrag zu dieser Unternehmung kam von der Familie Koch-Weser. Erich Koch-Weser suchte nach einer Möglichkeit für die Ansiedlung von meist landlosen deutschen Bauernkindern. Dafür erwarb der ehemalige Reichsminister und Vizekanzler das Land im Namen der „Gesellschaft für wirtschaftliche Studien in Übersee" von der „Companhia de Terras Norte do Paraná". Der Grundstein für Rolândia war gelegt. Jahre später entschlossen sich zahlreiche Menschen aufgrund der Verfolgung durch die Nazis aus politischen, religiösen oder rassistischen Gründen,

Deutschland den Rücken zu kehren, und so kam ein neuer Typ Einwanderer nach Rolândia, die meisten mit Universitätsabschluss. Juden, Christen, aber auch echte Nazis oder Sympathisanten dieser finsteren Ideologie lebten dort plötzlich in friedlicher Eintracht. Die ersten Jahre waren recht schwer, aber der Wille zu bestehen und zu überleben machte diese Pioniere zu großen Beispielen für Integration. Jeder wusste, wer der andere war, und alle lebten harmonisch zusammen. Den Namen bekam die Stadt zu Ehren des legendären deutschen Helden Roland, der im Mittelalter an der Seite seines Onkels Karl dem Großen gekämpft hatte. Im Zweiten Weltkrieg musste Rolândia kurzzeitig – wie alle brasilianischen Städte mit deutschen Bezeichnungen – den Namen ablegen, bekam ihn 1947 allerdings wieder zurück.

Dona Nina war eine sehr kluge deutsche Frau, die mit ihrem Mann und drei Kindern vor dem Krieg geflohen war und sich zunächst in Uruguay niedergelassen hatte. Dann war die Familie nach Londrina umgezogen. Sie stammte aus einer traditionellen deutschen „arischen" Familie, ihr Mann hatte im Zweiten Weltkrieg das diplomatische Korps verlassen. Sie lebten in einem schönen Haus, hatten Stil, wie man so schön sagt, und lebten anfangs vom Verkauf ihrer Antiquitäten. Fragen wurden keine gestellt und waren auch nicht erlaubt. In dieser Hinsicht gab es eine unüberschreitbare Grenze. Es wurde viel spekuliert, aber es gab keine Beweise. Bei vielen, die auf die eine oder andere Weise mit den Nazis kooperierten, war es so. Meine Mutter und Dona Nina hatten sich gleich nach ihrer Ankunft in Londrina kennengelernt. Ihr sind ein Großteil der Möbel, der Kunstgegenstände und überhaupt der Dekoration unseres roten Hauses in Londrina zu verdanken. Ich kann mich noch erinnern, wie sorgfältig alles zusammengestellt war, immer mit Feldblumen, den Lieblingsblumen meiner Mutter, in einer Porzellanvase im Esszimmer auf einem Biedermeiertisch aus dem 19. Jahrhundert. Aus unerfindlichen Gründen mochten sich die beiden, vielleicht weil sie beide entwurzelt waren. Trotz ihrer sehr formellen und distanzierten Art war Dona Nina meiner Mutter als junge Frau eine Stütze in der ihr noch unbekannten Stadt, fern der eigenen Familie in Curitiba. Doch das währte nicht allzu lang, denn Dona Nina starb kurz darauf mit ihrem Mann bei einem Verkehrsunfall auf der Gebirgsstraße.

Die andere Ersatzmutter meiner Mutter war unsere Nachbarin Dona Alari, eine Frau aus dem nordöstlichen Bundesland Alagoas, die ins Pionierland im Norden von Paraná geheiratet hatte. Sie stammte aus einer Familie von Großgrundbesitzern, war sehr gebildet und ungeheuer intelligent. Sie hatte für sich und die beiden ältesten Töchter drei Häuser im Kolonialstil gebaut, jedes in einer anderen Farbe, alle nebeneinander. Unser Haus war eines davon, das meine Eltern hatten kaufen können, weil die älteste Tochter mit ihrem zweiten Mann nach São Paulo gezogen war. Ihr erster Mann war bei einer Auseinandersetzung von einem Freund der Familie vor den Augen von Frau und Kindern erschossen worden.

Dona Alari selbst war früh verwitwet und hatte von ihrem Mann eine ansehnliche Erbschaft übernommen. Trotzdem fing sie an, sobald die vier Kinder aus dem Haus waren, Süßspeisen für Parties als Caterer bereitzustellen, eine Art, sich beschäftigt zu halten und sich gleichzeitig etwas dazuzuverdienen. Nie mehr habe ich etwas Vergleichbares gegessen, nicht nur was die Qualität ihrer Süßwaren anging, sondern auch die Hingabe, mit der sie sie herstellte – kleine Kunstwerke, stets auf bestem Porzellan oder Kristalltellern aus ihrer Aussteuer präsentiert. Das Auge genoss mit. Ihr einziger Sohn, der sehr übergewichtig war, vielleicht wegen ihrer kulinarischen Fähigkeiten, unterzog sich als einer der ersten Menschen in Brasilien in den 1970er-Jahren einer Magenverkleinerung und überlebte sie nicht.

Meine Großmutter mütterlicherseits kam uns manchmal in diesem Jahr auf der Fazenda besuchen. Sie war durch und durch städtisch, hatte für das Landleben nichts übrig und war auch nicht unbedingt ein Beispiel für mütterliche Zuneigung. Natürlich mochte sie ihre Enkel, hätte sich aber niemals dazu hinreißen lassen, sich um sie zu kümmern, und erst recht nicht, etwas im Haushalt zu tun. Auf ihre egozentrische Art wunderte sie sich sogar noch darüber, dass meine Mutter sich mitunter einsam fühlte. Aber ich liebte und bewunderte sie genau dafür, dass sie so eigen war, authentisch auf ihre Weise. Einmal brachte sie zwei Freundinnen mit, und wir gingen zum Einkaufen nach Londrina. Mit ihr einkaufen zu gehen, war herrlich! Auf der Rückfahrt überholte uns auf einer Abfahrt am Abzweig von Londrina ein Lastwagen und drängte uns auf den Seitenstreifen. Meine Großmutter verlor die Kontrolle über den Wagen. Wir überschlugen uns mehrmals, und als das Auto endlich zum Stillstand gekommen war, gelang es mir als gerade einmal zehnjährigem kleinen Mädchen, durch die glücklicherweise zersplitterte Heckscheibe nach draußen zu klettern. Aus dem Auto war nur leises Wimmern zu hören, alle drei anderen Insassen waren eingeklemmt. Ich war in Panik, vor allem, weil ich meiner Großmutter nicht helfen konnte. Ich war völlig durcheinander, wollte trotzdem Hilfe holen und rannte die Straße entlang wieder zurück in Richtung Stadt. Nach etwa dreihundert Metern hielt ein Auto. Blutüberströmt erzählte ich dem Mann und der Frau im Auto, ich müsse zurück nach Londrina, um meine Patentante Terezinha um Hilfe zu bitten. Der Rest der Familie war ja auf der Fazenda und in Curitiba, also schien mir dies die logische Lösung. Sie fragten, wie ich heiße, wo meine Familie sei, ich antwortete, dass sie auf der Fazenda, damals noch ohne Telefon, also praktisch nicht zu erreichen war. Den einzigen Kontakt zur Zivilisation hatte man dort über Amateurfunk. Sie fragten mich, ob ich den Weg kenne und ich nickte. Sie verständigten sich schnell mit anderen Autofahrern, die inzwischen angehalten hatten, um zu helfen, vereinbarten, dass sobald Krankenwagen und Feuerwehr da seien, die Verletzten in ein Krankenhaus in Arapongas nahe der Fazenda gebracht werden sollten. So fuhren wir weiter und waren wie Hiob die Überbringer der schlechten Nachricht. Ich weiß noch, wie mir die Angestellten entgegenliefen. Ich war völlig blutverschmiert. Meine Muter, die das Rufen und Jammern auf der Veranda hörte, fürchtete bereits das Schlimmste und kam angerannt. Als sie mich sah, nahm sich mich tränenüberströmt in die Arme. Nachdem wir uns von den Rettern verabschiedet hatten, fuhren wir sofort ins Krankenhaus. Ich war nicht ernsthaft verletzt, hatte aber überall Glassplitter, die mich getroffen hatten, als die

Heckscheibe zersprungen war. Aber genau deswegen war ich ja aus dem Auto gekommen. Es brauchte Stunden, bis mir mit der Pinzette alle Splitter herausgezogen worden waren. Die anderen drei Insassen hatten, nachdem sie von Feuerwehrleuten befreit worden waren, weniger Glück und mussten schwer verletzt für eine ganze Weile im Krankenhaus bleiben. Überlebt haben aber alle.

Das war nur einer von einer Reihe von Autounfällen, die schließlich dazu führten, dass ich Angst vorm Autofahren bekam. Der Straßenverkehr in Brasilien war damals nichts für Anfänger. Tausende tödlicher Unfälle jedes Jahr, miserable Straßen, schrottreife Autos, keine verpflichtenden technischen Überprüfungen, wenig Kontrollen auf den Überlandstraßen, an Ampeln hielt nachts niemand an, es grassierte die Korruption, viele fuhren unter Alkoholeinfluss – es war turbulent in den 1970er und 1980er-Jahren. Jahrelang ließ ich es nicht zu, dass man, wenn ich dabei war, schnell fuhr. In den banalsten Situationen im Straßenverkehr brach ich in Tränen aus. Irgendwann fasste ich den Entschluss: Du musst selbst fahren lernen. Ich war zwölf Jahre alt, etwas früh, muss ich zugeben, aber ich wollte die Kontrolle über das Steuer und die Situation erlangen. Nach dem Unfall hatte meine Großmutter einen kleinen Dodge gekauft, beige mit Automatikschaltung, den Chrysler gerade auf den Markt gebracht hatte, und wenn ich in den Ferien auf der Fazenda war, nutzte ich das für ein paar Fahrstunden, anfangs auf dem Schoß von jemandem, später begleitet, und mit 13 Jahren schließlich allein auf den kleinen Straßen der Umgebung. Je besser meine Fahrkünste wurden, desto mehr wich mit der Zeit meine Angst.

Als mein Vater für die Abgeordnetenkammer kandidierte, sahen wir uns nur selten. Er kam regelmäßig auf der Fazenda vorbei, stand aber immer unter Strom, er war quer durchs Land unterwegs für den Wahlkampf – wie damals bei seiner Kandidatur für das Regionalparlament; auch diesmal gab es keinen bestimmten Wahlkreis, sondern es hieß Kilometer fressen. Wir verbrachten dagegen ein Jahr praktisch von der Außenwelt abgeschnitten. Natürlich gingen wir nach Rolândia zur Schule und fuhren regelmäßig nach Arapongas, um uns mit Büchern, Zeitschriften und Waren des täglichen Bedarfs zu versorgen, aber auch in diesen Städten war das Leben recht provinziell, es gab keinerlei Attraktionen, so dass wir die meiste Zeit auf der Fazenda verbrachten, die mein sicherer Hafen wurde mit allem, was ich so liebte. Ich wurde von den Angestellten verhätschelt und durfte bei vielem mitmachen: auf den Erntemaschinen mitfahren, wenn Soja oder Getreide eingebracht wurde, beim Melken zusehen, die Pferde von der Weide holen. Mit meinen Freundinnen und meinen Geschwistern verbrachten wir Stunden am Schwimmbecken, bis unsere Haut faltig wurde, spielten in den Getreidesilos, paddelten auf dem Stausee, kochten in unserem Puppenhaus, kletterten auf die Bäume, ließen Drachen steigen, spielten Fußball oder „Bete", eine Art Cricket. Wir ritten, badeten im Wasserfall oder im Fluss, halfen unserem treuen Gärtner Ademir (der die besten Angelruten herstellen konnte, die besten Holzschwerter, die besten Stelzen der Welt), pflückten Obst im Obstgarten. Wenn der Tag sich zu seinem Ende neigte, aßen wir ausgelaugt Popcorn und tranken Guaraná vor dem

Fernseher, sahen die Flintstones und Jetsons, meine Lieblingscartoons.

Ach, und es gab die Kaffee-Ernte: Die kirschartigen reifen Kaffeebohnen zu ernten, ganz rot und ganz süß, war ein unvergleichliches Vergnügen. Ich lernte Kaffee zu pflücken unter der prallen Sonne. Um sich vor der Sonne, vor Regen und vor den Pflanzen zu schützen, trugen die Tagelöhner eine sehr eigene Kleidung mit langer Hose und langen Ärmeln, ein Tuch um den Kopf und darüber noch einen breitkrempigen Hut. Die Kaffeebohnen wurden auf Planen oder Stoffbahnen unter den Pflanzen geerntet, damit die Bohnen nicht in Kontakt mit der Erde kamen. Sie mussten heil abgestreift werden, ohne dass Zweige abgeknickt oder die Blüten beschädigt wurden, und schließlich wurde alles in einer Art wunderschöner Choreografie gesiebt, um die Kaffeebohnen von den Blättern, kleinen Steinchen oder von Resten von Erde zu trennen. Diese Knochenarbeit ist beinah eine regionale Tradition, eine Choreografie, die im kollektiven Gedächtnis der gesamten Gegend steckt. Eine Kunst für sich von ursprünglicher Schönheit. Ich vergesse nie dieses Bild von den Arbeitern, die die Kaffeebohnen zum Trocknen ausbreiten, wie die getrockneten Bohnen in Jutesäcke verpackt werden, die Lastwagen schwer beladen aufbrechen mit dem für den Export bestimmten Kaffee, und auch nicht das Rösten für den Eigenverbrauch, diesen frischen Geruch nach geröstetem Kaffee. Der Kaffee bestimmte das Leben dieser Region über Jahre. Ein Anwesen in der Nachbarschaft war die legendäre „Fazenda do Bule“, auf der in den 1930er-Jahren bei der Ernte von Kaffee bis zu fünftausend Personen beschäftigt waren. Sogar ein Kino gab es dort.

Samstagabends schaute ich mit meiner Mutter gern kurz bei den Tanzveranstaltungen im Gesellschaftshaus der Fazenda vorbei, um den Arbeitern unsere Aufwartung zu machen. Meine Mutter hatte den *Klub* für die Arbeiter bauen lassen, dort war auch der Sitz der Kooperative. Einmal im Monat traten auf dem Fußballplatz Mannschaften aus der gesamten Umgebung gegeneinander an. Anschließend war immer Preisverleihung, und meine Mutter überreichte die Pokale. Leider kam es dann auch zu Gelagen und Schlägereien, bis die Spiele vorerst eingestellt wurden. Auch die Weihnachtsfeiern der Angestellten, die meine Mutter für die Familien, die auf der Fazenda lebten, ausrichten ließ, fanden in dem Gesellschaftshaus statt. Wir waren immer beschäftigt. Langeweile kam nie auf.

Da ich um fünf Uhr früh aufstehen musste, um pünktlich zur Schule zu kommen, gewöhnte ich mir das frühe Aufstehen an. Die Stille im Morgengrauen, die Ruhe überall um diese Zeit, vor allem auf dem Land, gab mir Kraft. Die Gewohnheit, früh aufzustehen, habe ich in die Stadt mitgenommen und beibehalten. Wenn es dämmerte, war ich immer die erste, die wach wurde. Die fast heilige Stille der ruhenden, noch schlafenden Stadt nutzen, hören, wie die Welt erwacht, war wie eine Möglichkeit, mir selbst nahe zu sein, nah bei mir selbst. Noch Jahre später stellte ich, kaum war der Tag erwacht, meine Stereoanlage auf volle Lautstärke und tanzte – und weckte damit das ganze Haus – zu den Klängen der Violent Femmes, von David Bowie, der Rolling Stones oder was mich sonst aktuell gerade interessierte. Dann ging ich joggen oder schwimmen, um mich danach erst für die Schule fertig zu machen.

1978 wurde mein Vater als Abgeordneter der MDB für den Bundesstaat Paraná in die Abgeordnetenkammer gewählt, massiv unterstützt von den Studierenden in Londrina, deren Bewegung er verschiedentlich als Abgeordneter im Regionalparlament unterstützt hatte. 1979 trat mein Vater sein Mandat an, und wir zogen nach Brasília. Auch wenn ich das Leben auf der Fazenda geliebt hatte, war für uns nun auch Zeit für die Stadt; und überhaupt würden wir in den Ferien ja wieder zurückkommen. Die Jahre der politischen Öffnung waren sehr spannend, und wir konnten in unserem Alltag das alles aus nächster Nähe miterleben. Mein Vater wurde einer der stellvertretenden Vorsitzenden der MDB-Fraktion in der Abgeordnetenkammer und einer der Gefolgsleute von Ulysses Guimarães, dem großen Anführer der Partei und der Opposition gegen die Militärdiktatur. Sie hatten ähnliche Ansichten über die Welt, auch über politische Arbeit, denselben Glauben an eine demokratische und soziale Gesellschaft.

Der Umzug nach Brasília auf der zentralen Hochebene des Landes bedeutete in den 1970er-Jahren eine große geografische und auch klimatische Veränderung. Die Region wird von der Savannenvegetation des „Cerrado“ bestimmt und unterscheidet sich deutlich von der im Süden mit ihrem Atlantischen Regenwald. Es herrscht tropisches Höhenklima mit feuchten, verregneten Sommern und extrem trockenen, langen Wintern. Die modernistische, einheitliche Architektur und das harsche Klima ließen wahre Fata Morganas entstehen. Oscar Niemeyer sagte einmal sehr zutreffend: „Wenn jemand nach Brasilia kommt, frage ich, ob er das Kongressgebäude gesehen hat und ob es ihm gefallen hat, und ich kann mir sicher sein, dass, egal, ob es der Person gefällt oder nicht, sie nie sagen kann, sie hätte schon einmal etwas Vergleichbares gesehen."

Juscelino Kubitschek, der Präsident, der Brasília bis zu seiner Einweihung am 21. April 1960 errichten ließ, hatte sozialistische Ideale und engagierte daher ein Team von Fachleuten mit ähnlichen politischen Ansichten. Sein Anspruch war der Bau einer Stadt mit den geringstmöglichen sozialen Unterschieden. Brasília ist eine Planstadt, auf dem Papier entstanden, ein Symbol der Modernisierung und der nationalen Integration Brasiliens. Der „Plano Piloto" genannte Grundriss von Lúcio Costa, dem größten Architekten der modernistischen Bewegung Brasiliens, erhielt, wie man weiß, damals den Zuschlag, und Costa beauftragte dann Oscar Niemeyer mit der Leitung der Architekturabteilung. Der Bau von Brasília setzte neue Maßstäbe in der Stadtplanung und Architektur. Der Grundriss der Stadt ähnelt einem Flugzeug, im Mittelpunkt stehen die Bauten der Staatsmacht, und auf den Flügeln wohnen die Kongressabgeordneten, Bürokraten, Beamten und so weiter. Doch bereits Lúcio Costa erkannte in dem Grundriss der Stadt noch etwas Anderes: „Sie entstand, wie man einen Ort markiert oder in Besitz nimmt: Zwei Striche, die sich im rechten Winkel durchkreuzen, ein Kreuz also." Die Vision der beiden Architekten war die einer integrativen Stadt nach den sozialistischen Prinzipien Juscelino Kubitscheks und Oscar Niemeyers. Die Praxis allerdings sah anders aus. Schon von Anfang an bildeten sich rund um die Stadt herum sogenannte

Satellitenstädte, in der die gering bezahlten Arbeiter unterkamen.

Wir lebten in Brasília in einer den Parlamentariern vorbehaltenen „Superquadra". Die so bezeichneten Quartiere auf den Nord- und Südflügeln des flugzeugförmigen Plano Piloto sind nummeriert, und wir wohnten in 302 auf dem Nordflügel. Die Ursprungsidee war die eines für alle offenen Wohnquartiers gewesen anstatt eines geschlossenen Viertels. Aber für mich bedeutete dieses Leben in einer „Superquadra", einem Parlamentariern vorbehaltenen, genau abgegrenzten Bezirk inter pares, vor allem, dass wir uns als Kinder der Parlamentarier frei dort bewegen konnten. Die Welt innerhalb des Quartiers war praktisch autonom und auf sich selbst konzentriert. Abschottung und Gemeinschaft. Wir wohnten in sechsstöckigen Häusern mit zwei Wohnungen pro Geschoss. Alles nach dem gleichen Muster. Jedes Viertel besaß eine gemeinsame Zufahrt, es gab kaum Straßenverkehr – wir Kinder profitierten davon. Wir konnten uns auf der Straße aufhalten, in Banden von Haus zu Haus ziehen, Rollschuh laufen, Fahrradfahren, uns überall draußen aufhalten, auf den Grünflächen spielen und unsere kleinen und großen Dummheiten machen.

Einmal veranstalteten wir ein Fahrradrennen. Es ging vor allem darum, eine sehr abschüssige Straße hinunterzufahren, die am Ende eine scharfe Rechtskurve machte. Wer die gesamte Strecke unbeschadet und am schnellsten zurücklegte, war der Sieger. Ich, eher klein und rundlich, wartete gespannt, bis ich an der Reihe war mit meinem neuen kanariengelben Caloi-Rennrad mit dem nach unten gebogenen Lenker, der neuste Schrei, den ich meinen Eltern gerade abgebettelt hatte – ich gab mir alle Mühe, mich aufrecht zu halten mit dieser Stange zwischen den Beinen. Nach dem „Auf die Plätze, fertig, los“ raste ich mit meinem Schatz diese Straße hinunter. Gleich hinter der Kurve lag mein Bruder quer auf der Straße. Ich konnte weder bremsen noch ausweichen, fuhr über ihn drüber, kam dann völlig entsetzt zum Stehen. Ich ließ mein Rad fallen, rannte zurück, und da lag er, reglos. In dem Augenblick war ich sicher, dass er tot war. Ich rannte tränenüberströmt nach Hause, um meinen Eltern den Mord zu gestehen. Als ich mit meiner Mutter zum Tatort zurückkehrte, lag mein Bruder noch immer da. Meine Mutter rief seinen Namen, und ich kann mich nur noch daran erinnern, dass er die Augen aufschlug und noch ein bisschen benommen anfing zu lächeln, lebendig.

Jeden Morgen kam ein Bus, um uns zu den unterschiedlichen Schulen zu fahren. Ich war an einer Ganztagsschule, eine Neuheit damals in der Schullandschaft von Brasília, wo allerhand Nachmittagsaktivitäten angeboten wurden. Zu meiner Überraschung war Schach obligatorisches Schulfach und wurde von einem bärtigen, zerzausten Russen unterrichtet. Doch trotz meiner anfänglichen Begeisterung – ich hatte von klein auf meinem Vater bei seinen Partien zugesehen – war meine Schachkarriere damit zu Ende. Und an der Bushaltestelle wurde ich zum ersten und einzigen Mal von einem Exhibitionisten belästigt. Wir warteten immer vor einem bestimmten Wohnblock, und der Kerl kam heran, schlug seinen Mantel auf, und darunter war er vollkommen nackt. Wir erstarrten. Soweit ich mich erinnere, rannte ich sofort nach Hause, um es meiner Mutter zu erzählen, und verpasste den Bus.

Jeder Block hatte eine eigene Einkaufsmöglichkeit, jeweils zwischen den Blöcken gelegen, manche hatten auch eigene Kirchen, Kinos, Tanzschulen und mehr. Deswegen ging ich zum Ballettunterricht in ein Quartier in der Nachbarschaft. Ich hatte von klein auf Ballettunterricht, liebte das Tanzen. Es gab nur ein Problem: Mit meinen überschüssigen Pfunden war ich keine gewöhnliche Tänzerin, aber das störte mich nie. Als ich mit etwa dreizehn Jahren etwas schlanker wurde, wurden auch meine Bewegungen graziler, den Körper einer Balletttänzerin bekam ich allerdings nie. Bis ich fünfzehn war, tanzte ich mit Begeisterung, absolvierte einige Wettbewerbe der Royal Academy of Dance. Irgendwann wurde mir klar, dass dies nicht meine bevorzugte Karriere sein sollte.

Eines Nachts wachte ich von Schreien auf. Ich stand schlaftrunken auf, rief nach unserem Kindermädchen – meine Mutter war mit Freundinnen ins Kino gegangen und mein Vater verreist, und ging in Richtung der Schreie, die von der Dienstbotentür her kamen. Draußen brüllte ein Mann, schimpfte, verlangte, hereingelassen zu werden und beschwerte sich, weil niemand aufmachte. Dabei verwendete er sämtliche Schimpfworte und Beleidigungen, die mir bis dahin bekannt waren, und einige, die ich noch nie gehört hatte. Da war ich endlich komplett wach und panisch. Unser Kindermädchen war weg, und ich stand keinen Meter von einem Verrückten entfernt. Ich hatte noch den Mut, durch den Türspion zu gucken, ob ich den Kerl vielleicht kannte, erkannte aber nur ein wutverzerrtes Gesicht. Völlig verängstigt, doch voller Überlebensdrang schmiedete ich in einem Sekundenbruchteil meinen Rettungsplan. Ich musste meine Geschwister aus ihren

Betten reißen und sie zum am weitesten von der Tür entfernten Ort in der Wohnung bringen, dem sichersten Ort, den ich mir in dem Moment vorstellen konnte. Ich rannte zurück durch den Dienstbotenbereich in die Küche, durch die Küche hindurch, links am Esszimmer vorbei, dann am Wohnzimmer, am Fernsehzimmer. Im Flur, der zu unseren Zimmern führte, stürzte ich erst in das Zimmer meiner Schwester, versuchte, sie aufzuwecken, vergeblich – sie war acht Jahre alt. Mein letzter Gedanke war, sie schlafend in mein Versteck zu zerren, die Dusche im Bad meiner Eltern. Ich schleifte sie ins Zimmer meines Bruders durch mein Zimmer, dann ins Elternschlafzimmer, durch das „Closet" und schließlich ins Bad. Ich öffnete die Duschkabine, setzte meine Schwester hinein, kehrte um und wiederholte das Ganze mit meinem Bruder. Nachdem ich beide in Sicherheit wähnte, kehrte ich zurück in die Küche, griff nach dem tragbaren Haustelefon und schloss dann sorgfältig Tür für Tür hinter mir zu, verbarrikadierte alles, bis ins Schlafzimmer meiner Mutter. Von dort rief ich endlich den Portier an und erzählte, was vorgefallen war, schloss mich im Bad ein und legte mich zu meinen Geschwistern in die Dusche. Ich weiß nicht, wieviel Zeit später ich wieder herauskam, als ich nämlich meine Mutter hörte, die mit betont ruhiger Stimme darum bat, dass ich die Tür aufmachen sollte.

Meine Mutter war ins Kino gegangen, und das Kindermädchen, das bei uns wohnte, war, als wir schliefen, nur kurz zu ihrer Tochter gegangen, die bei einem anderen Abgeordneten im selben Quartier arbeitete. In der Zwischenzeit hatte sich der Sohn eines Senators, der in der Wohnung über uns wohnte, vollkommen unter Drogen und Alkohol im Stockwerk geirrt und versucht, unsere Wohnungstür aufzubekommen, im Glauben, es sei seine eigene. Genau in dem Augenblick, in dem ich den Portier angerufen hatte und er nach oben gekommen war, um nachzusehen, war auch meine Mutter zurückgekehrt. Ahnungslos und verblüfft hatte sie den jungen Mann, den sie kannte, zur Rede gestellt und ihm erklärt, dass er sich in der Tür geirrt habe und aufhören solle zu klopfen und herumzubrüllen, denn in der Wohnung seien ihre Kinder, die sich fürchten könnten. Er hatte sich beruhigt, und meine Mutter hatte ihn noch ein Stockwerk nach oben gebracht. Er war vollkommen desorientiert. Als sie schließlich unsere Wohnung betrat, fand sie uns in unserem Bunker, und ich dachte: Ich habe alle gerettet und war nicht allein.

Die Region um Brasília war auch für ihre mystischen Orte bekannt, ihre unterschiedlichen dort herrschenden Spiritualitäten und Esoteriken. Mystiker schwören, das futuristische Werk Oscar Niemeyers sei auf einem Terrain mit starker kosmischer Energie errichtet worden. Vierzig Kilometer von Brasília entfernt nehmen Magier, Nymphen, Krieger und Prinzen im Vale do Amanhacer Verbindung mit dem Jenseits auf, in einem Ort im Stil des „New Age", mit Pyramiden, die aussehen wie Raumschiffe, Medien mit intergalaktischen Gewändern, damals alles unter der Herrschaft einer gewissen Tante Neiva. Auch Abidânia mit João de Deus lag dort, Pirenópolis mit seinen alternativen Kommunen von Mystikern, Cristalina, das für viele Mystiker als der Ort galt, der die Welt im Gleichgewicht hält, Caiapónia mit seiner heiligen

Grotte, ein Ort für Gebete und Einkehr. All diese Orte bevölkerten als Kind in Brasília meine Vorstellungskraft – und machten mir Angst!

Der Esoterik-Tourismus prägte die ganze Region damals. Brasília selbst besitzt unzählige Tempel aller erdenklichen Glaubensrichtungen, obwohl sie die Stadt mit den meisten Katholiken im Land ist. Am 30. Juli 1980 kam Papst Johannes Paul II auf seiner zwölftägigen apostolischen Rundreise durch mehrere brasilianische Städte auch nach Brasília. Dort kniete er sich hin und küsste den Boden, die Geste, für die er berühmt wurde. Er war der erste Papst, der nach Brasilien kam und Massen von Gläubigen und Schaulustigen auf die Straße brachte. Auch ich ging mit meiner Mutter zu der Messe, die er in Brasília unter freiem Himmel zelebrierte. Wir standen ganz weit vorn, vielleicht dreißig Meter entfernt von ihm, und konnten sein Gesicht erkennen. Ich überlegte mir damals, was das wohl für eine Person sei, die so viele Leute mobilisierte und als Prophet Christi all das anprangerte, was die Menschenwürde in unserem Land verletzte. In Brasília sagte er: „Gebe Gott, dass Brasilien geholfen werde, ein vorbildliches gesellschaftliches Zusammenleben zu erreichen und Ungleichheit und Ungleichgewicht zu überwinden, einträchtig und in Gerechtigkeit, mit Verstand und Mut, ohne Zusammenstöße und Brüche. Das wäre gewiss ein großer Dienst für den Frieden auf der Welt, also für die gesamte Menschheit.“ Ein provokanter Satz damals, der jedoch bis heute Gültigkeit hat.

Mein Vater mochte weder auf Reisen gehen noch Ausflüge, von Abenteuern ganz zu schweigen. Religiöser Tourismus: never ever. Sein Leben war Politik oder

Lesen. Auf der Fazenda, am Strand, falls er überhaupt mitkam, war er praktisch den ganzen Tag lang in seine Bücher vertieft. Auf einem der wenigen Ausflüge, die wir ins Umland in die Strauchsteppe, das „Cerrado“ von Goiás, machten, besuchten wir die Dichterin Cora Coralina in der Stadt Goiás Velho. Sie wohnte dort in einer Villa, in der etwas von der Geschichte des alten Goiás spürbar wurde, und deren Türen stets offen waren. Es war ein milder Abend, wir aßen von ihrem Gebäck und plauderten über das Leben und über ziemlich viel Optimismus. Meine Eltern waren sehr bewegt von der Unterhaltung, wir Kinder waren vor allem satt. Cora Coralina war eine großartige Schriftstellerin, die erst mit 75 Jahren, nach dem Tod ihres Ehemanns, ihr erstes Buch veröffentlichte, mit lyrischen Perlen wie dieser:

*Das Leben hat zwei Gesichter:*
*Ein gutes, ein böses*
*Die Vergangenheit war bitter*
*aber hat mir etwas gegeben*
*Leben zu wissen ist das große Geheimnis*
*Dass ich mich würdig erweise*
*Als Frau,*
*Die Beschränkungen annehme*
*Und mich zum festen Stein werden lasse*
*der Werte, die auseinanderfallen.*
*Ich bin in harten Zeiten geboren*
*Habe Widrigkeiten hingenommen*
*Kämpfe und Steine*
*Als Lebenslektionen.*
*Und derer bediene ich mich*
*Habe zu leben gelernt.*

Nach der Trennung von meiner Mutter bereiste mein Vater dann mit seiner zweiten Frau die Welt. Aufgrund seiner bescheidenen Herkunft hatte er in der Schule keine einzige Fremdsprache erlernt – in Brasilien hatte damals nur die Elite Zugang zu Fremdsprachen. Aber radebrechend verständigte er sich überall. Als Kosmopolit und ein Freund des Lebens, der Kulturen der Welt, ihrer Unterschiede und ihrer Vielfalt ging er mit allen von gleich zu gleich um und hatte Freude an allem und mit allen. Er hatte sehr viel Wissen, wusste immer etwas zu vermitteln, zu erzählen und fand auf die eine oder andere Weise immer einen Weg des Umgangs. Er verließ nie ein Restaurant, ohne nicht mindestens eine neue Freundschaft geschlossen zu haben.

Restaurants! In den 1970er-Jahren gab es in Brasília ausgezeichnete Restaurants, die wie Außenstellen des Plenarsaals fungierten. Abgeordnete, Senatoren, Minister der unterschiedlichsten ideologischen Richtungen hatten dort ihre Lieblingsplätze, wo sie sich bei reichlich Getränken über die jeweils aktuellen Dinge austauschten, Bündnisse schmiedeten, neue politische Strategien entwarfen und große Entscheidungen trafen. Das „Fritz" war so ein Ort – das Lieblingslokal meines Vaters –, wo wir oft waren. Dort gab es das beste Eisbein mit Kroketten, das ich jemals gegessen habe.

Brasília war damals eine brodelnde Stadt. Es gab viele dringende, strategische Angelegenheiten, bedeutend für die Zukunft Brasiliens. Es waren die entscheidenden Jahre für die politische Öffnung des Landes und die Wiedereinführung der Demokratie. Im Epizentrum dieses politischen Prozesses zu stehen, im Hintergrund alles mitzubekommen, manchmal sogar live im Plenarsaal, die vielen Einzelmaßnahmen zur Wiederherstellung der Demokratie, scheinbar mittendrin, wenn auch total unbeteiligt, diese Veränderung mitzubekommen, das war nicht nur beeindruckend, sondern hat mich für mein ganzes Leben geprägt. Schon damals als Kind war mir klar, dass ich einen besonderen Moment miterlebte, aus den Gesprächen, den Diskussionen, der ganzen Stimmung um mich herum.

1977 begann eine Diskussion über die Nachfolge des Präsidenten in zwei Jahren. Vorgesehen war General João Baptista de Oliviera Figueiredo, der im Geheimdienst, dem Nationalen Sicherheitsdienst SNI, Karriere gemacht hatte, also in enger Verbindung mit dem Repressionsapparat des Militärregimes stand. Doch obwohl er den von der harten Linie des Regimes dominierten Geheimdiensten angehörte, war Figueiredo bereit, an der politischen Öffnung festzuhalten, denn auch innerhalb der Streitkräfte war längst klar, wie verbraucht das System nach den Jahren des Autoritarismus war, und dass er keins der Probleme des Landes gelöst hatte. Die Oppositionspartei MDB stellte zwar einen eigenen Kandidaten auf, konnte sich aber im Wahlkollegium nicht durchsetzen. Im März 1979 wurde also der General gewählt und erklärte zum Amtsantritt seine Absicht, „aus diesem Land eine Demokratie zu machen“.

Ende 1978, Anfang 1979 war geprägt von dem Kampf um die politische Amnestie. Die Gesellschaft verlangte die Freilassung der politischen Gefangenen und die Rückkehr der ins Exil Getriebenen. Im August 1979 wurde das Amnestiegesetz erlassen, fünf Monate nach

Amtsantritt von General Figueiredo. Es amnestierte alle politischen Straftaten zwischen 25. August 1961 (dem Rücktritt des damaligen Präsidenten Jânio Quadros) und 15. August 1979 (dem Tag, an dem das Gesetz ins Parlament eingebracht wurde), wobei kein Unterschied gemacht wurde zwischen Opfern der politischen Repression und den unzähligen Tätern im Dienste der Repression durch das Militärregime (einschließlich der Folterer und Mörder). Deswegen hieß die Maßnahme im Volksmund auch „zweischneidige Amnestie". Die Amnestie galt für diejenigen, die nach Ansicht des Staates Terrorismus, Überfälle, Entführungen und Attentate begangen hatten, sowie für politische Gefangene, Amtsenthobene und Verbannte, was die Rückkehr unzähliger Bürger aus dem Exil ermöglichte, wie etwa der Komponisten Gilberto Gil oder Caetano Veloso, sowie für Politiker wie Miguel Arraes, Leonel Brizola und viele andere. Auf der anderen Seite wurden auch jene begnadigt, die in den Sicherheitsorganen seit 1961 unter den Folterern gewesen waren. Folter wurde erst mit der Verfassung von 1988 explizit zum Kapitalverbrechen und daher für nicht amnestierbar erklärt – woran sich die Staatsanwaltschaften bis heute halten: Das Amnestiegesetz datiert auf das Jahr 1979, und daher können Folterer aus der Zeit der Militärdiktatur nicht aufgrund eines nachträglich, 1988, erlassenen Gesetzes verklagt werden.

Nachdem der bewaffnete Widerstand sich vollkommen aufgelöst hatte und die Parlamentarier der MDB regelmäßig ihrer Ämter enthoben wurden, fiel selbst den Akteuren des Regimes auf, dass ihre Sicherheits- und Geheimdienstorgane zunehmend an Bedeutung einbüßten. Die angebliche „kommunistische Gefahr“ gab es einfach nicht mehr, also auch keine Gründe, das Regime derart hermetisch zu sichern. Der Tod von Vladimir Herzog und Manuel Fiel Filho diskreditierten die Informationsdienste gegenüber der Regierung endgültig. Die moderaten Kräfte innerhalb der Regierung setzten sich schließlich für das Ende des AI-5 ein und leiteten damit eine weitere Liberalisierung ein, die es der Zivilgesellschaft gestattete, verlorene Freiheiten wiederzuerlangen.

Mit der Abschaffung des AI-5 im Oktober 1978 begann sich die so lang zum Schweigen verdammte Zivilgesellschaft wieder zu regen. Die Gewerkschaften sahen sich von der staatlichen Gängelung befreit, die Studierendenbewegung formierte sich neu. All diese Institutionen zusammen übten in den darauffolgenden Jahren weiteren Druck auf die Regierung aus. Auch wenn die Studierenden die Speerspitze der Kämpfe für demokratische Freiheiten darstellten und das öffentliche Gesicht des politischen Protests in der bleiernen Zeit waren, übernahmen schließlich die Gewerkschaften und andere Volksbewegungen eine größere Rolle in dieser Endphase des Regimes. Seit der Amtsübernahme durch Ernesto Geisel gab es eine sukzessive politische Öffnung, bis hin zum Ende des Militärregimes. Die Diktatur hatte damals längst nicht mehr die Unterstützung des Volkes, selbst in den Eliten regte sich zunehmend Kritik am Regime – und keine dieser Gruppen war mehr Repressionen unterworfen. Der Kampf gegen die Diktatur war in diesem Moment nur noch friedlich und auf demokratische Freiheiten ausgerichtet.

Mit dem Ende des AI-5 und dem Erlass der Amnestie stand die Militärregierung vor einem anderen Dilemma. Angesichts der Unzufriedenheit der Bevölkerung, vor allem wegen der Wirtschaftskrise und wachsender Zustimmung für die MDB in der Wählergunst, fürchtete man bei den für 1982 angesetzten Wahlen einen erdrückenden Sieg der Opposition gegenüber der ARENA-Partei der Militärs. Die nächste Niederlage des Regimes wäre dann eine Niederlage im Wahlkollegium, das den folgenden brasilianischen Präsidenten bestimmen würde. Die Regierung wusste, dass dies unweigerlich und unumkehrbar so kommen würde und es keine Möglichkeit mehr gab, das Blatt noch einmal zugunsten ihrer eigenen Partei zu wenden.

Also kam die Regierung auf die Idee, das Zweiparteiensystem abzuschaffen, das sie selbst mit dem AI-2 von 1965 eingeführt hatte. Eine in der Bevölkerung immer schlecht angesehene Maßnahme, die nicht nur undemokratisch, sondern auch in hohem Maß künstlich war. Um nun also das Dilemma der Militärs zu lösen, entschloss man sich zu einer manipulativen und kontrollierten Demokratisierung des Wahlsystems und zur Zulassung neuer Parteien, mit dem Ziel, die Opposition so zu schwächen.

Im Dezember 1979 wurde das Zweiparteiensystem per Gesetz abgeschafft und der politische Pluralismus in Brasilien wieder eingeführt. Nun konnten sich alle Ideologien, die zuvor in der MDB zusammengefasst worden waren, wieder frei artikulieren, was zur Gründung von zunächst fünf, später einem guten Dutzend Parteien führte.

Ende 1979 wurden ARENA und MDB aufgelöst mit einer Frist zur Neuorganisation der Parteien. Von dieser plötzlichen Großzügigkeit des Regimes waren die öffentliche Meinung, die Opposition und sogar die Unterstützer des Regimes, selbst dessen Hardliner, gleichermaßen begeistert. In Regierungskreisen rechnete man damit, dass frühere Mitglieder der ARENA sich in höchstens zwei Parteien neu organisieren würden, während Politiker der alten MDB, deren einziger Berührungspunkt ihre Gegnerschaft gegen die Regierung gewesen war, sich nun auf mehrere neue Parteien verstreuen würden. Ideologisch zersplittert wären sie damit keine so große Bedrohung mehr bei den für 1982 angesetzten Wahlen, als wenn sie gemeinsam als MDB antreten würden. Die Regierungsunterstützer würden also zusammenbleiben, die Opposition hingegen wäre zersplittert.

ARENA wandelte sich in die „Demokratisch Soziale Partei“ PDS um und unterstützte weiterhin die Regierung. Die MDB wurde zur „Partei der Demokratischen Bewegung Brasiliens“ PMDB und vereinte verschiedene Regierungsgegner. Es gingen aus ihr aber auch zahlreiche Neugründungen hervor: die „Partei der Arbeit Brasiliens“ PTB, einst von João Goulart und dem früheren Präsidenten und Sozialreformer Getúlio Vargas gegründet und nun unter der Führung von dessen Tochter Ivete, die Demokratische Arbeitspartei PDT, eine Abspaltung der PTB unter Leonel de Moura Brizola, die gemäßigte Volkspartei PP, die sich unter dem damaligen Gouverneur von Rio de Janeiro Chagas Freitas und dem Senator von Minas Gerais Tancredo Neves irgendwo zwischen PDS und PMDB positionierte. Die PP, der es nicht gelang, überall in Brasilien Fuß zu fassen, schloss sich 1981 wieder der PMDB an. Und last but not least entstand damals auch die nach dem Ende des AI-5 von neuen Gewerkschaftsführern vor allem im industrialisierten Großraum São Paulo gegründete Partei der Werktätigen PT.

Ich war mit meiner Mutter als Zuschauerin im Plenarsaal, als mein Vater dort eine Rede hielt, ich weiß nicht mehr, worum es ging, da tauchte Miguel Arraes auf. Mein Vater wurde unterbrochen – es war ein großer historischer Moment. Arraes hatte die letzten Jahre in Frankreich und Algerien im Exil gelebt und war nach der Verkündung des Amnestiegesetzes gerade zurückgekehrt nach Brasilien, um seine politische Arbeit wieder aufzunehmen und sich der neugegründeten PMDB anzuschließen. Im ersten Augenblick konnte ich nicht verstehen, wie jemand meinen Vater einfach so unterbrechen konnte. Ich weiß noch wie heute, wie aufgeregt alle Leute nach dem ersten Schrecken waren. Es war eine besondere Stimmung, eine ansteckende Energie ging von diesem möglichen Neuanfang aus, dem Versprechen der Wiedereinführung der Demokratie.

Im November 1979 und mit dem Ende des Zweiparteiensystems schloss sich mein Vater der PMDB an, war einer ihrer Gründer auf brasilianischer Ebene. Er begleitete den neuen Vorsitzenden Ulysses Guimarães zu Gründungsversammlungen im Norden Brasiliens, reiste mit Guimarães und Miguel Arraes über Land, um überall neue Regionalstrukturen aufzubauen. Auf einer Reise durch die Amazonasstaaten Rondônia und Acre hatte sogar ich die Ehre, dabei sein zu dürfen. Wir nahmen in

Brasília ein Flugzeug und flogen zwei Stunden an Bord einer Cessna Carvan bis nach Mato Grosso. Für zwei Stunden machten wir in Cuiabá Station, um aufzutanken und Basisstrukturen zu besuchen. Ich werde niemals vergessen, wie uns die feuchtheiße Luft entgegenschlug, als wir aus dem Flugzeug stiegen, als träte man in eine Freiluftsauna! Nach den Versammlungen reisten wir weiter nach Rondônia, immer über den riesigen grünen Ozean hinweg, den geschlossenen Regenwald, grün in grün, stundenlang. Porto Velho, die Hauptstadt Rondônias, erinnerte mich an eine junge Stadt irgendwo im Norden von Paraná, mit ihren unbefestigten Straßen und einfachen Häusern, hier war noch offenes Land, wie in der ersten Zeit der Pioniere mitten im Amazonaswald. Eine Wendung des Schicksals brachte es mit sich, dass Ende der 1970er-Jahre nach dem Kälteeinbruch, der den Kaffeeanbau vernichtet hatte, viele Leute aus Paraná nach Rondônia gewandert waren: Landarbeiter, Bauern, kleine Siedler, zogen bankrott weiter nach Norden, dem Versprechen auf fruchtbaren Boden und einen Neuanfang hinterher – die Geschichte wiederholte sich. Wir blieben ein paar Tage dort in der erdrückenden Hitze, schwitzend aus allen Poren, zwischen Gründungsversammlungen, exotischem Essen, Reden und Verbrüderungen, Freundschaftsbesuchen in Siedlungen von Gummizapfern oder bei indigenen Gemeinschaften in der Umgebung, in denen erbärmliche Zustände herrschten. Das war mein erster Realitätsschock, damals mit elf Jahren. Als Kind hatte ich immer eine romantische und naive Vorstellung von „Indigenen" gehabt: unberührt, eingeboren, die Reinheit des edlen Wilden, die Fantasiegestalt aus den

Comic-Heftchen. Dann ging es weiter nach Acre. Auch hier Zustände, wie ich sie nicht kannte. Aber ich sah auch zum ersten Mal in meinem Leben freilaufende Äffchen, mitten in der Hauptstadt Rio Branco (1942 waren fast alle Affen im Norden von Paraná bei einem Kälteeinbruch umgekommen, und nach der Verstädterung war dort kein Platz mehr für sie), und dazu diesen dichten Amazonischen Regenwald, der uns von allen Seiten her verschluckte und so ganz anders war als der Atlantische Regenwald, den ich gekannt hatte. Staunenswerte neue Welt. Die Reise hat mich geprägt, es war der erste Kontakt mit dem tiefsten Brasilien, einem von den vielen Brasilien.

Der aus Algerien zurückgekehrte Miguel Arraes war ein sehr sympathischer Mensch mit einem verschmitzten Lächeln, eine sehr offene Person. Neugierig löcherte ich ihn damals mit Fragen über sein Exil, die er mir alle geduldig beantwortete. Der Umgang mit Doktor Ulysses, wie er von allen genannt wurde, hat mich tief geprägt, ich entwickelte eine große Zuneigung zu dieser Figur, die in meinem Leben damals sehr präsent war. Er war eloquent, geradlinig, pragmatisch, hatte viel Humor, was so gar nicht zu seiner langweiligen Erscheinung passte. Er ging in die Geschichte ein, hinterließ Spuren und Erinnerungen, war prägend.

# 12

Das Ende der 1970er-Jahre war bestimmt von einigen für unsere Gesellschaft entscheidenden Auseinandersetzungen. Der Beginn des Kampfes für die Rechte der Indigenen und der Widerstand gegen Maßnahmen der Militärregierung gegen diese Völker war eine davon. Mit dem erklärten Ziel der Erweiterung seiner Binnengrenzen, der Expansion ins Hinterland, versuchte das Regime eine großflächige Entwicklung voranzutreiben und weitere Städte zu gründen sowie Straßen zu bauen, um die Geschäftstätigkeit dort auszuweiten und die gesamte Amazonasregion zu besiedeln. Die indigene Bevölkerung war zu ihrem Pech diesem monströsen Projekt aus Sicht der Militärs im Weg. Expansion bedeutete also die Ausrottung ganzer Völker, die Ermordung von Einzelpersonen und ganzer Gruppen, Verfolgung, Festnahmen, Folter und andere Grausamkeiten wie den Verkauf von Kindern, Zwangsarbeit und Zwangsprostitution sowie die Vernichtung von Dörfern durch Dynamit und die Verbreitung von Viren. Alles vorangetrieben vor allem durch Großgrundbesitzer, zumindest am Anfang, und vom Staat toleriert, später dann vom Staat selbst durch die eigenen Repressionsorgane betrieben: Eine auf die systematische Vernichtung der Indigenen gerichtete Staatspolitik.

Claudia Andujar, eine Schweizer Fotografin, die die brasilianische Staatsbürgerschaft angenommen hatte, war eine der herausragenden Aktivistinnen in dieser Causa. Sie entschied sich, den Fotojournalismus aufzugeben und dauerhaft in Roraima und Amazonien zu leben, wohnte von 1971 bis 1977 in indigenen Dörfern, um die jeweiligen Völker und ihr Leid besser kennenzulernen, setzte sich dann für die Yanomami ein. 1978 musste sie aufgrund der nationalen Sicherheitsgesetze der Militärregierung und der Indigenen-Behörde FUNAI das indigene Land verlassen und ging nach São Paulo zurück, wo sie wissenschaftliche Forschungen zur Ausrufung eines indigenen Territoriums der Yanomami anstieß. Ein zäher und beispielhafter Kampf, den sie seitdem unermüdlich fortführt. Es gibt keine genauen Schätzungen, wie viele Indigene unter der Diktatur getötet oder gefoltert wurden, wie groß das verursachte Leid war. „Brasilien war von Anfang an eine entsetzliche Knochenmühle und trotzdem auch ein wunderbarer Schöpfungsraum. Es verarbeitete Millionen von Indigenen, Millionen Afrikaner und Millionen Europäer. Aus deren Auflösung sind wir hervorgegangen, aus ihrer Neuzusammensetzung und Vervielfältigung durch Vermischung. Indigene wurden entindigenisiert, Afrikaner entafrikanisiert, Europäer enteuropäisiert, und alles verschmolz zum Kulturerbe, aus dem wir entstanden sind“, sollte dann 1995 Darcy Ribeiro in seinem Buch *O Brasil como Poblema* sehr treffend diagnostizieren, „Brasilien als Problem“.

Mit dem grotesken Plan der Expansion ins Inland zerstörten die Militärs außerdem nebenbei einen Teil des Amazonasregenwalds und seiner Lebenswelt. Entwaldungen, Stadtgründungen, Straßen und Landwirtschaft – alles im Namen der Landnahme und der Entwicklung der Region – kennzeichneten diese Jahre der durch die Regierung vorangetriebenen Ausbeutung des Waldes. Unter der Militärdiktatur stand die Amazonas-

Politik unter dem Motto „Integrieren statt aufgeben" und „Menschenleeres Land für landlose Menschen". Eine schlimme Politik und Ideologie, wie die Journalistin Eliane Brum in einer ihrer Kolumnen in *El Pais* schreibt: „Die Diktatur verankerte in der Vorstellungswelt der Brasilianer den Gedanken, dass der Amazonaswald ein Territorium sei, das man ausbeuten könne [...] Der Amazonas hat dem Zentrum zu dienen, nach einer Logik, die nach wie vor, auch heute noch im zweiten Jahrzehnt des 21. Jahrhunderts, dem Gedanken des kolonialen Systems folgt, nach dem die Peripherie dem Mutterland nützlich zu sein habe."

Die 1980er-Jahre zeichnen sich durch das weltweite Aufkommen von Umweltbewegungen aus. Auch in Brasilien wurden wir uns der Schrecken und der Zerstörungen bewusst, die der Umwelt angetan werden, und das führte zu einer größeren Besorgnis um das Amazonasgebiet und seine Bevölkerung. Wir nannten ihn, um seine immense Bedeutung für die Menschheit herauszustellen, die „Lunge der Welt" – was nicht ganz zutrifft, denn er verbraucht allen Sauerstoff, den er erzeugt, selbst. In hitzigen Diskussionen verteidigten wir unsere Sache, die schließlich auch von den Medien aufgegriffen wurde und landesweit und international Beachtung fand.

Die 1980er-Jahre setzen also mit dem Wiederentstehen der sozialen Bewegungen ein und mit dem Beginn der Re-Demokratisierung. Aber die Sektoren der harten Linie innerhalb der Streitkräfte, die mit Geheimdienststrukturen in Verbindung standen, versuchten, aus der Unzufriedenheit mit dem Fortgang der politischen Öffnung heraus die Regierung zu destabilisieren. Es kam zu terroristischen Angriffen, wie etwa dem gescheiterten Bombenattentat auf das Dienstleistungszentrum Riocentro in Rio de Janeiro im April 1981. Das Scheitern dieses Attentats war schließlich der „Todesschuss" für die Sicherheitsorgane und die Vertreter der harten Linie, die sich zuletzt, wenn auch mit geringem Erfolg, an der Regierung Figueiredo beteiligten.

Mein Vater hatte die Gabe, mich komplett auf die Palme zu bringen, wenn er an das, was ich sagte, nicht glaubte. In einer dieser Situationen gab er mir sogar einmal Hausarrest, was mich noch mehr empörte. Mich überkam das Gefühl einer abgrundtiefen Ungerechtigkeit, da entdeckte ich auf meinem Tisch einen Hammer, den jemand dort liegen gelassen hatte. An der Wand hing ein gerahmtes Wahlkampfplakat meines Vaters. Von meiner Wut getrieben, nahm ich den Hammer und schlug auf das Bild ein. Genau in dem Augenblick machte mein Vater die Tür auf, um sich bei mir zu entschuldigen. Dabei ertappte er mich in Aktion. Eine Welle des Schuldbewusstseins überkam mich: Schließlich schlossen wir wieder Frieden und lagen uns in den Armen. Unser Familienleben und vor allem die Beziehung zu meinem Vater hatte immer wieder diese kleinen Zwischenfälle, war aber damals im großen und ganzen noch intakt. Ich konnte mir nicht vorstellen, dass unser konfliktreiches Verhältnis von da an für längere Zeit auszuarten begann.

In den Ferien im Juli 1981 war ich mit einer Gruppe aus der Schule in die Vereinigten Staaten gereist, zu einem Sommercamp der Universität Boca Raton, um Englisch zu lernen. Anfangs waren meine Eltern mit der Idee nicht sehr einverstanden und fanden, mit meinen zwölf Jahren sei ich noch etwas zu jung und solle lieber noch etwas warten. Ich quengelte tagelang, fand mich erwachsen genug, jetzt genau sei die richtige Zeit. Schließlich gaben sie nach. Kaum dort angekommen, überkam mich ein erdrückendes Heimweh. Ich hatte tatsächlich das Gefühl, nicht mehr atmen zu können, wurde tieftraurig, konnte mich mit nichts mehr ablenken, erst recht nicht mit den anderen Kindern interagieren. Ich hörte praktisch auf zu essen, weinte die ganze Zeit und telefonierte täglich mit meinen Eltern und flehte sie an, mich zurückzuholen. Meine Mutter sagte entschieden, das müsse ich nun aushalten, ich selbst hätte es so gewollt und alles würde sich sicher zum Guten wenden. Mein Vater hatte mehr Mitleid mit mir und zeigte sich offener für meine Klagen. Nach einer Woche Gejammer beschlossen sie, dass ich zurückkommen konnte. Einer der Betreuer ging noch mit mir in ein Shopping-Center, wo ich von meinem Taschengeld einen Koffer voller Radiergummis und duftendem Schreibpapier kaufte, Turnschuhe und weitere Sehnsuchtsobjekte, dann flog ich allein wieder zurück nach Brasilien. Bereits im Flugzeug war meine Beklemmung weg, und als ich in São Paulo landete und meine Eltern sah, war ich völlig genesen. Es waren gerade Ferien, und kaum war ich da, fuhren wir auf die Fazenda, wo meine Cousins waren und ich nun ihren Spott zu ertragen hatte. Sie verbrachten seit Jahren schon immer mal längere Zeiträume in der Schweiz auf Internaten und hatten für mein Scheitern kein Verständnis. Mir blieb nichts übrig, als es hinzunehmen, meine Aktion war ja tatsächlich kein Ruhmesblatt gewesen, ich ließ mich davon aber auch nicht beirren. Ich fand längst, dass ich meinen eigenen Kopf hatte.

Ich lebte gern in Brasília, und als meine Eltern mir im Herbst 1981 mitteilten, dass wir zurück nach Londrina gehen würden, wollte ich es zuerst nicht glauben. Aus einer dynamischen Metropole im Mittelpunkt der Ereignisse wegziehen, um wieder in einer Provinzstadt zu leben? Ich war auf dem Weg in die Pubertät, begann mich gerade zu emanzipieren, und diese Veränderung schien mir dafür völlig ungeeignet. Aber mein Vater hatte entschieden, nicht noch einmal als Abgeordneter zu kandidieren und seiner politischen Karriere eine neue Richtung zu geben. Der Umzug war Teil dieses neuen Plans.

Er war noch bis zum Ende der Legislaturperiode stellvertretender Vorsitzender der PMDB-Fraktion in der Abgeordnetenkammer und hatte sich als Mitglied der Verfassungs- und Justiz-Kommission für die sofortige Einberufung einer Verfassungsgebenden Versammlung eingesetzt, die seiner Ansicht nach die Wiederherstellung der Demokratie einläuten würde. Unter anderem schlug er den Verfassungszusatz vor, der auch Landarbeitern den vollen Mindestlohn garantierte, der bis dahin nur bei der Hälfte dessen gelegen hatte, was Industriearbeitern garantiert wurde. Die Wertschätzung der Menschen auf dem Land war eins seiner Anliegen. Ein anderer von ihm redigierter Verfassungssatz war der kostenfreie Zugang zu staatlichen Universitäten, und schließlich wurde noch ein Projekt aus seiner Feder Gesetz, nämlich dass es Frauen erlaubt wurde, auch ohne Zustimmung des Ehemanns Anzeige bei der Polizei zu erstatten. Und das erst in den

1908er Jahren! Er war bei vielen Angelegenheiten, die die Gleichstellung von Frauen in unserer Gesetzgebung anstrebten, Wortführer.

Wir kehrten also Brasília den Rücken und gingen zurück nach Londrina. Im Dezember 1981 zogen wir kurz nach Weihnachten mit Sack und Pack um. Nach dem obligatorischen Weihnachtsfest in Curitiba fuhren wir im Januar 1982 über die Ferien auf die Fazenda, und von dort aus beschlossen wir – mein Onkel João Carlos, der Bruder meiner Mutter, sowie in paar meiner Cousins, meine Gefährten so mancher Abenteuer, und ich – die Wasserfälle von Sete Quedas zu besuchen. Von der Wassermenge her waren das die mächtigsten Wasserfälle der Welt, doppelt so großass wie die Niagarafälle in den Vereinigten Staaten und Kanada, dreimal so mächtig wie die Victoria Falls in Zambia – bis die Regierung den Bau des Wasserkraftwerks von Itaipu beschloss, das damals größte Wasserkraftwerk der Welt an der Grenze zwischen Brasilien und Paraguay – eins dieser Pharaonischen Projekte der staatszentrierten Politik der Militärregierung.

Kurz bevor die Schleusen am Staudamm des künftigen Wasserreservoirs geschlossen wurden – ein gigantischer künstlicher See, in dem das herrliche Naturschauspiel unter morastigem Wasser verschwinden sollte –, kam es noch einmal zu einem Massenansturm auf den Nationalpark. Auch wir entschlossen uns damals, dorthin zu reisen. Wir fuhren nach Guaíra, der nächstgelegenen Stadt, übernachteten dort in einem Hotel, um am nächsten Tag in aller Frühe an den Wasserfällen zu sein. Siebzehn Wasserfälle, zusammengefasst unter der

Bezeichnung „Sete Quedas“ (sieben Fälle) und durch einfache Hängebrücken über Abgründe und Stromschnellen verbunden. Auf dem Hinweg konnten wir in aller Ruhe die Wasserfälle bestaunen und völlig unbesorgt über die Brücken gehen. Auf dem Rückweg trafen wir auf verbissene Massen von Menschen, die über die schwankenden Brücken drängten. Wir machten harmlose Witze über einen imaginären früheren Brückeneinsturz und lachten über die Reaktion der Leute. Ich weiß noch, wie manche in Tränen ausbrachen vor Nervosität, eine im Wortsinn recht wackelige Sache. Wir überstanden es unbeschadet und fuhren, glücklich über den gelungenen Ausflug, nach Hause.

Am Tor der Fazenda kam uns schon Mutter in ihrem voll besetzten Auto entgegen. Als sie uns kommen sah, stoppte sie und kam schnell auf uns zu. Sie hatte im Fernsehen gehört, dass eine Brücke in Sete Quedas zusammengebrochen war, und dass mehrere Personen dabei umgekommen seien. Das war am 17. Januar 1982, nur wenige Minuten nachdem wir heil über genau diese, nach Präsident Roosevelt benannte, Brücke gegangen waren; genau die Brücke, auf der wir unsere Witze gemacht hatten, nur wenige Minuten vom Parkplatz entfernt. Mehr als dreißig Personen sind bei dem Einsturz umgekommen. Wegen des donnernden Wassers hatten wir nichts davon mitbekommen.

Eine eitle Entscheidung zum falschen Zeitpunkt hatte meinen Vater, der sich notorisch von niemandem hineinreden ließ, dazu gebracht, die Politik in Brasília aufzugeben und 1982 als Bürgermeister von Londrina zu kandidieren. Ulysses Guimarães, der damalige Vorsitzende der PMDB, hatte ihm den Fraktionsvorsitz im Kongress angeboten, falls er noch einmal als Abgeordneter kandidieren würde. Er lehnte das Angebot ab, denn er hatte andere Pläne. Das Bürgermeisteramt von Londrina sollte für ihn eine Zwischenstation sein, um Verwaltungserfahrung zu sammeln und so auf elegante Weise in die Regierung des Bundesstaats Paraná eintreten zu können. Londrina war die zweitgrößte Stadt des Bundesstaats nach der Hauptstadt Curitiba, mit 500 000 Einwohnern für brasilianische Verhältnisse mittelgroß, aber ein florierendes Finanzzentrum der Region.

Das Jahr seines Wahlkampfes um das Bürgermeisteramt war für uns alle anstrengend. Bei mir führte der Umzug aus der Bundeshauptstadt in die Provinz, die Notwendigkeit, schon wieder neue Freundschaften zu schließen und diese ganze Kampagne meines Vaters ungefiltert mitzubekommen, dazu, dass vor allem mein Appetit angeregt wurde. Ich hatte schon immer gern und mit großem Vergnügen gegessen, nun aber tat ich es vermutlich auch deshalb, um Defizite und Unsicherheiten auszugleichen, die täglich größer wurden.

Im Wahlkampfteam meines Vaters waren außer meiner Mutter und ein paar Parteifreunden und Vertretern der Zivilgesellschaft noch Amadeu Felipe, den ich *Onkel Felipe* nannte. Als ehemaliger Armeeangehöriger hatte er die erste Guerilla gegen die Diktatur in den Bergen von Caparaó angeführt, im Grenzland der Bundesstaaten Minas Gerais und Espírito Santo um einen der höchsten Berge Brasiliens, den Pico da Bandeira, herum. Es war die Mitte der 1960er-Jahre von der Nationalen Revolutionsbewegung MNR gegründete

Guerilla, in der sich Intellektuelle und linke ehemalige Militärs – die meisten aus Rio Grande dos Sul – sowie Unterstützer von João Goulart, des gestürzten Präsidenten, der sich in Argentinien im Exil befand, im Widerstand gegen die Militärs zusammengeschlossen hatten. Unterstützt wurde die Bewegung außerdem von dem früheren Gouverneur von Rio Grande do Sul, Leonel Brizola, der zu der Zeit schon in Uruguay im Exil war und als rechte Hand der MNR galt. Brizola hatte sogar Finanzhilfe aus Kuba beschaffen können, später entschied sich Kuba jedoch, den Revolutionär Carlos Marighella zu unterstützen, und wandte sich von der MNR ab, die daraufhin praktisch allein in den Bergen zurück blieb und sich schließlich weitgehend kampflos der Militärischen Polizei ergab, nachdem die Geheimdienste sie aufgespürt hatten. Die letzten Kämpfer der MNR wurden 1967 festgenommen, und es gab eine Anweisung der Armee, sie alle hinrichten zu lassen. Kurz vor ihrer Exekution wurden sie von einem Journalisten der Zeitschrift „O Cruzeiro" fotografiert, das Bild ging um die Welt. „Dieses Foto hat uns das Leben gerettet", erzählte Onkel Felipe. Er blieb zweieinhalb Jahre auf der Ilha do Governador in Gefangenschaft. Bei Flut drang das Wasser in die Gefängniszellen und reichte den Gefangenen bis zu den Waden – erzählte er. Er wurde mit Stromschlägen und auf andere Weise körperlich und psychisch gefoltert. Seine Geschichten aus der Guerilla und von Folter und Gefangenschaft kamen aus einer wirklichen Welt, für mich aber waren sie gleichzeitig sehr weit weg. Nach seiner Haftentlassung zog er in den 1970er Jahren mit der Familie nach Londrina, gründete dort eine Firma und wurde ein wohlhabender Geschäftsmann. Seitdem engagierte er sich auf friedliche Weise für die Demokratie und begann sich in der MDB zu engagieren. 1979 wurde er im Rahmen der Amnestie schließlich begnadigt. Er hatte in all der Zeit seinen Humor nicht verloren, und sein Glaube an eine bessere, gerechtere Welt war von einem beeindruckenden Optimismus geprägt. Sieht man die Fotos von seiner Gefangennahme in Caparaó, denkt man unweigerlich an das Foto von Che Guevara, das Symbolbild eines Guerilleros. Nicht nur wegen des längeren Haars und dem dichten Bart, sondern auch wegen des berühmten Ausspruchs des argentinischen Revolutionärs, der auch auf Onkel Felipe gepasst hätte: „Hay que endurecerse, pero sin perder la ternura jamás" – Wir müssen hart sein, ohne jemals die Zärtlichkeit zu verlieren.

Stundenlang zog ich damals mit ihm und meiner Mutter im Wahlkampf durch die Straßen von Londrina, um öffentliche Versammlungen vorzubereiten oder um politische Verbündete zu besuchen, und war Zeuge all seiner Annäherungsversuche an meine Mutter. Seine Galanterie machte mir Angst. Ich wusste nicht, wie ich es hätte in Worte fassen sollen, aber ich wusste, dass etwas im Busch war. Er tat außerdem alles, um auch mich für sich zu gewinnen, machte mir Geschenke und erfüllte mir jeden Wunsch – ein durchschaubares Spiel. Er war sympathisch, ein freundlicher Mensch, sehr von sich selbst überzeugt, idealistisch und intelligent. Und genau deswegen wurde er zu meinem Intimfeind, denn er war gerade dabei, meinen wichtigsten Rückhalt zu erobern, jedenfalls empfand ich es so, von der Rückbank unseres

Autos aus. Trotzdem fing ich im Lauf der Zeit an, Onkel Felipe zu mögen, er war ja ein anständiger Mensch, was das Ganze noch komplizierter machte. Hier fing ich an zu verstehen, wie widersprüchlich das Leben sein kann.

Mein Vater hatte ein paar sehr treue Wahlhelfer. Egal ob es regnete oder die Sonne schien, sie waren da, hängten Plakate auf, pinselten Wände an, setzten sich körperlich ein, bereiteten Auftritte vor, verteilten Flugblätter, traten bei Stadtteilversammlungen auf, in Stadtteilzentren, gingen von Haus zu Haus. Ich war gern bei den Wahlkampfauftritten, stieg auf die Bühne, schaute herab in die Menschenmenge, hörte mir die Reden an. Erst sprachen die Kandidaten zum Stadtrat, dann die für das Regionalparlament, dann die zur Abgeordnetenkammer auf nationaler Ebene, am Ende endlich mein Vater. Wie bei einem Rockkonzert erst die Vorgruppen und ganz am Ende der Haupt-Akt. Er beherrschte die Kunst der Rhetorik, konnte unterhalten, aufklären, überzeugen und war inspirierend. Die Menschenmenge zu sehen, verursachte mir eine Gänsehaut. Mein Vater war einer der gebildetsten und redegewandtesten Menschen, die ich je gekannt habe. Er besaß eine Bibliothek von mehr als zehntausend Büchern und konnte mit seinem bewundernswerten fotografischen Gedächtnis genau sagen, in welchem Buch und auf welcher Seite welches Zitat zu finden war. Wenn wir auf die Straße gingen, war er wie das sprichwörtliche Stück Treibholz im Hochwasser, blieb ständig irgendwo hängen, um mit jemandem ein paar Worte zu wechseln. Man hatte das Gefühl, es gab niemanden, den er nicht kannte. Als Person des öffentlichen Lebens hatte er viele Parteigänger, Anhänger,

Sympathisanten, aber auch Gegner. Er sagte: Egal, ob gut oder schlecht, Hauptsache man redet über mich. Er hatte viele Bekannte und ein paar sehr gute Freunde, war aus eigenem Entschluss eher einsam und verbrachte sein Leben mit Lesen oder Politik. Rede viel über Dinge, nur wenig über andere Leute und sag nichts über dich, war seine Devise. Ein Portugiesischlehrer von mir mochte seine Texte so sehr, dass er sie im Unterricht einsetzte. Freunde bewunderten ihn und wollten wie er sein. Er hatte die Gabe, zu bezaubern, wenn er wollte, was meistens der Fall war. Wenn er aber einen schlechten Tag hatte, konnte er wirklich unangenehm sein. Er war integer, aufrichtig und ein Freidenker, Eigenschaften, die sein gesamtes Verhalten bestimmten. Dabei blieb er stets ein bescheidener, sozial engagierter Mann, war aber nie nahbar oder leicht zu begreifen. Im persönlichen Kontakt kam seine soziale Ader allerdings selten zum Ausdruck, was nicht in seinem Charakter begründet, sondern allein seiner Unfähigkeit geschuldet war, es zu zeigen. Er war anderen gegenüber stets offen und zuvorkommend, nur mir gegenüber nicht mehr.

Seit ich kein Kind mehr war, kühlte unser inniges Verhältnis allmählich ab, wegen meiner ständigen Fragen und seiner emotionalen Unfähigkeit. Lange versuchte ich, mich in ihm wiederzufinden, aber sein Mangel an emotionaler Intelligenz machte mein Leben nicht leichter. Er war heftig in seiner Kritik, teilte sein Wissen seltener mit und half mir bei nichts mehr. Er brachte keine Geduld mehr auf, nicht für die banalste Frage, erst recht nicht dafür, mir etwas beizubringen. Er war anspruchsvoll, zweifelte aber im Gegenzug daran, dass ich mir Mühe gäbe, auch nur das Geringste zu lernen, machte sich lustig über alles, was ich über Literatur oder Politik von mir gab, ganz egal, was. Nichts war ihm gut genug oder nur genug; mein Wissen war ihm stets zu oberflächlich, kaum mehr als eine Randnotiz. Jahrelang hoffte ich noch, irgendwann gab ich es dann auf.

Meine Mutter war das emotionale und finanzielle Rückgrat der Familie. Ihre Mütterlichkeit kannte keine Grenzen, war oft maßlos. Wir hatten eine beinahe symbiotische Beziehung, die viel Energie kostete. Als unabhängige, unerschrockene Frau war sie oft ihrer Zeit voraus, hatte zum Beispiel eine von der Familie gewünschte Verlobung noch vor der Hochzeit aufgelöst, war zum Studieren in die Vereinigten Staaten gegangen, machte Psychoanalyse, als man dies noch für eine Behandlung von Wahnsinnigen hielt, machte drei Studienabschlüsse zu einer Zeit, als Frauen meist gar nicht studierten, adoptierte ein Kind, was für die meisten damals nicht im Entferntesten infrage gekommen und ihrem Umfeld nicht im Traum eingefallen wäre – ließ gegen die herrschende Meinung jene rettende Zervixcerklage machen, zog mit uns allein auf die Fazenda, um sich in einem Geschäft zu engagieren, von dem sie zuvor keine Ahnung hatte, gründete eine Geschäftsfrauenvereinigung in Londrina, in einer Welt, die von Männern geprägt war. Aber davon abgesehen war sie in kleinen Dingen des Alltags oft unentschlossen, schwankte zwischen um Hilfe zu bitten und nicht delegieren zu können. Eine völlig inkonsequente Haltung, die mich oft sehr nervös machte. Doch wenn sie etwas wollte, gab es kein Entrinnen. Sie war außerdem wunderschön, strahlend, hatte ein wahres

Gefolge von Fans, die sie umgaben wie Satelliten in einem Sonnensystem, dessen Mittelpunkt natürlich sie war. Meine beiden Eltern waren jeweils eigene Sonnen, er charismatisch und einnehmend, sie voller Energie und von ansteckender Fröhlichkeit. Anfangs war das Verbindende zwischen ihnen die Liebe gewesen, sie waren mächtig zusammen, dann aber begannen sie, sich auseinanderzuleben und sich nicht mehr zu ergänzen. Von da an war alles ein Marathon, lang und anstrengend.

Eines Abends kurz vor den Wahlen gab es eine hochkarätige Versammlung im Haus einer der Koordinatorinnen und ich kam wie immer mit. Irgendwann legte ich mich müde irgendwo in ein Bett. Mitten in der Nacht riss mich jemand aus dem Tiefschlaf. Erschrocken und ohne zu wissen, was los war, erinnere ich mich nur noch daran, dass mein Vater brüllte:

„Wir gehen nach Hause!"

Und wie ich schlaftrunken fragte:

„Und Mutter?"

„Die bleibt!", brüllte mein Vater zurück.

Wir stiegen ins Auto und er fuhr wütend nach Hause. Kurz darauf kam auch meine Mutter, und das Schauspiel nahm seinen Lauf. Streit, Stunde um Stunde, und immer mehr Passport-Whisky. Schließlich stieg mein Vater, vollkommen betrunken ins Auto und verschwand in einer einzigen Schrecksekunde. Ich hatte die ganze Zeit über hinter der Wohnzimmertür gestanden und gelauscht. Eine entsetzliche Angst überkam mich, und ich war von der Vorahnung überwältigt, dass das Schlimmste erst noch bevorstand. Ich weiß nicht, wann mein Vater zurückkam, aber er kam zurück, und zwar verletzt, denn er hatte mit dem Auto einen Unfall gebaut. Immerhin war er am Leben.

Der Stein des Anstoßes war auf der Versammlung gewesen. Mein Vater war eingenickt, mitten in einer Diskussion, aus Erschöpfung. Als er mit einem Mal wider aufwachte, irgendwann tief in der Nacht und schon deutlich nervös wegen der nahenden Wahlen, hatte ihn furchtbare Eifersucht überfallen. Onkel Felipe war bis über beide Ohren in meine Mutter verliebt, und irgendwie war allen das klar. Sie mochte ihn, aber seine Gefühle in dieser Art zu erwidern, wäre ihr nie in den Sinn gekommen. Doch meinen Vater beruhigte das nicht, er brach innerlich den Stab über sie, grundlos, getrieben von starken Gefühlen. Von da an nahm das Drama seinen Fortgang. Sie stritten tagelang, und die Aggressivität steigerte sich bis ins Unerträgliche. Irgendwann ging mein Vater mit den Fäusten auf einen Schrank los. Ich war in Tränen aufgelöst, rief meinen Onkel Tataio an, den Mann der Schwester meiner Mutter, der in Curitiba lebte, und bat ihn um Hilfe. Er stieg ins Auto und fuhr vier Stunden am Stück bis zu uns, um mir zu Hilfe zu eilen. Ich war ihm sehr dankbar. Ganz genau kann ich mich nicht mehr erinnern wie, aber es gelang ihm, die Lage zu beruhigen. Anschließend geriet ich für Wochen jedes Mal in Panik, wenn sich meine Eltern stritten, egal über was, glaubte, nun finge alles von Neuem an. Doch die Episode blieb eine Ausnahme. Auch in den Jahren, in der sie noch versuchten, zusammen zu bleiben, stritten sie zwar viel, aber nie mehr so heftig wie an jenem Abend. Langsam verflog meine Furcht und mit ihr die Erinnerung daran. Mein Vater war nie gewalttätig, er glaubte als Intellektueller an die Macht der Worte, und eine Situation wie an jenem Abend habe ich nie wieder miterlebt. In der Zeit vor der Wahl war er mit seinen Nerven am Ende gewesen.

Meine Mutter war sehr gekränkt darüber, dass er ihr nicht vertraute, war auch perplex über die Aggressivität seiner unbegründeten Eifersucht. Für mich war dieses Quid pro Quo der letztendliche Beweis für meinen ebenso begründeten wie unbegründeten Verdacht: Onkel Felipe wollte unsere Familie zerstören. Tatsache ist, dass er seine Annäherungsversuche, kaum war die juristische Trennung vollzogen, sofort wieder aufnahm und nach ein paar Jahren damit sogar Erfolg hatte. Wie in einem modernen Märchen lebten sie einige Jahre zusammen, blieben aber nicht glücklich für immer. Das allerdings war viel später.

# 13

Das alles geschah wenige Tage vor den Wahlen 1982. Die Nerven lagen blank. Wir lebten ja noch in der Diktatur, eine Partei konnte für eine Position mehrere Kandidaten aufstellen, trotzdem war die Abstimmung an die jeweilige Partei gebunden, das heißt, Wähler mussten sich bei der Abstimmung zum Gouverneur, die seit dem Jahr wieder zugelassen waren, Bürgermeister, Parlamentsabgeordneten für das Staats- und das Nationalparlament sowie zur Stadtverordnetenversammlung für Kandidaten ein- und derselben Partei entscheiden, eine Partei durfte allerdings mehrere Kandidaten ins Rennen schicken. Ein Manöver der Regierung, um die Opposition zu schwächen. Mein Vater und Wilson Moreira, der Vater meiner Englischlehrerin, die ich sehr mochte, kandidierten beide für das Bürgermeisteramt, beide auf der Liste der PMDB. Als meine Englischlehrerin davon erfuhr, dass ich die Tochter des Gegners ihres Vaters war, verschwand sie aus meiner Klasse und aus meinem Leben. Wilson Moreira war deutlich älter als mein Vater, Vertreter des konservativen Flügels der Partei und in der Stadt ein bekannter Industrieller. Vater hatte Londrina in jungen Jahren verlassen und war nun acht Jahr später und nach zwei Amtszeiten als Abgeordneter zurückgekommen, um praktisch aus dem Nichts heraus zu kandidieren. Ohne Wahlbezirk, d.h. ohne Rückhalt in der Umgebung gab es, auch wenn er sich in Brasília immer für die Region eingesetzt hatte, keine wirkliche Verbindung zu dieser Stadt. Schließlich kamen beide Kandidaten der PMDB in die Stichwahl und mein Vater verlor um Haaresbreite gegen Wilson Moreira.

Als wir die Verkündung der Wahlergebnisse im Fernsehen verfolgten, explodierte der Fernseher und fing Feuer. Symptomatisch. Der Fernseher war ein Geschenk meines Großvaters gewesen, als die ersten Farbfernseher aus brasilianischer Produktion auf den Markt kamen, Anfang der 1970er. Nun waren wir traurig, lagen selbst in Trümmern, nur noch die Scherben unserer selbst. Es war ein großartiger Wahlkampf gewesen, er war jeden Tag stärker geworden, nach den Umfragen noch eine Woche zuvor hatte der Sieg meines Vaters praktisch festgestanden, wenn auch nur knapp. Seine Gegner hatten allerdings ein paar Tage vor der Wahl eine Diffamierungskampagne in allen Zeitungen der Stadt gestartet und verbreiteten, was man heute als „fake news" bezeichnen würden, so haarsträubend, dass niemand im Wahlkampfteam meines Vaters sich hatte vorstellen können, dass derlei die Wähler beeinflussen könnte. Seine Niederlage kam also für uns überraschend und traf uns unvorbereitet. Es war der erste Wahlkampf, an dem ich mich bewusst beteiligt und engagiert hatte, wie man sich als Zwölfjährige nur engagieren kann. Mein Vater rauchte verzweifelt, war völlig perplex, wusste nicht, was er tun sollte. Seine rot unterlaufenen Augen füllten sich mit Tränen, er wirkte eingefallen und leer, wie ein Ballon, dem für immer die Luft ausgegangen ist. Wie in Trance schien er in einen Abgrund zu blicken, und ich saß da, konnte seinen Schmerz spüren und nichts für ihn tun. Nie hatte ich mich so niedergeschlagen und so hilflos gefühlt wie in diesem Moment.

Die Wahlen von 1982 für die verschiedenen Ämter des Gouverneurs, Bürgermeisters, Senators, die unterschiedlichen Abgeordnetenkammern, waren am 15. November, und die Opposition (PMDB, PDT, PT und PTB) gewann in den wichtigsten Bundesstaaten und errang die absolute Mehrheit in der Abgeordnetenkammer in Brasília; nur im Senat blieb sie noch in der Minderheit. Dies belebte den mit der Amnestie 1979 und der Abschaffung des Zweiparteiensystems eröffneten politischen Kampf um das Ende der Militärregierung und befeuerte die Kampagne für die Direktwahl des Präsidenten.

Nach der verlorenen Wahl in Londrina und der Enttäuschung und all dem Stress zwischen meinen Eltern beschloss ich, zu meiner Großmutter – der Mutter meiner Mutter – in Curitiba zu ziehen. Ich mochte und bewunderte sie. Meine Großmutter hatte Klasse und faszinierte mich. Nach Curitiba zu gehen, war außerdem eine Erlösung und für mich ein Übergangsritus. Mir gefiel der Gedanke eines Lebens in Luxus und Stabilität, ihre Wohnung war in meinen Augen der schönste und sicherste Ort auf der Welt, und ganz unabhängig davon fühlte ich mich dort frei – von allem und allen. Natürlich nur in meiner eigenen Vorstellung. Wir waren ja immer nur zu Weihnachten da gewesen. Ganz gleich, wo wir gerade wohnten, machten wir uns jedes Mal ein paar Tage vor Weihnachten auf den Weg und fuhren dorthin, egal wie weit es war, mit verhaltener Anspannung und großer Vorfreude. Das Haus zu schmücken, einkaufen zu gehen mit meiner Großmutter, heimlich in der Küche die Köchin auszuspionieren, wenn die köstlichsten Speisen zubereitet wurden, dann auf den großen Tag zu warten: den Weihnachtsabend, wenn alle zusammen dort waren, die Onkel und Tanten, Cousins und Cousinen, Freunde, und auf den Weihnachtsmann warteten, der jedes Jahr höchstpersönlich kam, um uns zu beschenken. Eine herrliche, wundersame Zeremonie als Initiation einer Fantasiewelt. Für mich jedenfalls die schönste Zeit des Jahres. Die Vorstellung, bei Großmutter zu wohnen, sie immer an meiner Seite zu haben, in dieser wunderbaren Welt, war für mich eine betörende Vorstellung. So packte ich aufgeregt meine Koffer und zog zu ihr, das Herz voller Erwartungen und mit der Aussicht auf ein harmonischeres, ruhigeres Leben.

Leider war es dann doch nicht so einfach. Eine alte Dame, die es gewohnt war, alleine zu leben, sich selbst genug, unabhängig und streng, und nun ein Teenager im Haus, in der Pubertät, liebesbedürftig und süchtig nach Aufmerksamkeit, völlig chaotisch, das war nicht die beste Kombination. Irgendwann setzte mich meine Großmutter davon in Kenntnis, dass ich fortan bei meinem Onkel und meiner Tante zu leben hätte. Wieder zog ich mit Sack und Pack um in die Wohnung meiner Tante Minga, der Schwester meiner Mutter, und ihres Mannes Tataio, meines Retters, wie man sich erinnert. Sie nahmen mich mit offenen Armen auf. Ich erfuhr nie, wer sie dazu überredet hatte, jedenfalls war ich an den Verhandlungen nicht beteiligt gewesen, man hatte mir lediglich das Ergebnis mitgeteilt. Meine Tante war eine aufsehenerregend schöne Frau, blond und mit smaragdgrünen Augen, verwöhnt, eine großartige Gastgeberin, konnte jedem und jeder Situation die Schärfe nehmen, war ein *society girl* und damit ebenfalls ganz das Gegenteil meiner Mutter, die zwar gesellig war, aber bodenständig und damit ihre ewige Konkurrentin. Mein

Onkel, der mich gerettete hatte, war ein freundlicher Kerl, der gern feierte, ein guter Mensch und Bonvivant, den man einfach gern haben musste. Sie bewegten sich meist auf der großen gesellschaftlichen Bühne, zogen von Feier zu Feier, bereisten die Welt, stets in großem Stil, voller Wohlstand und Luxus. In meiner Kindheit hieß es immer, sie würden auf Kosten meiner Großmutter oder meines Onkels João Carlos leben, dem älteren Bruder meiner Mutter, ein erfolgreicher Unternehmer und wie mein Großvater eine Art Midas. Laut meiner Mutter las er meiner Tante Mingas, die er seit seiner Kindheit verehrt hatte, jeden Wunsch von den Lippen ab. Tatsächlich hatten Tante Mingas und Onkel Tataio jahrelang in einer Wohnung gelebt, die meiner Großmutter gehörte (mein Großvater hatte in Curitiba ein Apartmenthaus in der Straße gebaut, in der er meine Großmutter kennengelernt hatte, ihr zu Ehren), wo ich dann auch ein Jahr mit ihnen wohnte, bis sie ihr eigenes Traumhaus fertiggestellt hatten. Sie lebten ein bürgerliches Leben nach allen Regeln der Kunst, jede Mahlzeit zur festen Zeit, alle Familienmitglieder hatten zu erscheinen, es wurde perfekt aufgetragen, *comme il faut*. Sie pflegten Freundschaften noch aus der Kindheit und führten ein unerschütterliches, etabliertes Leben, geruhsam und bürgerlich, ohne sich Sorgen um morgen machen zu müssen und fast ohne Politik! Aber trotzdem nicht ohne Streit. Auch bei ihnen war ich Zeuge von Auseinandersetzungen und größeren Dramen – wie gut, dachte ich, es sind diesmal nicht meine Eltern – also war es mir egal. Im Gegenteil, ich war sogar beruhigt, dass es in anderen traditionellen Familien dieselben Alltagsprobleme gab. Mit meinem Mädchenblick stellte ich fest, dass auch bei den Gebildeten das Gesellschaftsmuster des Machismo regierte. Auf der männlichen Seite gab es eine sehr einseitige permissive Freizügigkeit – die nie auf Gegenseitigkeit beruhte –, auf der weiblichen Seite lastete das Gebot des Erduldens und Schweigens. In den beiden Fällen, die ich beobachten konnte, traten nach und nach aber auch Risse im System zutage, das von den Frauen nicht mehr stillschweigend hingenommen wurde, die zunehmend auf Gleichberechtigung bestanden. Mein Onkel und meine Tante waren wie die meisten ihrer Freunde Vertreter des Status Quo, waren mit Senatoren und Bürgermeistern aus der Partei der Militärdiktatur befreundet, Leuten die mir körperlich Unbehagen verursachten. Es gab Ausnahmen, wie etwa der brasilianische Städtebauer Jaime Lerner, der damals Bürgermeister von Curitiba war; er gehörte fast zur Familie. Auch er war Teil des Regierungslagers, hatte aber einen Begriff von sozialem, integrativem Städtebau und schuf in diesem Sinne schon in den 1970er-Jahren ein System des öffentlichen Nahverkehrs in Curitiba und führte Müllrecycling ein, was die Stadt zu einem Vorbild für Nachhaltigkeit machte.

Meine Cousine und mein Cousin machten das Bild der perfekten Familie komplett. Dieses offenbar vollkommene Bild einer Familie erleichterte mich einerseits, nahm mir aber andererseits auch die Luft, vor allem, da in vielem, was meine Tante tat, ein heimlicher Vorwurf gegen meine Eltern steckte, gegen die Art wie wir lebten, unser unkonventionelles Familienleben. Auch bei uns gab es Frühstück, Mittag- und Abendessen, aber mit dem großen Unterschied, dass es keine festen Zeiten dafür gab: Der Tisch wurde gedeckt, und wer wollte, kam essen, oder auch nicht. Wegen der politischen Aktivitäten meines Vaters war in unserem Haus sowieso ein stetes Kommen und Gehen.

Einmal als Kind schaute ich gerade im Fernsehen einen Zeichentrickfilm, als einer ins Wohnzimmer kam und fragte, wo denn die Toilette sei. Ich zeigte sie ihm, ohne ihm weitere Aufmerksamkeit zu schenken. Als er zurückkam, sagte er noch etwas zu mir, war recht freundlich, wir wechselten ein paar Worte. Es war ein Einbrecher, der den gesamten Schmuck meiner Mutter mitgehen ließ. Die Polizei zeigte mir irgendwann ein Fotoalbum mit etlichen Porträts, in der Hoffnung, ich würde den Mann erkennen, und ich erkannte ihn tatsächlich wieder. Als sie ihn fassten, war der Schmuck natürlich längst in Umlauf.

Auch meine Mutter hatte ständig Besuch, von Cousinen, die von überall her kamen, um ein paar Tage mit ihr zu verbringen. Das Haus war dann immer voll mit feiernden Freunden und Verwandten, es wurden Fahrradausflüge gemacht, Picknicks, und ich war immer dabei. Es waren junge, entschlossene Leute. Meine Mutter kannte keine bestimmten Zeiten für nichts, ihre Unpünktlichkeit war verstörend. Vor allem, wenn es um Arbeiten auf der Fazenda ging, wartete ich oft Stunden ohne ein Zeichen von ihr, was dann irgendwann bei mir auch in Zorn umschlug, dann wieder in Reue und Angst. Eine Achterbahn inkompatibler Gefühle, die, wenn sie endlich da war, nur schlimmer wurden. Sie kam ohne das geringste Schuldgefühl, ohne das geringste Verständnis für mich. Sie konnte sich nicht im mindesten vorstellen, dass man sich wegen so etwas überhaupt Sorgen machen könnte, und nach ein paar Minuten ging ich stets wütend und türenschlagend, in Tränen aufgelöst weg.

# 14

Seit meiner Kindheit esse ich gern. Mein Einstieg in die kulinarische Welt kam von dem schlichten Wunsch zu essen. Ich verbrachte Stunden in der Küche und sah den Köchinnen zu, vor allem bei meiner Großmutter, und natürlich naschte ich, wann immer ich konnte. Von Zeit zu Zeit versuchte ich mich selbst in der Herstellung einer Leckerei und wurde dabei von Jandira, der Vollblutköchin, die meist streng und missmutig unsere Kindheit gleichzeitig versüßte wie versauerte, angepfiffen. Jahr für Jahr verfeinerte ich meine gastronomischen Vorlieben und setzte dabei ein Pfund nach dem anderen an. Meine Mutter versuchte alles, Diäten, Psychologen, Gespräche, Sport, aber nichts half.

Als ich elf Jahre alt war, schickte mich meine Mutter zur Kur nach Petrópolis ins erste „Spa" in Brasilien. Sie war fest entschlossen, mich abnehmen zu lassen. Das Thema beschäftigte sie, und sie wollte den richtigen Zeitpunkt nicht verpassen, nicht, dass ich irgendwann eine übergewichtige Frau werden würde. Es war in den Ferien im Juli, und ich musste den ganzen Monat lang mit Erwachsenen Diät halten. Meine Mutter blieb derweil in der Wohnung in Rio und kam mich an den Wochenenden besuchen. Der Ort im Gebirge war schön und umgeben von einer beeindruckenden Natur. Wir machten vormittags lange Spaziergänge in die Umgebung, dann gab es Mittagessen, Gymnastik und andere Anwendungen. Die Ernährung war ausgewogen und knapp. Einige meiner Leidensgenossen hauten nachts ab, um in den Restaurants in der Stadt etwas zu essen. Am nächsten Tag erzählten sie beim Spazierengehen von ihren Ausbrüchen und von anderen Eskapaden. Der Filmschauspieler Jardel Filho war einer meiner Bekannten dort, sehr sympathisch und sehr humorvoll. Als er zwei Jahres später starb, trauerte ich um ihn. Man stelle sich ein einzelnes Kind unter so vielen Erwachsenen vor. Wie ein Fisch auf dem Land. Die Eigentümer der Wellnessanstalt lebten in Petrópolis selbst und nahmen mich aus Mitleid zu sich nach Hause, damit ich mit ihren Kindern spielen konnte.

Ich nahm tatsächlich ab, aber nicht sehr, es war der Mühe nicht wert gewesen. Ich war mir meines Übergewichts nicht bewusst, und es störte mich auch nicht. Bis auf das eine Mal, als ich mich mit der Tochter eines Parteifreunds meines Vaters prügelte, die mich als Walfisch bezeichnete – okay – alles hat auch seine Grenzen.

Eines Tages ging ich mit meinem Cousin Flávio auf meine erste Party in Curitiba. Ich war dreizehn Jahre alt und zog allen Spott auf mich. Ein Freund von ihm verkündete: „Die Fette da (das war ich) soll bei dem Idioten bleiben." Gemeint war ein Junge mit einer geistigen Behinderung. Mein eigenes Gefühl der Ausgrenzung, der Ablehnung, des nicht Dazugehörens war heftig, und genau an dem Tag beschloss ich, so etwas nie wieder durchmachen zu müssen.

Meine erste Reaktion war, meiner Familie zu sagen, ich wolle eine Diät beginnen. Natürlich glaubte mir niemand, aber die Idee fanden sie gut. Im ersten Monat nahm ich fünf Kilo ab, was niemandem auffiel, außer meinem Ernährungsberater. Ich war so dick, dass fünf Kilo weniger mit bloßem Auge nicht auffielen. Nach einem Jahr hatte ich aber zwanzig Kilo weniger.

Man stelle sich das bei einem dreizehnjährigen Mädchen vor. Dass ich damals bei meiner Tante wohnte, hat mir bestimmt geholfen. Bei aller Freiheit, die ich dort genoss, hatte ich trotzdem gewisse Hemmungen, einfach so außerhalb der Essenszeiten an den Kühlschrank zu gehen, und schämte mich dabei vor allem vor meiner Tante, die sehr diszipliniert war und völlig neurotisch, was Diäten anging.

Ich nahm ab, aber mein Trauma wurde ich nicht so leicht los. Viele Jahre lang orientierte sich mein Leben noch am Terror des Übergewichts, dieser Wunde, die hin und wieder noch schmerzte. Wie befreit man sich von der Last einer gesellschaftlichen Konvention? Nach der einen Diät kamen noch viele andere, bis ein Homöopath mir eine völlig natürliche Zauberformel voller Amphetaminen verschrieb: „Die Hässlichen sollen es mir nachsehen, aber Schönheit ist alles", sagte der Dichter Vinícious de Morais. Der Körperkult in Brasilien ist eine nationale Obsession, die Jahrzehnte zurückreicht. Meine Großmutter schon hatte mehrere Schönheitsoperationen im Gesicht durchführen lassen, die letzte im Alter von achtzig Jahren. Auch meine Mutter war befallen von dieser Eitelkeit und lag mehrmals auf dem Operationstisch. Schon als Jugendliche hatte ich zahlreiche Freundinnen, die sich irgend einer Schönheitsoperation unterzogen hatten. Ivo Pitangui, der Pionier der plastischen Chirurgie in Brasilien in den 1960er-Jahren, bildete Generationen von späteren Fachleuten in dieser Zunft in Brasilien und weltweit aus. Brasilien war irgendwann Weltmeister in Schönheitsoperationen, vor allem unter Jugendlichen. Das Leben war wirklich nicht einfach.

Zurück zur Feinschmeckerei: Das Gute daran, gern zu essen, war, dass ich schon als Kind eine gute Köchin wurde. Ich konnte in jeder Lage aus nichts und mit wenigen Zutaten ein köstliches Essen zaubern. Dafür war ich bald berühmt. Einige Jahre lang nutzte ich dieses Geschick und meine entsprechende Kreativität weidlich aus. In den unterschiedlichsten Situationen sollte mir dieses Talent später nützlich und hilfreich sein.

# 15

Bei meiner Tante und meinem Onkel zu wohnen, gab mir zwei wichtige Dinge fürs Leben mit. Ich hatte ein exzellentes Verhältnis zu meinen Cousinen und Cousins, aber wir hatten nie im Alltag zusammen gelebt. Sie wurden für mich unverzichtbare Personen in meiner Jugend. Flávio, der ältere, ein Jahr jünger als ich, war verstörend intelligent, ließ uns immer dumm da stehen. Er war dennoch zurückhaltend, hilfsbereit, unterstützte mich immer, wenn nötig. Biba, meine jüngste Cousine wurde für mich wie eine Schwester im Herzen. Sie war so alt wie meine Schwester Camila, doch mein Verhältnis zu meiner Schwester war trotz meiner unendlichen Liebe zu ihr kompliziert, geprägt von Eifersucht und heimlichem Wettstreit. Bei Biba war es anders, wir mussten uns weder Mutter noch Vater noch Zuneigung teilen. Wir schliefen im selben Zimmer und unterhielten uns nachts stundenlang. Seitdem waren wir unzertrennlich geworden. Auch nachdem ich nach Londrina zurückgegangen war, sahen wir uns regelmäßig. Wir waren Gefährtinnen in allem. Manchmal waren wir uns so ähnlich, dass manche glaubten, wir seien Zwillinge – die totale Übereinstimmung. Wir sind oft miteinander verreist, haben als Jugendliche viel angestellt und waren uns gegenseitig wichtige Vertraute.

In dem Jahr besuchte ich meine Großmutter regelmäßig. Nachdem ich zu meiner Tante gezogen war, war sie die Bürde los, sich täglich um einen Teenager kümmern zu müssen, war wieder frei von Verdruss und völlig unabhängig. Die Entscheidung war wichtig für unsere Beziehung, die sich von dem Tag an vertiefte und meine Großmutter für mich definitiv zu einem Vorbild machte – „wenn ich groß bin, will ich wie sie werden“, stellte ich mir vor. Meine Großmutter vertraute mir auch, während sie mir liebevoll den Kopf kraulte, einiges über meine Familie an. Sie erzählte mir von dem Psychiatrieaufenthalt meiner Mutter in São Paulo, nachdem sie sich im Alter von achtzehn von ihrem langjährigen Freund getrennt hatte. Sie waren seit sie vierzehn war zusammen gewesen, verlobt, wollten heiraten. Dann wollte sie nicht mehr und versank in tiefer Depression. Nachdem sich diese gelegt hatte, ging sie für einige Zeit mit einer Gruppe von Freundinnen in die Vereinigten Staaten. Einen Monat hatte sie bleiben wollen und blieb ein Jahr an der Universität Coral Gables in Florida. Sie waren sechs Mädchen aus São Paulo, Rio de Janeiro und Curitiba. Mit Tante Gigi und Tante Laís sollte meine Mutter ihr Leben lang befreundet bleiben. Sie waren sich treue Freundinnen und Gefährtinnen zu jeder Zeit. Tante Gigi lebte in Rio de Janeiro mit ihrem Mann, der dort Rektor einer großen Universität war, und hatte drei Kinder, die alle diesen typischen Akzent von Rio de Janeiro hatten, mit dem langgezogenen „s“ und dem „r“, über den wir uns gern lustig machten. Wir trafen uns immer, wenn wir in Rio waren oder sie uns auf der Fazenda besuchten.

Tante Laís stammte aus einer bekannten jüdischen Familie in Curitiba, war herzlich, elegant und ansteckend fröhlich. Ihre Villa war sensationell, wir verbrachten viele Stunden dort in ihrem Atelier und redeten. Ihre Familie baute das erste Shopping Center in Curitiba, das Shopping

Müller, ein damals bahnbrechendes Unternehmen. Mit den Jahren breiteten sich Shopping Center in ganz Brasilien aus, entstanden überall als „besondere, sichere Orte" zum Einkaufen und für die Freizeitgestaltung, sie wurden zur nationalen Manie und es gab sie für jeden Geschmack, von einfachen Einkaufspassagen bis zu Bauten von geradezu pharaonischen Ausmaßen. Für einen großen Teil der Bevölkerung in den Großstädten bestand das Wochenendvergnügen darin, sich am Nachmittag an diesen unpersönlichen Orten herumzutreiben, die zum Ersatz wurden für die Grünanlage vorm Haus und für ein normales Sozialleben. Leider starb Tante Laís bald nach der Eröffnung dieses Shoppingcenters mit ihrer gesamten Familie bei einem Autounfall im Gebirge am Meer, zwischen Caiobá und Curitiba. Meine Mutter war erschüttert von diesem weiteren Verlust. Aber das Leben ging weiter.

Die Geschichte meiner Mutter erschütterte mich damals gehörig. Ob sie wohl wieder so krank werden könnte und ich dann nichts mehr von der mütterlichen Gelassenheit hätte, die sie für mich immer ausstrahlte? Nach Jahren der Fixierung auf meinen Vater war ich nun in der Pubertät und hatte eine Mutter kennengelernt, die mich mit ihrer Fröhlichkeit und Gelassenheit umfing, Spaß verstand und mit der man allerhand unternehmen konnte. Sie wurde zu meiner Vertrauten, meiner Gefährtin. Und plötzlich klopfte da diese neue Gefahr an die Tür. Was, wenn sie wieder krank würde? Überall lauerten Gefahren, stellte ich konsterniert fest. Leben heißt Risiko.

# 16

Gleich nach seiner Wahlniederlage bekam mein Vater das Angebot, Staatssekretär zu werden, und gleichzeitig bot man ihm die Stelle des Direktors der Staatlichen Bank von Paraná Banestado in Paraguay an. Beides lehnte er kategorisch ab. So wurde er vom Gouverneur José Richa (PMDB) zum politischen Koordinator der Regierung und Generalbevollmächtigten des Bundesstaats beim Rechnungshof von Paraná ernannt. Allerdings bekleidete er auch diese Positionen nicht allzu lang. Er hatte andere Pläne: Seine Karriere war aus seiner Sicht aus dem Takt geraten, seinen Idealen blieb er aber treu. Obwohl frustriert, hatte er immer noch den Drang und die Hoffnung, seine politischen Ziele einmal zu erreichen.

Londrina empfing ihn mit offenen Armen. Er wurde weiterhin überall hin eingeladen, war anerkannt. Als ich nach Londrina zurück kam, koordinierte mein Vater zudem die Kampagne für die Erneuerung des Kaffeeanbaus und die Diversifizierung der Landwirtschaft in Paraná für die Tageszeigung „Folha de Londrina" und war als Anwalt in seiner eigenen Kanzlei tätig. Gleichzeitig feilte und feilschte er um sein politisches Comeback. Meine Mutter führte weiterhin die Fazenda, die wirtschaftlich florierte, und versuchte gleichzeitig ihre Ehe zu retten sowie sich um die Kinder zu kümmern. Mein Vater war damals bei uns praktisch nur noch Gast, war fast nie da, und wenn, spülte er seinen Frust mit Whisky herunter – seine Reizbarkeit versetzte uns ständig in Alarmbereitschaft, im ganzen Haus herrschte zunehmend

Spannung, die sich jederzeit entladen konnte. Mein Vater war in der Zeit eine unzufriedene Person, seine Träume, Verwaltungserfahrung im Bürgermeisteramt von Londrina sammeln zu können, um dann schnell im Bundesstaat Paraná Gouverneur zu werden, hatten sich von einem Tag auf den anderen in Luft aufgelöst, einen Plan B hatte er nicht, war stets davon überzeugt gewesen, dass er gewinnen würde. Nie sehr nahbar, wurde er nun zu einem ungeduldigen, reizbaren und im Ton immer barscheren Menschen. „Schlechte Laune [...] war ein Vorzeichen, früher oder später gaben Ärgernisse ihm recht", schreibt Chico Buarque in *Vergossene Milch*. Aus seiner Unzufriedenheit heraus versuchte Vater uns zu kontrollieren, aber auch das hinderte mich nicht daran, mein Leben zu leben. Ich entwickelte meine Fluchtmechanismen und ließ es mir gut gehen. Da er sowieso glaubte, ich würde ihn anlügen, log ich ihn an, dachte mir tausend und noch mehr Gründe aus, um bei Freundinnen zu übernachten und zu feiern. Allerdings immer mit der Zustimmung meiner Mutter.

Obwohl sie beide aus streng katholischen Familien kamen – mein Vater war sogar Messdiener gewesen –, war Religion nie ein Thema in meiner Kindheit. Wir gingen nie in die Kirche, und später in meiner Jugend und mit wachsendem politischem Bewusstsein war die rückwärtsgewandte Kirche oft Ziel meiner politischen Anklage. Unabhängig von meiner eigenen dürftigen religiösen Bildung lebten wir in einer von christlichen Werten geprägten Gesellschaft, vermischt mit magischem Realismus der Schuld, Sünde, des Aberglaubens und der schlechten Omen. Man brauchte stets jemanden, der einem die Sünden verzieh, und diese Aufgabe hatte bei mir meine Mutter inne. In diesem Parallelleben, das ich führte, bewegte ich mich in den unterschiedlichsten Umfeldern, von Heavy-Metal-Fans bis zu Intellektuellen, die sich in studentischer Politik engagierten. Zweierlei hatte mir das politische Leben meines Vaters gegeben: Wegen der vielen Umzüge hatte ich (notgedrungen) die Fähigkeit entwickelt, stets offen zu sein, neue Freunde zu finden, ständig und glücklicherweise mit den unterschiedlichsten Leuten in Kontakt zu kommen und zu bleiben. Dieser Eklektizismus war für mein Lebenskonzept entscheidend, auch als mein eigenes politisches Bewusstsein erwachte. In meinem tiefsten Inneren, wenn auch selten, beneide ich diejenigen, die immer am selben Ort gelebt haben, wie meine Tante, mein Onkel oder meine Großmutter.

Zu der Zeit damals war für mich alles politisch, es konnte nicht anders sein. Das hatte ich von zu Hause her, hatte die Politik ja mit der Muttermilch aufgenommen. Und von klein auf in dieser Kunst bewandert, hatte ich alles, um mich an der Mittelschule mit meinen Lehrern zu streiten, mit ihnen auf Augenhöhe über die Situation in Brasilien zu diskutieren. Homo politicus. Ich betrieb Schülerinnen- und Studierendenpolitik, verpasste keine Versammlung, keine Kundgebung, keine Diskussion irgendwo in einer Bar. Mit durch Alkohol angefachtem Verstand fanden wir für jede soziale Schieflage im Land schnell den Schuldigen, doch am Ende blieb nur Melancholie über die traurige Lage des Menschen. Jahrelang verbrachte ich so damit, die Welt zu retten ... „Ich war auch schon mal Brasilianer / dunkelhäutig wie ihr / die

Gitarre im Arm, hinter den Lenkrad eines Ford / und habe an Kneipentischen gelernt, / dass Nationalismus eine Tugend ist / Aber es kommt eine Zeit, da die Kneipen schließen / und alle Tugenden sich verleugnen", sagt der große Carlos Drummond de Andrade.

Wir, meine Geschwister und ich, wurden stets animiert, unseren eigenen Kopf zu haben, wir selbst zu sein, authentisch, wurden egalitär erzogen. Ob man Frau oder Mann war, spielte dabei keine Rolle. Wir waren denkende Wesen. Unsere Erziehung fußte auf ethischen Prinzipien und universellen Werten, auf einem aristotelischen Verständnis der Welt, in dem der Mensch von Natur aus politisch ist, ein moralisches Wesen, ein Gruppenwesen und Inhaber von Sprache sowie der Fähigkeit, sich selbst und andere zu regieren. Als integraler Bestandteil einer Gesellschaft, aktiv und entschlossen, sich der Regeln und Strukturen des Lebens bewusst, in dem individuelles Wohlergehen untrennbar mit dem politisch Guten verbunden ist.

Nach dem Putsch 1964 unterstützten wichtige Würdenträger der katholischen Kirche die Militärintervention, denn sie glaubten, die Regierung João Goulart sei eine Bedrohung der herrschenden Gesellschaftsordnung gewesen. Die Katholische Kirche war über Jahrhunderte eine konservative und an der Elite orientierte Institution, weit entfernt von den wirklichen Interessen der Bevölkerung. Doch unter dem Einfluss des Zweiten Vatikanischen Konzils, das Papst Johannes XXIII einberufen hatte, um die Rolle der Katholischen Kirche in einer von wirtschaftlichen, politischen und gesellschaftlichen Veränderungen geprägten Welt zu diskutieren, wurden theologische Neuerungen legitimiert, insbesondere in Hinblick auf sich entwickelnde Länder. Im Fall von Brasilien führte das zu großen Veränderungen und einer Annäherung eines Teils der Kirche an das Volk, ein Engagement für soziale Gerechtigkeit und die Verteidigung der Menschenrechte. Als deutlich wurde, dass die Militärs die Macht nicht ohne Weiteres an die Zivilgesellschaft zurückgeben würden und das Regime sich zu einer höchst repressiven Diktatur entwickelte, sogar Priester, Nonnen, Bischöfe und Erzbischöfe, die sich für Bedürftige einsetzten, Ziel polizeilicher Repression werden konnten, änderte sich die Haltung eines Teils der Kirche. Nach und nach begannen Kirchenmitglieder der Regierung kritisch gegenüberzustehen und sich zu distanzieren, sich gegen Gewalt und Folter zu positionieren. Manche kirchlichen Würdenträger taten sich in diesem Kampf für die Menschenrechte besonders hervor, wie etwa Dom Helder Câmara, der Erzbischof von Olinda und Recife, oder Kardinal Dom Paulo Evaristo Arns aus São Paulo, um nur zwei zu nennen. Letzterer schuf die Kommission für Gerechtigkeit und Frieden, die von Repression Betroffenen den Schutz in der Kirche anbot. Die Kommission leistete eine wunderbare humanitäre Arbeit, gab unzähligen Opfern von Folter wertvolle Hilfe und prangerte Menschenrechtsverletzungen durch die Militärdiktatur öffentlich an.

Mein Vater sagte: „Wer mit zwanzig Jahren kein Sozialist ist, hat kein Herz. Wer mit vierzig noch Sozialist ist, hat keinen Verstand.“ Den berühmten Satz von Georges Clemenceau hörte ich nicht nur von ihm, sondern noch von vielen anderen in meiner Jugend. Ich lebte im Alltag umgeben von Leuten, die für die Regierung waren, aber meine Freunde identifizierten sich mehrheitlich mit den Werten der Opposition. Wer gegen das Militärregime war, wurde als links angesehen, unabhängig von der jeweiligen Ideologie, falls überhaupt eine dahinter stand. In einer Zeit, in der alles außerhalb der Norm zensiert wurde, in der Menschenrechte nicht im Geringsten gewährleistet waren, beziehungsweise andauernd verletzt wurden und der Staat nicht seinen grundlegendsten Aufgaben nachkam und ein Großteil der Bevölkerung in tiefster Armut lebte, hatten wir die moralische Pflicht uns zu positionieren. Es war eine Frage der Ethik und der Integrität. Angesichts dieses Szenarios wuchsen zunehmend die Empörung und die Forderung der Gesellschaft nach mehr Gerechtigkeit und Teilhabe.

Die Kampagne für die Direktwahlen begann 1983 mit einer Kundgebung in Recife im Bundesstaat Pernambuco und verbreitete sich schnell über das ganze Land. Wie das Volk nun auf der Straße nach einer Gesellschaft verlangte, die freier und gerechter wäre, verursachte oft Gänsehaut. Die Aussicht auf Wiederherstellung der Demokratie befeuerte unsere Träume und Bestrebungen, es gab auf einmal die wirkliche, fast zum Greifen nahe Aussicht darauf. Auch ich ging auf die Straße, es lag ein Gefühl des Dazugehörens, der Freiheit in der Luft: unvergleichlich. Die Initiative eines Verfassungszusatzes „Dante de Oliveira“, der schließlich die Direktwahl des Präsidenten forderte, gab den Anstoß zu dieser Bewegung, die unter dem Slogan „Diretas Já“ bekannt wurde. Leider wurde der Vorschlag zunächst vom Kongress abgeschmettert, was für kurze Zeit allgemeine Enttäuschung hervorrief.

Bald aber bekam der Druck von der Straße her neuen Schwung, und die Demonstrationen gingen wieder los. Auf einer waren im April 1984 allein in Rio de Janeiro eine Million Menschen auf der Straße. Eine Woche danach waren es in São Paulo 1,5 Millionen. Damit war klar, dass der Nachfolger von General Figueiredo gar nicht anders konnte, als das Ende der Militärregierung einzuläuten, selbst wenn er selbst noch von einem Wahlkollegium bestimmt werden sollte. Nach der Niederlage der Initiative „Dante de Oliveira“ wurde Tancredo Neves der Präsidentschaftsandidat der sogenannten Demokratischen Allianz, einem Zusammenschluss mehrerer Oppositionsparteien (PMDB, PP und die von der PDS abgespaltene PFL). Obwohl die Abstimmung weiterhin nur in dem Wahlleutegremium sein sollte, mobilisierte die Opposition die Bevölkerung zu Dutzenden Kundgebungen im ganzen Land. Am 15. Januar 1985 wurde Tancredo Neves zum Präsident von Brasilien gewählt – indirekt, von einem Wahlkollegium, doch mit deutlicher Mehrheit. Die Aufspaltung der Regierungspartei war entscheidend für diesen Sieg.

Tancredo Neves war nach 21 Jahren Militärdiktatur wieder der erste Zivilist, der zum Präsidenten gewählt worden war. Sein Vizepräsident sollte José Sarney werden, ehemals Vorsitzender der Regierungspartei, der sich jedoch inzwischen mit dem Militärregime überworfen hatte und mit anderen zur Opposition gewechselt war. Eine riesige Menschenmenge begleitete die Abstimmung vor dem Kongressgebäude im strömenden Regen und brach in Jubel aus, als João Cunha von der PMDB die entscheidende Stimme mit der Nummer 344 abgab und die Mehrheit des Oppositionskandidaten damit feststand: „Ich habe die Ehre zu erklären, dass meine Stimme die finstere Diktatur begräbt, die mein Vaterland befallen hatte." Tancredo Neves erklärte nach seiner Wahl: „Dies war die letzte indirekte Wahl im Land; ich bin angetreten, um augenblicklich mutige politische, soziale und wirtschaftliche Veränderungen im Land vorzunehmen, die für das Wohlergehen des Volkes dringend erforderlich sind." Im Fernsehen konnten wir selbst durch den Bildschirm hindurch noch spüren, wie uns die Freiheit rief. Wir weinten vor Freude und fielen uns in die Arme.

Das Ziel der Kampagne für die Direktwahlen war gewesen, einen zivilen Präsidenten zu wählen und die Militärs von der Macht zu vertreiben, was mit der Wahl von Tancredo Neves gewissermaßen erreicht war. Als designierter Präsident bereiste Tancredo nun ganz Brasilien schon in der Funktion des künftigen Staatsoberhaupts. Am 15. März 1985 sollte er dann offiziell die Präsidentschaft Brasiliens antreten. Doch zu dieser Amtsübernahme kam es nie. Praktisch am Vorabend seines Amtsantritts kam Tancredo Neves notfallmäßig ins Krankenhaus und starb am 21. April 1985, ohne das Amt, für das er gewählt worden war, antreten zu können. Tancredos Tod war bewegend, das Volk hatte alle Hoffnungen auf ihn gesetzt.

Mit der Erkrankung und dem Tod von Tancredo Neves kamen wieder Befürchtungen über einen politischen Rückschritt auf. Aber sein designierter Stellvertreter José Sarney übernahm am 15. März die Geschäfte des Präsidenten, regierte mit den von Tancredo bestimmten Ministern und setzte viele von dessen Wahlversprechen tatsächlich um. Ulysses Guimarães, der große Architekt dieses Prozesses der Re-Demokratisierung, übernahm den strategischen Posten des Präsidenten der Abgeordnetenkammer sowie des Vorsitzenden der PMDB. Eins der Versprechen von Tancredo Neves war die Ausarbeitung einer neuen brasilianischen Verfassung gewesen – die bis dahin gültige stammte noch aus der Militärzeit. Auch dieses Versprechen hielt Sarney und berief 1987 die verfassungsgebende Versammlung ein. Tancredos Sieg beendete die Willkürherrschaft und steht nicht nur für die Re-Demokratisierung Brasiliens, sondern auch für unsere Verfassung, die drei Jahre später in Kraft treten sollte und unter anderem endlich wieder direkte Präsidentschaftswahlen vorsah. Sarneys Regierung war turbulent, doch er vollendete den Übergang und konnte schließlich das Amt an den 1989 direkt gewählten Fernando Collor de Melo übergeben. Das allerdings ist eine eigene Geschichte.

# 17

Ich weiß noch, wie mein Vater mich mit ein paar Freunden in eine altersbeschränkte Aufführung des Films *Maria und Joseph* von Godard gehen ließ, der kurz darauf von Präsident José Sarney zensiert wurde. Wir vereinbarten, dass er mich nach dem Film genau um Mitternacht vor dem Kino abholen sollte. Als er mich abholen kam, war alles leer und verlassen, er sprach den Wachmann an, der ihn sofort erkannte und sich als Unterstützer seines Wahlkampfs zu erkennen gab. Er sagte ihm, alle Filme seien schon gelaufen und im Kino sei niemand mehr. Es gab mehrere Säle, und genau an dem Tag war auch die Premiere eines sehr populären Films gewesen und das Kino ausverkauft. Deswegen hatte unsere Gruppe von Existenzialisten erst lange warten müssen, bis alle anderen drin waren, dann hatte es nochmals gedauert, bis der Film endlich gezeigt wurde. Als ich das Kino verließ, deutlich später als ausgemacht, war mein Vater am vereinbarten Ort nicht zu finden. Also fuhren meine Freunde mich netterweise nach Hause. Als wir ankamen, stand mein Vater schon vor der Tür. Er war wütend und ließ sich nichts weiter erklären. Vor allen andern lächerlich gemacht und konsterniert, ging ich, nachdem ich mir alle möglichen Vorhaltungen hatte anhören müssen, ziemlich sauer ins Bett, vor allem sauer darüber, dass er an mir gezweifelt und dem Wachmann mehr geglaubt hatte als mir! Am nächsten Tag kam der Wachmann ganz früh ins Büro meines Vaters, um sich zu entschuldigen.

„Entschuldigen Sie, Doktor Osvaldo, ich hatte mich geirrt, ein Film war noch gar nicht zu Ende gewesen."

So erzählte es mir mein Vater dann irgendwann *en passant*, selbst unfähig, sich für sein damals so typisches Verhalten bei mir zu entschuldigen. Er meinte es gut, war aber niemals bescheiden genug, um auch einmal eine eigene Schwäche einzugestehen. Frustriert und unter einem riesigen Druck misstraute er mittlerweile allem und jedem und war unerschütterlich geworden in seinen Urteilen. Die soziopolitische Situation in Brasilien erdrückte ihn, ohne Mandat fühlte er sich in die Enge getrieben und handlungsunfähig. Und ich inkorporierte ihn unwillentlich und plagte mich selbst jahrelang mit solchen Gedankenschleifen, immer wenn ich nicht den gewünschten Erfolg hatte. Manches bleibt einem unter der Haut wie eine Tätowierung.

In Brasilien war es üblich, wenn ein Mädchen „aus gutem Hause" fünfzehn Jahre alt wurde, an Debütantinnenbällen teilzunehmen oder selbst ein entsprechendes Fest zu veranstalten, mit dem es offiziell in die Gesellschaft eingeführt wurde. Mich interessierten solche Übergangsriten nicht. Ich lebte außerhalb dieser Normen, provozierte gern mit Frisuren und meinem Kleidungsstil, versuchte die Leute dazu anzuregen, ihre Vorurteile zu überwinden. Meine Mutter sagte: „Du bist ein intelligentes, ehrliches Mädchen, aber die Leute beurteilen dich nach deinem Aussehen und gehen so mit dir um, wie du dich kleidest. Sie kennen die wirkliche Paula nicht". Ich erwiderte, dass mich diese Leute nicht interessierten. Wenn sie schon nach dem Äußeren ihr oberflächliches Urteil gefällt hätten, verdienten sie es nicht, mich wirklich kennen zu lernen. Sie lachte und stimmte mir zu. Ich trug damals Shorts und

Dreiviertelstümpfe auf Vernissagen, zerrissene Bermudas im Country Club, kam auf Feste als Punk und mit Perlenkette, war ziemlich eklektisch und machte, was mir gerade in den Kopf kam. Ich provozierte gern.

Einer dieser Traditionsbrüche war, meine Mutter davon zu überzeugen, mein Fest zum fünfzehnten Geburtstag auf der Fazenda stattfinden zu lassen. Sie mietete einen Omnibus, den ich mit ungefähr sechzig Freunden besetzte, und wir genossen den Tag mit Churrasco (was für eine Stillosigkeit!) am Schwimmbecken, mit Reiten und jeder Menge Musik und Tanz, vor allem zum Sound von Legião Urbana auf voller Lautstärke. Im Chor sangen wir den Refrain ihres größten Hits „Que país é esse?" – Was ist das für ein Land? Bier durfte nicht fehlen zum Grillfleisch und als Jugendliche außer Rand und Band genossen wir es ohne jedes Maß. Am nächsten Tag wurden Überreste der Feier an den unglaublichsten Orten gefunden, sogar in den Schubladen der Gästezimmer. Ungezogene Bande!

Das Geschenk zum fünfzehnten Geburtstag war auch so ein wichtiges Element dieses Übergangsritus. Normalerweise bekamen die jungen Damen von ihren Eltern außer dem Fest einen Solitär geschenkt. Auch meine Eltern schenkten mir, wie es sich gehörte, einen wunderschönen Ring, nicht aber mit einem Solitär, den ich vehement ablehnte, sondern einen, der zu mir passte. Kurz darauf verlor ich ihn zu meiner großen Verzweiflung. Ich verlor ständig Sachen, die ich geschenkt bekam, war ziemlich achtlos in solchen Dingen und fühlte mich jedes Mal schuldig. Es war ja keine Absicht oder Missachtung, sondern passierte einfach. An die anderen Geschenke kann ich mich nicht mehr erinnern, meist aber versuchten die Leute, mit einer passenden Aufmerksamkeit ihre Wertschätzung oder Zuneigung auszudrücken. Deswegen blieb mir ein anderes Geschenk in Erinnerung.

Meine Tante Minga, die Schwester einer Mutter, bei der ich eine Zeitlang in Curitiba gelebt hatte, schickte mir eine Prozellanschachtel, so eine billige, wie sie in Souvenirläden im Ausland verkauft wurden. Nur zur Verdeutlichung: In der Zeit, in der ich bei ihr gewohnt hatte, beschenkte sie Töchter von Freunden oder ihre Patentöchter zu diesem Anlass mit Schmuck. Eher ungläubig als beleidigt über eine solche Missachtung hob ich das Porzellankistchen jahrelang auf als endgültigen Beweis, dass ich auf dem richtigen Weg war und als Ansporn, meinen Weg weiter nach eigenem Gutdünken zu gehen.

Unerschütterlich in meinem Erscheinungsbild und meinen Haltungen hatte ich keine Angst, mich gegen die Strömung zu stellen, ich jonglierte mit mehreren Welten und unterschiedlichen Wertegefügen, ohne meine Authentizität, Spontanität oder meine Überzeugungen aufzugeben – mir gelang damals ein recht großer Spagat, sowohl geistig wie körperlich. Jedenfalls wollte ich Protagonistin sein und packte das Leben am Hemdkragen, fühlte mich nicht geboren, um mich zu langweilen und dem Leben nur aus einer Loge heraus zuzusehen. Ich war eine gute Schülerin, hatte gute Noten, flog aber wegen Fehlverhaltens von zwei Schulen – einmal schlossen meine Eltern eine Vereinbarung mit der Schulleitung, dass ich noch sechs Monate bleiben und mich solange mustergültig benehmen sollte, sonst würden sie selbst mich noch härter bestrafen. Nicht, dass ich die Regularien und Autoritäten nicht anerkannt hätte, ich kannte die Spielregeln, nur hatte ich eben einen sehr kritischen Geist und diesen extremen Gerechtigkeitssinn, war idealistisch, setzte mich für die Schwachen und Unterdrückten ein, empörte mich über die Situation im Land und die immer noch weiter wachsende Ungerechtigkeit. Entsprechend ließ ich im Unterricht keine Gelegenheit aus, dies sehr deutlich zum Ausdruck zu bringen. Ich musste mehrmals die Schule wechseln, es war fast wie Wäsche wechseln. Oft, weil man mich dazu zwang, manchmal allein aus Gewohnheit. Als Kind hatte ich dies schon wegen der Karriere meines Vaters und der vielen Umzüge tun müssen. Ein ständiger Drang nach Neuem ließ mich unablässig danach streben, meine eigenen Grenzen zu überschreiten.

Ich weiß noch, wie ich damals von großen Ereignissen träumte. Von welchen genau, weiß ich nicht einmal, es war mehr ein Gefühl, kaum zu greifen und aus meinem tiefsten Inneren, dort, wo auch die Angst sitzt. Das Leben in diesem Gefühl sollte voller Ereignisse sein, groß, unermesslich und reich an Empfindungen. Das war die sonnige Seite. Die untrennbare Kehrseite davon war die Angst, die mich oft befiel, mich überwältigte und mir die Luft zum Atmen nahm. Wie oft wurde ich nachts von dieser Angst überfallen. Aber vor was hatte ich Angst? Angst zu sterben, Angst davor, dass geliebten Menschen etwas Schlimmes passieren könnte, Angst vor diesem und jenem, je nach dem, was gerade passierte. Ich wurde ständig getrieben von einer Suche, der Neugier nach allem, was neu war, und das war mein bestes Gegengift in dieser Zeit, mein großer

Verbündeter in der Auseinandersetzung mit meinen Beschränkungen. Irgendwie musste ich ruhiger werden, diese Angst in den Griff kriegen. Sie stand mir ständig im Weg, behinderte mich in dem, was ich eigentlich vorhatte. Und wenn ich sie nicht besiegen konnte, wollte ich die Angst wenigstens zähmen. Immerhin war sie für mich nie ein Grund, etwas nicht zu tun, etwas nicht zu sein, sondern eher wie eine unsichtbare Barriere, die es zu überwinden galt, selbst wenn es viel Kraft kostete – und das kostete es.

„Was mich betrifft, so habe ich als Erschaffer eines Lebens kein gutes Verhältnis zur Wiederholung: Routine entfernt mich von dem, was es für mich Neues geben könnte", wie Clarice Lispector in *Der große Augenblick* schreibt. Ich liebte es, immer wieder neu anzufangen, neue Leute kennenzulernen, Neues und neue Welten auszuprobieren. So war es beim Sport, bei Fremdsprachen, Reisen, Kulturen und jeder Art von Betätigung. Ein bisschen von allem, ohne Ausdauer, ohne Ruhe. Das Neue hat mich immer gereizt. Das übertrug sich auch auf Freundschaften. Ich hatte viele Freunde, bewegte mich in den unterschiedlichsten Gruppen, interessierte mich für alle, aber alles war auch vergänglich, und es gelang mir nie, etwas zu pflegen. Ich glaube, einige Grundsteine meiner Persönlichkeit wurden in der Zeit gelegt, als wir ständig umzogen und ich gezwungen war, andauernd neue Freunde zu finden, von denen ich mich dann ebenso oft nach einiger Zeit wieder verabschieden musste. Es gab keine Kontinuität im Alltag, und ich hatte nie Gelegenheit, Stabilität und Beständigkeit zu erlernen. Wahre Freundschaften konnte ich erst im Rahmen der „Children International Summer Villages“ (CISV) schließen – die in Londrina von meiner Mutter gegründet wurden –, wo ich Beziehungen zu pflegen lernte und tatsächlich dauerhafte Bindungen eingegangen bin.

Die CISV wurden zum Mittelpunkt meiner Interessen, und ich engagierte mich neben der Schule und dem Ballettunterricht in dieser auf Frieden und Völkerfreundschaft ausgerichteten UNESCO-Organisation. Die zahlreichen Aktivitäten waren darauf ausgerichtet, den Respekt vor der jeweils anderen Kultur und ein freundschaftliches Zusammenleben zu fördern, völlig ungeachtet der jeweiligen Herkunft. Nach dem Zweiten Weltkrieg entstanden im verwüsteten Europa die unterschiedlichsten Initiativen zum Aufbau des Weltfriedens. Die Psychotherapeutin Doris Allen, eine sehr charismatische Frau, die ich sogar einmal persönlich kennenlernen durfte, und die in dem Jahr, als Mutter Teresa damit ausgezeichnet wurde, ebenfalls für den Friedensnobelpreis nominiert war, gründete diese die CISV. Sie war davon überzeugt, dass „die Quelle des Friedens [...] auf lange Sicht die Kinder“ seien. Mit dem CISV bereiste ich damals Brasilien und die ganze Welt, lernte Kinder und Jugendliche der unterschiedlichsten Nationalitäten kennen, schloss Freundschaften fürs Leben. Meine gescheiterte Reise in die USA war mir noch lebhaft in Erinnerung, nun fand ich endlich auf vielen erfolgreichen Reisen Erlösung.

Janeth Thomas, Enkelin eines der Gründer von Londrina Arthur Thomas, war meine Mentorin beim CISV und wurde mir eine Freundin. Als ich fünfzehn war, bat sie mich, Patentante ihres ersten Sohns Daniel zu sein, was ich stolz übernahm. Ich hatte selbst einen sehr jungen Paten, der mir sehr viel bedeutete, und nun war ich entschlossen, selbst so zu werden.

Zum Thema Freundin: Eines Abends kurz vor dem Essen, klopfte eine Freundin meiner Mutter bei uns an die Tür, ihre kleine Tochter an der Hand. Unter Tränen bat sie um Hilfe und Unterschlupf, ihr Mann sei wutentbrannt hinter ihr her und wolle sie umbringen. Sie hatten gestritten, er hatte sie angegriffen, und sie hatte gerade noch abhauen können, wusste nun nicht, wohin. Da stand sie also vor unserer Tür. Mein Vater war nicht zu Hause, nur wir Kinder, unsere Mutter und zwei Hausangestellte. Wir versuchten, sie zu beruhigen und waren alle in höchster Alarmbereitschaft. Eine Stunde darauf tauchte auch tatsächlich der Mann bei uns auf, bewaffnet, wie man schon durch das Fenster sehen konnte. Er wollte sie zurückholen. Meine Mutter ließ ihn nicht durch die Tür und erklärte, die Freundin bliebe bei uns, bis er sich beruhigt hätte. Nach endlosem Hin und Her über die Sprechanlage ging er schließlich weg. Er war ein gebildeter Mensch, Akademiker, gehörte zur oberen Mittelschicht mit besten Referenzen, aber all das half nichts.

Schulfreundinnen, bekannte Fernsehschauspielerinnen, Reiche, Berühmte, Arme oder Mittellose, in allen sozialen Schichten gibt es Personen, die Mütter, Schwestern oder Töchter in solchen Situationen verloren. In einer Gesellschaft, in der Frauen regelmäßig Gewalt erlebten und immer noch erfahren, in dem sogenannte Beziehungstaten ebenso regelmäßig ungesühnt bleiben –

erst sehr viel später sollte in Brasilien das nach Maria da Penha benannte Gesetz härtere Strafen für die Aggressoren durchsetzen –, war es schon ein Akt der Zivilcourage, sich dagegen zu stellen und eine bedrängte Frau in Schutz zu nehmen. Für solche und andere mutige Taten und Haltungen bewundere ich meine Mutter.

Unbedarft könnte man fragen: Warum habt ihr nicht die Polizei gerufen? Die Polizei war ein Kapitel für sich. Zu Zeiten der Diktatur sah die Polizei die Bevölkerung als den Feind an, als eine Masse, die es in Schach zu halten galt. Machtmissbrauch, Übergriffe und Morde wurden im Namen der nationalen Sicherheit mithilfe eines ausgefeilten Sicherheitsapparats begangen. Staatlich sanktionierte Gewalt durch Polizisten war an der Tagesordnung und hat ihre Spuren hinterlassen, bis heute, geronnen in einem Modell der öffentlichen Sicherheit, das auf Kontrolle und Autoritarismus basiert. Wir hatten Angst vor der Polizei, sie war ein unberechenbarer Gegner, der einschüchterte und gefürchtet war. Man fühlte sich eher unsicher als beschützt, wenn Polizei in der Nähe war.

# 18

Zeit verging, und meine Eltern waren noch nicht getrennt. Einmal erwachte ich aus einem bösen Traum, stand auf, um Wasser zu trinken und hörte aus Versehen mit, wie mein Vater telefonierte. Am Tonfall und aus dem, was ich mitbekam, erkannte ich, dass es sich um eine Geliebte handeln musste. Sie verabredeten sich für den nächsten Tag in Curitiba. Ich war schockiert. Geistesgegenwärtig merkte ich mir die Adresse. Aber wozu? Am nächsten Tag, völlig verstört von der Entdeckung und ohne zu wissen, was ich mit dieser ungewollten Information anfangen sollte, beschloss ich, mich gleich am nächsten Morgen mit meiner Patentante zu beraten, eine gute Freundin der Familie. Die Patentante informierte natürlich meine Mutter, die daraufhin mich einer peinlichen Befragung unterzog. Ich wollte aber auch meinen Vater nicht hintergehen und steckte damit in einem emotionalen Dilemma. Damals konnte eine Scheidung auch von nur einem der beiden Partner eingereicht werden, wenn dem anderen unehrenhaftes Verhalten oder eine schwerwiegende Verletzung ehelicher Pflichten nachgewiesen werden konnte, die ein weiteres Zusammenleben unmöglich machten. „Ich schicke ihm einen Detektiv auf den Hals, um den Ehebruch zu beweisen. Ohne den Beweis kann ich keine Scheidung beantragen."

Ich gab ihr die Adresse. Im Zweifel für den Zweifel. Und gleichzeitig empfand ich mich als die eigentliche Verräterin. Ich hatte meinen Vater ans Messer geliefert, weil ich etwas entdeckt hatte, was ich nicht hatte wissen wollen. Ich war also unwillentlich in eine Geschichte geraten, die nicht meine war. Mein Vater verweigerte sich damals jedem Gespräch über Trennung, trotz allem. Überreste einer christlichen Erziehung, falscher Moral oder Opportunismus, wer weiß das schon. Die Moral und die Sitten der damaligen Zeit waren streng, und man spielte die Rolle, die einem vorbestimmt war, verhielt sich nach den Mustern einer noch vom kolonialen Unterbewusstsein bestimmten Subjektivität. Wie viele Männer seiner Generation war er emotional inkompetent und bequem. Warum sollte er etwas ändern? Seine Verlogenheit ärgerte mich.

Mein Vater war niemand, der etwas anbrennen ließ. Die Leute zerrissen sich das Maul darüber, dass er anscheinend ständig Affären hätte. Gelegenheit macht Diebe. Zur damaligen Zeit gingen viele Ehepaare fremd, und viele Männer hielten sich „garçonnières", oft gemeinsam mit ein oder zwei Freunden. Dann kamen die Motels auf, was manches noch einmal einfacher machte. Größenwahnsinnig und von einer fast kindlichen Unvorsichtigkeit war er in seiner Zeit als Abgeordneter in Brasília sogar einmal in die Schlagzeilen geraten, weil man ihn in flagranti mit einer berühmten Journalistin unter freiem Himmel auf dem Rasen vor dem Nationalkongress ertappt hatte. Die Macht zu seinen Füßen. Ich schrieb ihm damals einen langen Brief, in dem ich ihn für seinen Umgang mit der Scheidung kritisierte, seine Doppelmoral anprangerte und ihn frage, ob er nur noch aus wahltaktischen Gründen mit meiner Mutter zusammen bliebe oder es doch einen wirklichen Grund gebe dafür, dass er weiter in dieser schizophrenen

Situation lebe. Natürlich bekam ich darauf nie eine Antwort.

Schon als meine Mutter bereits alle Papiere zusammen hatte, zögerte sie noch, wirklich die Scheidung zu beantragen, schob es vor sich her. Sie stammte aus einer Generation, in der man glaubte, eine Ehe sei für die Ewigkeit und im Ende einer Beziehung eine persönliche Niederlage sah. Dann endlich ging sie zum Gericht. Mein Vater reagierte nicht und verweigerte sich einer gütlichen Trennung. Sie brauchten jahrelang dafür. Es war ganz bestimmt nicht gesund und musste unbedingt enden.

Eigenartig, dass meine Geschwister für mich in der Zeit praktisch nicht vorkamen. Ich war die einzige, die darunter litt. Jahre später erfuhr ich von meiner Schwester, dass sie tatsächlich keinerlei Erinnerung an das ganze Elend hatte. Ihr Problem war, dass sie sich ohnehin immer einsam fühlte und entweder bei einer ihrer wenigen Freundinnen war oder mit einem Kindermädchen zu Hause. Schüchtern wie sie war, hatte sie es jedes Mal schwer, sich anzupassen, wenn sich schon wieder etwas in unserem Leben veränderte. Und mein Bruder lebte in seiner kindlichen Unbekümmertheit, stellte hier und da seine Streiche an und bekam gar nichts mit. Erst nach der tatsächlichen Trennung vermisste er unseren Vater sehr, der auf diese Weise praktisch über Nacht aus seinem Leben verschwand.

# 19

Derweil lag Plínio im Krankenhaus. „Er ist dort zur Behandlung, er hat seit Wochen eine Lungenentzündung, und es wird nicht besser“, erzählte mir meine Mutter, als ich von der Schule kam. Die schlichte Tatsache, dass er in der Nähe war, löste bei mir reine Freude aus. Es war immer so: Ein einfaches Lebenszeichen von ihm machte mich froh, gab mir das Gefühl, jemand Besonderes zu sein. Seine Zuneigung war eine unvergleichliche geistige Nahrung. Unsere Wege hatten sich schon von Geburt an ständig gekreuzt, genauer gesagt, bei der Taufe. Ich war gerade geboren und er war von meiner Mutter mit dreizehn als mein Patenonkel ausersehen, gemeinsam mit seiner Mutter, Tante Terezinha, einer Cousine meiner Mutter. Wir hatten nur wenige, aber sehr intensive gemeinsame Jahre, es war ein Kommen und Gehen. Bis sein viel zu frühes Verschwinden meine Welt völlig veränderte, zu einem Zeitpunkt, an dem sich die Welt insgesamt veränderte.

Ich war sechzehn Jahre alt und begann, mir die Welt zu erobern. Er war gleich nach seiner Ankunft in Londrina ins hiesige Universitätskrankenhaus gebracht worden auf die Isolierstation. Mein Drang, ihn zu sehen, war so groß, dass ich einen Freund, der damals Medizin studierte und im Krankenhaus Praktikum machte, bat, mich hineinzuschmuggeln. Wir besuchten ihn an einem sonnigen Tag. Ich kann mich noch gut erinnern. Das Zimmer war groß und sehr hell, und in der Mitte stand ein kleines, einsames Krankenhausbett, darin er, bleich und in einem einfachen weißen T-Shirt, wie er es gern trug, das er so mochte, saß da im Schneidersitz und las. Als er uns sah, strahlte er übers ganze Gesicht. He, wie geht's? Wir unterhielten uns über seine Gesundheit, seine merkwürdige Krankheit mit der unklaren Diagnose. Man forschte noch immer, was es sein könne. Um ihn nicht weiter damit zu behelligen, wechselten wir das Thema, ich erzählte ihm von dem Stipendium, das ich bekommen hatte, um für ein Jahr nach Australien zu gehen. Er war noch nie dort gewesen, was ich kaum glauben wollte, weil ich niemanden kannte, der so viel durch die Welt gereist war wie er mit seinen 29 Jahren. Briefe von ihm aus den exotischsten Gegenden mit den aufregendsten Informationen hatten mich meine gesamte Kindheit und Jugend über begleitet. Frankreich, Vereinigte Staaten, Deutschland und Thailand, überall hatte er bereits gelebt und studiert. Nach einer Postgraduierung im Städtebau war er in Frankreich geblieben und hatte an der Sorbonne gelehrt, hatte das College in den Vereinigten Staaten mit summa cum laude absolviert, studierte Architektur in Deutschland, das zufällig oder aus Bestimmung später für mich auch zur zweiten Heimat werden sollte. Ich weiß, dass er eine Zeitlang in einem Kloster in Thailand gewesen war und wie ich über das staunte, was er über die Macht der Gedanken erzählte. Das waren nur einige seiner Lebensstationen, die mich faszinierten und inspirierten. Es war Zeit, wir mussten gehen und ihn für eine weitere Reihe von Untersuchungen zurücklassen. Als ich gehen wollte, bat er mich, seine schmutzige Wäsche mitzunehmen, mehrere weiße T-Shirts. „Sie sind völlig durchgeschwitzt", sagte er. Ich erklärte mich sofort bereit, sie zum Waschen zu seiner Mutter zu bringen – er war ja mein Cousin und ich mochte ihn sehr – nahm die verschwitzten T-Shirts und ging.

Plínio war ein lebendes Beispiel für die sexuelle Revolution der 1970er, die er selbst lebte, den Bruch mit gesellschaftlich-kulturellen Tabus, die unendlichen Möglichkeiten, das Glück zu finden. Er war das älteste von vier Kindern und schon immer eine Frohnatur. Hübsch und von unvergleichlicher Intelligenz hinterließ er überall wo er auftauchte, bleibenden Eindruck. Er wuchs wie ich in Londrina auf, mit allen Vorteilen und Nachteilen einer Provinzstadt. Wir wuchsen gemeinsam, aber in unterschiedlichen Parallelwelten auf. Der Altersunterschied trennte uns, aber es gab diese familiäre Verbindung.

Er stammte aus einer wohlhabenden Familie. Sein Vater war äußerst konservativ, ein ehemaliger Ingenieur, der in der Lebensmitte noch einmal den Beruf gewechselt und mit 40 Jahren Jura studiert hatte, Rechtsanwalt geworden war, eine akademische Laufbahn eingeschlagen und das Postgraduiertenkolleg der juristischen Fakultät von Londrina mitbegründet hatte. Er beeinflusste damit eine ganze Generation. Plínios Mutter war meine geliebte Tante Terezinha, eine freundliche Frau, Pädagogin und unheimlich schön mit ihrer ägyptischen Nase, die sie an alle ihre Kinder weitergab, sowie einem großen Schönheitsfleck auf dem Kinn, der eigentlich aussah wie bei der Hexe aus Kindermärchen, sie aber schmückte, als *pièce de résistance*. Von klein auf hatte sie gegen mehrere innere Monster zu kämpfen gehabt, die sie von Zeit zu Zeit in tiefste Depressionen verfallen ließen und ihr längere Aufenthalte in psychiatrischen Anstalten bescherten mit

Elektroschocks und anderen Verfahren, mit denen man versuchte, sie ins normale Leben zurückzuholen. Sie hegte eine empathische Liebe für ihre Kinder und alle, die sie umgaben. Ihren Vater hatte sie schon vor der Geburt verloren. Er war an einem anaphylaktischen Schock gestorben. Auch ihre Mutter starb früh, und als Einzelkind stand sie von da an allein auf der Welt. Sie heiratete jung einen fünfzehn Jahre älteren Herrn, den Vater ihrer Kinder. Sie bildeten eine wunderschöne Familie, die nach und nach größer wurde und ihr schließlich irgendwann das Gefühl der Zugehörigkeit gab.

Mit Plínio verband mich eine Art widersprüchlicher Liebe, die mich herausforderte und anstachelte, vor allem als ich in die Pubertät kam. Einmal, als er von einem weiteren Abenteuer zurück wieder einmal in Londrina war, gingen wir spazieren und ich saugte die Informationen aus seinem Mund geradezu auf, von seiner Haut, aus jeder Pore von ihm. Und ich beobachtete aufmerksam jede einzelne seiner Bewegungen, seinen legeren Stil. Er trug einen weit geschnittenen Jeansoverall und dazu Havaianas, damals noch die Gummilatschen der armen Leute. Ich weiß nicht mehr genau, was ich sagte, vermutlich ging es um irgendeine kleinbürgerliche Konvention, denn er erwiderte sofort: „Ich trage gar keine Unterhose." Er provozierte mich, regte mich an, die Welt anders zu sehen und weckte gleichzeitig meine Sexualität. Eine geschwisterliche Liebe, aber von meiner Seite aus auch platonisch, rein und gedanklich, völlig auf seine Charakterschönheit beschränkt und auf seine Intelligenz. Er war meine erste Liebe, mein erster Meister und eine wichtige Inspiration.

Auf der Hochzeit eines gemeinsamen Cousins, ich war, weiß ich noch, um die fünfzehn Jahre alt, dass wir alle zusammen zur Kirche gingen – ich trug ein schwarzes Jumpsuit, allerdings mit Unterhose, und einen riesigen Hut à la Audrey Hepburn, fand mich großartig, und er einen exotischen Anzug à la Yamamoto – und mein Vater machte vor allen Leuten eine Bemerkung über seine Eleganz, verbunden mit einer Anspielung auf seine Bisexualität. Ich wurde sofort von einem diffusen Gefühl der Empörung ergriffen, des Unrechtsgefühls, und erstarrte. Nicht, weil die Anspielung durchaus einen realen Hintergrund hätte haben können, sondern wegen der sinnlosen Bosheit meines Vaters. In einer Zeit, in der es für die allermeisten noch ein Tabu war, sich zu bekennen, war ein derartiger Kommentar vor der ganzen Familie zumindest geschmacklos. Und natürlich stachelte der meine Neugier an. Sein Liebesleben hatte mich immer schon interessiert. Er hatte damals, wie er mir erzählte, eine Affäre mit einer älteren Frau aus Londrina, und in São Paulo, wo er lebte, hatte er ebenfalls eine Beziehung.

São Paulo hatte ich immer schon gemocht, fuhr dort mindestens einmal im Monat hin, um das Wochenende bei meinem Cousin Jongui zu verbringen, einem der sieben Musketiere. Wir hatten wohl die engste Beziehung von allen Cousins und waren uns ideologisch sehr nah, verbrachten Stunden um Stunden mit gesellschaftspolitischen Diskussionen, beim Feiern mit seinen Freunden, von denen viele für mich in meiner Jugend sehr wichtige Personen wurden. Er war mit seiner älteren Schwester Mali nach São Paulo gezogen, als seine Mutter nach der

Trennung von meinem Onkel João Carlos noch einmal Flávio heiratete, einen Sohn deutscher Juden, die vor den Nazis geflohen waren. Flávio war von einer beeindruckenden Vitalität, eine der ersten Personen in Brasilien, die jeden Tag „Cooper" praktizierten, benannt nach dem amerikanischen Arzt Dr. Kenneth Cooper, dem Erfinder des Aerobics, und rauchte trotzdem eine Zigarette nach der anderen. Er reiste geschäftlich um die ganze Welt und hatte doch schreckliche Angst vor dem Fliegen, weshalb er nur völlig betrunken an Bord ging. Jongui hatte damals eine Motocross-Maschine, und wir rasten über die Avenidas von São Paulo zwischen den Autos und Lastwagen hindurch. Es gab keine Pause, es war immer etwas los. Wir gingen zu Konzerten, ins Kino, in die angesagten Restaurants, in die Tanzlokale der Saison, wie etwa das Aeronauta, in dem die wichtigsten alternativen Bands aus São Paulo der 1980er-Jahre auftraten, ins Madame Satã, wo die Underground-Szene des Landes mit der aus dem Ausland zusammenkam: Punks, Homosexuelle, Gothics, Künstler und wer noch alles Lust hatte, in dem Kellerloch zu erscheinen. Wir tranken das berühmte letzte Bier im Riviera oder im Ritz, besuchten Kunstausstellungen im MASP, im Sesc Pompeia oder im MAM, aßen sonntags noch mitten in der Nacht die besten Pizzas, wie es sich für einen guten Einwohner São Paulos gehörte. São Paulo hatte damals schon wie auch heute noch weltweit die meisten Pizzerias. Wenn es dämmerte, ging es zwingend zur Praça do Pôr do Sol in Pinheiros, um dort, wie der Ortsname andeutet, den atemberaubenden Sonnenuntergang hinter dem Westteil der Stadt zu bewundern und sich mit Freunden zu treffen. Wir streiften aufs Geratewohl zwischen den Hochhäusern und durch die Straßen des historischen Zentrums der Stadt und hofften, dass uns nichts passierte. Ich erschrecke noch immer über unseren damaligen jugendlichen Leichtsinn. Motorradunfälle sind die zweithäufigste Todesursache für junge Leute in Brasilien. Die häufigste sind gewaltsame Auseinandersetzungen.

Als er wieder einmal in Brasilien war, besuchte ich Plínio in São Paulo, wo er studierte und mit seinen beiden Geschwistern, meinen lieben Cousins Eleonora und Marcelo, in Pinheiros wohnte. Das muss das letzte Mal gewesen sein, dass ich ihn bei guter Gesundheit gesehen habe. Ich erinnere mich nicht mehr an alles, nur daran, dass wir ins Kino gegangen sind und er anschließend etwas an einer Szene des Films auszusetzen hatte. In einer Einstellung flogen Herbstblätter durch die Landschaft, um das Leiden der Hauptfigur zu unterstreichen, die sich gerade einer Lobotomie unterzogen hatte. Er hatte sich über diese Gefühlsduselei lustig gemacht. Mir hatte die Szene gefallen, nur war ich zu schüchtern um zu widersprechen und schwieg verlegen. Wir gingen nach Hause zurück und legten uns schlafen. Ich fror die ganze Nacht über und traute mich nicht, ihn um noch eine Decke zu bitten. Als Jugendlicher war mir schon etwas von meiner kindlichen Unbekümmertheit abhanden gekommen, und ich fühlte mich in seiner Anwesenheit manchmal verlegen. Er flößte mir Respekt ein durch sein Wissen, seine Erfahrung und auch durch sein gutes Aussehen. Ich war sonst eigentlich nie sehr zurückhaltend, aber in seiner Anwesenheit und in der seiner Geschwister war ich durchaus manchmal unsicher. Sie waren ja eine Generation weiter und in meinen Augen so frei und modern, und ich wollte genauso locker sein, und das alles überforderte mich dermaßen, dass ich alles andere als locker war. Seit sie in São Paulo studierten, sahen wir uns nicht mehr so regelmäßig, aber das tat unserer Verbindung keinen Abbruch. Sobald wir uns sahen, war alles wieder wie früher. Ich erinnere mich auch noch an das berühmte Schwarzbrot seiner Mutter, meiner geliebten Tante Terezinha, die eine Meisterbäckerin für Schwarzbrot war (in den Bäckerläden gab es nur Weißbrot) , und sie suchte immer nach allen möglichen alternativen Gerichten und Rezepten, zu einer Zeit, als sich noch kaum jemand Gedanken über natürliche Ernährung machte: nur sie und Pepê, der Weltmeister im Freiflug und Pionier des bio-Sandwich in Brasilien, der mit seiner „Barraca do Pepê" in Rio de Janeiro berühmt wurde.

Die Tage, als Plínio im Universitätskrankenhaus lag, waren Tage der Angst und der Unsicherheit, meine Onkel und Tanten bekamen keine vernünftige Auskunft. Also rief mein Vater den Leiter der Klinik an, den er natürlich kannte. Und ich versuchte mich sofort und beinah instinktiv vor dem Urteilsspruch, der da kommen sollte, zu drücken. Ich lauschte durch die nur angelehnte Badezimmertür, wagte vor Anspannung kaum zu atmen, und hörte das ganze Gespräch mit. Irgendwann klang dann in der Stimme meines Vaters die Bestätigung meines Verdachts: Aids. Erbarmungslos hörte sich das in seiner Stimme an, als hätte die Krankheit nun endlich seinen Verdacht bestätigt – Aids war damals noch gleichbedeutend mit Homosexualität. Vielleicht tue ich ihm damit auch Unrecht, denn bestimmt wollte er niemandem etwas Böses, aber in dem Augenblick war meine Wut größer als meine Beklemmung, auch weil man damals noch viel zu wenig über diese Krankheit wusste. Ich war so enttäuscht von seiner Haltung, dass ich mich in dem Moment vor allem über meinen Vater empörte.

Schnell war klar, dass die Krankheit ein Todesurteil bedeutete. Viele Betroffene starben ganz plötzlich, ohne Chance, sich dagegen zu schützen, etwas dagegen zu tun, es erwischte sie – was soll der Scheiß, Freunde? Als gerade alles so schön möglich zu sein schien, zog jemand bei 100 Stundenkilometern die Handbremse! Ich musste in dem Zusammenhang oft an die Sache mit meinem Großvater denken. Als er am Herzen operiert wurde, bekam er danach eine Nierenentzündung und verließ erst 30 Tage nach der Operation wieder das Krankenhaus. Eine so heikle Operation verlangte besondere Vorsicht auch nach der Behandlung, und mein Großvater war darin nicht der Beste. Und dann plötzlich, zack! Er bekam einen Hirnschlag. Noch vier Jahre lang lebte er in sehr traurigem Zustand und sehr eingeschränkt. Er hatte einige motorische Fähigkeiten eingebüßt, konnte nicht mehr laufen, nicht mehr lesen, nicht mehr schreiben, nicht mehr sprechen. Mit viel Mühe und Hilfe gelang es ihm allmählich, wenn auch mühsam, wieder laufen zu lernen – wir durchlebten mit ihm alle Phasen wie bei einem Kleinkind; das linke Bein zog er weiterhin nach. Er hatte Schwierigkeiten beim Gehen, aber er konnte es immerhin wieder. Er schaffte es auch, wieder lesen und schreiben zu lernen. Das einzige, was er nie wiedererlangte, war seine Sprache. Er konnte sich nicht mehr verständlich machen, wir mussten erraten, was er wollte. Nur zwei Worte konnte er noch artikulieren, um seine Gefühle zum Ausdruck zu bringen: „verdammte Scheiße". Das muss es gewesen sein, was er gedacht hatte, als er den Hirnschlag erlitten hatte, und das Risiko, das er gehabt hatte, sich als real herausstellte. Genauso war es mit Aids in den 1980er-Jahren: Verdammte Scheiße, wo kam diese Krankheit auf einmal her? Aids war die sprichwörtliche unangenehme Überraschung. Viele erfuhren erst davon, als sie schon infiziert waren.

Die gesellschaftliche Öffnung der 1960er und 1970er-Jahre hatte ihren Höhepunkt erreicht, die Leute lebten ein Höchstmaß an sexueller und moralischer Befreiung, alles war möglich, und auf einmal kam Aids, ohne Vorwarnung. Als man sich dessen bewusst wurde, was genau los war, hatte die Krankheit sich längst verbreitet, ganz still und heimlich. Kaum wussten wir, um was es ging, fingen die Leute schon an zu sterben. Eine der schlimmsten Erscheinungen der Krankheit war ihre unumgängliche Sichtbarkeit. Man sah sie den Leuten an. Wer Aids hatte, war gezeichnet und litt deutlich erkennbar. Da auch kaum etwas über den Übertragungsweg bekannt war, machte sich auf der ganzen Welt Panik breit, und die Leute, die infiziert waren, wurden diskriminiert. Nachrichten über neue Ansteckungen gepaart mit nur spärlicher Information zur Übertragung führten zu einer Art Alarmzustand. Es gab Leute, die sich weigerten, einer Person, die infiziert war, die Hand zu geben oder sich mit ihr im selben Raum aufzuhalten, aus Angst, dass sich die Krankheit über die Luft übertragen könne, wie eine Grippe. Im Zweifel wollte niemand das Risiko eingehen.

Jeder historische Moment kennt seine Leprakranken, seine Krebskranken, seine Tabus.

Meine Mutter musste in dem Zusammenhang an ihre Freundin Lígia denken, ihre beste Freundin aus Universitätszeiten, die Anfang der 1970er-Jahre an Krebs starb, zurückgezogen, weil man damals darüber nicht sprach. Da man nicht wusste, ob die Krankheit ansteckend war oder nicht, wurden Krebskranke gemieden und diskriminiert – zumindest war die Krankheit negativ konnotiert. Nach und nach milderten mehr Informationen über Aids die Symptome der Dummheit, die wir alle in uns trugen, und konnte die Vorurteile beseitigen. Allmählich fand man heraus, was man tun durfte und was nicht.

Ich muss gestehen, dass ich selbst mir nach einiger Zeit Sorgen machte, ob ich mich nicht an den verschwitzten T-Shirts von Plínio infiziert hatte. Ich suchte sogar einen bekannten Arzt auf, der auf Infektionskrankheiten spezialisiert war, um mich aufklären zu lassen. Das war für mich die Befreiung, denn ich war umgeben von älteren Freunden, die sich infiziert hatten und selbst meist nicht wussten, wie sie sich verhalten sollten. Ein Freund beispielsweise hatte gerade ein exklusives Reisebüro aufgemacht, und ich besuchte ihn, um mir den Laden anzusehen und ihm Hallo zu sagen. Wir tranken Kaffee in der Küche, er trank ein Glas Wasser, und dann nahm ich ihm, ohne nachzudenken, das Glas aus der Hand, denn ich hatte Durst: „Gib mir auch einen Schluck“, sagte ich, als ich das Glas schon am Mund hatte. Ich weiß noch, wie entsetzt er mich ansah, weil er mich nicht daran hatte hindern können, von seinem Glas zu trinken. Ich fand das in dem Augenblick merkwürdig, denn ich wusste da noch nicht, dass er HIV-positiv war. Wenige Jahre nach der Begebenheit starb auch er an Aids. Der Direktor meiner Schule und Leiter der besten Theatergruppe der Stadt war für einige Jahre auch mein Lehrer gewesen, wir hatten immer Kontakt gehalten. Er war der erste in meinem Umfeld. Als er starb, hatte die Krankheit noch nicht einmal einen Namen. Sehr vielen erging es so.

Das Profil der Krankheit war damals noch ein anderes. Als erstes hatte man herausgefunden, dass sie sich vor allem bei Menschen verbreitete, die homosexuelle Beziehungen hatten, und sofort war klar, dass die neue Krankheit eine „Schwulenkrankheit" sei, für die es sogar eine englische Abkürzung gab: „grid" (*gay-related immune deficiency*). Später breitete sich die Krankheit auf Drogenkonsumenten aus, auf Heterosexuelle, auf Frauen – die man bis dahin für von der „Epidemie" verschont hielt, Menschen bekamen sie nach bestimmten Operationen oder nach Bluttransfusionen. Erst da bekam die Krankheit den Namen *Aids* (*Acquired Immune Deficiency Syndrome*). Aids traf alle, auf sehr demokratische Weise: Männer, Frauen, Kinder, Drogenkonsumenten, Bluter, Homosexuelle, Bisexuelle, Heterosexuelle, Arme wie Reiche, Junge und Alte, die Krankheit war nie selektiv.

In Brasilien wurde Aids erstmals 1982 dokumentiert. Die erste Antwort auf Aids datiert in Brasilien auf das Jahr 1985, gleich nachdem das Land aus der Militärdiktatur zur Demokratie zurückgekehrt war. Damals gab es erst vier registrierte Aids-Kranke. 1986, als Plínio starb, startete das Gesundheitsministerium ein landesweites

Programm gegen sexuell übertragbare Krankheiten und Aids in Brasilien. Zum selben Zeitpunkt tagte in Paris bereits die zweite Internationale Aids-Konferenz, auf der über die ersten Erfahrungen mit dem Medikament AZT berichtet wurde. Kurz darauf, noch im selben Jahr, ließ die amerikanische Arzneimittelbehörde FDA das Medikament zu und konnte schnell einen leichten Rückgang der Mortalität bei HIV-Patienten beobachten. Auch die Weltgesundheitsorganisation WHO startete in dem Jahr ihre globale Strategie zur Bekämpfung von Aids. In Brasilien gab der berühmte Soziologe und Aktivist Herbert de Souza, genannt Betinho, Bluter wie seine Geschwister, die alle mit unterschiedlichen Verläufen an Aids starben, seine Infektion mit dem HIV-Virus durch eine Bluttransfusion bekannt und gründete die Brasilianische Interdisziplinäre Vereinigung gegen Aids (Abia), die beispielhaft für den Kampf um eine bessere Kontrolle von Blutbanken und gegen Diskriminierung werden sollte. Plínio allerdings half das alles nichts.

An dem Tag, als der starb, kam ich gerade aufgeregt aus der Schule nach Hause, am selben Abend wollte ich zu einem Zeltlager des CISV in der Nähe von São Paulo fahren. Ich stürmte die Treppen hoch und wurde von meiner Mutter empfangen. An ihrem Gesicht und an ihrer Stimme erkannte ich sofort, dass etwas passiert sein musste. Ich selbst starb an dem Tag ein bisschen. Wenn jemand, den man liebt, aufhört zu leben, stirbt etwas von einem mit; ohne Plínio würde ich nie mehr dieselbe sein. Die Beerdigung war in Jacarezinho, dem Herkunftsort der Familie unserer Mutter. Im Herrenhaus waren Generationen vor uns geboren worden und auch gestorben.

Wir waren alle vom Schmerz sehr betroffen, manche trauerten im großen Saal, andere nahmen in der Küche einen Kaffee zu sich, ich war im Garten, als die Frau von Luciano, Plínios jüngerem Bruder, mich über die Todesursache aufklärte. Ich muss gestehen, dass dies in meiner ganzen Naivität damals noch einmal eine große Erschütterung war, einer dieser Momente, in dem eine Welt zusammenbricht. Noch weniger als den Tod durch die unheilbare Krankheit wollte ich glauben, dass er sich selbst das Leben genommen hatte. Ich rannte zu meiner Mutter und meiner Patentante, die beide am Sarg standen. Selbst von Trauer und Verzweiflung überwältigt, versuchten sie, auch noch mich zu trösten und mir zu erklären, dass er es nicht ausgehalten hatte, zu leiden und still auf den Tod zu warten. Schon von der Krankheit gezeichnet und unter dem Karposi-Sarkom, einer seltenen Krebsart leidend, die bis dahin nur bei sehr alten Menschen beobachtet worden war, stigmatisiert und ohne jede Aussicht auf Heilung, hatte er keinen anderen Weg mehr gesehen. Und es gab ja auch keinen, außer dem Tod, früher oder später hätte er ihn galoppierend und unvermeidlich erwischt. Beim Blick in den Sarg überkamen mich Erinnerungen und Szenen, wie in einem Endlosfilm. Ihn dort nun zu sehen, starr, machte mir die Sinnlosigkeit des Todes so unglaublich deutlich, mich überkam eine riesige Sehnsucht nach dem, was wir einmal gewesen waren, dem Leben, das wir geteilt hatten. Wir waren Überlebende einer Schlacht, die für ihn nun zu Ende war.

Eine Woche danach war die Siebentagesmesse. Wir verließen die Kirche, noch völlig in Trauer, und gingen anschließend zum Finale der Judo-Meisterschaften von Paraná. Luciano, Plínios jüngster Bruder, hatte mit 23 wieder mit Judo angefangen und stand im Finale der Meisterschaft. Mit vierzehn hatte er sich im Finale um die brasilianische Meisterschaft einen Halswirbel gebrochen und wäre daran fast gestorben, hätte sein Trainer es nicht rechtzeitig gemerkt und niemanden an den am Boden Liegenden herangelassen. Man stabilisierte ihn, schnitt ein Stück aus dem Tatami heraus, legte ihn damit auf einen Lastwagen und brachte ihn zum gerade eröffneten orthopädischen Krankenhaus. Ohne dies wäre er wohl gestorben oder zumindest querschnittsgelähmt gewesen. Der behandelnde Arzt hatte sich auf Medula-Frakturen spezialisiert und konnte alles, was zur damaligen Zeit bekannt war, einsetzen, um ihn zu retten. Trotzdem musste er Monate im Bett verbringen mit Gewichten am Hals, und an der Decke hing ein Spiegel, über den wir mit ihm kommunizierten. Ich weiß noch wie heute, wie wir uns über das Spiegelbild unterhielten. Nachdem er das Krankenhaus verlassen hatte, musste er noch lange ein Halskorsett tragen. Mit siebzehn war er dann vollständig genesen. Er war mir immer ein Beispiel dafür, was man alles ertragen kann. Er fing wieder an, Sport zu treiben, war ein junger athletischer Mann von geradezu griechischer Schönheit und mit einem bösen Humor, was ihm einen zusätzlichen Reiz verlieh. Er feierte gern, war gern ausgelassen und hatte einen beeindruckenden Schlag bei den Mädchen. Alle verliebten sich sofort in ihn. Nach all dem wieder mit Judo anzufangen und es bis ins Finale der Meisterschaft eines Bundesstaats zu schaffen, war eine weitere Steigerung. Das Schicksal hatte die Meisterschaft ausgerechnet auf das Datum der Totenmesse des Bruders gelegt, lange schon bevor jemand sich dessen Erkrankung hatte vorstellen können. Am selben Tag wie Plínios Siebentagesmesse gewann Luciano die Meisterschaft in seiner Gewichtsklasse. Das hatte etwas Symbolisches, etwas von Leben nach dem Tod, von stürzen und wieder aufstehen, ein Ruf zurück ins Leben.

Nach dem Meisterschaftskampf gingen wir noch zu einem Freund nach Hause. Überwältigt von Trauer, gedachten wir des verstorbenen Plínio. Irgendwer reichte mir einen Joint, und ich zog ein paar Mal daran. Das genügte. Ich bekam eine Panikattacke. Man brachte mich nach Hause, ich setzte mich im Wohnzimmer aufs Sofa und meine Cousine nahm mich in den Arm, um mich zu beruhigen. Als mein Vater mich in diesem Zustand sah, merkte er gleich, dass etwas nicht stimmte, und verschonte mich nicht mit Fragen. Ich weiß nicht, was schlimmer war, seine Besessenheit, seine mangelnde Empathie oder meine Panik, Trauer und Verzweiflung – oder alles zusammen. Als es mir wieder besser ging, beschloss ich, so etwas nie mehr durchzumachen. No drugs anymore, die vielen anderen Blessuren genügten mir vollkommen.

Schon damals war mein Leben alles andere als gemächlich, wenn es das überhaupt je gewesen war. Obwohl in der trügerischen Sicherheit einer vermögenden Familie aufgewachsen, hatte ich doch bereits einige Momente der Verzweiflung und der Trauer erlebt. Mein Gefühl war, dass meine Welt gerade im Begriff war, auseinanderzubrechen, ein riesiges, tiefes Loch tat sich vor mir auf, das mich über kurz oder lang verschlingen würde. Keine Zeit, Luft zu holen. Und mein Vater sich mit all seinen Schwierigkeiten auf emotionalem Gebiet nach und nach aus dem Einflussbereich meiner zunehmend bohrenden Fragen und meiner Kritik entfernte. Die Gegensätzlichkeit meiner Eltern – er aus einfachen Verhältnissen, ein Idealist, charismatisch, intellektuell brillant und gleichzeitig unfähig zu emotionaler Intelligenz; sie schon mit silbernen Löffeln im Mund zur Welt gekommen, mitreißend, attraktiv, voller Leben, aber auch voller emotionaler Bedürftigkeit – hatte sie als Studierende zusammengebracht und sie im Lauf ihres Lebens wieder getrennt. Streit, Eifersucht, Untreue, Leiden, Auseinandersetzungen um Geld wegen der Wahlkämpfe und die unterschiedlichsten Zerwürfnisse bestimmten für lange Zeit meine zweite Kindheit und nun auch mein Leben als Jugendliche. Aber noch immer hielten sie an ihrer längst in Trümmern liegende Ehe fest.

Als eine Art Befreiungsschlag beschloss meine Mutter, ein neues Haus zu kaufen, als Versuch eines physischen wie mentalen Neuanfangs. Mein Vater zog noch mit uns um, war dann aber praktisch nicht mehr da. Das Haus hatte eine tropische Architektur, war modern und luftig, umgeben von Wald und bot viel Raum für Geist und Seele. Es wurde der Treffpunkt meiner Freunde. Jeden Nachmittag kamen welche vorbei, badeten in unserem Schwimmbecken oder ließen es sich einfach nur gut gehen, und wenn plötzlich Abend war und wir uns immer noch nicht trennen wollten, ging das Nichtstun bis in den Abend hinein, mit langen Gesprächen gegen die verschüchternde Stille der Nacht.

Meine Mutter war schon seit ihrer Kindheit eine begeisterte Tennisspielerin, sie spielte jeden Tag. Wir hatten also auch hinter dem Haus einen Tennisplatz und waren gezwungen, zwei Mal die Woche Unterricht zu nehmen, was ich hasste. Ich mochte keinen Sport, außer Tanzen und Schwimmen. Aber der Tennisplatz hatte auch Vorteile, er lag etwas abseits vom Haus und war ein guter Ort, um zu feiern, und wenn der Alkoholpegel schon etwas gestiegen war, spielten wir Fußball und lachten wie die Idioten, in fröhlicher Ausgelassenheit zu Música Popular Brasileira – Raul Seixas, Tim Maia, Caetano Veloso, Gilberto Gil oder Nara Leão waren meine Favoriten – oder brasilianische Rockmusik: Barão Vermelho, Legião Urbana, Ira, Titãs, Blitz, Paralamas do Sucesso. Cazuza und Renato Russo, die Frontmänner von Barão Vermelho und Legião Urbana, starben später auch an Aids, einer kurz nach dem anderen. „Meine Helden sind an Überdosis gestorben, meine Feinde sind noch an der Macht", dichtete Cazuza einmal ebenso schön wie traurig. Von meinen Helden starben sehr viele an Aids, und auch bei mir waren die Feinde weiterhin an der Macht.

Dann kam das Skaten in Mode, und in meiner Clique praktizierten das einige sehr verbissen. Wir fielen auf mit unserem besonderen Stil und der extrovertierten Art, zogen auf der Suche nach den besten Plätzen durch die Straßen, und ein paar Freunde bauten eigenhändig die erste Halfpipe der Stadt, wo wir dann Stunden mit unserer Gang verbrachten und redeten, entweder für uns übten oder den anderen zusahen und lernten, selbstständige Leute zu werden. Genau das war es, was mich interessierte: mit Leuten zusammenzusein. Das Skaten war wie so vieles nur Mittel zum Zweck und für mich eine Phase, aus der ich einige Symbole übernahm und später mit denen aus anderen Gangs mischte, mit denen ich mich dann herumtrieb. Ich bediente mich an dem, was die Mischung aus unterschiedlichen kulturellen Blutgruppen hergab, ***positiven*** wie ***negativen***.

Das größte Thema und unsere wichtigste Beschäftigung damals war selbstverständlich die Entdeckung der Liebe. Ich verliebte mich andauernd, litt und verursachte Leiden. Ich war nie eine Sammlerpersönlichkeit – dafür fehlte es mir an Ordnung und Disziplin –, aber Liebschaften sammelte ich, und wie. Ich war ständig verliebt in neue Dinge, in neue Themen und auch neue Menschen. Hatte zahlreiche Verehrer und Freunde, manchmal nebeneinander, in unterschiedlichen Zusammenhängen. Aber es ging nie über Zärtlichkeiten, Umarmungen oder Küsschen hinaus – auf den Mund zu küssen, war eine geniale Entdeckung gewesen –, mehr aber lief nie. Ich war zwar liberal erzogen, dennoch verantwortungsbewusst und streng mit mir selbst, und Sex sollte nur aus Liebe sein. Überhaupt waren wir die Generation nach der Entdeckung von Aids, alles war noch so frisch, und Sex hatte sich für mich untrennbar mit Tod verbunden. Die Krankheit veränderte unsere Lebensgewohnheiten völlig, wir waren die Kinder der Zurückhaltung. Ich habe viele ältere Freunde an Aids verloren, einer nach dem anderen starb vor unseren Augen. Ich erlebte den Schmerz des Verlusts, und das flößte mir Achtung ein. Der Schmerz und das Leiden waren allzu präsent, machten uns allen Angst und bestimmten unser Verhalten.

# 20

Das erste Silvester im neuen Haus nutzte meine Mutter für einen letzten ehelichen Versöhnungsversuch. Sie hegte immer noch die vergebliche Hoffnung, eine gütliche Trennung erreichen zu können und dass sie weiterhin Freunde sein könnten. Sie hatte ein tolles Essen bei Kerzenlicht vorbereitet – nur meine Eltern und ich ganz allein in der riesigen Villa –, wo waren eigentlich meine Geschwister? Das gedämpfte Licht passte eigentlich nur zu der Dunkelheit unserer Gemüter. Die Situation war so irrsinnig und unhaltbar, so viel Spannung lag in der Luft, dass man sie mit einem Messer hätte zerschneiden können. Plötzlich von einer unglaublichen Traurigkeit überfallen und vom Unbehagen erdrückt, bat ich, da ich ohnehin nicht wusste, was meine Rolle in dieser griechischen Tragödie sein sollte, aufstehen und rausgehen zu dürfen, stand vom Essen auf und ging zu meiner lieben Tante und Patin Teresinha, meiner guten Fee. Sie war meine Stütze und mein sicherer Hafen, nahm mich oft in meiner Kindheit und Jugend an der Hand. Ohne sie, glaube ich, hätte ich mehrmals die Orientierung verloren. Selbst in Momenten, in denen ihr eigener Schmerz unermesslich war, etwa nach dem Tod ihres Sohns Plínio, war sie es, die mich stützte.

Als die Trennung meiner Eltern schließlich besiegelt war, fühlte ich mich erschöpft, aber gleichzeitig froh, die Sorge nun endlich los zu sein. Mein Vater war schon immer recht unaufgeregt gewesen, was den Umgang mit Geld anging. Als meine Eltern geheiratet hatten, war Gütergemeinschaft das Übliche, doch mein

Vater verzichtete auf seinen Anteil am Erbe meiner Mutter und behielt nur das, was er selbst geschaffen hatte. Darunter auch unser Haus auf der Ilha do Mel. Sein Interesse an diesem Haus war eigentlich gering gewesen, wie überhaupt sein Interesse an Strandurlaub, aber meiner Mutter, die das Haus liebte, wollte er es nicht überlassen. Das Schlimmste daran war, dass er es nicht einmal uns überließ, sondern für einen lächerlichen Betrag an einen meiner Cousins übertrug. So ging uns ein Stück Paradies verloren.

Dann zog mein Vater aus, und mich überkam ein tiefes Gefühl, dass nun endlich Ruhe sein würde. Natürlich weiß man, dass nach einem Sturm immer erst einmal Windstille eintritt, diesmal aber hatte ich mich zu früh gefreut. Die Ereignisse pochten noch lang in meinem Kopf wie ein prächtiger Kater. Naiv, wie ich war, glaubte ich, das Theater sei endlich zu Ende, aber von einem Tag auf den anderen hatte ich nur eine andere Rolle, war ungefragt zur Überbringerin diverser Nachrichten und damit zur Stellvertreterin meines Vaters geworden. Er selbst ließ sich nach der Trennung nur noch gelegentlich blicken, was nichts Neues war, nur hatte die Trennung ihn nun auch noch von seinen Verpflichtungen als Vater entbunden. Er fühlte sich nicht mehr für irgendetwas verantwortlich, weder dafür, wie es uns ging, noch für unsere Erziehung oder für Geldangelegenheiten, die uns betrafen. Irgendwann hörte er sogar auf, Unterhalt zu bezahlen, nicht weil er es nicht gekonnt hätte, sondern schlicht weil er nicht wollte. Im Grunde wollte er damit meine Mutter ärgern. Und das gelang ihm. Meine Mutter wurde wütend, hielt es für einen Affront und verlangte nun auch von mir, mich zu positionieren. Da ich schon volljährig war, gerade achtzehn geworden, drängte sie mich, ihn zu verklagen, aber dazu war ich nicht bereit, was zu neuen Diskussionen zwischen ihr und mir führte. Zu ihrer Verteidigung muss ich sagen, dass mein Vater seit der Trennung nie wieder ein Wort mit ihr gesprochen hat – und sich sogar weigerte, mit ihr in einem Raum zu sein oder sich in ihrer Nähe aufzuhalten. Also war Rechtliches ausschließlich über Rechtsanwälte zu regeln, die unwichtigeren Dinge, wie etwa die Erziehung oder gar das Wohlergehen meiner Geschwister – tatsächlich wichtige Dinge, aber was ging mich das an? – wurden mir übertragen. Meine Mutter verlangte andauernd von mir, ihre Verbindung zu ihm zu sein, was mich wütend machte, denn ein Nein hätte sie nie akzeptiert. Ich war aufgewühlt, wie man nur sein kann, wenn man sich manipuliert und benutzt fühlt, aber schließlich gab ich, wenn auch widerwillig, nach. Getrieben von einem tief sitzenden Schuldgefühl, verhielt ich mich wie ein Gebrauchsgegenstand, willenlos und gesteuert von ihrer symbiotischen Dominanz und natürlich in voller Voraussicht der Reaktion meines Vaters. Er verschonte mich nicht mit seinen Ausbrüchen, jedes Mal, wenn ich wieder eine ihrer Forderungen vorbrachte. Ein Teufelskreis. Meiner Ansicht nach soll man nie jemanden zu etwas überreden.

Meine Geschwister waren zum Zeitpunkt der Trennung viel jünger als ich, und meine Mutter, die ja nun keine Unterstützung mehr bei der Erziehung hatte, also auch formal alleinerziehend war, verlangte von mir einiges, was nicht meiner Rolle als Schwester entsprach, sondern eher der eines Vaters. Tatsächlich griff ich hier und da in das Leben meiner Geschwister ein, was unserer Bindung nicht gerade zuträglich war. Unser Altersunterschied war lange Zeit wie ein störender Stachel in unserer oft turbulenten Beziehung. Wir hatten ja wenig gemeinsame Interessen, was auch im Alltag zu allen möglichen Zerwürfnissen und Unannehmlichkeiten führte, wir waren obendrein zunehmend damit beschäftigt, unseren jeweiligen Platz auf der Welt einzunehmen, und das ging aufgrund all der Umstände unseres gemeinsamen Lebens nicht immer reibungslos. Wir hatten wenig gemeinsam, das stimmt, aber ein Leben ohne diese beiden wunderbaren Menschen, die immer auch Protagonisten in meiner eigenen Lebensgeschichte sind, hätte ich mir nie vorstellen können. Meine Liebe und meine Zuneigung zu ihnen waren bedingungslos.

So blieb alles für mich auf die eine oder andere Weise beim Alten: Unfreiwillig war ich ins Auge des Orkans geraten. Wenn ich meinen Vater sah, gab er mir immer Geld, als wollte er damit sagen „Wir sind quitt" – und ich fühlte mich schäbig, verkauft und noch dazu schlecht bezahlt, um es vorsichtig auszudrücken. Wie oft ging ich wütend und den Tränen nah fort, aber bitte, keine Sentimentalität, es war ja mein Problem. Ich hätte das Geld nur deutlich und entschieden ablehnen müssen und fertig. Irgendwann tat ich das auch. Zum Glück hatten wir sein Geld nie nötig, meine Mutter hatte mehr als genug. „Du hast ein Recht auf das Geld", sagte meine Mutter. Sie hatte recht, ich vermied aber selbst tunlichst den Konflikt, und jedes Gespräch mit ihm über Geld oder über meine Geschwister war eine Sisyphosaufgabe, die meist zu nichts führte. Es änderte gar nichts. Und das beschäftigte mich. Stundenlang grübelte ich über den Widerspruch, dass jemand mit solchen Prinzipien sich gleichzeitig derart schäbig verhalten konnte. War nicht er es gewesen, der uns immer gelehrt hatte, konsequent zu bleiben und für unsere Ideale zu kämpfen? Lange fand ich darauf keine Antwort, bis ich irgendwann den Satz las: „Inkohärenz ist Bestandteil unserer Menschlichkeit." Seitdem bin auch ich dieser Überzeugung. Es war also gar keine Frage von Prinzipien, sondern einfach nur menschlich. Von ihm, von meiner Mutter, von uns allen. „Und ich will meine Freiheit annehmen, ohne zu denken,, was viele meinen: dass nur Verrückte existieren, dass das Wahnsinn ist. So sieht es nämlich aus. Zu existieren ist nicht logisch." (Clarice Lispector)

Bei einem dieser Treffen mit meinem Vater gingen wir in ein portugiesisches Restaurant. Seine spätere Ehefrau Nilda kam mit. Ohne Vorwarnung stand ich plötzlich mit ganz kurzem Hemd da. Wir tauschten Freundlichkeiten aus, die ganze Situation war sehr peinlich, sehr unentspannt, sehr oberflächlich und bemüht. Er wollte unbedingt, dass ich sie kennenlernte, denn er liebte sie wirklich. Trotz seines abweisenden Temperaments und unserer belasteten Beziehung, war es ihm wichtig, dass ich diese Verbindung billigte. Als Kind einer strengen Erziehung, in der Gefühle Tabu gewesen waren, als Sohn eines autoritären Vaters gelang es ihm zeitlebens kaum, seine Gefühle im Griff zu behalten, geschweige denn sie mitzuteilen. Er hatte ein gutes, wenn auch kompliziertes Herz, mit allen Nuancen des Menschlichen: fehlbar, konfliktbehaftet. Und er war nicht immer der liebende Vater, was unsere Beziehung in der Jugend und vor allem nach der Trennung nicht einfacher machte. Als ich noch klein war und kaum etwas von ihm verlangte, hatte er seine Liebe noch zeigen können, mit der Zeit aber und vor allem mit zunehmendem Alter wurde die Interaktion mit ihm von Mal zu Mal schwieriger und wir entfernten uns sehr voneinander. Trotzdem war er immer sehr stolz auf mich, ich war sein Mädchen, wie er zu allen sagte, nur nicht zu mir. Nach ein paar Jahren heirateten die beiden (und blieben 30 Jahre bis zum Tod zusammen), meine Geschwister waren zur Hochzeit nicht eingeladen und ich erfuhr davon erst, als ich wieder in Brasilien war. Zum Zeitpunkt der Hochzeit lebte ich gerade im Ausland. Aber jedem Tier sein Plaisir.

Als ich ihn zum ersten Mal mit seiner neuen Frau traf, lebte meine Mutter schon mit Onkel Felipe – dem Revolutionär, wisst ihr noch? – zusammen, was im Prinzip ja nicht schlecht war: Meine Eltern hatten beide wieder jemanden, und das konnte nur zur Beruhigung beitragen. Im Fall meiner Mutter war es große Leidenschaft. Aber Leidenschaft führt, wie man weiß, nicht immer zum Glück, endet meist weniger glücklich und hält auch nicht ewig. Als ob es nicht ausgereicht hätte, die Scheidung meiner Eltern mitzuerleben, musste ich ein paar Jahre darauf also noch einmal das Gleiche zwischen meiner Mutter und Onkel Felipe erleben. Nur hatte es diesmal keinen Einfluss auf mein Leben mehr, einzig meine Mutter litt in diesem Fall entsetzlich. Wieder nahm ich eine neue Rolle ein und war diesmal nicht nur die Botin, sondern musste auch noch Detektivin, Beraterin und Vertraute sein. Rollen, die ich mehr schlecht als recht erfüllte, so gut es eben ging. Zum Glück beruhigten sich auch diesmal irgendwann die Gemüter, und das Leben ging wieder normal weiter. Fürs Erste jedenfalls.

Eine der großen Prüfungen in meinem Leben war an einem Tag, der so normal anfing, wie viele andere, wie es wahrscheinlich immer ist, bis das Schicksal an die Tür klopft. Ich war gerade aus der Schule gekommen, und mein Bruder wollte sich mein Auto ausleihen, um kurz zu seiner Freundin zu fahren und ein paar Freunde zu treffen. Ich sagte nein, denn ich wollte selbst gleich wieder los. Viele Jugendliche waren damals in Brasilien ohne Führerschein unterwegs. Mein Bruder nahm trotzdem die Autoschlüssel, und als ich es merkte, hatte der Portier schon das Tor aufgesperrt und mein Bruder war mit dem Auto fast auf der Straße. Ich rief ihm irgendwas hinterher und wir schrien uns über die Distanz hin an. Er lachte kurz auf und fuhr winkend davon.

„Ich hasse dich!“, schrie ich ihm wütend hinterher.

Nach einer Stunde rief ein Freund von ihm bei uns an, völlig aufgelöst und versuchte, etwas zu erklären, was ich im ersten Moment nicht verstand.

„Paula, wir stehen bei K. vor dem Haus, und Bruno hat sich verabschiedet und ist zum Auto gegangen, nur ein paar Meter entfernt. Dann sind vier Männer gekommen, haben ihn angesprochen und sind mit ihm ins Auto gestiegen.

„Wie meinst du das: sind mit ihm ins Auto gestiegen? Kanntest du die Typen?“, fragte ich irritiert.

„Sie haben ihn mit Namen angesprochen, das konnten wir hören, sie wussten also, wer er war, sind zu ihm hingegangen, haben ihn am Arm gefasst und ins Auto gezerrt.“

„Und ihr habt nichts gemacht?“, antwortete ich entsetzt und ungläubig.

„Uns war in dem Moment gar nicht klar, was passierte, sie sahen so aus, als würden sie ihn kennen, und Bruno hat anscheinend keinerlei Widerstand geleistet. Es war gerade eben, deswegen habe ich euch gleich angerufen.“

In dem Moment war mir das Ausmaß des Ganzen noch gar nicht bewusst, erst dachte ich, es sei eine Art schlechter Scherz meines Bruders, vielleicht kannte er die Typen ja wirklich und würde gleich wieder auftauchen. Trotzdem beunruhigt beschloss ich, zum Ort des Geschehens zu gehen. Ich rief meinen Freund an, erzählte ihm, was passiert war und er holte mich ab. Dann unterhielt ich mich an Ort und Stelle mit den Jungs, die alle sehr durcheinander und erschrocken waren; wir versuchten, das Vorgefallene zu rekonstruieren, kamen aber zu keiner neuen Erkenntnis.

Ich fuhr völlig aufgewühlt nach Hause zurück, immer noch unsicher, was das alles zu bedeuten hatte und was nun zu tun sei, es war alles sehr schwammig, nichts passte zusammen. Es wurde spät, aber meine Mutter war noch nicht zurück, sie war auf die Fazenda gefahren und normalerweise um diese Zeit auch längst wieder zu Hause. Als sie kurze Zeit später endlich kam, erzählte ich ihr, was passiert war, mit allen unsicheren Details. Auf ihre Bitte versuchte ich meinen Vater zu erreichen, der ja nicht mehr bei uns wohnte, sondern mit seiner neuen Lebensgefährtin in Curitiba, aber er war nicht da. So ging es noch eine Zeit lang hin und her, bis wir endlich kapierten:

„Und wenn es wirklich eine Entführung war?", fragte meine Mutter, plötzlich von blankem Entsetzen gepackt.

Dann ging alles sehr schnell. Nach kurzer Abwägung des Für und Wider entschlossen wir uns, die Polizei anzurufen. Ich rief den örtlichen Dezernenten für öffentliche Sicherheit an, einen Freund meines Vaters, erzählte ihm alles, und von da an war ich wie ferngesteuert von allen möglichen fremden Personen und Umständen, alles lag nun außerhalb meines Einflussbereichs. Es dauerte wenige Minuten, und eine ganze Polizeieinheit war bei uns zu Hause, die von da an alles bestimmte, jeden Schritt überwachte, jedes Telefonat, jede Bewegung. Da mein Vater eine öffentlich bekannte Person war, damals politischer Koordinator der Regierung von Paraná, nahm das Ganze beeindruckende Ausmaße an. Die ganze Stadt war buchstäblich von Polizei eingenommen, an jeder Ecke stand ein Streifenwagen. Meine Mutter war mittlerweile in völlige Verzweiflung verfallen und unter dem Einfluss von Beruhigungsmitteln nicht mehr zu gebrauchen. Also war es an mir, gegebenenfalls mit Entführern zu verhandeln, immer unter Anleitung der Polizisten. Die Telefongespräche wurden mitgeschnitten, ein speziell dafür ausgebildeter Polizist war ständig an meiner Seite und sollte mir sagen, was ich zu sagen hätte und wie. Es vergingen beklemmende Stunde in dieser Grenzsituation. Kaum waren die Polizisten da, baten sie um ein aktuelles Foto von meinem Bruder, um ihn zu identifizieren. Ich weiß noch, dass die Suche danach von einem schrecklich schlechten Gewissen begleitet war. Wie hatte ich ihm nur hinterherbrüllen können, dass ich ihn hasste? Und was, wenn ihm jetzt etwas zustieß? Nun durfte ich keine Schwäche zeigen, musste standhaft bleiben und zuversichtlich. Aber wie? Von einem Moment auf den anderen war das Leben auf den Kopf gestellt. Nichts war mehr, wie es gewesen war, und drohte sogar immer schlimmer zu werden. Die Welt, die ich für so klein und so offen gehalten hatte, kam mir auf einmal zu groß vor. Wie sollte man hier eine Nadel im Heuhaufen finden? Alles konnte in dem Fall ein Versteck sein: ein Keller, eine Gasse, ein Haus, ein Hinterhof ... Die Aufgabe, ihn zu finden, schien mir nicht zu bewältigen.

Spät in der Nacht wurde mein Auto gefunden, irgendwo in den Außenbezirken der Stadt. Man hatte es einfach abgestellt, den Zündschlüssel stecken gelassen. Von den Leuten fehlte jede Spur. Immerhin war klar, dass sie das Auto nicht hatten stehlen wollen, aber was hieß das nun? Bestätigte es unsere schlimmste Befürchtung? Dann klingelte das Telefon. Eine plötzlich Stille machte sich im ganzen Wohnzimmer breit, alle erstarrten in Alarmbereitschaft, niemand wagte zu atmen, als sei die Zeit stehen geblieben. Der Polizist sagte zu mir, dass ich abheben solle und startete die Aufnahme.

„Hallo?“, sagte ich zaghaft.

„Hör gut zu“, sagte eine feste, sehr ruhige Stimme. „Es handelt sich um eine Entführung. Wir haben Bruno. Ihr habt einen Fehler gemacht, die Polizei einzuschalten. Unter diesen Umständen sind wir noch nicht sicher, was wir tun werden. Wir rufen zu gegebener Zeit wieder an.“ Dann legte er auf.

Verstört legte auch ich auf. Woher wussten sie, dass wir die Polizei eingeschaltet hatten? Es war doch überall in der Stadt Polizei, wie konnten sie wissen, dass die hinter ihnen her waren? Das Gespräch war zu kurz gewesen, um es zu lokalisieren. Aber die Entführung war nun bestätigt. Was bedeutete dieses „noch nicht sicher"? Tausend Fragen, und die Fahndung lief auf Hochtouren. Und ich stand da wie verloren in einem Film, der nicht meiner zu sein schien, konnte meinen Vater nicht erreichen und mit meiner Mutter nicht rechnen. Das machte mich völlig fertig und unfähig, irgend etwas zu tun. Niemand aus der Familie war in der Nähe, keine Freunde, man hatte uns angewiesen, niemandem davon zu erzählen. Schwer zu beschreiben, wie groß meine Angst und mein Schmerz waren. Es war wie ein Tunnel, nebelverhangen und kalt, und das Ende war nicht abzusehen. Meine Fähigkeit, klare Gedanken zu fassen, war wie verkleistert, war nur noch ein zäher, nicht funktionierender Klumpen. Ich verbrachte Stunden in dieser Verzweiflung, Versuche der Selbstkontrolle und Schluchzen wechselten sich ab. Mit Hilfe meines Freunds, der Hausangestellten und der Polizei, die überall in der Wohnung war, versuchte ich, gegen diesen Strudel anzukommen, der mich in die Tiefe riss, strampelte verzweifelt, um wieder nach oben zu kommen. Die ganze Nacht verging in dieser Ungewissheit, die uns überwältigte. „In jener Nacht erfuhr ich, wie wahrhaft groß die Nacht ist", hat Roberto Bolaño in *Der Geist der Science Fiction* geschrieben.

Früh am Morgen, es wurde eben hell, klingelte wieder das Telefon. Alle sofort in Bereitschaft. Ich hebe ab.

„Hallo?" Ein R-Gespräch, damals in Brasilien nichts Ungewöhnliches. Als die Verbindung hergestellt war, hörte ich:

„Hallo Paula, ich bin es“ – die Stimme meines Bruders.

„Bru, alles klar? Wo steckst du?“, fragte ich voller Angst.

„Paula, hör zu, sie haben mich irgendwo im Wald ausgesetzt, ich bin eine ganze Weile gelaufen und habe hier die Telefonzelle gefunden. Ich glaube, es ist an der *Estrada do Bule*“, einer unbefestigten Nebenstraße zwischen Londrina und Arapongas.

Die Polizisten signalisierten mir, dass ich das Gespräch in die Länge ziehen sollte, damit sie feststellen konnten, woher der Anruf kam, dann schoben sie mir einen Zettel hin: „Sag ihm, er soll bleiben, wo er ist. Wir sind schon unterwegs.“ Bevor er auflegte, bat er noch:

„Komm mit, damit ich weiß, dass ich den Leuten vertrauen kann.“

Die Polizisten, die das Gespräch mithörten, nickten. Minuten darauf waren wir im Konvoi unterwegs. Die Estrada lag auf dem Weg, den wir auch zur Fazenda nahmen, sie war für uns eine alte Bekannte durch die landwirtschaftlich geprägte Gegend um Londrina. Nach ewigen langen zwanzig Minuten erkannte ich in der Ferne endlich meinen Bruder am Straßenrand, erschöpft und verzweifelt – und noch so klein, ging es mir durch den Kopf. Als wir anhielten, sprang ich aus dem Wagen, umarmte ihn und weinte vor Freude. Aber er sagte nur trocken:

„Steig bitte wieder ein, lass uns schnell hier verschwinden.“

Im Auto auf der Rücksitzbank, ich erleichtert und voller Fragen, er einsilbig: „Sei still. Nicht hier. Ich erzähle dir alles später.“

Das verstand ich nicht, aber wir fuhren schweigend weiter, hielten einander an den Händen. Zu Hause dann, als der ganze Zirkus dort abgebaut worden war und die Polizei weg, meine Mutter sich einigermaßen wieder gefangen hatte und meine Schwester, die bei ihrem Freund gewesen war, auch zurück war, begann mein Bruder zu erzählen, sehr nervös, sehr vorsichtig:

„Ich wollte gerade von K. wegfahren, als vier Männer mich ansprachen. Ich drehte mich um und sie fassten mich am Arm, zeigten einen Revolver und sagten: Bleib ruhig, sonst wird es nur schlimmer für dich, steig ins Auto und lass dir nichts anmerken. Gleich darauf haben sie mir eine Kapuze über den Kopf gezogen und wir fuhren ich weiß nicht wie lange . Dann hielten wir an und stiegen um in ein anderes Auto. Wir fuhren noch ein ganzes Stück weiter, über unbefestigte Straßen, bis zu ihrem Versteck. Die Entführung wurde von einer Bande geplant mit einem Komplizen bei der Polizei."

Wir erschraken. Ich weiß noch, wie eine diffuse Angst von mir Besitz ergriff. Bei der Polizei? Es war tatsächlich wie in einem Horrorfilm der untersten Kategorie. Er redete wie in Trance weiter.

„Als ihr die Polizei verständigt habt, hat der Komplize die Entführer sofort informiert. Einer von denen war die ganze Zeit über hier im Haus und hat die Bande live und in Farbe auf dem Laufenden gehalten."

Ich wusste sofort, wer das gewesen sein musste! Mein Bruder fuhr fort:

„Mitten in der Nacht beschlossen sie dann, die Operation abzublasen. Das Risiko war ihnen wegen der großen Polizeiaktivitäten zu groß geworden, sie glaubten nicht mehr, die Sache erfolgreich zum Abschluss zu bringen, also mit Geld in der Hand und in Freiheit.“

So hatten sie in Anwesenheit meines Bruders über sein Schicksal beraten, ob sie ihn am Leben lassen sollten oder nicht. Vierzehn Stunden war er in ihrer Gewalt gewesen, an Händen und Füßen gefesselt, am Kopf eine Handgranate mit Klebeband befestigt, auch über dem Mund Klebeband, und mit einer Kapuze über dem Kopf. Irgendwann bekamen sie Anweisung von ihrem Informanten, ihn lebend gehen zu lassen. Dann, nachdem er eine Weile aufs Geratewohl gelaufen war, hatte er diese Telefonzelle gefunden und uns erreicht. Mein Bruder sagte, sie hätten über jeden Schritt, den jemand aus unserer Familie getan hätte, bescheid gewusst, hätten wochenlang unsere Gewohnheiten penibel ausgekundschaftet, ihm von privaten Ereignissen erzählt, um es ihm zu beweisen, und ihm dann ein Ultimatum gestellt: Er sollte uns anweisen, dass niemand über die Sache ein Wort verlor, weder gegenüber der Polizei noch zu sonst jemandem, und auch gegenüber der Presse vehement zu bestreiten, dass es eine Entführung gegeben habe. Sonst würden sie mit denen, die bescheid wussten, kurzen Prozess machen, die Archive verbrennen, wie sie es nannten.

Aber wie sollte das gehen, wo am nächsten Tag die Entführung schon in der Zeitung die wichtigste Schlagzeile war und in den Tagen darauf zahlreiche Artikel das Vorgehen der Polizei kritisierten, das die gesamte Bevölkerung in Mitleidenschaft gezogen hatte, wie es in der örtlichen Tageszeitung hieß? Wie sollte man mit den Fragen der Lehrer in der Schule umgehen, mit denen der Freunde und Verwandten, die ich alle hätte anlügen müssen aus Furcht, dass jemand anderem von uns etwas passierte? Die Beklemmung hielt Monate an, und es war, als wolle man die Sonne mit einem Sieb verdecken. Und wo überhaupt war mein Vater? Außer seinem Namen, der sehr hilfreich gewesen war, hatte er nichts beigetragen, wir hatten ihn erst erreicht, als die Entführung schon vorbei gewesen war. Als wir dann wieder im Alltag allein mit all unseren Ängsten waren, war er ohnehin wieder weit weg und nahm kaum Anteil an unseren Sorgen.

Bis eines Tages die Bande dann aufflog und festgenommen wurde, nachdem sie auch die Tochter eines bekannten Transportunternehmers der Stadt, eine Schulfreundin von mir, entführt hatte. Das Mädchen blieb einen Monat lang gefangen und wurde schließlich nach Zahlung eines Lösegelds befreit. Später vor Gericht gestanden die Täter auch die Entführung meines Bruders, die sie als „Masterplan" bezeichneten: Wo schon einmal alles vorbereitet war, hatten sie ihn mit einer anderen Person noch einmal umgesetzt, mit demselben Versteck.

Damals waren Entführungen noch eine Seltenheit, irgendwann wurde es inflationär, und die Gelderpressung durch Entführung von Personen nahm groteske Ausmaße an. Nach Monaten konnten wir immerhin wieder erleichtert aufatmen, und das Leben kam wieder in Bahnen, die man normal nennen konnte. Doch das Ereignis steigerte auch noch einmal mein Misstrauen gegenüber der Polizei. Einerseits hatte sie uns geholfen, andererseits lagen die Defizite klar auf der Hand: Polizei in engster Verbindung mit der Kriminalität und den Todesschwadronen, die wie eine „Macht außerhalb der

Legalität“ agierte und schlimmste Verbrechen gegen die Menschlichkeit beging. Bis heute spiegelt die Macht der Milizen in Brasilien diese überkommene autoritäre, diktatorische Struktur.

Zur selben Zeit, denn schlimme Ereignisse kommen selten allein, musste meine Mutter eine sehr wichtige finanzielle Entscheidung treffen, alles oder nichts: Sie musste sich entscheiden, ob sie als Partnerin ins Geschäft meines Onkels, ihres Bruders João Carlos, einsteigen und eine Konzession für die Abwicklung des Exports von festem Schüttgut im Hafen von Paranaguá erwerben sollte – ein gigantisches Geschäft, in das sie ihr gesamtes Vermögen einbringen und weitere Risiken eingehen müsste. Und das bereitete ihr viele schlaflose Nächte. Das Unternehmen versprach äußerst lukrativ zu sein, aber was, wenn nicht? Schließlich riskierten wir alles, ohne Netz und mit doppeltem Boden. Mein Onkel wollte den Handel so oder so abschließen und drängte uns mitzumachen, denn ein Teil seines Vermögens gehörte auch uns. Unabhängig von der Beratung etlicher Anwälte, entfuhr meiner Mutter manchmal ein „Ach, wenn dein Großvater jetzt hier wäre ...“. Sie fühlte sich oft sehr allein und verlassen und suchte nun bei mir Rat, wollte stets meine Meinung hören. Leider war ich dazu weder reif genug noch ausreichend erfahren, um ihr auch noch bei ihren Geschäften zur Seite zu stehen, wie schon nicht wenn sie mich in ihr Gefühlsleben mit einbezog.

Glücklicherweise bewirkte ihre Unentschlossenheit bei mir genau das Gegenteil. Ich wurde früh eine sehr resolute Person. Offene Situationen ertrug ich nicht, mir war es lieber, eine halbwegs vernünftige Entscheidung zu treffen als gar keine. Nach endlosen Diskussionen mit Anwälten und Beratern beschloss sie dann in das Geschäft einzusteigen, und es wurde zu unserem Glück auch ein großer Erfolg.

# 21

Wie von Tancredo Neves kurz vor seinem Tod und dem vorgesehenen Amtsantritt 1985 versprochen, trat 1987 eine verfassungsgebende Versammlung zusammen. Mein Vater, der sich, seit ich ihn als Person wahrgenommen hatte, für die Wiederherstellung der Demokratie in Brasilien und für eine verfassungsgebende Versammlung eingesetzt hatte, wurde 1986 für Paraná auf der Liste der PMDB in diese Versammlung gewählt. Wie meine Großmutter sagen würde: Es kam, wie es kommen musste. In Ausübung seines Mandats – das im Februar 1987 mit dem Zusammentritt der Verfassungsgebenden Versammlung begann – war er Mitglied der Unterkommission für die Exekutive, die Kommission für die Organisation der Gewaltenteilung und des Regierungssystems, Ersatzmitglied der Subkommission für die Garantie der Individualrechte, der Kommission für die Souveränität und der für die Rechte von Mann und Frau.

Er war Humanist, Sozialdemokrat, eine Person mit Prinzipien, glaubte an seine Ideen und setzte sich für die Verbesserung der Lebensbedingungen seiner Wähler und der Gesellschaft im Allgemeinen ein. Er trat vehement für die Rechte der Frauen und der Minderheiten ein und war Verfasser zahlreicher Gesetzesinitiativen, auf die ich bis heute stolz bin. Als Mitglied der Verfassungsgebenden Versammlung setzte er sich verbissen dafür ein, dass diese Rechte Eingang in unser Grundgesetz fanden. Das waren nur einige seiner Leistungen für die Gesellschaft. Sein größter Stolz war es, aktiv an der Verfassungsgebenden Versammlung mitgewirkt zu haben und an der Erarbeitung unserer neuen Verfassung. Im Laufe seiner politischen Karriere veröffentlichte mein Vater vier Bücher zu Themen seiner parlamentarischen Arbeit, deren Titel auf Deutsch ungefähr lauten: *Der Aufstand der Fakten*, *Im Sinne der Frauen*, *Die Macht auf der Straße* sowie *Der Wert der Hausarbeit*. Dazu zwei juristische Arbeiten: *Mindestlohn und flexibler Lohn* sowie *Simultane Steuerinzidenz*.

1988 gründete eine Gruppe von ehemaligen PMDB-Mitgliedern, darunter der spätere Präsident Fernando Henrique Cardoso, der frühere Bürgermeister von São Paulo Mário Covas, der vormalige Gouverneur des Bundesstaates São Paulo Franco Montoro, der frühere Gouverneur von Paraná José Richa und der Sarney-Kritiker Euclides Scalco für Paraná die Partei der Sozialdemokratie Brasiliens PSDB, die in den Jahren darauf eine wichtige Rolle spielen sollte. Mein Vater war mit einigen dieser Personen befreundet oder hatte im Lauf seiner politischen Tätigkeit mit ihnen zusammengearbeitet, war also ebenfalls zu der Parteineugründung eingeladen. Doch er lehnte ab und blieb seiner Partei, der PMDB, und seinem Mentor Ulysses Guimarães treu, bis zu dessen Tod 1992 bei einem Hubschrauberunfall vor der Küste von Angra dos Reis im Süden des Bundesstaats Rio de Janeiro, nach welchem der Leichnam des Politikers nie gefunden wurde.

Die Verfassung der Föderativen Republik Brasiliens wurde am 22. September 1988 beschlossen; es ist unser Grundgesetz, unsere Carta Magna. Sie bekam den Beinamen „Bürgerliche Verfassung“ wegen einer historischen Rede von Ulysses Guimarães als Vorsitzendem der Verfassungsgebenden Versammlung im Juli 1988, kurz vor Ende ihrer Tätigkeit:

„Dies wird eine bürgerliche Verfassung sein, denn sie wird Millionen Brasilianer, die Opfer der schlimmsten Diskriminierung, des Elends, waren [...] wieder zu Bürgern machen. Das Volk hat uns den Auftrag gegeben, sie zu erarbeiten und nicht, uns zu fürchten. Es lebe die Verfassung von 1988!"

Die bürgerliche Verfassung wurde zum wichtigsten Symbol des brasilianischen Re-Demokratisierungsprozesses. Die brasilianische Gesellschaft erhielt eine Verfassung, die ihr Meinungsfreiheit garantieren und Missbrauch vonseiten des Staates ausschließen sollte. Sie war nach zwanzig Jahren zivil-militärischer Diktatur eine Neugründung der Demokratie in unserem Land.

Ich weiß noch, wie ich im Fernsehen die Annahme der Verfassung durch die Verfassungsgebende Versammlung verfolgte und weinen musste, als ich die Worte des Kommissionspräsidenten Ulysses Guimarães hörte. Es war das Versprechen auf eine bessere Welt, auf eine egalitärere, inklusivere Gesellschaft, auf Hoffnung. In der Präambel der Verfassung sind alle Elemente einer gerechten, geschwisterlichen und humanistischen Gesellschaft festgeschrieben. Unter diesen Voraussetzungen konnte es mit unserem Land doch nur vorwärtsgehen.

*Präambel:*

*Wir in Vertretung des brasilianischen Volkes, zusammengekommen als Nationale Verfassungsgebende Versammlung für die Einrichtung eines demokratischen Staatswesens mit dem Ziel, die Ausübung der gesellschaftlichen und individuellen Rechte der Freiheit, der Sicherheit, des Wohlergehens, der Entwicklung, der Gleichheit und der Gerechtigkeit zu gewährleisten als oberste Voraussetzungen für eine geschwisterliche, pluralistische und vorurteilsfreie Gesellschaft auf der Grundlage engagierter gesellschaftlicher Harmonie unter dem Schutz Gottes und der folgenden Verfassung der Föderativen Republik Brasilien.*

In seinem Lied *Língua* zitiert Caetano Veloso einen schönen Satz aus dem *Buch der Unruhe* von Bernardo Soares, einem der Heteronyme von Fernando Pessoa – den auch mein Vater immer zitierte, um das Lob seines Ursprungs zu besingen. Zuneigung, heißt es in diesem Satz, gilt nicht einer Nation, einem Vaterland, einem Gebiet, sondern einer Sprache als Ausdruck eines einenden Nationalgefühls. Wie auch mein Vater sagt er, dass es die Sprache sei, die uns über alle Unterschiede hinweg eint: „Mein Vaterland ist meine Sprache." Sie ist es im Grunde, die uns verbindet und uns mit all ihren kulturellen Symbolen und Elementen eine Richtung gibt. Caetano Veloso geht noch weiter und schlägt vor, Sprache solle nicht *Vaterland* (Pátria) sein, sondern „Frátria" (Geschwisterland) von gleich zu gleich und nicht hierarchisch über allem.

*Die Sprache ist mein Vaterland*
*das ich nicht habe, mein Mutterland*
*und als Geschwisterland will ich sie haben.*

Das leuchtete mir ein – nicht nur der Vorschlag, meine ganze Jugend über war ich eine glühende Verehrerin von Caetano Veloso: Mehr als ein Vaterland oder Mutterland ging es darum, über nationale Werte und Symbole nachzudenken, über eine brasilianische Identität, aus der sich der Kitt einer geschwisterlichen Gesellschaft herausbilden könnte, die noch im Aufbau war. Die Präambel war eine gute Zusammenfassung dessen, was dieses „Geschwisterland“ sein konnte – so jedenfalls wagte ich in meiner damaligen Naivität zu träumen.

Wir waren aufgerufen, eine wirkliche Demokratie und diese unabhängig von Hautfarben zu errichten. Als Einwohner eines Landes mit einer ethnisch gemischten Bevölkerung, die ihre Wurzeln in aller Welt hat, und auf der Grundlage eines umfassenden guten Willens, eine solidarische, großzügige und integrative Gesellschaft zu schaffen, mussten wir nun die Zügel selbst in die Hand nehmen; wir jungen Leute erhielten die Chance, diejenigen zu wählen, die diese überfälligen Veränderungen umsetzen würden. 1988 erhielten mit der neuen Verfassung auch Jugendliche ab 16 Jahren das Recht, wählen zu gehen, wobei die Wahlpflicht unverändert ab 18 Jahren galt, eine große Errungenschaft für die Jugend. Das Recht, zur Urne zu gehen und Interessenvertreter zu wählen, erschien mir nun wichtiger denn je, eine Ausübung des vollen Bürgerrechts. Unsere Gesellschaft und unsere Demokratie lagen in unseren Händen. Wie mein kluger Vater es ausdrückte: „Wir dürfen den gesellschaftlichen Prozess und den politischen Prozess nie außer Acht lassen. Jeder bewusste Mensch trägt Verantwortung für die Zukunft, aber jeder verantwortungsbewusste Mensch trägt auch eine Last. Das Leben ist Kampf. Leben bedeutet bewusst kämpfen. Die Welt hat sich nicht aus Tatenlosigkeit verändert und sie wird sich nicht tatenlos verändern, Veränderung vollzieht sich jeden Tag."

Bei den ersten Kommunalwahlen nach der Verkündung der neuen Verfassung, im Jahr 1988, ergab eine Umfrage, dass eine große Mehrheit der Jugendlichen gar kein Interesse daran hätte, zur Wahl zu gehen. Ich war so schockiert, dass ich beschloss, etwas zu tun. Um die jungen Leute, die laut dieser Umfrage nicht daran dachten, ihr Wahlrecht in Anspruch zu nehmen, doch zur Wahl aufzurufen, startete ich mit ein paar Freunden eine Mobilisierungskampagne. Es entstand die Kampagne „Votar é legal", ein Wortspiel mit dem Begriff der Legalität – dem Wahlrecht – und dem damaligen Jargon für *cool*; dass es *cool* sei, sich dieses Rechts zu bedienen. Wir machten zahlreiche Aktionen, Veranstaltungen und Aktivitäten. Zum Abschluss der Kampagne holten wir die Band „Mulheres Negras" um André Abujamra und Maurício Pereira nach Londrina, angesagte Vertreter der „Vanguarda Paulista", die sich damals selbst als die „drittkleinste Bigband der Welt" bezeichneten. Sie waren gnadenlos, mischten alle möglichen Genres und ließen elektronische Musik wie ein Orchester klingen zu Texten voller Ironie und Humor – und waren damals sehr populär. Wir organisierten ein großes Konzert in einem Freilichttheater im Stadtpark. Vor dem Konzert machten wir eine Fotosession und ein warm up im leeren Schwimmbecken bei uns zu Hause. Wäre es nicht so komisch gewesen, hätte man darin geradezu eine Symbolik gegenüber dem Status Quo erkennen können.

Das Konzert war am selben Ort, an dem mein Vater Jahre zuvor einen legendären Auftritt im Rahmen seiner Kandidatur zum Bürgermeister hingelegt hatte. 30 000 Personen hatten hier 1982 „O Trem Azul“ von Ló Borges gesungen: „Nimm den blauen Zug / die Sonne auf dem Kopf / die Sonne nimmt den blauen Zug / mit dir auf dem Kopf“, Die Hymne der damaligen Kampagne meines Vaters „Londrina acorda cedo com Oswaldo Macedo“. Trotz dieses magischen Moments hatte mein Vater die Wahl verloren. Die Kampagne „Votar é legal“ aber erreichte ihr Ziel, und es gelang uns, die Wahlbeteiligung unter jungen Leuten in Londrina deutlich zu steigern. Mühsam nährt sich das Eichhörnchen, oder wie es in Brasilien heißt, Körnchen für Körnchen füllt das Huhn seinen Schnabel. Wiederholt sich Geschichte? Ich las einmal einen schönen Aphorismus von Heraklit: „Man steigt nie zweimal in denselben Fluss.“ Der Fluss als Metapher unserer Existenz, das Leben als unablässige Bewegung des Wassers.

# 22

„Brasilien ist das Land der Zukunft", sagte der österreichische Schriftsteller Stefan Zweig aus Anlass einer seiner Reisen nach Brasilien. Sein gleichnamiges Buch erschien erstmals 1941 und ist ein großartiges Porträt des Landes aus Sicht eines Ausländers. In meiner Jugend ein *must*. Als Jude vor dem Zweiten Weltkrieg und vor den Nazis geflohen, fand er in Petrópolis Zuflucht vor den Gräueln in Europa. Zweig sah diese Zukunft aus der Analyse dessen, was er im Kontakt mit dem brasilianischen Volk beobachtet hatte und empfand. Er stellte das Positive Brasiliens heraus und lobte es. Viele seiner Vorhersagen haben sich nicht erfüllt, aber er hat uns etwas hinterlassen, wie sein Biograf Alberto Dines in seinem Vorwort schreibt: „Fasziniert von dieser vielfarbigen, großzügigen, gelassenen, fröhlichen Gesellschaft stellte er sich gegen das Bild eines exotischen, pittoresken Landes und skizziert stattdessen die Stärken einer freundlichen, selbstbewussten Grundeinstellung." Zweig verurteilte das Elend weiter Teile der Bevölkerung, zu dessen Linderung er ein Zivilistationsprojekt und den Plan einer nachhaltigen Entwicklung entwarf. In *Brasilien. Ein Land der Zukunft* notiert er ab Seite 12: „Dieses Zentralproblem, das sich jeder Generation und somit auch der unseren aufzwingt, ist die Beantwortung der allereinfachsten und doch notwendigsten Frage: wie ist auf unserer Erde ein friedliches Zusammenleben der Menschen trotz aller disparaten Rassen [sic!], Klassen, Farben, Religionen und Überzeugungen zu erreichen? [...] Noch sind mit freiem Blick schon auf Straße und

Markt die verschiedenen Rassen deutlich erkennbar, aus denen die Bevölkerung geformt ist. Da sind die Abkömmlinge der Portugiesen, die das Land erobert und kolonisiert haben, da ist die indianische Bevölkerung, die das Hinterland seit unvordenklichen Zeiten bewohnt, da sind die Millionen Neger [sic!], die man in der Sklavenzeit aus Afrika herüberholte, und seitdem die Millionen Italiener, Deutsche und sogar Japaner, die als Kolonisten herüberkamen. [...] Zum größten Erstaunen wird man nun gewahr, dass alle diese schon durch die Farbe sichtbar voneinander abgezeichneten Rassen in vollster Eintracht miteinander leben."

Die freie und vorbehaltlose Vermischung, die immerwährende Mischung, kultureller Synkretismus, die auf Vermischung basierende Synthese des brasilianischen Volkes, das alles klingt in den Ohren des Unbedarften wie eine schöne, vollkommene Melodie. Auch ich glaubte in zartem Alter, dass unsere Gesellschaft, anders als die der Vereinigten Staaten, nicht rassistisch sei, und war stolz auf das, was ich für beispielhafte Integration und Vermischung hielt. Dieses Märchen wurde von weißen, herrschenden Männern verbreitet, den Siegern, die mit ihrer Rhetorik eine Geschichte erzählten, die nicht auf Fakten basiert, und wir, die wir aus dieser Umgebung stammen, glaubten das Ammenmärchen. Nach und nach aber bekam ich einen Begriff davon, wie verlogen das alles ist. Der Rassismus in Brasilien war immer schon strukturell und institutionell, ein Geflecht, das zu Diskriminierung führte und weiterhin führt, sowie zu institutioneller Gewalt insbesondere gegen die schwarze Bevölkerung. Die Ausrottung schwarzer Jugendlicher in unserer Gesellschaft hat eine lange Tradition, und es ist noch ein langer und steiniger Weg, bis die Sklavenhütte auch tatsächlich im Herrenhaus angelangt ist. Die Trennung zwischen der großen Mehrheit der Bevölkerung, die zu endemischer, entfremdender Armut verdammt ist, und einer Elite, der alle Mittel des Finanzkapitals, der Wirtschaftsmacht, der Kultur und der Wissenschaft zur Verfügung stehen und sie zu einem Teil der großen weltweiten Ströme macht, ist historisch gewachsen und verschärft sich weiter. Viele verurteilen die Gewalt auf den Straßen, aber diese Gewalt ist Ergebnis des Hungers, der Armut, des absoluten Elends, das Resultat einer Politik der Ausgrenzung und der Ungleichheit. Ungleichheit führt zu Gewalt, und Gewalt ist nicht mit Gewalt zu bekämpfen. Wir sind multigenetisch, multikulturell und werden erst dann siegen, wenn wir verstehen, dass wir eins sind, dass wir alle sind.

Jahre später las ich in *O Brasil como problema* (Brasilien als Problem) von Darcy Ribeiro, wie er genau dieses Credo skizzierte: „Wir sind Erben einer unermesslichen, unermesslich schönen, unermesslich reichen Provinz der Erde, die wir leider mehr missbraucht als befruchtet haben [...] Wir sind heute eine Nation von einhundertundsechzig Millionen Personen, die alle dieselbe Sprache sprechen, die wir alle verstehen, ohne Dialekte, nicht einmal mit unverständlichen Färbungen. Alle befinden wir uns in der selben Kultur, die sich an höheren Werten orientiert. Auf dieser Grundlage treten wir in die neue Zivilisation ein, die auf wissenschaftlicher und technischer Entwicklung basiert, die wir beherrschen müssen, um ihr nicht zu unterliegen [...] Tatsächlich ist der einzige unzweifelhafte Grund unserer Rückständigkeit der Charakter der herrschenden Klassen in Brasilien, die sich hinter diesem Diskurs versteckt. Es lässt sich nicht leugnen, dass die Kultur der Rückständigkeit auf uns zutrifft, auf uns Reiche und Weiße, auf uns, die wir Bildung vermitteln und Brasilien seit jeher die Hegemonie einer rückständigen Elite auferlegen, die ausschließlich auf ihr eigenes Wohl bedacht ist."

Hier und da gibt es Aussicht auf Zukunft, und bekanntlich gehört diese sowieso nur Gott. Das Land hatte alle Karten auf dem Tisch und unzählige Chancen darauf, zu gewinnen, aber was meine Zukunft anbelangt ... Nun, es war Zeit, auseinanderzugehen. Dieses Stipendium für Australien ergab sich dann allerdings doch nicht, und ich beschloss, für ein Jahr als Austauschschülerin nach Bremen zu gehen, mein Land für eine Weile hinter mir zu lassen. Die „Escola Roland", an der ich in Rolândia gewesen war, hatte eine traditionelle Verbindung nach Bremen. Rolândia und Bremen sind Partnerstädte. Als ich die Einladung des deutschen Vereins für Deutsche Kulturbeziehungen im Ausland (VDA) bekam, fand ich den Gedanken verlockend, und ich stürzte mich kopfüber in diese neue Herausforderung. Es war meine erste Reise nach Europa. Bevor es nach Bremen ging, verbrachte ich noch ein paar Tage in Paris bei meinem Onkel João Carlos, den ich bewunderte – er war begeisterungsfähig, vergnügt, immer für ein Abenteuer zu haben und diente mir oft auch als Vaterersatz – und meinen Cousinen Biba und Mali, die dort studierten und die ich beide sehr mochte. Ich war also in bester Gesellschaft, fühlte mich wohl bei ihnen, nun erst recht sicher und stark. Wir verbrachten gemeinsam Weihnachten in Crans-Montana beim Skifahren und fuhren vor Silvester noch nach Florenz. Von dort reiste ich weiter zu einer Begegnung des CISV irgendwo in der Toskana. Ich glaube, nie mehr erlebte ich eine so tiefe und allumfassende Katharsis wie in diesen Tagen. Ich weinte tagelang, tiefe, schmerzliche Tränen, denn jetzt erst, mit meinen achtzehn Jahren, spürte ich, wie sich in mir die gesamte angestaute Anspannung löste, seelisch und körperlich. Gleichzeitig wurde mir klar, dass sich meine Nabelschnur löste. Ich befand mich zwischen zwei Welten und sah mich nun vollkommen einsam und ohne jeden Halt. In diesem Moment fiel der Groschen, und mir wurde klar, dass ich allein weitergehen musste. Ich brach allein auf zu meinem deutschen Abenteuer. Wie Søren Kierkegaard sagt: „Etwas zu wagen bedeutet, vorübergehend den festen Halt zu verlieren. Nichts zu wagen bedeutet, sich selbst zu verlieren."

Ein neuer Wind, neue Zeiten, ein Anfang, wieder einmal, aber diesmal war es der erste Versuch eines Erwachsenwerdens, der Bruch einer symbiotischen Verbindung von Mutter und Tochter in der oft keine klare Grenze gewesen war zwischen uns als unabhängigen Individuen, und in der ich mich ständig als das Anhängsel empfunden hatte. Nun sollte die Entfernung die Trennung bekräftigen, es lag immerhin ein Ozean zwischen uns. Meine große Chance, mich abzunabeln. Die Leute sind, wie sie sind, und wir sind alle Produkt unserer Erziehung, dessen, wie man uns aufgezogen hat, was damit zu tun hat, wie meine Eltern und Großeltern aufwuchsen – die Geschichte hat nie ein Ende und wirft viele Fragen auf, die man selten beantworten oder verstehen kann, ohne tausend persönliche Eigenheiten oder Lebensumstände oder historische Gegebenheiten zu berücksichtigen. In der Geschichte meiner Familie, ganz unabhängig davon, wie sich die Dinge tatsächlich abgespielt haben, war immer die Kraft der Liebe. Ich kann sagen, dass ich immer von Leuten umgeben war, die aufrichtig und echt waren und stets daran interessiert, das Leben aufzusaugen. Das prägte mich und gab mir die Kraft und die Zuversicht, meinen Weg zu gehen und Herausforderungen anzunehmen. Außerdem haben mir meine Eltern, meine Heiligen Könige, drei unschätzbare Geschenke gegeben: eine tiefe Zuneigung und Respekt vor den Menschen, eine bedingungslose Liebe zum Leben und politisches Bewusstsein. Diese Werte trage ich lebendig und pulsierend in meiner Brust, sie waren für mich immer ein Talisman und der Schlüssel zu allem. Und auch ein Auftrag. Selbst als ich noch gar nicht so recht wusste wie, war mir klar, dass es nur eine Frage der Zeit war: Früher oder später würde ich meinen Weg finden, und das beruhigte mich. Ein paar Monate, bevor ich abreiste, erschien mir Plínio im Traum. Er holte mich mit seinem gelben Fiat 500 vor einer Kneipe ab, bei ihm in der Nähe, wo meine Clique sich damals traf. Wir fuhren durch die Stadt und er fragte mich, was ich denn vorhätte, und sagte dazu, das sei alles wunderbar. Der Traum war so wirklich, so greifbar. Das war mein Abschied, meine Befreiung. Er linderte meine Traurigkeit, und endlich konnte ich auch Plínio loslassen. Aber „Dass man im Alter dazu neigt, bestimmte Geschichten immer wieder zu erzählen, liegt nicht an Altersdemenz, sondern daran, dass uns bestimmte Geschichten bis an unser Lebensende immer wieder geschehen", schreibt Chico Buarque in *Vergossene Milch*. Ich war nun nicht mehr gefangen, auch wenn ich den ganzen Ramsch einer turbulenten Geschichte weiterhin in mir trug, das Leben könnte nur so dahin fließen. Wie der brasilianische Schriftsteller Fernando Sabino sagt, am Ende ist alles gut. Und wenn es nicht gut ist, dann, weil es noch nicht zu Ende ist. In einem Augenblick wurde alles hell und mit meinem Aufbruch war alles möglich. Es heißt, der größte Schiffbruch sei es, nie abzulegen. Die Welt lag mir zu Füßen. Nun wollte ich alles und alles auf einmal.

# Epilog

Seit der Wahl von Jair Bolsonaro zum Präsidenten Brasiliens am 28. November 2018 überlegte ich mir, wie ich wohl einer jüngeren Generation, die schon immer unter den Vorzeichen der Freiheit gelebt hat, den Rückschritt verdeutlichen könnte, den diese Wahl für mein Herkunftsland bedeutete. Ich war schockiert, wie so viele, und wollte es zunächst gar nicht fassen. Wie konnte es sein, dass schon wieder die extreme Rechte an die Regierung gekommen war, und noch dazu auf demokratischem Weg? Wie konnte es sein, dass wir so schnell wieder im Rückschritt begriffen waren und demokratische Werte und Menschenrechte zur Disposition standen, für die wir so hart gerungen hatten? Noch praktisch im Schockzustand über die Kleingeistigkeit und Ignoranz ließen all diese Fragen und Feststellungen den Keim, der schon länger in mir geschlummert hatte, reifen, Gestalt annehmen und schließlich ans Licht treten: Ich beschloss, meine eigene Geschichte endlich zu Papier zu bringen, aus der Perspektive eines heranwachsenden Mädchens, ein *coming of age*, vor allem, damit meine Kinder nie vergessen, was wir durchgemacht und wofür wir gekämpft haben.

Als sei alles noch nicht genug, kam unser unwürdiger Präsident, Hauptmann der Reserve, Jair Bolsonaro – Sprössling aus den düsteren Kellern unserer Vergangenheit, der die Demokratie verachtet, die Diktatur verherrlicht, in der Folter ein legitimes Mittel im Umgang mit politischen Gegnern sieht und einen Folterer, der für Duzende Toter verantwortlich ist, zu seinem persönlichen Helden erklärt – auf die Idee, den 55. Jahrestag des rechten Militärputschs vom 1. April 1964 nicht nur öffentlich zu feiern, sondern auch Einheiten des Militärs zu empfehlen, das Jubiläum des Putschs zu begehen, mit dem seinerzeit die Diktatur ihren Anfang nahm. Ein Affront nicht nur gegen uns Bürger und Bürgerinnen Brasiliens, sondern vor allem gegen alle direkten und indirekten Opfer der Militärdiktatur. Ein Regime zu feiern, das so viel Leid über die Bevölkerung gebracht hat, ist unmoralisch und für eine Gesellschaft, die auf rechtsstaatlichen Prinzipien basiert, nicht hinnehmbar. Umso schlimmer, als kürzlich eine Umfrage ergab, dass 82 % der Brasilianer und Brasilianerinnen über sechzehn Jahren nichts über den AI-5 wissen, dieses übelste und widerwärtigste Verfassungsdekret der zivil-militärischen Diktatur, das die individuellen Grundrechte einer modernen und zivilisierten Gesellschaft zunichte machte und unzählige Menschen zu Gefängnis, Folter und gewaltsamem Tod verdammte. Das bestärkte mich in meinem Vorhaben, ein persönliches Zeugnis über die Gräuel dieses Notstandsregimes abzulegen.

Selbst noch unter der größten Herausforderung unserer Generation, der Covid-19-Pandemie, die unsere Art des Umgangs miteinander verändert hat und uns tagtäglich Verzicht und Neubewertungen abverlangt, stellt sich der gegenwärtig amtierende Präsident gegen die Wissenschaft, gegen das Wissen, die öffentliche Ordnung, die Gesundheit und das Recht auf Leben und Unversehrtheit der Bürger dieses geschundenen Landes. Getrieben vom kindischen Impuls der Verleugnung negiert und relativiert er die Gefahr und verachtet in seiner Ignoranz und Respektlosigkeit jeden Gemeinsinn, jedes Mitgefühl und erschwert auf jede erdenkliche Weise die Prävention vor der Ansteckung und sogar angemessene Behandlung, indem er ungeeignete Medikamente propagiert. Sein Missmanagement auf dem Gebiet der Gesundheitsvorsorge, der Sozialpolitik und der Wirtschaft führt unser Land in eine beispiellos tiefe Krise. Er selbst ist unmittelbar verantwortlich für den Tod von fast 300 000 Brasilianern und Brasilianerinnen. Seine verheerenden Maßnahmen sind auf unterschiedlichen Ebenen Verbrechen gegen die brasilianische Bevölkerung, aus der Sicht vieler ein Genozid. Ich hoffe, irgendwann wird er dafür vor dem Internationalen Strafgerichtshof angeklagt und für Verbrechen gegen die Menschlichkeit verurteilt.

Narzisstische und größenwahnsinnige Verblendung haben ihn  gar einmal zu der haltlosen Aussage verleitet: Die Verfassung bin ich. Nein, *Senhor* Präsident, noch leben wir in einem demokratischen Rechtsstaat, und niemand steht über dem Gesetz. Die Geschichte darf sich nicht wiederholen! Das Gestern darf nie wieder die Zukunft werden, aber wenn wir nicht aufpassen, kann es schneller, als wir glauben, doch wieder Gegenwart sein.

# *Worte des Danks*

Ich möchte mich bei einigen Menschen bedanken, die dieses Buch möglich gemacht haben.

Mein besonderer Dank gilt meinem deutschen Verleger Axel Dielmann, der an mich geglaubt hat und an mein Buch, mich in die Familie seines Verlags aufgenommen und damit die Veröffentlichung möglich gemacht hat. Danke für den stets bereichernden Austausch und für die große Bereitschaft.

Daniel, mein treuer Begleiter, hat mich auch zu diesem neuen Vorhaben angestachelt und dabei vorbehaltlos unterstützt. Von ihm stammt die präzise und sehr genaue Definition meines Schreibens als *kompulsiv*. Monatelang habe ich nur geschrieben, getrieben von einer Welle des Adrenalins. Meine wunderbaren Kinder waren von Anfang an eingeweiht und behielten es trotzdem für sich, gaben mir Kraft, so wie Daniel mit seinen Fragen und seiner Geduld jederzeit. Daniel verdanke ich auch die minutiöse Endkorrektur. Ich weiß, was für ein großer Liebesbeweis das ist!

Meinem brasilianischen Verleger Alexandre Staut von Folhas de Relva Edições gilt mein Dank für die erste Etappe der Reise. César Rabanal hat mich mit seinem kritischen und kompetenten Blick des Psychoanalytikers darin bestärkt, die Geschichte voranzutreiben, genauso wie meine Freundin, die Journalistin Silvia Bittencourt, die mich von Anfang an unterstützt und mir das Selbstvertrauen gegeben hat, weiterzumachen und das Buch schließlich zu veröffentlichen. Ich danke auch Michael

Kegler für seinen Rat, die vielfältige Unterstützung, sein Engagement bei der Suche nach einem Verlag in Deutschland und schließlich für seine wunderbare Übersetzung.

Last but not least geht eine besonders ehrenvolle Erwähnung an meine Schwester Camila, die mir in verschiedenen Phasen dieser Epopöe geholfen hat und mir moralisch und emotional eine große Stütze war. Sie ist auch integraler Teil des Projekts durch die Titelillustration, die von ihr stammt – das Gesicht dieses Buches zur Welt.

Meinem Vater Osvaldo Macedo – Opposition ohne Angst – der leider starb, während dieses Buch entstand, gilt meine ewige Liebe. Und am Anfang war das Wort … Anfang und Ende jedoch werden stets Marlisinha sein. Dir, mama, all meine Liebe.

# *Glossar*

Einige Erläuterungen mögen der Leserin und dem Leser hilfreich sein; sie sind mit ◈ markiert:

*Seite 6*

Gore Vidal, *Palimpsest*, deutsch von Friedrich Griese, Hoffmann und Campe, 1999.

*Seite 6*

aus: Clarice Lispector, *Der große Augenblick*, deutsch von Luis Ruby, Schöffling & Co, 2016.

*Seite 9*

Um einen Bürgerkrieg in Brasilien zu verhindern, hatte es vorab eine Vereinbarung der Militärs mit Washington gegeben zur Entsendung von Seestreitkräften an die brasilianische Küste. Die Flotte blieb zwei Tage vom Hafen von Santos entfernt in Bereitschaft. Eine präventive Maßnahme, aber auch eine Demonstration der Stärke.

*Seite 27*

In etwas geringerem Umfang kamen sie auch aus Litauen, Tschechien, Polen, Syrien bzw. Libanon, Portugal, Spanien, Ukraine und weiteren Ländern.

*Seite 28*

Gilberto Freyre, *Herrenhaus und Sklavenhütte*, deutsch von Ludwig von Schönfeld. Kiepenheuer & Witsch, 1965.

*Seite 42*

Chico Buarque, *Vergossene Milch*, deutsch von Karin von Schweder-Schreiner, Fischer Verlag, 2013.

*Seite 50*

Cinco Marias, bras. Kinderspiel: manchen Historikern zufolge eines der ältesten Kinderspiele der Menschheitsgeschichte, das mit Steinchen oder Knochen gespielt wurde. Heute nimmt man kleine Stoffbeutel von circa 4 cm x 4 cm Größe, die meist mit Sand gefüllt sind. – Die Kinder hocken am Boden, eines nimmt die Spiel-Beutelchen, wirft sie in die Höhe, so dass sie zufällig verteilt liegen. Nun nimmt das erste Kind eines der Säckchen, ohne andere zu berühren, und wirft es hoch, versucht während des Wurfs eines der am Boden liegenden Säckchen aufzuheben – wieder ohne andere zu berühren. Das wird wiederholt, wobei versucht werden muss, zwei, drei und vier Säckchen mit der Hand aufzunehmen, bevor das hochgeworfene wieder am Boden ist. Beim letzten muss das Kind obendrein versuchen, den herunterfallenden 5. Sack in der Luft zu greifen – diesmal ohne einen der anderen vier loszulassen. Alles immer mit nur einer Hand. – Wer es bis zuletzt schafft hat gewonnen. Die Varianten sind zahlreich, die am meisten vorkommende ist, den Spielsack vom Boden aufzunehmen und sofort den herunterfallenden hinterher mit derselben Hand, bevor er den Boden berührt.

*Seite 53*

Die „Öffnung", im Original und in Brasilien „Abertura", ist ein zentraler Begriff dieser Phase; denn so wird später das „Herausschleichen" aus der Diktatur bezeichnet.

*Seite 58*

jeitinho: portug. für „Weg" oder „Art und Weise"; im übertragenen Sinne: unseres eigenen (brasilianischen) Weges, die Dinge anzugehen.

*Seite 71*

Nelson Rodrigues, ein für seine Polemiken, provokanten Behauptungen und sein freimütiges Schreiben bekannter Dramatiker, Journalist und Fußballreporter. Im Nordosten Brasiliens geboren, starb am 21. Dezember 1980 – einer der Pioniere des brasilianischen Sportjournalismus. Angeblich war er so kurzsichtig, dass er viele Spiele in Maracanã gar nicht richtig habe sehen können; sein Buch *Gooooooool! Brasilianer zu sein ist das größte*, deutsch von Henry Thorau, Suhrkamp, 2006, weiß es anders. Wer eine hinreißende Besprechung sucht, findet sie unter www.fussball-kultur.org/buch/book/gooooooool von FAZ-Herausgeber Jürgen Kaube.

*Seite 72*

Sócrates, geboren 1954 in Belém, gestorben 2011 in São Paulo, Fußball-Star bei den Corinthians. Er trat in insgesamt 60 Spielen für die brasilianische Nationalmannschaft an, erzielte als „Mittelfeldregisseur“ 22 Tore; Mannschaftskapitän der WM 1982 in Spanien und 1986 in Mexiko. – Der Mann mit dem längsten Namen aller bis dahin offiziell registrierten WM-Teilnehmer hieß vollständig *Sócrates Brasileiro Sampaio de Souza Vieira de Oliveira*, oder einfach *Dr. Sócrates*, da er auch als Kinderarzt ausgebildet war und praktizierte. – Posthum erhielt er den Spitznamen „Rebell am Ball“ wegen seiner engagierten Rolle innerhalb der Demokratiebewegung Brasiliens.

*Seite 83*

Forró ist ein Musikstil und rustikaler Paartanz aus dem Nordosten Brasiliens, ist populär und wird auf sehr sinnliche Art getanzt, der eigene und der Körper des Tanzpartners berühren sich ausgiebig und bewegen sich synchron. Mutmaßlich ist der Forró auf Plantagen des Nordostens entstanden.

# *Andere Bücher*

Wenn Ihnen das Buch von Paula Macedo Weiß gefallen hat, dann mag hier der Platz für einige weitere Titel unseres Programms sein:

Mitten im brasilianischen Belém spielt der wilde Roman ***Der Mann, der den Regen fotografierte*** von Peter H. Gogolin: Ein Locationscout aus Deutschland soll für eine Filmproduktion den berühmten Círio de Nossa Senhora de Nazaré dokumentieren – und wird unversehens in eine absurde Entführungsgeschichte verstrickt (siehe Seite 203 …). Die Welten der beiden Kontinente prallen bildgewaltig und ebenso geschichten- wie figurenreich aufeinander. 392 Seiten Hardcover, 20 Euro.

Winzig klein im Verhältnis zum Brasilianischen Regenwald ist der Hambacher Forst mitten in Deutschland – aber hitzig umkämpft ist auch sein Erhalt, gegen partiale Industrieinteressen. Gert Reising und Sophie Reuter haben ***Im Hambacher Wald*** ein ergreifendes Portrait der Baumwelt und ihrer „Verfechter" in Text und Bild gezeichnet. 88 Seiten mit Farbbildern, 18 Euro.

Vivien Lancellotti Leão ist in Brasilien geboren, wurde aber früh zur reisewütigen Weltbürgerin, die ihre beeindruckenden Gedichte englisch schreibt. In ***Traces – A Study of Glances*** findet sich eine Auswahl, die auch ihr ursprüngliches Heimatland faszinierend beleuchtet. 120 Seiten im Hardcover, 18 Euro.

Bleiben Sie neugierig. Zum Beispiel auf unsere Homepage des Verlags unter **www.dielmann-verlag.de**

**axel dielmann – verlag**

Kommanditgesellschaft in Frankfurt am Main

*Seite 171*

Das brasilianische Bundesgesetz 11340, auch bekannt als „Lei Maria da Penha“, zielt auf geschlechtsspezifische Gewalt in Brasilien ab, mit dem spezifischen Ziel, häusliche Gewalt im Land zu reduzieren. Am 7. August 2006 vom ehemaligen Präsidenten Lula da Silva in Kraft gesetzt. – Maria da Penha ist 1945 in Foraleza geboren, die Pharmazeutin wurde selbst Opfer häuslicher Gewalt seitens ihres Ehemanns, wogegen sie als erste Frau Brasiliens erfolgreich vor dem Federal Court of Brazil klagte. Der aus Kolumbien stammende Lehrer, der durch die Heirat 1976 die brasilianische Staatsangehörigkeit erlangt hatte, misshandelte sie, bis hin zu einem Mordversuch 1983: Er hatte, während sie schlief, auf sie geschossen, aber sie überlebte. Kurz darauf versuchte er, sie durch einen Stromschlag in der Badewanne umzubringen – von da an kämpfte sie, zunächst im 7 Jahre dauernden eigenen Prozess, der zu einer Verurteilung des Ex-Mannes zu 15 Jahren Haft führte, und im Weiteren politisch unnachgiebig gegen alle Formen der immer noch, vor allem in kleineren Städten üblichen und ungebremsten häuslichen Gewalt. – Erstaunlicherweise gibt es bei Erscheinen dieses Buches (noch) keinen deutschen Wikipedia-Eintrag über sie.

*Seite 201*

Noch einmal aus: Clarice Lispector, *Der große Augenblick*.

*Seite 218*

Fernanda G. Moreira; die sprachkundig Interessierten finden mehr unter http://fernandagmoreira.com.br/jung/LinguaParatodosCompletoSite.pdf